消费者权益保护实证研究

Empirical Research On Protection Of Consumers' Rights And Interests

孙 颖 ◎ 编著

中国政法大学出版社
2025·北京

声　明　　1. 版权所有，侵权必究。

　　　　　2. 如有缺页、倒装问题，由出版社负责退换。

图书在版编目（CIP）数据

消费者权益保护实证研究 / 孙颖编著. -- 北京：中国政法大学出版社, 2025. 4. -- ISBN 978-7-5764-2039-5

Ⅰ. D922.294.4

中国国家版本馆 CIP 数据核字第 202573HY48 号

出　版　者	中国政法大学出版社
地　　　址	北京市海淀区西土城路 25 号
邮　　　箱	fadapress@163.com
网　　　址	http://www.cuplpress.com（网络实名：中国政法大学出版社）
电　　　话	010-58908524(第六编辑部) 58908334(邮购部)
承　　　印	保定市中画美凯印刷有限公司
开　　　本	720mm×960mm　1/16
印　　　张	25.5
字　　　数	420 千字
版　　　次	2025 年 4 月第 1 版
印　　　次	2025 年 4 月第 1 次印刷
定　　　价	99.00 元

中国政法大学科研创新项目资助（10824317）
"中央高校基本科研业务费专项资金资助"
(supported by "theFundamental Research Funds for the Central Universities")

前 言

本书系笔者近年来主持完成的课题中的九个研究成果的集成，项目选题均为当前消费者权益保护领域兼具理论和实践意义的前沿问题，其理论价值主要在于围绕各选题中的基础性问题进行了基础理论研究，回答了消费投诉信息公示的属性、保健食品定位、食品欺诈概念类型、保健食品企业监管模式、市场监督管理部门与消费者组织关系定位、法典化的价值功能等一系列重大和疑难问题，从丰富学术研究的领域和拓宽视野的角度看，具有一定的理论研究价值，同时亦能对消费者权益保护研究事业的推进提供理论参考。

本书所汇编的课题研究成果直接面向国家市场监管、消费者组织的具体工作需要及法典化的愿景，具有极强的针对性和可操作性，所提出的工作方案、建议稿等均是在大量实地调研的基础上所得出的符合当前实际的、具有可行性的结论，对新时代市场监管和消费者协会工作理念、工作方式的转变及市场监管行政执法、消费者协会的工作以及未来消费者法法典化进程具有帮助和推动价值。本书既可为学术研究和立法工作提供参考，也可作为实务部门学习研究的资料。

本书将近年来笔者主持完成的消费者权益保护领域的实证研究，按照"消费者投诉工作机制""保健食品监管制度政策""消费者组织的工作与定位""法典化展望"四个部分编辑在一起，该种形式的编著目前在消费者权益保护领域的学术出版物中尚未出现，故具有首创性。本书所研究和揭示的内容，在现有消费者权益保护领域具有创新性，四编共九章的内容均为笔者独创性研究，填补了消费者权益保护实证研究领域的空白。

具体而言，本书的主要创新点如下：

1. 论证了消费投诉信息属于政府信息，消费投诉信息公示的法律属性属于政府信息公开；通过对消费投诉信息公示的原则、主体、对象、内容（范围)、方法和程序的研究,对市场监督管理部门提出了关于消费者投诉信息公示的建议,为市场监督管理部门制定工作办法提供了工作基础。

2. 针对消费者投诉转案件的工作机制提出了制度化建议,为市场监督管理部门下一步制定相关指导意见提供了工作基础。

3. 针对保健食品属于特殊食品的性质定位,提出应根据原料和保健功能的不同划分为三类,着眼于食品安全水平和监管效能的提升以及保健食品行业的发展,应改革保健食品保姆式监管模式和保健食品审评、备案制度等。

4. 以主体间性理论为分析起点,提出在保健食品领域社交电商行为的合作监管中,规则制定、监管、执行的权力和责任可以由平台和社会组织分担,他们参与监管活动是行使自己的监管职责,并对监管活动的结果承担责任。

5. 针对食品欺诈的治理难题和行政执法困境,提出有必要赋予"食品欺诈"独有的含义,并从行政执法的角度区分了"民事欺诈"和"食品欺诈"的构成要件及相应的监管模式。

6. 针对消费者组织独立性和组织建设问题,提出新时代市场监督管理部门与消费者组织的关系定位应朝着取消挂靠、仅保留业务指导关系的方向发展;应给予消费者组织"特别法人"的身份定位,并应在相关立法中予以明确。

7. 针对京津冀消费者组织维权工作协同发展问题,提出三地应从联席会议机制、信息互通机制、资源共享机制、合作联动机制、理论研究机制、智能技术支持机制、组织与经费保障机制八个方面推动消费维权工作协同发展,并把理论研究、消费者教育、社会监督、投诉及纠纷处理等作为协同维权工作的重点领域。

8. 针对北京市政府制定价格现场听证会和网络听证会的消费者代表遴选要求,从程序上提出了科学化建议。

9. 针对消费者法法典化问题,提出我国消费者法法典化具备一定条件和可行性以及应从一个完整的消费行为的历经阶段所涉及的法律规范出发,按照逻辑顺序和时间线索确定法典结构。

上述研究成果中,《消费投诉信息公示的效果与影响研究》及《消费投诉信息公示办法》(建议稿)已被国家市场监督管理总局采纳,并在此建议稿基础上,形成了《市场监督管理投诉信息公示暂行规则》,将消费投诉信息公示制度在系统内全面推开。其他研究成果也均有部分或者全部予以采纳的情况，如保健食品监管制度政策研究的部分建议、新时代市场监督管理部门与消费者组织的关系定位研究、京津冀消费者协会维权工作协同发展研究、价格听证会消费者组织参加人遴选工作方案研究等，为消费者协会组织和市场监督管理部门提供了有价值的参考性意见。而对法典化的展望，则更多围绕我国消费者法法典化的价值功能、法典形式和体系建构等进行了探讨，展现了笔者在我国法典化浪潮下的一种独特思考。

然而，笔者深知本书中仍存在着诸多不足与局限之处，敬请各位专家、读者予以批评指正！

目　录

前　言 ……………………………………………………………… 001

◆ 第一编　消费投诉工作机制 ◆

第一章　消费投诉信息公示的效果与影响研究 ……………… 003
　一、消费投诉信息公示的理论研究 ………………………… 003
　（一）消费投诉信息公示的内涵和特点 …………………… 003
　（二）消费投诉信息的法律属性 …………………………… 003
　（三）消费投诉信息公示的依据 …………………………… 006
　（四）消费投诉信息公示制度的目的和意义 ……………… 013
　（五）消费投诉信息公示的原则 …………………………… 014
　（六）消费投诉信息公示的主体 …………………………… 016
　（七）消费投诉信息公示的对象 …………………………… 018
　（八）消费投诉信息公示的内容 …………………………… 018
　（九）消费投诉信息公示的方法和程序 …………………… 019
　二、消费投诉信息公示的风险防范及网络消费投诉信息公示 …… 022
　（一）公示主体被追诉的可能性及其防范 ………………… 022
　（二）网络消费投诉信息的公开问题 ……………………… 025
　三、域外消费投诉信息公示的情况与借鉴 ………………… 030
　（一）美国消费投诉信息公示的情况 ……………………… 030

（二）日本消费者投诉信息公示的资料搜索情况……………………035
　　（三）德国消费者投诉信息公示情况的资料搜索……………………039
　　（四）对我国的启示与借鉴……………………………………………042
　四、消费投诉信息公示试点的情况跟踪…………………………………044
　　（一）上海消费投诉信息公示试点情况………………………………044
　　（二）重庆消费投诉信息公示试点情况………………………………048
　　（三）江西省消费投诉信息公示试点情况……………………………050
　　（四）消费投诉信息公示试点的效果评估……………………………054
　五、目前的问题和下一步工作建议………………………………………057
　　（一）目前的问题………………………………………………………057
　　（二）笔者关于下一步工作的建议……………………………………060
　附录　消费投诉信息公示办法（建议稿）………………………………066

第二章　消费者投诉转案件工作专项分析……………………………070
　一、优化诉转案工作的必要性与可行性…………………………………072
　　（一）优化诉转案工作的必要性………………………………………072
　　（二）优化诉转案工作的可行性………………………………………082
　二、当前诉转案工作的实践困惑…………………………………………087
　　（一）诉转案工作的主体困惑…………………………………………087
　　（二）诉转案工作的客体困惑…………………………………………092
　　（三）诉转案工作的程序困惑…………………………………………094
　　（四）诉转案工作的奖惩机制…………………………………………097
　　（五）影响诉转案工作的其他因素……………………………………098
　三、优化诉转案工作的政策建议…………………………………………103
　　（一）明晰诉转案工作的主体…………………………………………103
　　（二）明确诉转案工作的对象…………………………………………104
　　（三）细化诉转案工作的标准…………………………………………105

（四）明确诉转案工作的情形 …… 106

（五）建立诉转案工作归档程序 …… 108

（六）加强诉转案工作的保障机制 …… 108

（七）与诉转案工作相关的其他建议 …… 110

附录　市场监督管理总局关于进一步完善消费者投诉信息转执法案件线索工作机制的指导意见（建议稿）…… 113

◆ 第二编　保健食品监管制度政策 ◆

第三章　保健食品监管制度政策研究 …… 121

一、保健食品监管制度政策形成的历史回顾 …… 121

（一）第一阶段：萌芽期（1987年—2003年）…… 121

（二）第二阶段：探索期（2003年—2013年）…… 123

（三）第三阶段：发展期（2013年—2018年）…… 123

（四）第四阶段：完善期（2018年以后）…… 124

二、保健食品监管制度政策中存在的问题与原因分析 …… 128

（一）保健食品定位问题与分类困境 …… 128

（二）注册制度中的问题 …… 133

（三）备案制度中的实质审查和形式审查之争 …… 136

（四）生产监管制度中存在的问题 …… 137

（五）经营监管制度中对虚假宣传、传销等行为监管不力 …… 138

三、国内外保健食品监管制度政策比较与借鉴 …… 139

（一）保健食品名称与定位比较研究 …… 140

（二）保健食品监管模式比较研究 …… 145

（三）保健食品注册与备案管理制度比较研究 …… 149

（四）保健食品生产与经营许可制度比较研究 …… 154

（五）保健食品标签与广告的管理比较研究 …………………… 162

四、完善我国保健食品监管的制度政策建议 ……………………… 167

（一）完善保健食品监管制度政策的总体思路与目标 …………… 168

（二）名称与类型划分的改进建议 …………………………………… 170

（三）监管定位与监管模式的改进与完善建议 …………………… 172

（四）保健食品注册与备案制度改进与完善建议 ………………… 173

（五）保健食品生产与经营制度完善建议 ………………………… 176

（六）标签、说明书及广告审核的制度政策建议 ………………… 177

（七）落实企业研发主体责任的制度政策建议 …………………… 180

（八）消费者教育与保健食品消费环境改善的制度政策建议 …… 181

附录　《加拿大天然健康产品条例》附录1、2 ………………… 185

第四章　保健食品（企业）线上行为监管研究 ………………… 189

一、保健食品（企业）线上行为的界定 …………………………… 189

（一）保健食品（企业）线上行为界定的理论基础 ……………… 190

（二）保健食品（企业）线上行为的法律适用 …………………… 193

二、保健食品（企业）线上行为监管必要性 ……………………… 198

（一）保健食品（企业）线上行为的反交往理性 ………………… 198

（二）保健食品（企业）线上行为面临的法律困境 ……………… 200

（三）保健食品（企业）线上行为监管现状 ……………………… 202

三、保健食品（企业）线上行为监管模式类型 …………………… 205

（一）保健食品（企业）线上行为政府监管模式 ………………… 205

（二）保健食品（企业）线上行为非政府监管模式 ……………… 208

（三）保健食品（企业）线上行为合作监管模式 ………………… 210

四、保健食品（企业）线上行为监管模式选择 …………………… 212

（一）保健食品（企业）线上行为监管法治化 …………………… 212

（二）保健食品（企业）线上行为监管模式改善 ………………… 214

（三）保健食品（企业）线上行为合作监管模式特征 …………………… 216
　（四）保健食品（企业）线上行为合作监管模式重心 …………………… 218

第五章　食品欺诈的规制路径与法律适用 ……………………………… 220
　一、作为全球性问题的食品欺诈 ……………………………………………… 220
　二、食品欺诈的规制及路径选择 ……………………………………………… 222
　（一）域外食品欺诈规制与路径选择 ………………………………………… 222
　（二）我国食品欺诈规制现状及路径选择 …………………………………… 227
　三、食品欺诈的认定与法律适用 ……………………………………………… 230
　（一）食品掺假 ………………………………………………………………… 231
　（二）食品虚假陈述 …………………………………………………………… 233
　余　论 …………………………………………………………………………… 234

◆ 第三编　消费者组织的工作与定位 ◆

第六章　新时代市场监督管理部门与消费者组织的关系定位研究 …… 239
　一、市场监督管理部门与消费者组织的关系考察 …………………………… 239
　（一）历史回顾 ………………………………………………………………… 239
　（二）消费者组织与市场监督管理部门的现实关系类型 …………………… 241
　（三）对不同类型关系的评析 ………………………………………………… 245
　二、市场监督管理部门和消费者组织在消费者权益保护工作中的职责界分 … 246
　（一）市场监督管理部门在消费者权益保护工作中的职责 ………………… 246
　（二）对行政部门"受理消费者投诉"的理解 ……………………………… 247
　（三）消费者组织在消费者权益保护工作中的职责 ………………………… 247
　（四）二者职责定位和工作方式的差异性辨析 ……………………………… 249
　（五）二者在消费者投诉调解工作中的职责交叉与重叠 …………………… 250
　三、市场监督管理部门对消费者组织履行公益性职责的影响 ……………… 252

（一）挂靠和指导的意涵 ·· 252

（二）挂靠体制和业务指导关系对消费者组织的影响 ·············· 254

四、消费者组织的发展状况及其履职能力研究 ···························· 256

（一）消费者组织的发展状况研究 ······································ 256

（二）消费者组织履职能力研究 ··· 260

五、事业单位分类改革背景下市场监督管理部门和消费者组织的关系定位 ··· 262

（一）事业单位改革背景下消费者组织定位的几种可能性及其利弊分析 ··· 263

（二）与市场监督管理部门脱钩成为政府设立的直属事业单位 ········· 266

（三）仅保留和维持市场监督管理部门对消费者组织的业务指导关系 ······ 268

六、未来消费者组织定位及与市场监督管理部门的关系重塑 ············ 269

（一）解除与市场监督管理部门的挂靠关系 ···························· 269

（二）保留与市场监督管理部门的业务指导关系 ······················ 270

（三）认清消费者组织公益性职责而非公益性服务 ··················· 271

（四）消费者组织应当是具有法定名称、法定性质、法定职责的

特别法人 ·· 272

（五）通过专门立法对消费者组织再次"赋权"与"赋能" ·········· 274

（六）重新定位市场监督管理部门投诉处理与消费者协会（委员会）

调解职责 ··· 276

（七）某些地区可试点基层消费者协会编制向上集中的编制管理改革 ····· 277

第七章 京津冀消费者协会维权工作协同发展研究 ················· 279

一、京津冀消费者协会维权工作协同发展当前现状与不足 ············· 279

（一）居民收入、消费与人口状况既存在明显差异也存在快速缩小

差距的趋势 ··· 279

（二）京津冀消费者协会组织建设状况 ································· 280

（三）京津冀消费者协会维权工作协同机制发展现状 ··············· 281

（四）存在的问题与不足 ·· 284

二、推动完善京津冀消费者协会维权工作协同发展机制的构想 ……… 286
　（一）联席会议机制 ……………………………………………… 286
　（二）信息互通机制 ……………………………………………… 287
　（三）资源共享机制 ……………………………………………… 288
　（四）合作联动机制 ……………………………………………… 290
　（五）理论研究机制 ……………………………………………… 291
　（六）智能技术支持机制 ………………………………………… 291
　（七）组织与经费保障机制 ……………………………………… 293
三、京津冀消费者协会协同发展近期重点工作领域 ……………… 294
　（一）理论研究 …………………………………………………… 294
　（二）消费者教育 ………………………………………………… 296
　（三）社会监督 …………………………………………………… 300
　（四）投诉及纠纷处理 …………………………………………… 301
　（五）社会共治 …………………………………………………… 303

第八章　价格听证会消费者组织参加人遴选工作方案研究 ……… 306
一、消费者参加价格听证的性质与意义 …………………………… 307
　（一）消费者参加价格听证的性质 ……………………………… 307
　（二）消费者参加价格听证的意义 ……………………………… 307
二、北京市价格听证中消费者参加人遴选制度存在的问题 ……… 307
　（一）北京市价格听证消费者参加人的身份及其代表性问题 … 307
　（二）北京市价格听证消费者参加人的广泛性和专业性问题 … 308
　（三）北京市价格听证消费者参加人的参与度问题 …………… 308
三、国外及我国其他地区价格听证中消费者参加人遴选制度考察
　　及启示 …………………………………………………………… 309
　（一）国外及我国台湾地区价格听证中消费者参加人遴选
　　　　制度的考察 ………………………………………………… 309

（二）国外及我国台湾地区价格听证消费者参加人遴选制度的启示 ………… 312

（三）我国其他省市价格听证中消费者参加人遴选制度的考察 …………… 313

（四）我国其他省市价格听证中消费者参加人遴选制度的启示 …………… 316

四、现场听证模式下消费者参加人遴选工作方案 ………………………… 318

（一）现场听证模式下消费者参加人遴选的原则 …………………………… 318

（二）消费者参加人的遴选机构 ………………………………………………… 320

（三）消费者遴选条件与标准 …………………………………………………… 322

（四）现场听证消费者参加人的遴选方式与程序 …………………………… 323

（五）现场听证消费者参加人人才库建设 …………………………………… 324

五、网络听证模式下消费者参加人遴选工作方案 ………………………… 324

（一）网络价格听证的利弊与定位 …………………………………………… 324

（二）网络价格听证的适用范围 ……………………………………………… 325

（三）网络价格听证的参加人条件 …………………………………………… 325

（四）网络价格听证的组织机构 ……………………………………………… 325

（五）网络价格听证的程序 …………………………………………………… 326

（六）网络价格听证的其他问题 ……………………………………………… 326

附录 1　北京市政府制定价格现场听证会消费者代表遴选办法

（建议稿） ………………………………………………………… 328

附录 2　北京市网络价格听证消费者代表遴选办法 ……………… 332

◆ 第四编　法典化展望 ◆

第九章　我国消费者法法典化之价值功能与法典形式和体系建构研究 ……………………………………………………… 339

一、我国消费者法法典化的意义和价值功能 ……………………………… 340

（一）消费者法法典化的含义 ………………………………………………… 340

（二）消费者法法典化的意义 …………………………………… 341
（三）消费者法法典化的价值功能 ……………………………… 345
二、我国消费者法法典化的条件及可行性分析 ……………………… 348
（一）法典化的条件 ……………………………………………… 348
（二）我国消费者法法典化的条件审视 ………………………… 350
（三）我国消费者法法典化实施的可行性分析 ………………… 353
三、我国消费者法法典化的困境 ……………………………………… 358
（一）理论深度及抽象化程度不够 ……………………………… 358
（二）法典化的前期准备工作较多 ……………………………… 360
（三）解法典化现象及信息化社会带来的冲击 ………………… 362
四、我国消费者法法典化的形式与体系建构建议 …………………… 365
（一）法典观念之考量 …………………………………………… 365
（二）法典形式之考量 …………………………………………… 366
（三）我国消费法典体系建构建议 ……………………………… 369

参考文献 …………………………………………………………………… 381
后　记 …………………………………………………………………… 387

第一编

消费投诉工作机制

第一章

消费投诉信息公示的效果与影响研究[1]

一、消费投诉信息公示的理论研究

（一）消费投诉信息公示的内涵和特点

消费投诉，是指消费者为生活消费需要购买、使用商品或者接受服务的过程中，与经营者发生消费者权益争议，请求市场监督管理部门依法处理的行为。消费投诉信息公示，是指将消费者向市场监督管理部门提出投诉、请求依法调解的过程中所形成的信息对外公开和展示。根据消费投诉信息公示的内涵，可以归纳出消费投诉信息公示具有几个鲜明的特点：①公示的主体是依法处理消费投诉的行政管理部门；②公示的对象是提出消费投诉的消费者以及被投诉的经营者；③公示的内容是消费投诉的信息以及消费投诉处理结果的信息；④公示的方式是由相关行政管理部门通过一定的媒介载体对外公示。

（二）消费投诉信息的法律属性

明确消费投诉信息的法律属性问题，是决定消费投诉信息能否公示的基本前提。因而，首先需要论证消费投诉信息是否属于政府信息。我国《政府

---

[1] 本章是本书笔者 2017 年主持完成的原国家工商行政管理总局消费者权益保护局委托的研究项目，编入本书时部分内容做了删改，并将"工商行政管理部门"的表述在多数情况下修改为"市场监督管理部门"。本研究成果得到了原国家工商行政管理总局和国家市场监督管理总局的采纳。2023年9月国家市场监督管理总局印发了《市场监督管理投诉信息公示暂行规则》，消费投诉信息公示制度在全系统展开。

信息公开条例》[1]第 2 条规定，政府信息是指行政机关在履行职责过程中制作或者获取的，以一定形式记录、保存的信息。正确理解政府信息的规定对于判断消费投诉信息是否属于政府信息至关重要。界定政府信息的含义包含四个要素，分别是信息主体要素、政府职责要素、信息来源要素和信息载体要素。[2]

在信息主体要素方面，政府信息应当是由行政机关掌握的信息。《消费者权益保护法》第 39 条规定，消费者和经营者发生消费者权益争议的，可以通过 5 种法定途径解决，"向有关行政部门投诉"是法定途径之一。因此，消费者为生活消费需要，在购买、使用商品或者接受服务的过程中，与经营者发生消费者权益争议，向市场监督管理部门投诉，市场监督管理部门对消费者的投诉进行处理所形成的信息，应由相关的行政机关掌握。

在政府职责要素方面，要求行政机关负有相应的法定职责。政府部门的工作职责主要由编制部门依法划定，而法定职责主要由相关的法律法规所确定。市场监督管理部门的职责主要由"三定方案"来确定，即根据《国家市场监督管理总局职能配置、内设机构和人员编制规定》的规定，国家市场监督管理总局的主要职责包括：负责市场监督管理和行政执法的有关工作，承担依法规范和维护市场经营秩序的责任，指导开展有关服务领域消费维权工作，指导消费者咨询、申诉、举报受理、处理和网络体系建设等工作，保护经营者、消费者合法权益等。根据"三定方案"的规定，开展消费维权工作、处理消费者投诉、保护消费者合法权益，是市场监督管理部门的职责内容。

另外，《消费者权益保护法》是国家维护全体公民合法消费权益、维护社会经济秩序稳定、促进社会主义市场经济健康发展的一部重要法律规范，其中不仅明确规定了消费者的合法权利，而且详细规定了相关政府机关在保护消费者权益方面的法定职责。《消费者权益保护法》在总则第 5 条第 1 款、第 2 款分别明确规定，"国家保护消费者的合法权益不受侵害"，"国家采取措施，保障消费者依法行使权利，维护消费者的合法权益"。《消费者权益保护法》第 5 条第 1 款的规定是国家保护消费者合法权益的原则性规定，无论是

---

[1] 为行文方便，本书中提及的我国法律规范文件均省略"中华人民共和国字样，如《中华人民共和国政府信息公开条例》简称为《政府信息公开条例》。

[2] 王敬波：《法治政府要论》，中国政法大学出版社 2013 年版，第 137~143 页。

国家的立法、行政执法还是司法活动，都应当贯彻消费者权益保护的原则，这实质上明确了消费者权益保护的国家义务；而第 5 条第 2 款的规定则明确表达了国家保护消费者合法权益不是被动的，而应当积极作为、采取措施，保障消费者依法、正当、及时地行使权利。《消费者权益保护法》第 5 条相关规定是从宏观层面规定了消费者权益保护的国家职责。各级政府以及政府部门关于消费者权益保护职责由《消费者权益保护法》第 31、32 条予以规定。《消费者权益保护法》第 31 条第 1 款规定："各级人民政府应当加强领导，组织、协调、督促有关行政部门做好保护消费者合法权益的工作，落实保护消费者合法权益的职责"，这规定了各级政府保护消费者权益的职责。第 32 条第 1 款规定："各级人民政府工商行政管理部门和其他有关行政部门应当依照法律、法规的规定，在各自的职责范围内，采取措施，保护消费者的合法权益。"该款是关于政府行政部门履行消费者权益保护职责的规定。对于消费者权益争议的解决职责，具体由《消费者权益保护法》第 39 条和第 46 条予以规定。《消费者权益保护法》第 39 条规定，消费者和经营者发生消费者权益争议的，可以法定途径解决，"向有关行政部门投诉"是法定途径之一，亦即接受消费者的消费投诉、处理消费投诉争议，是有关行政部门的法定职责。第 46 条规定："消费者向有关行政部门投诉的，该部门应当自收到投诉之日起 7 个工作日内，予以处理并告知消费者"，根据上述规定，市场监督管理部门作为市场监管的重要职能部门，依法履行消费者权益保护的职责，法定职责包括接受消费者投诉和处理消费者权益争议。进一步分析，市场监督管理部门在依法处理消费者的投诉时，需要按照相应的程序进行。《市场监督管理投诉举报处理暂行办法》第 16 条规定："市场监督管理部门经投诉人和被投诉人同意，采用调解的方式处理投诉……。"可见，市场监督管理部门依法处理属于民事争议的消费者投诉，实行的是调解制度，即市场监督管理部门接受消费者的消费投诉并对属于民事争议的消费投诉进行处理，这一过程是行政机关依法受理、调查核实并进行行政调解的过程。

在信息来源要素方面，政府信息的来源是多渠道、多途径的。政府信息不仅包括行政机关在履行职责过程中通过制作方式形成的信息，还包括在履行职责过程中从其他国家机关、社会组织以及公民个人那里获取的相关信息。对于来自公民、法人和其他组织的信息事实上存在一个转化过程，个人信息可以转化为政府信息，政府信息也可以转化为个人信息。消费投诉信息，是消费者与生产经营者发生消费权益争议、向市场监督管理部门投诉，并由市场监督管理部门依法处理过程中所形成的信息。根据《市场监督管理投诉举报处理暂行办法》的规定，市场监督管理部门应当按照相应的要求和程序对消费者投诉进行处理。在处理的过程中，通常能够了解和获知以下几方面的信息：一是投诉方与被投诉对象的基本信息，包括姓名、联系电话、住址、公司名称、所在地等；二是消费者投诉的内容信息，包括投诉的事实和诉求；三是被投诉主体的反馈信息；四是市场监督管理部门对消费投诉的处理结果信息。另一方面，2014年《企业信息公示暂行条例》第2条规定："本条例所称企业信息，是指在工商行政管理部门登记的企业从事生产经营活动过程中形成的信息，以及政府部门在履行职责过程中产生的能够反映企业状况的信息。"消费者依法向市场监督管理部门投诉以及相关部门处理投诉过程中所形成的信息，既是企业从事生产经营活动中形成的信息，也是政府部门在履行职责过程中产生的能够反映企业状况的信息。消费投诉信息既与企业生产经营状况直接相关，属于企业信息，同时也属于政府信息。因此，消费者将消费争议向市场监督管理部门投诉，被投诉主体对投诉事项的回应和反馈，这些私主体有关消费争议的信息由于经过公权力机关的介入和处理，已经由最初的私主体信息转化为政府信息；市场监督管理部门接受消费者的投诉、依法处理消费争议，这一过程所产生的信息，也应当属于政府信息的范围。

最后是信息载体要素。政府信息要求是以一定形式记录、保存下来的信息。"一定形式"可以是纸质文本，也可以是电子介质，或者是其他载体，但必须能够为人类所感知。消费投诉信息，通常是由市场监督管理部门通过纸质或者电子介质的方式记录和保存下来，符合政府信息的载体要素的要求。

综合以上分析，消费投诉信息，符合政府信息的要素要求，属于政府信息。消费投诉信息公示，本质上属于政府信息主动公开的范畴。

(三) 消费投诉信息公示的依据

1. 消费投诉信息公示的理论依据

(1) 消费投诉信息公示的政府义务

消费者权益保护事关民生建设。社会公众的衣食住行等基本生活需要都离不开消费，加强对消费者权益的保护是改革民生、加强民生建设以及强化市场监管的重要内容。《消费者权益保护法》明确规定："国家保护消费者的合法权益不受侵害"，"国家采取措施，保障消费者依法行使权利，维护消费者的合法权益"。无论是国家的立法、行政执法还是司法活动，都应当贯彻消费者权益保护的原则，这实质上明确宣示了国家保护消费者合法权益的责任和义务。同时其也体现出国家保护消费者合法权益并不是被动的，而是强调国家应当积极履行职责、采取措施，保障消费者依法、正当、及时地行使权利，这其中既包括国家从立法层面为消费者提供充分的维权手段，如赋予了消费者协商、和解、调解、向行政机关投诉、向司法机关提起诉讼、请求仲裁机关仲裁等多元化维权手段；也包括政府和相关行政机关主动采取行政措施保护消费者合法权益，如有关政府部门在各自的职责范围内对经营者提供的商品或者服务进行抽查检验、通过监管数据信息实现对市场监管的精准治理、及时发现消费投诉重点领域、向社会发布消费警示等。

除了对消费者权益保护作出原则性规定以外，《消费者权益保护法》还详细规定了各级政府及其他有关部门保护消费者合法权益的职责，如"各级人民政府应当加强领导，组织、协调、督促有关行政部门做好保护消费者合法权益的工作，落实保护消费者合法权益的职责。各级人民政府应当加强监督，预防危害消费者人身、财产安全行为的发生，及时制止危害消费者人身、财产安全的行为"；"各级人民政府工商行政管理部门和其他有关行政部门应当依照法律、法规的规定，在各自的职责范围内，采取措施，保护消费者的合法权益"。这些都明确规定了市场监督管理部门在保护消费者合法权益方面的职责。

消费投诉，是消费者解决消费争议、维护合法权益的重要途径。《消费者权益保护法》第39条明确将"向有关行政部门投诉"列为消费者解决与经营者发生的消费者权益争议的法定途径之一；第46条也规定："消费者向有关行政部门投诉的，该部门应当自收到投诉之日起7个工作日内，予以处理并告知消费者"。这两条规定明确了受理消费者的合法投诉、处理和解决消费者与经营者之间的消费权益争议是有关行政部门的法定职责。《市场监督管理投诉举报处理暂行办法》是专门规范市场监督管理部门处理消费者投诉活动的部门规章，市场监督管理部门处理消费投诉事项应当遵守《消费者权益保护法》及其实施条例以及《市场监督管理投诉举报处理暂行办法》等相关法律法规规范。

国家保护消费者合法权益实际上包括两方面的内容：一是保护在消费中合法权益受到损害的消费者；二是维护广大潜在消费者的合法权益。消费投诉是消费者寻求消费维权、解决消费争议的重要途径。市场监督管理部门依法处理消费投诉，是政府部门履行保护消费者合法权益职责的体现；对消费投诉信息进行公示，是政府机关积极作为，主动保护消费者的合法权益的体现，一方面有利于消费争议的解决、维护消费者的合法权益，另一方面也有利于促进被投诉主体加强自律并推动社会监督，从而有助于保护更多潜在的消费者。因此，市场监督管理部门对外公示消费投诉信息，是政府部门积极采取措施、主动履行保护消费者合法权益义务的体现。

（2）消费投诉信息公示的公民权利基础

第一，消费投诉信息公示能够满足消费者知情权的需要。消费者知情权是指消费者享有的知悉其购买、使用的商品或者接受的服务的真实、重要、适当、及时的信息的权利。[1]随着时代的发展和理论研究的深入，我们对消费者知情权的认识不能停留于传统民事权利的层次，而应当提高到基本人权的层面来认识。从基本人权理论来认识消费者知情权，突显了消费者权利的最终目标和归宿在于保障人的生存和发展。消费者权利作为基本人权的重要内容，其义务主体和实现机制与纯粹的私权有所区别，它需要依靠国家的积极作为。消费者在选择商品或服务时，信息不对称是其合法权益受到损害的重要原因之一。消费者的知情权，是消费者购买、使用商品或者接受服务的一项基础性权利，涉及消费者的安全权、选择权等能否最终实现。消费者知情权的满足与实现，一方面需要经营者对相关信息的提供与说明；另一方面也要求国家的积极介入和帮助，国家负有积极的信息提供义务和监督经营者披露真实充分信息的职责。为此，《消费者权益保护法》第 8 条第 1 款规定："消费者享有知悉其购买、使用的商品或者接受的服务的真实情况的权利。"消费投诉信息是市场监督管理部门依法处理消费者投诉、解决消费争议的政府信息，反映了被投诉主体的经营状况。市场监督管理部门将消费投诉信息对外公示，能够满足消费者知情权的需要。

---

〔1〕 王宏：《消费者知情权研究》，山东人民出版社 2015 年版，第 14 页。

第二，消费投诉信息公示能够满足消费者选择权的需要。在市场经济中，市场主体需要对自己的行为负责。但是，鉴于现实社会中存在的信息不对称、机会主义行为、道德风险等市场失灵现象，就要求有相应的信息披露和信息发现机制，这样才能降低交易双方的信息搜索成本，便于消费者做出选择和交易的顺利进行。消费是人类通过商品或者服务，满足自身需求的一种经济行为。在消费活动中，只有遵从当事人的意愿，才符合合同关系的特性，也才能促进消费、推动经济健康发展。然而在现实生活中，由于经营者通常处于优势地位，消费者处于消费信息不对称的一端，消费者的消费选择权往往会受到限制和影响。为此，《消费者权益保护法》第9条规定："消费者享有自主选择商品或者服务的权利。消费者有权自主选择提供商品或者服务的经营者，自主选择商品品种或者服务方式，自主决定购买或者不购买任何一种商品、接受或者不接受任何一项服务。消费者在自主选择商品或者服务时，有权进行比较、鉴别和挑选"。根据这条规定，消费者自主选择商品和服务的权利主要包括四个方面：一是自主选择提供商品或者服务的经营者；二是自主选择商品品种或者服务方式；三是自主选择是否购买商品或者接受服务；四是对商品和服务进行比较、鉴别和挑选。所有这些消费者选择权的实现，很大程度上依赖于对商品或者服务真实情况的了解。消费投诉信息的公示，向消费者提供了相关经营者的商品或者服务的客观情况，使消费者能够更充分地掌握消费信息，从而有助于消费者选择权的行使。

第三，消费投诉信息公示能够满足对损害消费者合法权益的行为进行社会监督和舆论监督的需要。保护消费者合法权益关系到社会中的每个人，涉及经济社会的方方面面，直接影响着社会经济秩序的稳定、市场经济的健康发展以及和谐社会的构建，必须动员全社会的力量，形成消费者权益保护的社会合力。因而，除了国家对消费者合法权益负有保护的职责外，保护消费者的合法权益也是全社会的共同责任。为此，《消费者权益保护法》第6条第2、3款分别规定，"国家鼓励、支持一切组织和个人对损害消费者合法权益的行为进行社会监督"，"大众传播媒介应当做好维护消费者合法权益的宣传，对损害消费者合法权益的行为进行舆论监督"。对损害消费者合法权益的行为进行社会监督和舆论监督，其前提在于对损害消费者合法权益行为和事实的了解。消费投诉信息公示，有助于社会监督和舆论监督作用的切实发挥。

2. 消费投诉信息公示的法律法规依据

《政府信息公开条例》是规范政府信息公开行为的行政法规，其第19条规定了行政机关应当主动公开的政府信息的范围，要求对涉及公共利益调整、需要公众广泛知晓或者需要公众参与决策的政府信息，行政机关应当主动公开。消费投诉信息，是市场监督管理部门依法处理消费者与经营者之间发生消费权益争议过程中所产生的信息。这些信息不仅是被投诉市场主体信息的重要内容，能够反映市场主体的经营状况，而且也是市场主体信用监管的重要组成部分，与广大潜在的消费者及其消费权益息息相关，社会公众有权知晓。因此，消费投诉信息属于"需要公共广泛知晓或者需要公众参与决策的"政府信息，行政机关应当主动公开。此外，《政府信息公开条例》第20条对政府信息主动公开还规定了兜底条款，明确规定政府应当主动公开的范围还包括"法律、法规、规章和国家有关规定规定应当主动公开的其他政府信息"，即如有其他法律法规规章和有关规定应当主动公开的政府信息，相关政府机关应当公开。

《企业信息公示暂行条例》是规范政府部门在履行职责过程中产生的能够反映企业状况的企业信息的行政法规，是政府信息公开在市场监管领域的特别规定。根据《企业信息公示暂行条例》第2条的规定，"本条例所称企业信息，是指在市场监督管理部门登记的企业从事生产经营活动过程中形成的信息，以及政府部门在履行职责过程中产生的能够反映企业状况的信息"。消费者就与经营者发生消费权益争议并向市场监督管理部门请求依法处理所形成的信息，既是生产经营主体与消费者之间的消费争议过程的记录，是企业信息的组成部分；也是市场监督管理部门在履行处理消费者投诉职责过程中产生的、能够反映企业状况的信息。《企业信息公示暂行条例》第6条第1款规定了应当公示的企业信息的范围，即"市场监督管理部门应当通过国家企业信用信息公示系统，公示其在履行职责过程中产生的下列企业信息：①注册登记、备案信息；②动产抵押登记信息；③股权出质登记信息；④行政处罚信息；⑤其他依法应当公示的信息"。根据前述的分析，消费投诉信息是企业经营状况的反映，其公示不仅是政府部门积极承担法定职责、履行维护消费者合法权益义务的体现，也是推动经营者诚信自律、优化消费环境的重要手段，而且对于消费者的知情权、选择权以及社会监督、舆论监督的实现具有重要的作用，属于依法应当公示的信息。

上述两个行政法规均提到了"依法应当公示的信息"。根据 2024 年 3 月 15 日颁布的《消费者权益保护法实施条例》第 29 条的规定："市场监督管理部门和其他有关行政部门应当加强消费领域信用体系建设，依法公示有关行政许可、行政处罚、抽查检验结果、消费投诉等信息，依法对违法失信经营者实施惩戒。"其中明确列举了消费投诉信息，可见，无论是从消费投诉信息本身的属性来看，还是从法律的直接规定来看，对消费投诉信息的公示都已被明确为行政机关的法定职责。

3. 消费投诉信息公示的政策依据

随着市场监管形势以及监管能力的转变，国家及相关监督管理部门一直努力调整、创新监管和服务的理念、手段和方式，先后开展了商事制度改革、"先照后证"改革、事中事后监管改革、信用监管体系建设等一系列改革与创新，实现市场监管和治理能力的现代化。在多项改革推进中，消费投诉信息公示与改革目标的实现密切相关，其中包括：

党的十八届三中全会作出的《中共中央关于全面深化改革若干重大问题的决定》提出"经济体制改革是全面深化改革的重点，核心问题是处理好政府和市场的关系，使市场在资源配置中起决定性作用和更好发挥政府作用"；明确"政府的职责和作用主要是保持宏观经济稳定，加强和优化公共服务，保障公平竞争，加强市场监管，维护市场秩序，推动可持续发展，促进共同富裕，弥补市场失灵"；把市场在资源配置中起"基础性作用"改为起"决定性作用"，强调市场在资源配置中发挥的是决定性作用。这一新的论断突出了政府与市场的功能边界，意味着两种资源配置机制的分工将越来越清晰，市场能够解决的事务由市场来解决，政府需要承担的义务由政府来承担。社会主义市场经济的发展，既需要市场的运转和自我调节，也需要政府的监管和调整，把基础性作用改为决定性作用，并非弱化政府的作用，而是要求更好地发挥政府的作用。市场监督管理部门是承担市场监管和行政执法的政府部门，应当积极履行法律法规赋予的市场监管职责。市场的健康发展需要政府加强监管、维护市场秩序、弥补市场失灵。市场主体之间的信息不对称是市场失灵的重要体现，需要政府机关的主动作为。因此，推动消费投诉信息公示是进一步打破信息不对称的重要手段，是促进充分发挥市场与政府在市场经济发展中调节各自功能的客观要求。

《国务院关于"先照后证"改革后加强事中事后监管的意见》要求转变市场监管理念，明确监管职责，创新监管方式，提出了四项原则，其中包括：①信用约束原则："加快推进全国统一的信用信息共享交换平台和企业信用信息公示系统建设，推进政府部门、行业协会、社会组织信用信息共享共用，强化信用对市场主体的约束作用，构建以信息归集共享为基础，以信息公示为手段，以信用监管为核心的监管制度，让失信主体'一处违法，处处受限'。"②社会共治原则："推进以法治为基础的社会多元治理，健全社会监督机制，切实保障市场主体和社会公众的知情权、参与权、监督权，构建市场主体自治、行业自律、社会监督、政府监管的社会共治格局。"《国务院关于"先照后证"改革后加强事中事后监管的意见》正式明确了落实"先照后证"改革后事中事后监管的具体措施及责任界定，为政府简政放权、深化行政体制改革的持续稳步推进奠定了坚实的基础。该文件明确了工商行政管理在事中事后监管的基础作用，强调企业信用信息披露对事中事后监管的核心作用。企业信用信息披露包含了企业从建立到运营再到推出市场的全过程信息，保证信息的完整性、准确性、时效性和共享性等，有利于为支撑政府监管、协助行业自律、支持社会监督、提高市场信用监管效率提供了必要的保障。消费投诉信息也属于企业信息的范围，推进事中事后监管客观上需要消费投诉信息公示。

《国务院办公厅关于政府部门涉企信息统一归集公示工作实施方案的复函》，同意《政府部门涉企信息统一归集公示工作实施方案》提出的统一归集、及时准确、共享共用的基本原则；明确工作目标为"依托公示系统，充分利用全国信用信息共享平台和地方共享平台，建立体系完整、责任明确、高效顺畅、监督有力的工作机制，全面、及时、准确地将各地区、各有关部门产生的企业信息统一归集于企业名下，依法向社会公示"；进一步明确"政府部门涉企信息是指依法应当公示的企业信息，包括：企业注册登记备案、动产抵押登记、股权出质登记、知识产权出质登记、商标注册、行政许可、行政处罚、纳入经营异常名录和严重违法失信企业名单（'黑名单'）、抽查检查结果等，以及其他依法应当公示的企业信息（统计抽查检查结果信息、企业统计年报除外）"。

《工商总局关于加强互联网领域消费者权益保护工作的意见》要求"坚持信息公开,推进网络经营者诚信自律体系建设","要积极推动企业投诉情况公开工作,扩大企业投诉情况公开试点……通过信息公开,倒逼网络商品经营者和网络交易平台健全和完善内部质量管控制度和措施,从根源上提升网络交易商品的质量水平"。

《国家工商行政管理总局关于加强网络市场监管的意见》要求"建立网购消费警示机制,及时发布消费提示、警示,推进消费投诉公开,加强消费引导。引入行业协会、第三方机构参与网购消费投诉纠纷处理,实现投诉处理工作前移。"

《国家发展改革委办公厅关于充分利用"3.15"国际消费者权益日做好消费领域信用建设相关工作的通知》要求"建立健全消费领域失信行为投诉举报和处理机制。将相关投诉举报信息和处理结果报送'信用中国'网站,按照有关规定公开","结合地方实际,创造性地开展消费领域信用建设相关工作"。

上述一系列政策文件客观反映了市场监督管理部门转变监管理念的历史过程和主动作为的制度层面的创新思考。

(四) 消费投诉信息公示制度的目的和意义

1. 进一步满足消费者知情权和选择权的需要

消费者的知情权、选择权是法律赋予消费者的权利。消费者知情权和选择权的实现,除了要求市场经营主体主动履行提供真实、充分的交易商品或者服务信息的义务外,也离不开政府监督管理部门提供的关于市场主体的监管信息。消费投诉信息是市场监督管理部门依法处理消费者与经营者之间的消费争议而产生的、能够反映经营者状况的信息。市场监督管理部门将消费投诉信息进行公示,有助于进一步满足消费者在与经营者进行商品或者服务的交易过程中的信息需求,促进消费者知情权和选择权的实现,从源头上维护消费者的合法权益。

2. 体现市场监管理念、监管手段和服务方式的调整与创新

李克强在《简政放权 放管结合 优化服务 深化行政体制改革 切实转变政府职能》讲话中指出,要创新和加强政府管理,使市场和社会活而有序。当务之急,是加强市场监管,为各类市场主体营造公平竞争的发展环境,要转

变监管理念，创新监管机制和监管方式，提高监管效能。为此，市场监督管理部门应深化推进工商登记制度改革，积极探索事中事后监管新机制，以企业信用监管为核心，不断强化企业信息公示、信息共享、联合惩戒，加强市场监管，维护市场秩序，为企业优胜劣汰和产业转型升级提供保障。消费投诉信息公示，不仅是加强市场主体信用监管的重要内容，体现了依靠社会信用体系建设加强市场监管的新理念，而且反映出政府部门积极履行在市场监管中弥补信息失灵的义务，为强化市场事中事后监管新机制提供重要基础。此外，通过消费投诉信息公示，维护消费秩序、释放消费潜力、强化消费维权，这既是市场监督管理部门的职责，也是政府提供更多社会公众所需的公共产品的责任，有利于消费者的消费选择和权益保障，是落实服务型政府理念的具体体现。

3. 提供打造消费者权益保护社会共治格局的基础

在市场经济条件下，消费是经济发展的主引擎，也是衡量经济发展质量和效益的晴雨表。近年来，随着经济的持续快速发展，带来了消费的升级换代，居民消费在消费理念、消费结构、消费方式等方面发生了根本性改变。在经济发展新常态、居民消费新变化和消费者新期待的客观形势下，仅依靠政府或者仅依靠监督管理部门单打独斗，已经不能满足消费者合法权益保护的需要，亟需实现从部门单打独斗向社会协同共治转变，实现消费维权效能的最大化。当前，政府监管转型的重要目标之一就是调动行业组织、新闻媒体、社会公众等社会力量参与市场监管的积极性，更好发挥社会力量在市场监管中的独特作用。《消费者权益保护法》明确规定"保护消费者的合法权益是全社会的共同责任"，专章规定了经营者的义务和国家对消费者合法权益的保护职责，同时也规定了社会各界对损害消费者合法权益行为的监督。坚持依法治理，就是要按照法律规定，动员各方力量、发挥社会作用、加强对消费者全方位的保护。消费投诉信息公示制度，有助于引导企业诚信自律、保障消费者知情权和选择权的实现、扩大社会监督与舆论监督，推动建立健全"企业自律、消费者参与、社会监督、政府监管"的消费者合法权益保护社会共治新机制。

（五）消费投诉信息公示的原则

法律程序的实施离不开法律原则的支持，消费投诉信息公示原则贯穿于整个公示程序中，对公示程序的规范进行指导，并反映消费投诉信息公示的目的。结合政府信息公开、企业信息公示及市场监督管理部门处理消费投诉信息的实践，消费投诉信息公示的原则可以概括为：

1. 程序正当原则

程序正当原则在公示过程中的具体体现是：①保障所公示的信息能够广泛满足广大消费者的知情权需求。不管投诉涉及的消费者利益是多是少，都需要一视同仁地公示出来，为公民行使知情权提供便利条件。②公示过程应当满足程序正当的要求，不得侵害消费者个人信息依法得到保护的权利，不得损害经营者依法受保护的商业秘密。

2. 公开透明原则

公开透明原则是指相关公示平台应当将消费者如何投诉、消费投诉信息公示的目的意义、法律依据、公开的内容、公开的程序步骤、消费者个人信息保护、企业信息保护、数据库的查询与使用等事项逐一进行公开说明，并告知消费者除了依法不能公开的事项以外，消费投诉信息都将如实地向社会公开。作为信息公开的最基本标准和要求，程序公开透明一直以来被认为是政府信息公开的前提。程序公开透明可以使公众更好地参与到法治社会的建设中来，保障公民知情权的行使；同时，程序公开透明也可以有效保障消费投诉信息公示的客观性和公正性。

3. 客观真实原则

在消费投诉信息公示中，公示机关不能主观推测和臆断，必须根据客观事实和被公示主体的实际情况，以客观的方式反映消费投诉及处理的真实情况信息；对于消费者不合理、不合法的投诉以及虚假投诉、恶意投诉也不能姑息迁就，应将查证属实的虚假投诉、恶意投诉、重复投诉的情况依法予以公示。只有这样，才能如实公正、客观真实地反映消费者投诉及处理的实际情况。

4. 及时全面原则

消费投诉信息公示不应该仅限于消费者投诉的内容而，而应当能够及时全面地反映投诉以及处理的整个过程，反映投诉产生的原因、投诉的时间、投诉类别、投诉事项、投诉的内容、经营者的沟通反馈、消费者是否满意等情况。公示活动必须具有及时性和全面性，包括公示的程序、公示方法的选择等。只有及时全面地对消费投诉信息进行公示，才能客观公正地反映消费投诉实际情况。

5. 实效性原则

这是指消费投诉信息公示后的法律效益和社会效益的实现程度。实效性原则是根据政治、经济和社会形势的变化，对公示目标的实现程度、公示实施后的社会效果、公示的可操作性以及公示程序设置的科学合理性进行评估，以判断其实施实效。具体到消费投诉信息公示，则体现为公示要及时、准确、全面地反映投诉情况，最大限度实现公示的社会效果。

（六）消费投诉信息公示的主体

消费投诉信息公示主体，是消费投诉信息公示制度的一项重要内容，主要是解决消费投诉信息由谁来公示的问题。判断消费投诉信息公示的主体是否合法适格，应当依据相关法律法规的规定。

《消费者权益保护法》第39条明确规定了消费者和经营者发生消费者权益争议的5种解决途径，其中，规定明确了"向有关行政部门投诉"是解决消费争议的主要途径之一，亦即赋予了有关行政部门处理消费投诉的法定职责。《消费者权益保护法》第46条进一步规定了"消费者向有关行政部门投诉的，该部门应当自收到投诉之日起7个工作日内，予以处理并告知消费者"，明确了有关行政部门处理消费投诉的时限、处理职责和告知义务等事项。为了适应消费维权的形势、进一步规范市场监督管理部门处理消费者投诉的程序、保护消费者的合法权益，国家市场监督管理总局于2019年公布了《市场监督管理投诉举报处理暂行办法》，详细规定了处理消费者投诉的管辖原则、适用范围、处理消费者投诉的程序、要求等。因此，依法受理消费投诉、处理消费投诉、解决消费争议，这是市场监督管理部门的法定职责。市场监督管理部门在处理消费投诉过程中所获取和制作的信息，是其在履职过程中掌握的政府信息。消费投诉信息公示的合法适格主体是承担处理消费投诉法定职责的市场监督管理部门。

关于消费者协会是否是合法适格的消费投诉信息公示主体，需要结合法律法规规定详细分析。《消费者权益保护法》第36条规定："消费者协会和其他消费者组织是依法成立的对商品和服务进行社会监督的保护消费者合法权益的社会组织"，这是关于消费者组织性质的规定。《消费者权益保护法》第

37 条详细规定了消费者协会履行的公益性职责，其中包括"向消费者提供消费信息和咨询服务，提高消费者维护自身合法权益的能力……"，"受理消费者的投诉，并对投诉事项进行调查、调解"。消费者协会是由政府发起成立的保护消费者权益的组织，肩负着沟通、联系、协调社会各方面力量，共同保护处于弱势地位的消费者的任务，服务对象覆盖全国众多消费者，承担着若干法定职能，从事的是公共事务服务方面的工作，目的是保护社会公共利益，体现着政府和全社会加强对消费者权益保护的意志。当前消费者协会的定位是"具有公共事务管理职能的组织"[1]。根据以上规定，消费者协会履行的是"公益性职责"，强调消费者协会作为由政府发起设立的保护消费者权益的社会组织，其履行的职责是公益性的；同时，《消费者权益保护法》明确消费者协会履行的是"职责"，而非"职能"，这体现了消费者组织作为社会组织的法律地位。因此，消费者协会履行"受理消费者的投诉，并对投诉事项进行调查、调解"的职责，发挥了社会组织在保护消费者权益方面的积极作用。消费者协会可以作为市场监督管理部门消费投诉公示信息的利用主体，但其并非公权力机关，不具有行政职权，也没有法律规定的信息公开义务。不过，其作为社会组织，依法履行"受理消费者的投诉，并对投诉事项进行调查、调解"的职责，其有权"对损害消费者合法权益的行为，通过大众传播媒介予以揭露、批评"，可以自主决定是否将其自身受理、调解的消费投诉信息以消费提示、消费警示等形式在其官方网站或其他媒介进行社会公示。新公布的《消费者权益保护法实施条例》第 38 条也确认了"消费者协会可以组织开展比较试验、消费调查、消费评议、投诉信息公示、对投诉商品提请鉴定、发布消费提示警示等，反映商品和服务状况、消费者意见和消费维权情况"，明确提到了"投诉信息公示"。中国消费者协会为了更好地履行保护消费者权益的职责，于 2024 年 3 月优化升级了全国消费者协会投诉与咨询信息系统，正式上线了"全国消协智慧 315"平台，在接受消费者投诉、咨询的同时，对投诉信息进行公示，极大地满足了消费者的知情权，促进了企业主动解决消费纠纷的积极性，加强了社会监督。

---

[1] 贾东明主编：《中华人民共和国消费者权益保护法解读》，中国法制出版社 2013 年版，第 170~171 页。

（七）消费投诉信息公示的对象

消费投诉信息公示的对象是指市场监督管理部门公示消费者投诉信息所指向的被投诉市场主体单位。在开展消费投诉公示试点单位中，不同试点单位关于消费投诉信息公示的对象不完全相同，如重庆市永川区市场监督管理局实施消费者投诉季度公示制度，将消费者投诉公示的对象范围限定为"同一个季度内发生的消费者投诉数量排名前10位以内的永川辖区相同或相近似规模行业类型被投诉主体单位，或者个别性质恶劣和重大典型的消费者投诉案件"；江西省在国家企业信用信息公示系统（江西）中将消费投诉信息进行公示，公示的对象是本行政辖区一年内所有被消费者投诉的市场主体；为了试行消费投诉信息公示制度，上海市工商行政管理局印发了《上海市工商行政管理局12315消费者投诉信息公示办法（试行）》，除了公示所有被投诉的市场主体外，还突出要求公示投诉数量多、消费者维权集中的重点行业、重点市场主体。不难看出，不同试点单位对于消费投诉信息公示的对象和范围不尽相同。

市场监督管理部门将消费投诉信息对外公示，这是政府部门履行信息公开义务的行为，目的在于满足消费者的知情权和选择权、引导市场主体诚信自律、打造保护消费者合法权益的社会共治格局。因此，消费投诉信息公示的对象，应当是在一个时间期限内所有被投诉的市场主体，不论规模大小、不分行业类型。更有效地提示消费者注意、引起更大社会效果等目的，并不能成为有选择性地公示重点行业、重点市场主体的合法充分的理由。消费投诉信息公示的对象选择应当遵循公开透明、客观公正、系统全面等原则，对所有被投诉的市场主体一视同仁地进行公示，在消费投诉信息公示的基础上，可以考虑有选择性地对公示信息进行再利用。

（八）消费投诉信息公示的内容

消费投诉信息公示的内容是消费投诉信息公示制度的关键问题，直接影响着消费投诉信息公示制度目的的实现。从全国消费投诉信息公示试点单位的试点情况看，公示的内容各不相同。

江西省市场监督管理局将消费投诉信息公示划分为对内公示和对外公示两个部分，对外公示的内容包括：以经营者名称为索引，以当前时间为起点，向前推算一年的时间段为统计期限，公示经营者的被投诉次数、调解成功率、被投诉次数排名、消费投诉具体内容（包括投诉时间、投诉内容、调解结果、调解日期等）；对内公示的内容包括：投诉热点动态、投诉总数、调解成功率、被投诉前五名的企业、商品品牌等内容。

《上海市工商行政管理局12315消费者投诉信息公示办法（试行）》第4条明确规定消费者投诉信息公示的内容包括：被投诉经营者的基本登记信息；被投诉经营者的投诉数量信息，包括被投诉经营者的投诉总量以及受理、不予受理的投诉数量；被投诉经营者的投诉解决信息，即实际解决的投诉数量以及其与已受理且办结投诉数量的比率；投诉转案件后的相关行政处罚信息，即案件名称和立案号；其他应当公示的消费投诉信息。

重庆市市场监督管理局也在国家企业信用信息公示系统（重庆）中对外公示消费者投诉信息，公示的内容具体包括：被投诉企业名称、统一社会信用代码/注册号、成立日期、投诉登记机关、近一年被投诉总次数、调解成功率、消费投诉信息（投诉时间、调解结果、调解日期）。

各试点单位的消费投诉信息公示内容并不相同，一定程度上反映了他们对消费投诉信息公示制度的理解存在差异。正如前述分析，消费投诉信息是市场监督管理部门依法处理消费争议所产生的政府信息，这些信息能够反映企业的状况，对于消费者知情权和选择权的实现、促进市场主体诚信自律以及构建消费维权社会共治格局有重要的意义，符合《消费者权益保护法》《政府信息公开条例》《企业信息公示暂行条例》等法律法规的立法精神。因此，市场监督管理部门应当在不违反国家秘密、商业秘密、个人隐私等法律禁止公开的要求的前提下，全面公示消费投诉信息，包括消费者投诉的时间、投诉事项、投诉事实和诉求信息，被投诉市场主体的名称、地址、回复和反馈信息，监督管理部门处理投诉争议的信息等。只有全面公示消费投诉信息，才能真正发挥消费投诉信息公示制度的预期功能。

（九）消费投诉信息公示的方法和程序

消费投诉信息公示的方法和程序涉及多方面的法律问题。首先，消费投诉信息公示的主体是市场监督管理部门。政府部门公示信息需要与《政府信息公开条例》相衔接。其次，消费投诉信息包括企业的经营信息。企业信息的公示需要遵循《企业信息公示暂行条例》的规定。最后，消费投诉信息公示的目的是维护消费者权益，要符合《市场监督管理投诉举报处理暂行办法》

及《消费者权益保护法实施条例》的规定。

1. 公示途径的选择

一方面，我们需要考虑信息公示的统一性和权威性；另一方面，也要考虑尽可能扩大信息公示的影响力，以便于消费者查阅和获取；同时也能够充分利用现有的公示平台进行公示。因此，在目前可供选择的渠道中，国家企业信用信息公示系统作为市场监督管理部门着力打造的政府信息公开的官方平台，应当作为消费投诉信息公示的首选。同时，《消费者权益保护法实施条例》第29条规定："市场监督管理部门和其他有关行政部门应当加强消费领域信用体系建设，依法公示有关行政许可、行政处罚、抽查检验结果、消费投诉等信息，依法对违法失信经营者实施惩戒。"因此，建设全国统一的消费者投诉数据库，并在该数据库中对消费者投诉信息统一进行公示，无疑是一种更好的选择。

2. 公示手段的选择

公示手段的选择，应当考虑公示信息由计算机自动读取来代替人工审核的方法，保证公示信息的科学和合理。随着社会的发展和法律对消费者保护的加强，消费投诉的总量不断增加。但是，随着消费投诉总量的增加，我们并没有看到工商行政管理部门负责消费投诉处理工作的人员编制的增加。机器读取一方面可以解决人力资源有限的困境，另一方面也能减少信息审核的错误。我们可以通过设置一些客观标准和字符标志，便于计算机进行自动化处理。当然，对于无法用客观标准界定的主观性投诉，我们可以启动人工审核程序。两者的有机结合能有效保障公示信息的科学性和准确性。

3. 公示主体及时间

在公示主体方面，根据《政府信息公开条例》规定，行政机关制作的政府信息，由制作该政府信息的行政机关负责公开；行政机关从公民、法人或者其他组织获取的政府信息，由保存该政府信息的行政机关负责公开。法律、法规对政府信息公开的权限另有规定的，从其规定。

在公示时间方面，《政府信息公开条例》规定，属于主动公开范围的政府信息，应当自该政府信息形成或者变更之日起20个工作日内予以公开。法律、法规对政府信息公开的期限另有规定的，从其规定。

在公示内容方面，《政府信息公开条例》规定，行政机关应当编制、公布政府信息公开指南和政府信息公开目录，并及时更新。政府部门对其公示信息的真实性、及时性负责。

4. 公示的步骤

消费投诉信息公示的步骤应当包括：公示信息的采集、公示信息的审核、公示信息的过滤、信息在平台公示、公示效果的反馈、公示错误更正等六个环节。

（1）公示信息的采集

消费投诉信息主要来源于12315消费者投诉举报平台，其基础数据是经工作人员按有关规定办结（即按程序处理完毕，如调解成功、和解成功、调解终止、投诉转案件等）的数据，未办结的数据不纳入采集范围。以各种途径和方式进入到12315平台的投诉及处理信息，应当按照商品和服务的类别，分类进行信息的归集和整理。

（2）公示信息的审核

信息的审核主要是对信息的准确性、完整性、规范性进行审查。审核的步骤可以归纳为：根据公示内容要点，对办结数据的准确性、完整性、规范性等进行校验。检验完毕后，合格的数据进入下一环节；对错误或不符合要求的数据予以修正。

（3）公示信息的过滤

信息的过滤主要是指应当遵循合法、规范的工作原则，不得侵犯消费者个人信息依法得到保护的权利，不得侵犯市场主体依法受保护的商业秘密。对于消费者不同意公开的投诉的内容，不应予以公开；对于经营者选择不公开的答复与反馈，同样不应予以公开。

（4）信息在平台公示

对符合上述条件的、在统计周期内的数据，由机器自动抓取，每天定时更新，向社会持续滚动公示信息。

（5）公示效果的反馈

在对消费投诉信息进行公示后，我们还需要及时了解社会主体对于公示效果的看法和对公示信息的使用情况。通过调查问卷、实地访谈等各种形式反馈公示效果，及时对公示的内容、方式、程序等进行完善。

(6) 公示错误更正

被投诉经营主体有证据证明工商行政管理部门公示的、涉及自身的投诉信息不准确且要求予以更正的,工商行政管理部门应当进行审查,并将处理结果及时告知申请人。工商行政部门发现自己公示的投诉信息不准确的,应当及时予以更正。

二、消费投诉信息公示的风险防范及网络消费投诉信息公示

(一) 公示主体被追诉的可能性及其防范

1. 公示主体被追诉的可能性

如上所述,消费投诉信息属于政府信息,因此,根据《政府信息公开条例》和《企业信息公示暂行条例》,市场监督管理部门公示消费投诉信息的行为是一种行政行为,具有可复议性和可诉性。如果被公示的被投诉主体对公示行为不满,认为该投诉信息不实或该投诉已经妥善处理,而市场监督管理部门公示该投诉信息有损其商誉甚至间接给其造成经济损失,它可以选择依法向公示机关的所辖人民政府或其上级工商行政管理机关申请行政复议,或直接提起行政诉讼。所以,消费投诉信息公示虽然是一种有利于消费者权益保护和市场秩序正常化的创新机制,但也可能给公示机关带来更多的诉讼。

不难想见,无论在理论上还是在实践中,公示机关想要完全避免被申请行政复议或被行政起诉的风险都是不可能的。那么为了预防风险,减少执法成本,有必要分析被投诉主体可能因不满以致申请复议或起诉的情形。

第一种情形,可能源于被投诉主体认为公示机关所公示的投诉信息不实。细究起来,这些不实因素可能包括:

(1) 消费者出于误解而投诉

消费者之所以投诉,通常是因为他们认为经营者违法违规,或者有违诚信原则,导致自己花了钱却吃了亏,上当受骗。但消费者的知识水平和思考能力参差不齐,他们的认识在有的情况下可能是合理的,而在有的情况下可能是错误的,甚至是非理性的。如果消费者因为认识错误而投诉经营者,经营者肯定会拒绝退货、拒绝理赔或者有所辩解,当然不排除个别经营者本着"消财免灾""花钱买平安"的心态——退了之、一赔了之。

(2) 消费者出于偏执而投诉

消费者出于误解而投诉，其实还较好处理，通常经营者作出合理解释或拿出证据、依据就可以化解了。相对麻烦的是那些性格较为偏执的消费者。这类消费者在社会生活中虽然不多，但是一旦碰上，很难与之讲理。往往经营者越解释，对方越认为你在回避问题推卸责任，也就越和你纠缠不清。碰上这样的投诉者，经营者也很无奈。

(3) 消费者出于恶意而投诉

让经营者感到更无奈的，还有恶意投诉。因为消费者出于误解而投诉或者出于偏执而投诉，均属于主观上没有故意惹是生非的虚假投诉范畴。而恶意投诉者的目的，是针对经营者的正常经营活动实施破坏性的投诉，旨在让经营者付出额外的时间或金钱成本，或者使其陷于不必要的纠纷之中。实践中，普通的恶意消费者偶尔也有，但不多见。比较常见的是同业竞争者出于不正当竞争的目的，在经营者完全无辜的情况下，或直接出面或间接找人（就如所谓的网络"水军"）以"消费者"的名义滥用投诉权利，故意制造事端。此外也不排除某些职业索赔人因索赔不成，出于报复心态而进行反复多次的恶意索赔。

第二种情形，可能源于被投诉主体认为公示机关所公示的投诉信息已经得到经营者的及时回应和解决，较长时间公示会对经营者产生负面影响。企业在经营过程中遇到投诉是正常现象，只要经营者能够及时回应和解决，一般情况下不会对企业造成太大影响，但公示机关如果仍然较长时间公示的话，可能对经营者确有不利，有时甚至会产生严重后果。如果被投诉主体要求撤销没有比较价值但易于误导消费者的公示，但公示机关以未过规定公示期间为由拒不撤销，这也可能导致其产生复议或诉讼心理。

第三种情形，可能源于被投诉主体认为公示机关所公示的投诉信息已经得到有关机关的及时处理，较长时间公示会对经营者产生负面影响。市场监督管理部门受理消费者投诉，如果不涉及行政处罚事项，通常依靠调解解决，调解不成的，消费者可以通过民事诉讼解决。但是，诉讼有胜有败，如果消费者起诉却以败诉告终，则经营者不仅无辜，反受讼累。但在此之前，因为已有消费者投诉，公示信息依然存在，经营者自然会心有不服。

第四种情形，可能源于被投诉主体认为公示机关所公示的投诉信息未考虑被投诉主体的经营性质和规模,或者未与其他行业进行区分,因而显失公平。通常而言,与消费者日常生活息息相关的那些行业,越是直接接触消费者的经营者,越有可能被消费者投诉。譬如,售卖日用百货商品的经营者,被投诉的可能性就远远大于汽车维修行业的经营者。同时,经营规模和体量较大的经营者,被投诉的频率也会远远高于小商铺。从消费者的角度来看,他们更有可能忽视路边摊、小卖部的不法经营行为,而更加关注品牌店、连锁店、大型超市、百货商场的经营瑕疵。在调研中我们也发现,部分企业提到投诉量和企业整体服务质量的好坏并不一定存在正相关关系。那些经常和客户直接接触的行业,和规模体量较大的企业,尤其是大型零售企业和电子商务企业,他们遭遇的被客户投诉的可能性往往要远大于一般行业和中小企业。如果单纯以投诉量的多少作为评价企业服务质量的标准,显然有失公允。这个时候的公示如果不加说明,会误导消费者或者在消费者心中产生错觉,反而有损于企业权益,不利于市场的公平竞争,也容易导致经营者申请行政复议或提起行政诉讼。

2. 公示主体免予被追诉的防范措施

针对上述四种情形,我们认为,应有针对性地考虑应对之策。

针对第一种情形所涉及的虚假投诉,公示机关及投诉信息处理人员必须善于因势利导、化解矛盾,尽量劝服消费者主动撤回投诉;消费者坚持投诉的,不予受理;已经受理的,查实后以投诉不成立予以驳回,并对经营者的信息不予公示。而针对第一种情形所涉及的恶意投诉者,公示机关及投诉信息处理人员必须善于甄别,保护合法合规的经营,视情节轻重劝诫或处罚恶意投诉人,驳回其投诉并对经营者的信息不予公示。

针对第二种情形,公示机关对于被投诉主体能够及时回应和解决所公示的投诉信息的,可以考虑把经营者回应的时间、经营者的回应与反馈情况均设定为消费投诉信息公示的内容,客观公正地反映争议解决的完整过程,以此表明经营者及时回应和解决了消费者的诉求,通过对公示项目和内容的科学设定,可以有效化解经营者的担忧,防止公示机关被申请复议及诉讼的风险。

针对第三种情形,公示机关对进入民事诉讼程序的投诉纠纷,可以在下述两种方案中选择其一。一是可以依经营者的申请,在诉讼期间暂予撤回公示,如法院生效裁判认定经营者全部胜诉,则不予继续公示;如法院生效裁判认定经营者部分败诉部分胜诉,则恢复公示,但同时应注明裁判结果。二是不必考虑诉讼结果与情况如何,按照《工商行政管理部门处理消费者投诉办法》的规定,自消费者投诉之日起满60天,终止调解,并将从消费者投诉到终止调解的所有情况,按照消费投诉信息公示设定的项目和内容照常进行公示。这也符合对所有被投诉主体一视同仁,全部、全面进行公示的原则。笔者倾向于后一种观点,在公示手段尽可能使用机器代替人工操作的情况下,后一种方式更具便捷性、操作性和客观性。由此而可能带来的问题和讼累应属不常见情况,公示机关应当可以承受。至于消费者投诉涉及行政处罚的,因调解与处罚各自分属于不同的程序,应当不影响消费投诉信息公示程序的进行,依照《政府信息公开条例》的规定,自该政府信息形成之日起20个工作日内予以公开,不必等处罚结论确定之后再行公示。如果投诉举报处理决定属于行政处罚,则作出行政处罚的机关应当允许当事人申请行政复议和行政诉讼。当事人既不申请行政复议也未提起行政诉讼的,法定期间终了即可公示。当事人申请行政复议或提起行政诉讼的,则必须等待复议决定或司法裁判生效后,根据最终结论决定如何公示。

针对第四种情形,公示机关应当考虑对辖区内经营者分领域进行公示,而不是笼统地仅凭单位时间段内被投诉的绝对数量来对辖区内经营者进行没有区分度的概括性公示。分领域、分行业、分类别公示,有助于帮助消费者理解不同行业领域经营情况的差异性和相同行业领域内不同经营者诚信经营状况好坏的差别。对某一行业领域某一商品或服务类别进行集中公示,则可以直观地显示相同行业内不同规模大小的经营者被投诉的整体状况,有助于消费者对公示情况作出全局性的明智判断,从而促进消费选择的合理性。

(二) 网络消费投诉信息的公开问题

与网络购物一样,网络消费投诉也属于随着互联网技术的发展与应用而产生的新鲜事物。在考虑如何建立与改善网络消费投诉信息公开机制之前,我们不妨先考察一下以网络推销作为主要经营手段的我国大中型电商企业内部投诉与纠纷解决机制。

1. 电商平台内部投诉与纠纷解决机制的兴起与发展现状

随着互联网的兴起和发展,网络消费日益成为一种新的消费方式,在某些领域甚至有超越线下消费的趋势。淘宝、京东已经打败了无数传统商业企业而在商品零售业占据主导地位,就是明证,当然随之而来的是网络消费投诉与日俱增。统计数据表明,早在2012年北京市涉及网购的投诉数量就已超过北京市服务类投诉总量的一半。而以2016年"双11"网购节为例,据《南京日报》报道,"双11"疯狂网购之后,南京市网购投诉大增,"双11"过后的3天内,全市消费者协会已经接到网购投诉222件,日均投诉量达到74件,是平时日均投诉量的5倍左右。在知名电商总部所在地的杭州更是如此。

有问题就必须有对策,网络消费投诉也必须有解决的便利途径。事实上,随着电商的发展和网购热潮的兴起,不仅工商行政管理部门,就连很多大中型电商企业,都在与时俱进,探寻网络消费投诉的解决之道。在线纠纷解决机制(ODR)应运而生,有数据表明,部分大型电商企业直接与消费者和解的消费纠纷与市场监督管理部门接收量比例达到10∶1。[1]

虽然《消费者权益保护法》实施后,越来越多的消费者选择通过诉讼的方式来解决网络纠纷,但在实践中,传统的诉讼模式在解决网络纠纷时却表现出了周期长、举证困难以及管辖冲突等多种问题。为了更好地克服网络交易诉讼中所表现出的问题,ODR以其高效和快捷的特征备受人们关注,该机制主要是指利用传统司法机制以外的其他方式解决网络交易中出现的纠纷,其主要包括在线仲裁、在线调解、互联网法院等形式。

在2016年10月第二届中国互联网法治大会上,阿里公司规则运营与发展中心介绍了"阿里大众评审机制"。阿里巴巴发展初期,主要由"店小二"制定并实施规则、对商户和消费投诉举报进行内部管理。为了让社会化会员更好地参与到网购投诉的生态建设中,2012年年底,淘宝网开始设立大众评审机制,吸收淘宝会员(最初以卖家为主)并以投票的方式裁定规则是否合理,供阿里巴巴"店小二"做参考。在大众评审机制产生的半年后,受到这种基于采集多数人意见作出裁定的模式的启发,淘宝将大众评审模式引入了交易纠纷判定。在淘宝上,每天有数以万计的买卖双方发生交易纠纷,而大部分纠纷并不复杂,裁判者完全可以根据过往的购物经历作出支持其中哪一方的判定。而"店小二"的处理在时间和思维上也有一定的局限性,引入会

---

[1] 人民网:《京东、凡客、当当等签约 承诺2小时内响应投诉》,载人民网官网,http://media.people.com.cn/n/2013/0314/c40733-20792455.html,最后访问日期:2017年6月30日。

员判定不仅可以为买卖双方节省等待的时间，同时也能在评审过程中，收集外部对于规则的不同意见。淘宝于 2013 年 12 月 30 日正式推出"用户纠纷判定中心"：由买卖双方组成大众评审团，投票裁决，其主要任务有三类：一是卖家因商品错放类目被处罚的申诉，二是卖家违约受处罚的申诉，三是买卖双方交易纠纷。每个任务通过 31 位评审员判定，评审员是随机选出的，投票后获得票数多的一方胜出。用户纠纷判定中心受理的业务包括规则评审、交易纠纷判定、山寨品牌清理、不合理评价判定、滥发申诉判定在内的各项平台治理相关的业务。目前，消费者可以通过四个举报入口进行举报：第一，在搜索商品结果页面右上角的举报入口；第二，设在天猫商品进入商品详情页面左侧的举报入口；第三，位于淘宝商品进入商品详情页面右上角的举报入口；第四，直接进入 jubao.taobao.com，选择需要举报的类型，填写完整即可举报投诉。这一投诉举报机制，意味着阿里巴巴作为电商企业承担了社会责任，内部消化并解决了每天数以万计的潜在消费纠纷。

无独有偶，地处首都的京东商城的纠纷处理机制也自成体系。与淘宝网不同的是，在京东中存在京东自营和第三方销售两种类型的商品服务，消费者如与京东自营发生纠纷，客服系统依然采取早期商对客电子商务模式（B2C）的处理方法进行解决；如果在京东中与第三方发生纠纷，则需使用个人与个人之间的电子商务模式（C2C）的客服系统，需要联系第三方客服；若直接投诉京东，京东则按照与第三方签订的协议进行处理。在 B2C 和 C2C 竞合的销售模式中，B2C 和 C2C 的客服实质是各自独立存在的。网络纠纷中经常遇到的"商家不赔、交易平台不管"往往发生在第二种和第三种争议解决模式中。

2. 市场监督管理部门对网络消费投诉的兼容操作与创新尝试

12315 投诉热线一直是消费者进行投诉的主要方式，其作为帮助消费者维权的主要渠道发挥了巨大的作用。近年来，随着网络消费投诉的不断增多，为了适应网络消费的新形式以及网络消费投诉量不断增长的趋势，中国消费者协会正式启用"中国消费者协会投诉和解监督平台"。该平台建立的目的在于在消费者与企业之间搭建一个直接沟通的绿色通道，使消费者可以直接与企业对话并表达诉求，寻求和解。至此，我国构建了电话投诉与网络投诉相结合的投诉平台，消费者协会可以通过两者的有机结合更好地发挥调解职能。但这两种投诉机制在设计之初都是以线下交易为出发点，没有满足网络消费环境变化的需求，更没有打破原工商系统在地域管辖上的限制。两种渠道对投诉的受理依然采取地域管辖为主、级别管辖为辅、就近受理的原则，需要相关联的消费者协会协助的，其应当给予协助，这种处理方式在设计之初就是为了线下交易，主要满足大家面对面协商的形式。而在网络交易中，绝大多数经营者与消费者不在同一城市，双方面对面的交流几乎无法实现，消费者协会也缺乏这种网络交流的技术手段。同时在C2C中，一些经营者既是生产者又是搬运工，他们没有实体店；还有一些经营者只是中间商，自身只有一台电脑。在这种情况下，案件转向受理地的消费者协会组织或市场监督管理部门，再由当地消费者协会组织或市场监督管理部门去寻找经营者，本身也是有一定难度的。

　　因此，在2017年3月14日"全国12315互联网平台"正式启动之前，我国并没有严格意义上的消费者在线投诉机制。自1999年12315电话平台建立后，原工商行政管理部门受理消费者投诉的方式由接收来信来函和接待来人来访为主转变为12315专用电话受理为主，来信来函、来人来访、短消息平台、互联网受理等方式为补充。2014年2月14日，国家工商行政管理总局根据《消费者权益保护法》在网络消费领域的新规定，公布了《工商行政管理部门处理消费者投诉办法》，2022年国家市场监督管理总局第二次修正了《市场监督管理投诉举报处理暂行办法》。在新修正的办法中依然坚持管辖属地原则，即消费者投诉由经营者所在地或者经营行为发生地的县（市）、区市场监督管理部门管辖。同时，为了应对网络消费投诉的不断增加，该办法规定消费者因网络交易发生消费者投诉时，不仅可以向经营者所在地市场监督管理部门投诉，也可以向第三方交易平台所在地市场监督管理部门投诉，该条款的出台在一定程度上落实了方便消费者的原则，但在纠纷处理中原则上依然要坚持属地原则。从实际运行状况来看，我国的消费者协会2024年上线了"全国消协智慧315"平台后，其受理消费者投诉和市场监督管理部门受理投诉同样都实行属地管辖原则，在实际操作中，投诉均由平台接入后再进行区分。对需要调解的投诉和需要立案查处的举报案件，由经营者所在地或者经营行为发生地的县（市）、区消费者协会组织或者市场监督管理部门，根据内部职责分工，由有关职能机构负责办理。

3. 网络消费投诉信息公示与消费者协会及第三方平台的对接

从现阶段来看，我国还没有专门针对客服领域的立法。《消费者权益保护法》中第三方平台只需提供实际销售者的姓名和联系方式，即可不承担责任。这使得第三方交易平台在处理复杂纠纷时明显动力不足。

严格说来，在 2017 年 3 月 14 日"全国 12315 互联网平台"启动之前，我国并不具有真正意义上的线上调解和投诉平台。长期以来原工商行政管理部门的 12315 投诉举报系统一直是接受投诉和调解的主要入口，该系统在解决传统交易纠纷作出了很大贡献。但面对大量的网络交易纠纷，专为解决线下交易纠纷所设计的 12315 投诉举报系统与网络时代交易程序不断被简化以及高效率相比，却表现出了程序过于复杂、与消费者协会存在调解职能重复、缺乏必要的在线取证手段以及无法脱离属地管辖束缚等问题。特别是按照现有法律规定，消费者对于纠纷既可以通过消费者协会进行调解，也可以向市场监督管理部门进行投诉，市场监督管理部门进行调解后发现经营者有违法行为的，应进行处罚。然而在现实中，存在市场监督管理部门人力资源不足的问题。因此，为了适应网络交易的高速发展，原国家工商行政管理总局建设了"全国 12315 互联网平台"，后续由市场监督管理部门使用。2018 年 3 月 15 日，"全国 12315 互联网平台"二期正式上线，在"全国 12315 互联网平台"一期的基础上，"全国 12315 互联网平台"二期进一步畅通了登录渠道，引入了在线纠纷解决机制和定位所投诉企业等功能，并丰富了智能辅助功能。2019 年 8 月 31 日，由国家市场监督管理总局、天津市人民政府联合主办的 2019 市场监督管理论坛在天津举行，在"全国 12315 互联网平台"基础上整合形成的"全国 12315 平台"在论坛上亮相并正式上线运行。这标志着全国 12315 平台完成了整合建设工作，成为消费者投诉举报的门户和纠纷处理平台，培养了一批专业化的网上调解团队，解决了管辖问题。全国 12315 平台在线调解系统，极大地提高了纠纷调解成功率和消费者满意率。2023 年 9 月 26 日，为加快建设全国统一大市场、构建新发展格局、优化消费环境，国家市场监督管理总局印发《市场监督管理投诉信息公示暂行规则》，上线全国 12315 投诉信息公示平台（公示平台网址为 tsgs.12315.cn，小程序、公众号名称为"12315 投诉公示"）及时将消费者投诉信息通过统一的信息公示平台向社会公开。

从实践来看，电商企业的在线客服是解决当前网络交易纠纷不断增长的首要方法。广大消费者在产生纠纷后，往往会首先选择通过所在交易平台的在线客服进行协商，或者通过平台解决。这种方式与调解、投诉、仲裁以及诉讼相比，最为快捷和节约成本。如果平台能够迅速化解纠纷，将大大减少网络交易纠纷案件的数量。但如果平台懈怠或存在不合理的处理，消费者将寻求其他解决途径或直接提起诉讼，这也使得有限的法律资源可以得到合理配置。

笔者注意到，市场监督管理部门向电商平台开放了企业登记注册、投诉举报、信用信息等数据，使消费者在购物时能够第一时间了解企业的经营及信用状况。截至目前，多地市场监督管理部门与大型电商平台进行了数据交换，完成了平台内经营者数据比对工作。其中，京东作为商品质量数据交换的试点企业，与北京市市场监督管理局积极交换商品质量数据，初步实现了网络抽检的电子证据互认，并开辟专门栏目共同发布风险监测信息。

所以，笔者的初步结论是，网络消费投诉信息公示应体现网络高效、大数据和即时性的特点，公示机关应与电商企业和第三方平台对接，建立更加快捷的投诉处理和公示渠道。同时，我们建议对网络消费投诉的处理应率先实现市场监管职能的转变，通过在线和其他方式接受消费者投诉，确认投诉成立后，在规定的时间内将投诉转给被投诉的企业自行处理，自己则作为监督者的角色，督促企业在规定的时间内及时回应消费者的诉求、解决消费者争议，并及时将消费者投诉信息和企业处理信息通过全国统一的信息公示平台向社会公开。

三、域外消费投诉信息公示的情况与借鉴

为了更好地完成课题研究任务并了解其他国家的做法，笔者通过多方面努力，对美国、日本、德国有关消费者投诉信息公示的情况展开资料搜索，获得了一些有价值的信息，这些信息对我国消费投诉信息公示具有很好的借鉴意义。

（一）美国消费投诉信息公示的情况

美国联邦政府及各州主管消费者事务的机构都对消费者投诉信息进行公示，这属于政府信息公开的范畴，主要依据《信息自由法》和《联邦行政程

序法》中关于联邦政府信息公开的规定。《信息自由法》因其重建了信息公开制度而成为了美国消费投诉信息公开（公示）最重要的法律基础。《信息自由法》规定除9种特殊情况外，公民对政府的一切信息享有知情权，且政府有义务全部主动公开，公众无需主动申请。如果政府拒绝提供政府信息必须说明理由；另外，政府公开信息的决定都可以被提起复议和司法审查。凡认为属于9种特殊情况不能公开的，联邦政府部门须承担证明其为例外的举证责任。[1]《信息自由法》和美国的司法体系，共同确保了美国政府信息公开制度的公开透明性。《联邦行政程序法》则是《信息自由法》的前提，公开政府文件的法定义务始于1946年的《联邦行政程序法》，该法规定了各机关的公共信息、机关规章、裁决意见、裁决令、记录和活动应使公众能够获知。

1. 美国联邦消费者金融保护局消费者投诉信息公开数据库

美国联邦消费者金融保护局（Consumer Financial Protection Bureau, CFPB）是2011年新成立的联邦政府机构，其消费投诉信息公开的内容全面、程序规范，旨在使金融产品及服务为每一个消费者服务。CFPB负责监管银行、信用合作社和其他金融公司，通过执法，使消费者免受不公正、欺骗、滥用等行为所害。消费者可以提出关于信用卡、房屋贷款、预付卡、跨境转账、信用报告、银行账户或服务、讨债、发薪日贷款、学生贷款、汽车贷款或其他消费贷款的投诉。

笔者在浏览该网站时发现，CFPB建立了专门的消费者投诉数据库（Consumer Complaint Database）[2]。该数据库可以直接接受消费者的网上投诉，也可以接受电话投诉。消费者可以在网上填写投诉内容，也可以直接通过电话投诉。CFPB收到消费者投诉后，会在15日内将该投诉信息发送给被投诉企业；被投诉企业应在15日内对消费者投诉的问题作出回应，如果该公司在15日内响应，则网站网页上的状态显示为"正在进行中"。如果该公司表示需要额外的时间，处理期限最多延所长至60日。对于企业的回应，消费者可以选择是否对回应提出争议。该网站网页上有消费者投诉信息公开的详细说明和举例。

该数据库自2011年7月上线以来至2017年7月，累计收到消费者金融产

---

[1] 周汉华：《美国政府信息公开制度》，载《环球法律评论》2002年第3期。
[2] CFPB数据库，http://www.consumerfinance.gov/data-research/consumer-complaints，最后访问日期：2017年7月5日。

品和服务领域的投诉 611 528 个，有 3000 个公司答复并解决了消费者的投诉，及时回复率为 97%；至 2024 年 11 月累计收到消费者投诉 6 754 991 个，共计有 6 692 692 个回复解决了消费者的投诉，及时回复率为 98%。该数据库一般每晚更新，包括的投诉信息有：投诉方式（网上或电话）、投诉日期、投诉被发送到对方公司后是否有响应、公司所采取的行动、公司的回应是否及时、公司对消费者的回应，以及消费者是否对公司的回应提出争议。如果消费者选择同意公开自己投诉的内容，CFPB 将对消费者个人信息进行过滤，之后将消费者陈述（投诉）的内容公开。同样，企业也有权利选择是否公开其对消费者的回应。

表 1.1　公开的数据内容

数据类型	描述
时间	CFPB 收到投诉的日期。例如 "05/25/2013"
产品	投诉的产品类型。例如，"银行账户或服务" 或 "学生贷款"
子产品	投诉的子产品类型。例如，"支票账户" 或 "非联邦学生贷款"
投诉的问题	消费者在投诉中确定的问题。例如，"存款和取款" 或 "偿还贷款"
子问题	消费者在投诉中确定的子问题。例如，"信息不是我的"
公司的回应	该公司的可选项。如果公司决定公开对消费者投诉的回应，CFPB 将会将其公开张贴在公共数据库中
被投诉公司名称	例如 "xxx 银行"
消费者的陈述	消费者的可选项。如果消费者选择同意公开投诉的内容，CFPB 将对消费者的个人信息进行擦洗，之后将消费者叙述的内容公开。
邮政编码（ZIP code）	一个由五位数字构成的编码
Tags 标签	支持更简便的搜索和排序的数据。 例如，消费者的年龄为 62 岁或以上的标签、自己提交或由他人代为投诉、军人（包括任何现役或预备役军人、国民警卫队）或其配偶、老人或退休人员
消费者是否同意公开的记录	确定消费者是否选择公开他们的陈述。除非消费者同意，否则不得公开他们投诉的内容。消费者可以选择在任何时间删除有关内容
投诉提交方式	例如 "网络或电话"

续表

数据类型	描述
投诉被发送到公司的日期	CFPB发送投诉到达被投诉公司的日期
公司对消费者的回应	公司如何回应投诉的内容
回复是否及时	公司是否及时给予回应。例如"是"或"否"
消费者是否提出争议	消费者是否对公司的回应提出异议
投诉代码	唯一的投诉代码

该数据库只有在消费者同意的情况下才会将消费者的陈述（投诉的内容）公开。消费者的陈述是消费者提交的"发生了什么"的描述。消费者必须选择是否公开自己的陈述。一旦消费者同意公开，CFPB将采取合理步骤，过滤可用于识别消费者的个人信息，包括所有的个人信息，如姓名、联系信息、账户号码、社会保险号码和投诉支持性文件等。

企业担心公开消费者投诉的内容可能会使其声誉受损。因为CPPB并没有核实每宗投诉中所包含的细节，即没有"核实所有投诉事实"。然而该局认为，其对每个投诉都会进行审查，以确定是否应该由另一个监管机构处理，并且对每一个投诉都要在消费者和经营者之间查询验证是否存在商业关系，或反馈投诉是否成立和处理。否则，不会提交给被认定的公司处理投诉。被转发给公司的投诉内容包括：消费者的陈述、消费者的要求、消费者的联系信息。消费者还必须向政府确认，自己所提供的信息是真实的，这些应当足以验证该投诉的真实有效性。因此，在取得消费者的明示同意（书面）后进行披露，是符合要求的。

CFPB目前的过滤标准是基于HIPAA安全港的方法建模的，这被普遍认为是识别数据的最佳实践。除了采用HIPAA的标识符，还会删除：①性别、年龄、种族；②消费金融领域类似HIPAA标识符，例如信用卡号码；③可以合理用于识别个人的标识符，例如代为投诉的有关第三方的个人信息标识符。全部过滤程序和方法是一个基于计算机的自动化步骤和质量保证步骤，包括执行人审稿（人工审稿）的设计。

2. 其他联邦和州政府消费投诉信息公开的搜索情况

（1）美国政府网站

笔者在美国政府网站没有查找到消费投诉信息公示的数据库及网页。美国政府网站仅提供了关于消费者投诉方式及纠纷解决途径的详细说明（https：//www.usa.gov/consumer-complaints），包括网上消费者投诉及纠纷解决的建议。消费者可以按照美国政府网站的指引，通过拨打电话、给政府网站发送邮件或网上聊天的方式咨询解决纠纷的相关问题，但没有关于消费者投诉处理及投诉信息公示的内容。

（2）联邦贸易委员会网站

美国联邦贸易委员会（FTC）担负着重要和广泛的消费者保护职能。笔者在 FTC 网站上没有搜索到消费者投诉信息公示的数据库及网页。FTC 的"消费者响应中心"，接受电话、邮件和在线方式的举报和咨询，并对消费者提供顾问服务，对举报信息依法进行处理及对个人隐私进行保护，但同时声明：FTC 虽然不处理个人的投诉，但会提供下一步行动的信息。FTC 欢迎消费者举报，它可以帮助执法机构及其合作伙伴发现欺骗和滥用的行为，对不公平商业活动进行调查和排除。举报信息进入安全性得到可靠保障的在线数据库，并供地方、州、联邦和国际法律实施机构所使用。

（3）州政府网站

在美国州一级层面，笔者搜索了加利福尼亚州（以下简称"加州"）消费者投诉信息的公示情况。在加州政府网站上找到了消费者投诉信息公示的内容。加州消费者事务部"消费者信息中心"负责处理消费者投诉，并依据该州的《公共记录法》（Public Records Act，PRA）和《信息法》（information Practices Act，IPA），公开消费者填写的投诉信息。

公开的方式和条件：消费者投诉信息由消费者保护执行官或被指派者，在"消费者投诉历史报告"（Consumer Complaint History Report）中公开。信息公开的条件包括：①投诉将被提交至司法程序；②企业对投诉已有回应的；③可能发生违法行为或存在造成危害的风险；④已发生的被证实的交易。

消费者投诉历史报告不会公开下列信息：没有价值的投诉、非消费者问题、法律禁止公开的内容。

消费者投诉历史报告的内容由州消费者事务部及其机构提供模板，用以建立和维护历史报告，包含消费者投诉信息和其他对消费决策有用的信息。消费者投诉的历史报告应以方便消费者的方式呈现，具体包括：①企业登记信息和历史信息；②总投诉数量；③投诉的日期和性质；④企业对投诉的回应；⑤投诉的处理状况，包括转为法律行为、行政处罚或刑事起诉的信息；⑥执法机构处罚、强制、公开惩处的总数及摘要；⑦法定授权公开的信息；⑧与作出消费决策有关的其他信息；⑨报告不构成任何商业背书或非背书的免责声明。

（二）日本消费者投诉信息公示的资料搜索情况

笔者首先访问了日本的消费者厅官方网站[1]，查询消费者投诉信息公开的法律依据。

1. 日本消费者厅的消费投诉信息公示

（1）法律依据

《消费者厅及消费者委员会设置法》第6条第2款（消费者委员会的事务范围）第4项：处理消费者基本法、消费者安全法（除第43条）、分期支付销售法、关于特殊交易的法律、关于特定商品等的保管等契约的法律、食品安全基本法、关于促进消费者教育的法律、不当赠品及不当表示防止法、食品表示法、食品卫生法、关于农林物资规格化等的法律、家庭用品品质表示法、促进确保住宅品质法律及国民生活安定紧急措置法（昭和四十八年法律第121号）规定权限范围内的事项。

《消费者安全法》第31条之1：调查委员会在事故原因等调查结束后，应当制作记载关于该生命身体伤害事故相关的下列事项的报告书，提交给内阁总理大臣的同时，必须加以公示。包括：①事故等原因调查经过；②认定了的事实；③认定事实的理由；④事故等的原因；⑤其他必要事项。

《消费者安全法》第31条之3：调查委员会即使是在事故原因等调查结束之前，认为自事故原因调查起始之日起1年内难以完成事故原因的调查，但根据其他事由认为有必要的时候，向内阁总理大臣报告事故原因的调查经过的同时，予以公示。

《消费生活用制品安全法》第36条之1：内阁总理大臣在接到前条第1款

---

[1] 日本消费者厅官方网站，http://www.caa.go.jp，最后访问日期：2017年7月8日。

规定的报告以及得知其他重大制品事故发生时，认为引发重大制品事故的消费生活制品可能严重危害一般消费者的生命身体，为防止危害的扩大，除了根据本条第 4 款规定做出通知的情形以外，应当公示与该重大制品事故相关的消费生活制品的名称及型号、事故的内容及其他该消费生活用制品危险避免的相关事项。

（2）投诉与调查

日本消费者可以直接向消费者厅申请，也可以向相关部门投诉，也可以通过国民生活中心或者全国统一的消费者热线投诉。消费者厅可以自主进行调查，也可以委托相关部门进行；接到投诉的相关部门也可以自主进行。

（3）公示

公示均由消费者厅的官方网站公示。消费者厅官方网站上既有包含所有公示内容的公示网页，也有类型化的公示网页。如，消费者厅官方网站—政策—政策一览—消费者安全—公表资料，最下端有以往年度总表；不同年度不同月份中，《消费者安全法》规定的重大事故公示、《消费者安全法》规定的重大事故以外的消费者事故公示、消费生活制品的制品事故公示；每周的归纳表和每天的事故公示。又如，消费者厅官方网站下方关联网页中就有事故信息数据系统网站，也有特殊交易法（《特定商取引法》）[1]指引网站。

特殊交易法指引网站—事例检索，就可以看到《处分企业一览表》，公示的内容包括：企业名称、处分内容、交易类型、商品与服务、违反行为、处分日期、处分机关。

例如，消费者厅官方网站—政策—政策一览—取引对策—公表资料—平成二十八年八月三十一日，就有平成二十八年八月三十一日（2016 年）截止的《违反特殊交易法而处分的企业总表》。

事故信息数据系统网站—事故情报阅览（检索），就可以检索到目前为止的所有的事故投诉。同时也可以按日期查阅，可以根据左边的提示，按类别查阅。（按编号就可以查看每个事故的详细信息）

日本消费者厅网站上公布的均为处罚信息（参见表 1.2）。

---

〔1〕 特殊交易法（《特定商取引法》），所指的特殊交易是指，与访问销售、通信销售及电话劝诱销售相关的交易，连续销售交易、与继续提供特定劳务相关的交易、提供业务的引诱性销售交易以及与访问收购相关的交易。

表1.2 被处罚经营者一览表

经营者名称	处罚内容	经营类型	经营产品·服务	违法行为	处罚日	处罚行政厅
保洁有限责任公司	指示	上门销售	排水管清洁、地面白蚁预防消毒、地面防霉菌、防腐处理、地面调湿剂的撒布等工程	不明示推荐目的、反复推荐、垃圾推荐	2016年4月27日	宫崎县
T&A股份有限公司	指示	上门收购	贵金属、中古名品等	不明示身份、主动上门收购、违反确认接受建议义务、反复推销、书面记载不全、垃圾推销	2016年4月26日	九州经济产业局
MIOHOME股份有限公司	停止经营命令（3个月）	上门销售	住宅改造（主要是污水槽及排水管的清洁及更换工程）	不明示推销目的、合同书内容不全、虚假告知、重要事项不予告知	2016年3月30日	东京都
健康之林股份有限公司	指示	电话推销	健康食品、化妆品	不明示推销目的、反复推销、虚假告知、垃圾推销	2016年3月29日	北海道经济产业局
健康之林股份有限公司	停止经营命令（6个月）	电话推销	健康食品、化妆品	不明示推销目的、反复推销、虚假告知、垃圾推销	2016年3月29日	北海道经济产业局
圣普兰股份有限公司	停止经营命令（3个月）	上门销售	净水器	不明示推销目的、合同书内容不全、虚假告知、垃圾推销	2016年3月28日	东京都
首都圈建设业合伙企业	指示	上门销售	屋顶修缮等	不明示推销目的、未备说明书	2016年3月28日	埼玉县
生活服务BL有限责任公司	指示	上门销售	净水器等居家设备器具	推销目的不清、书面合同内容不全、超量销售、	2016年3月25日	佐贺县
MeLeave股份有限公司	经营停止命令（3个月）	上门销售	学习教材	反复推销、未备说明书、超量销售	2016年3月25日	静冈县
好117股份有限公司	经营停止命令（6个月）	上门销售	灭火器等防灾器具	虚假告知、反复推销	2016年3月25日	大阪府

2. 日本国民生活中心的消费者投诉信息公示

公示的法律依据（范围、方式、内容等规定）

《独立行政法人国民生活中心法》[平成十四年十二月四日法律第123号，最终修订：平成二十九年（2017年）六月二日法律第23号]。

第1条之2　本法所称的"消费者纠纷"是指，在消费生活中消费者个人（事业或者事业行为成为纠纷原因的除外）或者消费者契约法第12条第2款第1项规定的行使禁止请求权的适格消费者团体和事业人之间产生的民事纠纷。

本法所称"重要消费者纠纷"是指，在消费者纠纷中，对消费者产生或可能产生的危害或者事件的性质上，其解决在全国范围内对国民生活的安定以及提高具有重要影响的、内阁府令规定的情形。

第3条（中心的目的）独立行政法人国民生活中心为国民生活的安定与提高，综合提供与国民生活相关的信息及进行调查研究，同时，根据法律规定实施重要消费者纠纷的解决程序。

第10条（业务范围）之6　解决重要消费者纠纷。

第2章第2节专门规定了重要消费者纠纷解决程序，首先规定的是纠纷解决委员会。其次是和解的调停程序。根据第19条的规定，申请人必须提交书面申请。当事人提出申请后，委员会必须迅速将申请副本和调停申请事项通知对方，并确认对方有无通过委员会调停解决该重要消费者纠纷的意思。再次是仲裁。

第32条　仲裁程序不公开。

第36条（结果概要公示）和解调停程序或者仲裁程序结束后，委员会认为谋求国民生活安定及其提高所需的，公示其结果的概要。

第37条（义务履行劝告）和解或仲裁确定的义务，如果权利人提出申请，委员会认定为适当的时候，委员会可以对义务人做出该义务履行劝告。

第39条　除本法规定之外，重要消费者纠纷解决程序及第36条规定的公示，以及第37条规定的劝告相关的必要事项，由内务府令规定。

《独立行政法人国民生活中心法实施规则》（平成二十九年六月二日内阁府令第43号）

第32条　委员会根据本法第36条之规定进行公示的时候，必须再次征求当事人的意见。

《独立行政法人国民生活中心法纠纷解决委员会业务规程》（平成二十一年四月一日决定）关于公示的规定

第52条 调停委员或者仲裁委员在和解调停程序或者仲裁程序结束后，必须附是否公示结果概要的意见书，向委员长报告程序的终了。委员会为了防止对国民生活、人身、财产的危害的发生或者危害的扩大，认为有必要的时候，可以公示和解程序或者仲裁程序终了的重要消费者纠纷案件的结果概要。前款规定的公示，符合下列情形之一的，委员会可以公示该事业者的名称、所在地及其他该事业者的特定信息：①该事业者同意公示该信息的；②事业者无合理理由不配合和解调停或者仲裁程序，将来发生同类纠纷时，认为根据委员会实施的程序难以解决的；③除了第2项规定情形之外，与该事业者发生多起同类纠纷的，发生重大危害的，及综合考虑其他情况，认为特别有必要公示该信息的。委员会根据前2款之规定进行公示的时候，必须再次征求当事人的意见。但是，紧急情况下不得已的情形除外。

（三）德国消费者投诉信息公示情况的资料搜索

德国的消费者保护主管部门主要有两个：一个是联邦司法和消费者保护部[1]，一个是联邦消费者保护和食品安全局[2]。笔者重点搜索了这两个网站，发现只在联邦消费者保护和食品安全局的官方网站中有消费警示信息。德国的消费者投诉信息公示主要在州一级，基本以警示（Warnung）形式出现[3]。另外，德国消费者保护协会，在各州有分支机构。个别州有投诉处理反馈情况[4]。

---

[1] 德国联邦司法和消费者保护部网站，（https：//www.bmjv.de/DE/Service/Buergerservice/Buergerservice_ node.html），最后访问日期：2017年7月10日。

[2] 德国联邦消费者保护和食品安全局网站（隶属联邦食品和农业部），http://www.lebensmittelwarnung.de/bvl-lmwde/app/process/warnung/start/bvllmwde.p_ oeffentlicher_ bereich.ss_ aktuelle_ warnungen?_ opensaga_ navigationId=bvllmwde.p_ oeffentlicher_ bereich.n_ aktuelle_ warnungen，最后访问日期：2017年7月10日。

[3] 例如黑森州政府网站，https：//verbraucherfenster.hessen.de/aktuelles/lebensmittel - und - produktwarnungen，最后访问日期：2017年7月10日。

[4] 例如萨克森州消费者保护协会网站，http://www.verbraucherzentrale-niedersachsen.de/vorsichtfalle，最后访问日期：2017年7月10日。

1. 德国消费者投诉警示信息公示的法律依据

德国的《信息自由法》（IFG）、《与健康相关的消费者信息促进法》（VIG，以下简称"《消费者信息法》"）及《食品、日用品和饲料法》（LFGB，以下简称"《食品和饲料法》"），构成了消费者投诉信息公开的法律基础。这些法律以改善消费者信息为目的，希望通过全面的信息提供来提高市场透明度，并更好地监督和引导整个市场体系。由此，消费者信息成为了消费者保护的重要法律工具。

2. 消费者向政府投诉及公示情况

（1）投诉情况

德国的消费者可以通过各州州政府网站上专门的投诉页面填写投诉企业的相关信息，包括公司名称、地址、邮编、投诉事项、投诉产品或服务具体信息，并可自愿留下投诉者的联系方式和姓名[1]。

（2）公示情况

收到投诉信息后，政府部门会根据所涉及的领域进行调查处理。所调查结果如涉及相关产品问题，会通过"产品警示"栏目（Warnungen，注："产品警示"所涉及的产品不全是因投诉而被调查发现的，还包括正常政府部门抽查发现的产品）在政府网站上进行公示。但政府网站上一般不公布"投诉时间""投诉内容""企业回应"以及"消费者是否满意"等信息，仅对有问题的产品公布"产品名称""生产企业""问题情况""召回措施"等信息。[2]

联邦消费者保护和食品安全局依据《食品、烟草制品化妆品和其他日用品管理法》（以下简称《食品和日用品管理法》）第40条对消费警示信息进行公示。该政府网站对消费者在市场上、网上购买的食品、烟草制品、化妆品和其他日用品的问题进行公示，内容包括：日期、商品名（点开后有关于

---

[1] 如黑森州政府网站，https：//verbraucherfenster. hessen. de/service/beschwerde-button，最后访问日期：2017年7月10日。

[2] 黑森州政府网站"产品警示"网页，https：//verbraucherfenster. hessen. de/aktuelles/lebensmittel-und-produktwarnungen，最后访问日期：2017年7月10日；德国联邦消费者保护和食品安全局"产品警示"网页，http：//www. lebensmittelwarnung. de/bvl-lmwde/app/process/warnung/start/bvllmwde. p_ oeffentlicher_ bereich. ss_ alle_ warnungen?_ opensaga_ navigationId = bvllmwde. p_ oeffentlicher_ bereich. n_ alle_ warnungen），最后访问日期：2017年7月10日。

商品的更多信息）、企业名称、地址、问题发生的原因（如沙门氏菌）、商品销售的地区。

3. 消费者向消费者保护协会投诉及公示情况

（1）投诉情况

相比向政府部门投诉，德国消费者更倾向于向拥有超过200个咨询网点的消费者保护协会投诉。投诉途径包括信函、电话、网络、面谈等方式。

（2）公示情况

消费者保护协会将投诉处理情况在"注意案例：警示"（Vorsicht Falle：Warnungen）栏目下予以公示。[1]

公示包括以下内容：

时间、城市、消费者情况（仅提及来自何处的消费者）、投诉的事项、投诉的公司、给消费者的建议。

4. 德国消费警示信息公示的特点

德国与美国、日本的消费投诉处理（国民生活中心的重要消费者纠纷除外）情况类似，政府不解决消费者的具体纠纷，只对产品或服务所存在的问题向社会进行公示，且公示的内容与美国、日本相比明显较少。德国各地的消费者保护协会对消费者投诉的信息主要以警示形式进行公示，只有个别州有投诉处理的反馈情况。这反映出德国对消费者投诉信息公开的理解与美国、日本不同，且政府不解决具体纠纷，缺少消费者投诉的行政调解机制：

①信息本身不具有法律约束力。这意味着信息的接收者可赋予其意义并据此调整自己的行为，也可以部分或者完全地忽视该信息。因此信息在大多数情况下对消费者行为起到的是间接作用。预期中的引导效果既可能完全不发生或者只实现一部分，也可能如此重大，以至于威胁到企业的生存。

德国《消费者信息法》于2008年正式实施后，德国联邦政府对其实施状况进行评估。在消极的信息公开（依申请公开）的信息评估报告中，最受关注的问题当为申请者的来源。评估结果显示，《消费者信息法》的利用者首先是专业的（机构）申请者（如德国联邦消费者保护协会、食品观察组织、绿色和平组织，以及律师）和记者（媒体代表）。相比之下，个体消费者对新的

---

[1] 例如萨克森州消费者保护协会网站，http://www.verbraucherzentrale-niedersachsen.de/vorsichtfalle，最后访问日期：2017年7月11日。

信息渠道感兴趣的相对较少。

②信息在任何情况下一经公开即不可逆。被公开的信息不可能（如同法律行为一样）再被撤回、取消或者消除。一旦出现不实信息，必须及时作出澄清或其他改正措施，以防止错误信息的影响进一步扩大。2012年《消费者信息法》的修订首先关注的是提高市场透明度，规定行政机关在发现公开的信息有错误时必须及时进行纠正（第6条第4款）。

③《消费者信息法》赋予消费者的是对信息的知情权，而不是对信息正确性的权利。对信息的审查义务可能会威胁到行政机关的工作效率。对每项信息都一一进行正确性审查所需要的成本，与《消费者信息法》的目的和行政机关的时间预算是不成比例的，正是基于这种立法目的与效率冲突，德国的《信息自由法》规定了豁免行政机关正确性审查义务的条款。对于企业来说，应当积极参与程序，提醒行政机关注意相关信息和数据中的疏漏与错误。

④德国认为，信息公开通常会起到和行政警告一样的作用，因此需要特别注意是否符合宪法基本原则中的比例原则。在存在其他有效方法的情况下，尤其是当企业自己发布信息也能达到预期效果时，行政机关就不得主动公布相关信息。从立法者的角度来看，在消费者信息权的构建过程中可谓充满了立法目的的冲突。既要注意保护企业的权利，又要实现宪法上的消费者保护目标，同时还要兼顾国家的职能和行政机关的运转效率。

（四）对我国的启示与借鉴

1. 美国消费者投诉信息公示对我国的启示与借鉴

如前所述，CFPB对消费者投诉的处理及公示情况对我国具有借鉴和参考价值。主要体现在如下几个方面：

（1）建设专门的消费者投诉数据库

CFPB建设有专门的消费者投诉数据库，这是一个综合处理消费者投诉的平台，集接受消费者投诉、解决争议，对投诉的处理结果进行公示为一体的集中统一信息处理平台。我国应当加以借鉴，市场监督管理部门及其他政府部门均应当在各自职责的范围内，建立消费者投诉维权信息处理数据库，即对消费者的投诉进行处理并将投诉信息和处理结果依法进行公示的集中统一信息处理平台。

（2）对法律与政策作出充分说明

CFPB 的消费者投诉数据库网站在首页详细说明了如何使用数据库及其作用，包括消费者如何使用数据库进行投诉和查询数据、投诉的方式、投诉的处理程序、投诉信息公开的法律依据、内容、程序、个人隐私保护、企业信息的保护等，均有明确的说明和举例。我国应当借鉴这一做法，对消费者投诉及其信息公示的相关问题作出充分、必要和完整的说明，做到公开透明，使消费者、经营者能够全面了解投诉方式、投诉解决程序、投诉信息公示的目的和意义、公示内容、公示方式、公示程序、个人信息和企业信息的保护，以及错误信息的更正程序等。

（3）全面客观地公示消费者投诉及处理情况

CFPB 的消费者投诉数据库对消费者投诉信息的公示是非常完整和客观的，公示的范围和内容全面，能够反映投诉程序从开始到结束的所有环节和信息。其与整个投诉的处理程序相结合，全面客观地反映了消费者投诉的信息和争议解决过程与结果，而 CFPB 始终作为第三方——监管者的角色，督促经营者尽快与消费者在规定的程序和时间内达成和解，通过消费投诉信息的公示，对争议的解决起到了监督与促进的作用。

（4）市场监督管理部门及其他政府部门应逐渐减少消费投诉的行政调解

CFPB 本身并不介入双方的争议中进行民事争议的调解。它仅是作为第三方——监管者的角色，督促经营者尽快与消费者在规定的程序和时间内达成和解，这一做法值得我们借鉴。在目前政府行政执法人力资源紧张的前提下，政府应当更多地考虑充当规则的制定者及规则执行的监管者角色，以政府信息公开（消费投诉信息公开）为手段，将执法的重点转移到源头执法，重点查处企业违法行为，从而节约成本、提高执法效果，从源头减少投诉数量。

2. 日本消费者投诉信息公示对我国的启示与借鉴

日本的消费投诉信息公示的特点是将"事故公示"（包括《消费者安全法》规定的重大事故公示、重大事故以外的消费者事故公示、消费生活制品的制品事故公示等）与消费者投诉信息公示区别开，分别在不同的政府网站（消费者厅和国民生活中心）统一进行公示。根据《独立行政法人国民生活中心法》第 3 条（中心的目的）、第 10 条（业务范围）之 6 的规定，独立行政法人国民生活中心仅承担"重要消费者纠纷"的调解和仲裁工作，并对其结果进行公示。同时，它对商品和服务进行详细的大类别和子类别划分，对投诉信息分类进行公示。CFPB其实也对金融服务进行了分类，虽然数据全部存储在一个数据库中，但消费者可以通过检索的方式，将不同的类别的数据挑选出来，从而达到分类公示的效果。鉴于消费者投诉数量巨大，为便利消费者以及社会公众、企业、律师、社会组织对数据的使用，应当对消费者投诉所属的事项（大类别、子类别）进行详细的归类采集，并将投诉事项所属的类别一并公示。

3. 德国消费者投诉信息公示对我国的启示与借鉴

德国的消费者投诉信息公示与美国、日本相比是相对较为保守和谨慎的。公示的内容不多，主要集中在食品等领域，对企业的信息保护较为重视。德国较为强调企业有权利对错误信息公示进行纠正，排除了政府对信息正确性的审查义务，德国的《信息自由法》规定了豁免行政机关正确性审查义务的条款。强调企业应当积极参与程序，提醒行政机关注意相关信息和数据中的疏漏与错误。此点也非常值得我们借鉴，我们应当在消费投诉信息公示的工作规范中，明确错误信息的更正程序。

四、消费投诉信息公示试点的情况跟踪

（一）上海消费投诉信息公示试点情况

2016年10月17日，国家工商行政管理总局"消费投诉信息公示"课题组一行赴上海地区进行实地调研。

1. 上海消费者投诉信息公示的总体情况

（1）明确法律依据

上海市在推行制度前十分重视法律依据在制度实施中的重要性。经过细致调研和反复论证后，形成了《上海市工商行政管理局12315消费者投诉信息公示办法（试行）》和《12315消费者投诉信息公示试点工作实施方案》。前一个是规范性法律文件，后一个是工商行政管理部门内部落实工作的具体要求。这两项文件均在2016年9月实施，作为上海市推动消费投诉信息公示落实的制度依据。

由于当时国家工商行政管理总局对此没有明确的规定，上海市只能结合地方实践，根据《上海市工商行政管理局12315消费者投诉信息公示办法

（试行）》第 4 条的规定："消费者投诉信息公示的内容包括：①被投诉经营者的基本登记信息；②被投诉经营者的投诉数量信息，包括被投诉经营者的投诉总量以及受理、不予受理的投诉数量；③被投诉经营者的投诉解决信息，即实际解决的投诉数量以及其与已受理且办结投诉数量的比率；④投诉转案件后的相关行政处罚信息，即案件名称和立案号；⑤其他应当公示的消费投诉信息。"

在确定公示内容时，上海市以"控制公示风险，简便易行，先易后难，逐步推进"作为指导思想，坚持审慎、合理的原则，主要考虑两方面的内容：一是投诉数据，包括已经办结的投诉总量，依法不予受理和受理的数量和投诉实际解决的情况（投诉解决率）。这些数据可以通过信息化的方式直接提取，不需要人工统计。同时，在考虑解决率的科学性和合理性的基础上，将已经协商和解、调节成功、撤回投诉的情况也纳入到实际解决的范围内，提高解决率，鼓励企业主动与消费者和解。二是投诉案件行政处罚的信息。为了避免公示信息和行政处罚公示信息的简单重复，上海市主要公示案件名称和立案号，具体内容让消费者通过处罚公示信息查询，避免公示信息的重复。

（2）明确公示方法

对于公示方法，上海市根据"分类管理"的原则，针对不同的公示内容、公示载体，按照不同的要求和程序组织实施，通过三个方面的途径进行公示：第一个途径是通过企业信用信息公示系统进行即时公示，实现公示信息归集到人。登录国家企业信用信息公示系统（上海），可以查看某个企业的被投诉情况。第二个途径是重点行业、重点经营者的消费者投诉信息由上海市工商行政管理局的门户网站、媒体、基层消费维权网络按季度定期公示；确有需要的，可以不定期公示。鉴于涉及的消费投诉量十分庞大，只能有选择性地公示重点行业、重点经营者的信息。第三个途径是通过第三方网络交易平台，在企业平台网页的显著位置上定期或不定期公布重点经营者的投诉信息。为此，上海市安排了徐汇区、宝山区市场监督管理局作为试点区，来探索这方面的工作。徐汇区、宝山区在公示的形式和载体上有许多革新和改进，例如徐汇区在大型超市、菜市场公示消费投诉信息，宝山区在大型商圈的电子显示屏上公示消费投诉信息。

(3) 突出公示重点

一是围绕投诉集中的重点行业、重点经营者开展消费者投诉信息公示。在公示过程中，可以根据相关经营者被投诉的数量、投诉解决率等指标分别进行排名，并公示相关数据。

二是积极利用第三方网络交易平台进行消费者投诉信息公示，重点利用大众点评网进行试点。

三是公示重点经营者的消费投诉信息时，采取下列方法：一是对被投诉经营者涉及以加盟等形式从事特许经营的，可以一并公布本市相关特许经营体系内的消费者投诉信息；二是对公司及其分公司、子公司对外使用相同品牌、名称或标记的，可以一并公示相关消费者投诉信息；三是对被投诉主体难以辨别是交易平台自身还是平台内商户的，可以一并公示平台及平台内商户的相关消费者投诉信息。

确定重点行业和重点经营者主要从三个方面考虑。一是投诉量大或者投诉量的变化较多的行业，或者是受到媒体关注、媒体监督和社会舆论关注比较多的行业，这些作为确定重点行业的依据。二是对于经营者信息的公示，主要包含投诉数量和投诉解决率。有实施排名时，也存在一些问题：消费投诉数量与企业诚信经营并不完全一致，即投诉数量大但问题不一定严重。如果完全按总量公布，那么大型企业必然会排在前面。因此，另一个方面是公示解决率。如果数量多，但同时解决率也高，这在某种程度上肯定了企业的诚信经营，让消费者可以更全面地了解企业的态度和状况。上海市力求在这两个方面达到平衡。预付卡问题是上海市投诉率比较高，也是老百姓反应强烈、舆论十分关注的重要问题。此外，还有互联网交易服务行业、家用电器家居用品行业等。以投诉办法颁布为契机，上海市准备公布这些行业的信息以及对相关经营者投诉的信息。

(4) 严格工作程序、确立公示错误纠正机制

为了确保公示数据的准确性，从公平合理的角度设置了公示内容的审核流程和变更流程。

公示内容的审核流程如下：涉及重点经营者、重点行业的消费者投诉数据或者涉及多家经营者投诉量、投诉解决率的公示信息，应当经市工商行政管理局消费者权益保护处、市12315中心负责人审核，其中涉及利用门户网

站、社会媒体等途径发布的,还应当同时经市工商行政管理局办公室审核。

公示内容的变更流程如下:上海市参考了《企业信息公示暂行条例》并规定,经营者对公示信息有异议的可以提出查询、更正的申请,上海市工商行政管理局应在20个工作日内书面答复申请人处理结果,而且专门设置了一个纠错的变更流程。对于经营者要求更正已公示的消费者投诉信息的请求,应当提交《消费者投诉信息内容更正申请表》,由市工商行政管理局消费者权益保护处会同市12315中心、市工商行政管理局信息中心等进行审查,并将处理结果通过《消费者投诉信息公示内容变更申请处理结果告知表》在20个工作日内告知申请人。其中市工商行政管理局根据当事人申请或者主动发现公示的消费者投诉信息不准确的,由承办人员将更正的内容和理由报市工商行政管理局消费者权益保护处、市12315中心负责人审核,并经市工商行政管理局分管领导审批。

3. 上海市反映的问题

第一,缺少明确的法律法规的支撑。与消费投诉公示工作相关的法律法规主要是:①《政府信息公开条例》第19条"对涉及公众利益调整、需要公众广泛知晓或者需要公众参与决策的政府信息,行政机关应当主动公开",第20条第13项是兜底条款,"法律、法规、规章和国家有关规定规定应当主体公开的其他政府信息";②《企业信息公示暂行条例》第6条中的兜底条款,"其他依法应当公示的信息";③2014年《国务院关于促进市场公平竞争维护市场正常秩序的若干意见》第27条"……对群众举报投诉、新闻媒体反映的问题,市场监管部门要认真调查核实,及时依法作出处理,并向社会公布处理结果……"。这些法律法规并不能为消费投诉公示提供明确的法律支撑。

第二,公示内容的科学性、合理性难以得到保障。投诉信息和行政处罚信息不一样,处罚信息公示是处罚之后的结果性信息,公开的是比较稳定的数据。但是投诉信息存在争议的空间较大。如何保障公示的投诉信息的科学合理成为难点问题。归纳起来,主要表现在三个方面:一是投诉中包含的重复投诉信息;二是投诉中包含的恶意投诉;三是消费者的诉求是否合理合法。这些问题通过信息化手段难以甄别,但如果不通过机器而通过人工处理,面对海量数据确实难以实现。而且,即便是人工处理,准确性也存在一些问题。

第三,公示信息存在被职业打假人利用的风险。上海职业打假投诉量占总投诉量的近一半,部分区占比更高,接近七八成。上海2017年315开放微信投诉,收到800多件投诉,其中80%以上是职业打假,甚至有投诉人一天内投诉了50多次。也担心职业打假人利用反复、虚假投诉来影响企业声誉。这不仅对投诉的整体数量有影响,也对解决率有影响,因为职业打假人的诉求通常很高、难以满足,这是消费投诉公示工作不得不面对的现实。

第四,对被投诉企业排名存在困难。如果不进行排名,仅仅按时间顺序公示会削弱公示效果。反之,如果进行排名,又存在排名准确性和合理性的争议。对排名的争议主要表现在:首先企业投诉总量难以保证完全真实,其次投诉总量与企业诚信经营并不完全等同。

第五,第三方平台公示消费投诉信息的正当性。上海地区在工作实践中,通过积极要求大众点评网公示消费投诉信息,虽然能提高公示的力度和效果,但是也带来了对第三方公示主体合法性的考量。首先,随着商业化的发展,第三方平台已经并非完全客观中立的机构。以大众点评为例,它拥有自己的经营组织,因此很难保障其客观中立性。其次,如果只有大众点评这一个第三方平台公示消费投诉信息,而其他平台不公示,可能导致该平台内经营者的退出。最后,由第三方平台公示消费投诉信息可能会影响信息公示的权威性。

(二) 重庆消费投诉信息公示试点情况

笔者于2016年6月3日在重庆市开展调研。因调研期间,重庆市消费投诉信息公示系统没有上线,故笔者重点考察了重庆市永川区消费者投诉信息公示的试点情况。

1. 重庆市永川区作为消费者投诉信息公示试点的基本情况

重庆市永川区探索"消费者投诉季度公示制度"。为深入贯彻落实《消费者权益保护法》,强化对损害消费者合法权益行为的社会舆论监督,进一步畅通消费者投诉处理绿色通道,促使经营者积极主动协商和解消费争议,促使大量消费纠纷就近和解在企业、化解在基层、解决在萌芽,切实维护消费者合法权益,重庆市工商行政管理局永川区分局和永川区消费者权益保护委员会在辖区消费者投诉量相对较多的胜利工商所先期开展了"约谈制、接访制、公示制"消费维权工作"三制"探索试点。国家工商行政管理总局消费者权益保护局副局长黄建华在到永川调研消费维权工作时给予充分肯定,并就如何总结、完善、形成正式制度并全面推行指明了方向。重庆市永川区在此基础上最终形成了"消费者投诉季度公示制度",正式出台了《重庆市工商行政管理局永川区分局重庆市永川区消费者权益保护委员会关于建立消费者投诉季度公示制度的通知》,并于2015年全面实施消费投诉信息公示工作。

消费者投诉季度公示制度:是指通过一定的大众传播媒介,一定范围内对在同一个季度内发生消费者投诉数量较多的永川辖区相同或相近规模的行业类型经营者(统称被涉诉主体单位)进行公开披露,对个别性质恶劣和重大典型的消费者投诉案件予以揭露曝光,公开接受社会监督,以达到督促经营者自觉履行法定义务和责任、畅通消费者投诉处理绿色通道、积极主动协商和解消费争议纠纷、维护消费者合法权益的目的。

消费者投诉季度公示时间:每季度公示一次,即在每个季度的第一个月公示上一个季度内发生的消费者投诉数量较多的永川辖区相同或相近规模行业类型的被涉诉主体单位情况;不定期对个别性质恶劣和重大典型的消费者投诉案件予以揭露曝光。

消费者投诉季度公示方式:对于在同一个季度内发生的消费者投诉数量较多的永川辖区相同或相近规模行业类型的被涉诉主体单位情况,或者个别性质恶劣和重大典型的消费者投诉案件,将在辖区工商办公场所和公共张贴栏等公共场所、繁华地带电子显示屏、《永川日报》、《永川读本》、永川网等大众传播媒介上进行公开发布披露曝光。

消费者投诉季度公示内容:被涉诉主体单位名称,即发生了消费者投诉的永川辖区相同或相近规模行业类型的被涉诉主体单位名称;消费者投诉数量,即同一个被涉诉主体单位在一个季度内发生的消费者投诉的件数。

消费者投诉季度公示对象范围:同一个季度内发生的消费者投诉数量排名前十位以内的永川辖区相同或相近规模行业类型的被涉诉主体单位,或者个别性质恶劣和重大典型的消费者投诉案件。

消费者投诉季度公示原则:遵循合法、客观、真实、公正原则和公示前行政约谈告知原则。

2. 重庆市消费者投诉信息公示的情况

2016年7月,即笔者在重庆调研一个月后,重庆市消费投诉信息公示系统正式上线。通过国家企业信用信息公示系统(重庆)(http://gsxt.cqgs.gov.

cn/）向社会公示消费者投诉信息。进入该系统后，可以看到"消费者投诉信息公示"一栏，点击进入后，可以通过翻页的方式或通过输入主体名称、统一社会信用代码、完整的注册号，看到数据库全部公示信息。公示的顺序，按企业被投诉的次数由多到少进行排序。公示的内容包括：被投诉企业名称、统一社会信用代码/注册号、成立日期、登记机关、近一年被投诉总次数、调解成功率。点击近一年被投诉总次数，可以进一步查看消费投诉信息（投诉时间、调解结果、调解日期），系统查看和使用较为方便。

（三）江西省消费投诉信息公示试点情况

笔者于2016年6月5日在江西省开展调研。本次试点工作在江西省全省范围进行。

1. 江西省消费投诉信息公示试点的基本情况

（1）试点工作目标

按照总局的总体部署和要求，依托全国一张网的海量企业监管信息，探索开展经营者消费投诉信息公示试点，梳理公示法律依据，探索公示方式，规范公示流程，界定公示信息范围；落实《消费者权益保护法》等法律法规中关于信用监管的规定，通过将消费投诉处理有关信息向社会公众开放、公示，进一步保障消费者的知情权、选择权，促进经营者主动落实消费维权主体责任；贯彻商事制度改革后加强事中事后监管和社会共治的理念，对试点工作在保护消费者合法权益、促进经营者自律、强化社会监管方面的效果进行评估，并不断完善；切实发挥12315消费维权信息在规范经营者行为、改善优化消费环境等方面的作用。

（2）试点工作依据

一是根据《江西省实施〈中华人民共和国消费者权益保护法〉办法》规定，消费者合法权益的保护应当实行国家保护、经营者自律和社会监督相结合的原则；县级以上人民政府及其行政主管部门应当依法公开经营者信用信息，并采取多种措施，拓宽信用信息查询渠道，为公众查询提供便捷高效的服务；县级以上人民政府及其有关行政主管部门应当建立经营者守法诚信褒奖和违法失信惩戒机制，根据经营者信用状况，运用企业监管警示系统实行分类分级、动态监管；消费者权益保护委员会应当根据消费者的投诉情况和保护消费者合法权益工作的需要，不定期发布消费警示信息和消费指导信息，帮助提高消费者自我保护能力，引导消费者科学合理消费。

二是根据《江西省人民政府关于印发江西省企业信用监管警示系统数据管理和运用试行办法的通知》规定，监管警示系统以信用为核心运用大数据资源构建全省企业信用监管"一张网"，作为加强事中事后监管方式创新和重要载体，与江西省公共信用信息平台互联共享；为企业签订合同、投资经营，以及消费者消费等提供数据参考。

三是根据《国家工商行政管理总局关于加强网络市场监管的意见》要求，建立网购消费警示机制，及时发布消费提示、警示，推进消费投诉公开，加强消费引导；引入行业协会、第三方机构参与网购消费投诉纠纷处理，实现投诉处理工作前移。

四是根据《国家发展改革委办公厅关于充分利用"3.15"国际消费者权益日做好消费领域信用建设相关工作的通知》要求建立健全消费领域失信行为投诉举报和处理机制。将相关投诉举报信息和处理结果报送"信用中国"网站，按照有关规定公开；结合地方实际，创造性地开展消费领域信用建设相关工作。

（3）系统建设框架

投诉数据来源：以12315行政执法系统消费维权数据为主；为适应当前改革形势，预留与国家质量技术监督局12365、国家食品药品监督管理局12331等部门的数据接口；为推进区域合作与消费维权一体化进程，预留与湖北、湖南、安徽等兄弟省市的数据接口。

数据公示范围：在国家企业信用信息公示系统（江西）上设置的"消费提示"模块，向社会公众提供消费提示功能。以经营者名称为索引，以当前时间向前一年为统计期限，公示经营者的被投诉次数和调解成功率的相关数据。系统将一年内的12315消费投诉的信息自动汇总，按照被投诉次数的多少进行排名，同时显示调解成功率。点击"被投诉次数"可查看消费投诉的详细内容，包括投诉时间、投诉内容、调解结果、调解日期等。此外，增加热门领域和行业等关键字检索功能，可以精确查询有关消费投诉的信息，该部分功能将在时机适当时开放。通过消费投诉信息公示，辅助消费者判断经营者的守法经营状况和对消费者投诉的态度，为消费者选择经营者时提供参考。

公示流程：

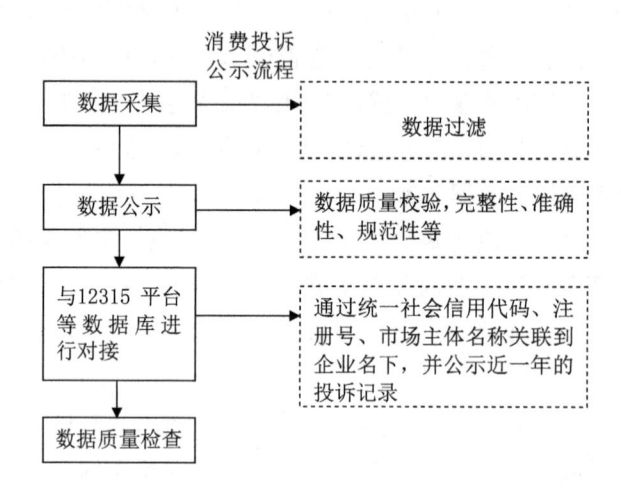

```
                    消费投诉
                    公示流程
  ┌─────────┐        ┌─────────────────────┐
  │ 数据采集 │───────▶│      数据过滤       │
  └────┬────┘        └─────────────────────┘
       │
       ▼
  ┌─────────┐        ┌─────────────────────┐
  │ 数据公示 │        │ 数据质量校验,完整性、准确 │
  └────┬────┘        │      性、规范性等     │
       │             └─────────────────────┘
       ▼
  ┌──────────────┐   ┌─────────────────────┐
  │ 与12315平台   │   │ 通过统一社会信用代码、注 │
  │ 等数据库进    │   │ 册号、市场主体名称关联到 │
  │ 行对接        │   │ 企业名下，并公示近一年的 │
  └────┬─────────┘   │      投诉记录        │
       │             └─────────────────────┘
       ▼
  ┌──────────────┐
  │ 数据质量检查  │
  └──────────────┘
```

建设消费投诉信用动态地图：在监管一体化协同平台中的"数据红盾分析系统"中设置"消费维权"分析模块，基于全省12315消费投诉平台数据与市场主体基础信息，研发消费维权数据分析应用模块。通过总量与结构等维度，分别对12315平台的咨询情况、投诉情况、举报情况、行业类别、消费类型以及被投诉经营者的分布进行详细统计分析，并以图表多元化形式展示消费维权的分析数据。

探索跨地区、跨部门协作模式：2015年9月18日，湘、鄂、赣、皖四省的工商行政管理部门、消费者协会在江西省井冈山市召开联席会议，签署了合作备忘录，决定按照国家工商行政管理总局《国家企业信用信息公示系统建设方案》等相关标准，共建一个消费维权信用信息共享平台，以进一步加强跨区域消费维权深度合作，推进中部四省区域消费维权一体化进程，服务中部地区经济社会和谐稳定发展。

2. 江西消费投诉信息公示系统运行情况

国家企业信用信息公示系统（江西），设有"企业查询""网监服务""消费提示""创业指导""网上注册""异议申请"六大板块。在系统的"消费提示"模块中，整合了12315消费投诉举报信息，将企业的所有投诉信息进行汇总统计，并以列表的方式展示出企业有关消费投诉信息的数量、调解成功率，同时可点击投诉数量查看详细的投诉内容。

从实施效果来看，这套以大数据、大监管、大运用为核心的新型监管体系，一方面，基本实现了企业监管从事前审批把关的监管到事中事后监管的转变，较好地解决了宽进后，登记机关、后置许可部门和企业三者之间信息断层、监管缺位和失位的问题。这个系统从根本上厘清了各自职责，该谁来管、怎么来管的问题一目了然。另一方面，通过大数据的完善，新型监管体系能够全方位展现企业经营行为，相当于为企业构建了一个实时动态户口，社会各界都可以通过该系统了解到每家企业、商户的投诉和处罚等信息，从而直观、高效地选择优质服务、挑选合作伙伴。

监督管理部门公开消费投诉信息，既促使企业自主整改、规范经营，也为百姓消费、商务合作提供了一个良好的信用参考平台。同时，对于政府部门来说，通过系统的综合分析，可以了解企业总体发展情况、分地区发展比较情况、投诉热点、监管重点，等等。这些客观真实的企业汇总信息数据，为智慧政务提供基础信息服务，既能方便政府相关管理部门对企业的各种需求进行分析判断、科学决策、科学监管，并不断评价政策运行效果，提升政策效率；又能方便社会公众查询、监督，保障消费者的合法权益。

3. 其他调研问题

①关于"消费警示""消费提示"用语选择：主要基于消费投诉信息的强度考虑，其中"消费提示"更偏向于平和、客观。

②关于查询渠道：整个系统对外开放，既按投诉次数进行排名显示，也能够通过企业名称等进行精准查询，查询过程便捷，公众也容易获取。

③关于公示的内容选择：在数据采集方面，与12315平台等数据库进行自动数据对接，实时抓取，实时更新。

④关于国家企业信用信息公示系统（江西）的使用群体：据统计，截至2016年5月31日，该系统累计浏览总数已达468万次，累计访问总数52万次；其中"消费提示"深受社会公众关注，浏览量排在前3位。南昌市企业信用警示系统累计浏览总数已达200万次，其中"消费警示"的浏览量排在第2位。经过一段时间的运行，消费者目前对该系统更为熟悉与了解。

⑤关于平台对接：系统"消费提示"模块内容目前已与"信用中国""全国企业信用信息公示系统"联通。

⑥关于消费投诉信用动态地图：目前尚在建设之中。

⑦关于公示清零机制：公示信息自公示之日起，一年为限。

⑧关于投诉澄清机制：未设置，因公示的信息皆为经过工商行政管理部门依法处理后的投诉信息。

⑨关于复议、诉讼情况：尚未出现因公示而被申请复议、被提起行政诉讼的个案。

（四）消费投诉信息公示试点的效果评估

笔者根据对重庆、江西和上海三个试点地区的调研情况，从消费投诉信息公示依据、消费投诉信息公示对象、消费投诉信息公示方式、消费投诉信息公示内容、消费投诉信息公示程序、消费投诉信息公示监督与保障、在企业信用信息系统建设和监管中的作用，共7个方面，对消费投诉信息公示试点的效果进行评估（以下内容适当做了简化处理）：

1. 消费投诉信息公示依据

各试点地区均坚持制度先行，以《政府信息公开条例》《企业信息公示暂行条例》等法规、规章规定作为依据，制定专门的规范性文件。

2. 消费投诉信息公示对象

在消费投诉信息公示对象方面，上海、江西和重庆三地的工商行政管理部门的做法并没有本质的区别，公示的对象都是在一定时限内所有被投诉的市场主体。需要指出的是，上海市工商行政管理局希望在所有公示对象的基础上，根据投诉情况，确定消费投诉的重点行业和重点经营者，进一步利用公示信息，充分利用多种公示方式，以强化消费投诉信息公示的社会效果，重庆市工商行政管理局永川区分局仅公示了投诉数量较多的经营主体，这一做法并非符合消费投诉信息公示制度本身的目的，不建议在全国范围采纳推广。

3. 消费投诉信息公示方式

关于消费投诉信息公示的方式，三个试点地区的做法基本一致，主要依托国家企业信用信息公示系统。此外，上海市还通过市工商行政管理局门户网站等媒介进行定期公示或者不定期公示，并通过与第三方网络交易平台的合作，在第三方网络交易平台上进行公示，使得公示方式多样化，社会效果更明显。尤其值得一提的是，上海市工商行政管理局还鼓励、引导第三方网络交易平台或者商品交易市场经营管理方利用自身资源和优势，主动向社会公示平台内或者市场内经营者的消费投诉信息，充分利用传统媒介和新型网络平台、调动社会各方力量，扩大消费投诉信息公示的影响，切实维护消费者的合法权益，很好地体现和践行了消费者合法权益保护社会共治的理念。

4. 消费投诉信息公示内容

在消费投诉信息公示的内容方面，三个试点地区的做法各不相同，对消费投诉信息公示制度的预期价值和功能的实现程度也不相同。上海市工商行政管理局公示的消费投诉信息内容包括被投诉经营者的基本登记信息、投诉数量信息、投诉解决信息、投诉转案件后的相关行政处罚信息等，这些信息内容比较丰富，有助于满足消费者对相关经营者的知情权和选择权，同时也能较完整地呈现出相关经营者对消费投诉的处理情况，反映企业的状况。但是，上海市工商行政管理局在所公示的消费投诉信息中，并未将消费者的投诉内容进行公示。总体而言，上海市工商行政管理局关于消费投诉信息公示内容的设置，较好地体现了消费投诉信息公示制度的功能和价值。江西省工商行政管理局在消费投诉信息公示内容方面与上海市工商行政管理局的做法基本一致，主要有两点区别：一是将消费者的投诉内容列为公示的内容；二是不公示诉转案的处罚信息。其中，江西省工商行政管理局将消费者投诉的内容纳入公示范围，使消费者能够了解消费投诉的核心内容，从而很好地实现消费投诉信息公示制度的目的。相比上海市、江西省来说，重庆市工商行政管理局公示的消费投诉信息内容最少，仅包括被投诉主体信息、近一年被投诉总次数、调解成功率、消费投诉信息（投诉时间、调解结果、调解日期），未能较好地向社会公众呈现被投诉市场主体的状况，与消费投诉信息公示制度的预期目的尚有距离。

5. 消费投诉信息公示程序

在消费投诉信息公示的程序方面，上海市工商行政管理局制定了《上海市工商行政管理局 12315 消费者投诉信息公示办法（试行）》以及《12315 消费者投诉信息公示试点工作实施方案》，统一规范消费投诉信息公示程序；并且，相关程序设置比较合理、考虑周到，有利于消费投诉信息公示试点工作的顺利开展。江西省工商行政管理局结合《江西省企业信用监管警示系统数据管理和运用试行办法》的规定以及实际情况，形成了消费投诉信息公示流程图，使消费投诉信息公示按照规定的程序进行。重庆市工商行政管理局按照《重庆市工商局消费投诉信息公示试点工作方案》的规划，拟制定重庆市工商行政管理局消费投诉信息公示办法，规范公示流程，但至本书撰写期间，仍未能在公开的信息网络渠道查询到相关的制度规范文件。

6. 消费投诉信息公示监督与保障

消费投诉信息公示工作是消费维权工作领域的新内容，由于开展试点的时间短，三个试点地区对消费投诉信息公示的监督与保障机制的关注程度不同。上海市工商行政管理局通过出台相关规范性文件和通知，建立了消费投诉信息公示试点工作的监督与保障机制和程序，以保证消费投诉信息公示工作的顺利开展。江西省工商行政管理局通过实施《消费投诉公示试点工作方案》以及成立"江西省工商行政管理局消费投诉公示试点项目工作小组"，推动了消费投诉信息公示试点工作的开展，同时为试点工作提供了工作与技术上的监督与保障。重庆工商行政管理局亦必然组成了相关工作领导小组推进工作进展，但在笔者获得的材料和通过网络检索查询的信息中，暂未获得其他有关消费投诉信息公示监督与保障方面的信息。

7. 在企业信用信息系统建设和监管中的作用

上海市工商行政管理局以国家企业信用信息公示系统（上海）为平台依托，在主页上并未设置专门的"消费者投诉信息公示"栏目。消费者需要通过具体的企业名称、注册号或者统一社会信用代码进行搜索查询。在具体市场主体的"工商公示信息"中，设有"消费投诉信息"选项，消费者可以点击查询该市场主体的消费投诉信息情况。从具体市场主体的工商信息角度看，上海市工商行政管理局所公示的消费投诉信息内容比较丰富，除消费者具体的投诉事项和内容外，基本能够满足消费者对该市场主体有关消费诉讼情况的了解；但是从查询便利性的角度看，消费者查询和了解消费投诉信息的过程不够方便和直观。

江西省工商行政管理局以国家企业信用信息公示系统（江西）为平台依托，在主页设置了"消费提示"专栏。一方面，用户可以在专栏内根据企业名称、法定代表人（负责人）、统一社会信用代码/注册号、住所（经营场所）进行模糊搜索或者精准查询；另一方面，专栏按照近一年内经营主体被消费者投诉的次数进行排列，用户可以浏览被投诉经营主体的名称、成立日期、登记机关、被投诉次数、调解率等信息。点击被投诉次数，可以查询消费投诉的相关信息,包括投诉时间、投诉内容、调解结果、调解日期等。总体来说,江西省的消费投诉信息公示平台的栏目设置,让消费者查询比较方便,同时按照被投诉次数进行了排列,便于消费者直观了解投诉较多的市场主体。但是在该系统中,消费投诉信息公示的栏目是单独设置的,并未与市场主体名下的其他工商公示信息相关联,通过具体查询特定市场主体,所显示的信息并不包含消费投诉信息。这样不便于消费者对特定市场主体信用信息的全面了解。

重庆市工商行政管理局以国家企业信用信息公示系统(重庆)为平台依托,在主页设置了"消费者投诉信息公示"专栏。专栏按照近一年被投诉总次数从多到少进行排列,内容包括被投诉企业名称、统一社会信用代码/注册号、成立日期、登记机关、近一年被投诉总次数、调解成功率等信息,便于消费者查看和搜索。同时,通过国家企业信用信息公示系统(重庆)查询特定经营主体的信息时,消费投诉信息也作为工商公示信息的一个组成部分,便于消费者了解该市场主体的状况。

五、目前的问题和下一步工作建议

(一)目前的问题

1. 公示的法律依据

试点地区普遍关心的是法律依据的问题,认为《政府信息公开条例》《企业信息公示暂行条例》以及《国务院关于促进市场公平竞争维护市场正常秩序的若干意见》尚不能为消费投诉信息公示提供明确、足够的法律支撑,而《消费者权益保护法实施条例(送审稿)》正在征求意见过程中。该送审稿第45条第3款规定:"有关行政部门应当建设全国统一的消费者维权网络信息平台,为消费者提供投诉、举报等在线维权渠道,支持消费争议的远程解决,对经营者处理消费者投诉情况予以公示",明确了要建立全国统一的消费者投诉、举报维权网络信息平台,对经营者处理消费者投诉情况予以公示。该条规定解决了法律依据不明确的问题,为消费投诉信息公示提供了充分的法律支撑,该送审稿通过并生效后,法律依据不足的问题即不复存在。

2. 公示的方式

试点地区消费投诉信息公示的方式不完全相同，存在着分散、不统一、不合理的问题。重庆、江西均在国家企业信用信息系统的门户网站上进行集中排名公示，但排名公示的准确性和合理性存在争议：首先，企业投诉总量难以保证完全真实。其次，投诉总量与企业诚信经营并不完全等同。上海在国家企业信用信息系统（上海）的门户网站没有集中排名公示，而是分散公示在企业登记信息下，这种分散公示的方式弱化了集中公示的效果，使得消费者及其他信息使用者无法通过信息集中公示的比较，了解到更多有用的信息，达不到集中公示的目的。同时，上海在集中交易市场和网络第三方平台试点对重点行业、重点经营者进行公示，形成了完全不同的公示方式。利用集中交易市场、网络第三方平台公示消费投诉信息，虽然能提高公示的力度和效果，但是也带来了对第三方公示主体合法性的考量。此外，在国家企业信用信息系统中，消费投诉信息公示没有按照商品和服务的不同类别加以细分，不同性质、不同类别的投诉信息全部在一起，或者分散归集到企业登记信息下公示，这种做法会弱化信息的查询和利用。

3. 公示的内容

从试点地区公示的内容来看，除江西以外，上海和重庆出于对消费者投诉事实和诉求信息的科学性、合理性的考虑，没有对消费者投诉的事实和诉求内容进行公示。主要的顾虑在于，消费者投诉信息和行政处罚信息不同，如何保障公示的投诉信息科学合理，即如何解决投诉中包含的重复投诉、恶意投诉、被职业打假人利用来影响企业声誉，以及消费者的诉求不合理不合法的问题。这些问题难以通过信息化的方式甄别，如果通过人工处理，海量的数据处理难以实现。即便是人工处理，准确性也会存在问题。

4. 公示的对象

重庆市永川区"消费者投诉季度公示制度"所界定的公示对象范围尚未涵盖所有可能被投诉的市场主体。这样就可能出现一些规模较小的企业，如个体工商户或者其他冷门行业单位，即使被多次反复投诉却被排除在公示对象之外的情况。根据我国民法中民事主体地位平等的原则，不论是个体或公司企业，无论规模大小，在法律地位上都是平等的市场主体。所以，对于同一行政辖区的同一个时间段内的所有被投诉市场主体，不论规模大小、不分行业类型，都应该纳入公示范围。

5. 公示信息的利用

消费投诉信息公示与社会主体对消费投诉公示信息的利用是两个不同的概念。笔者认为，消费投诉信息公示，是指市场监督管理部门和其他政府部门在接受消费者的投诉后，对依法调解过程中形成的信息所进行的对外公开和展示。公示的主体是依法处理消费投诉的行政管理部门。而对消费投诉公示信息的利用是指对政府已经统一、集中公示的消费投诉信息的再开发、再整合、再利用。这既包括集中交易市场、第三方网络交易平台等企业、消费者组织、媒体、社会公众等社会主体，为加强企业内部管理、加强社会监督、加大宣传报道等需要，对信息的再开发、再整合、再利用，也包括政府部门为了加强监管对已公开信息的整合、利用。例如，上海试点中，在集中交易市场、第三方网络平台对重点行业、重点经营者进行消费投诉信息的公示，以及江西省尚在建设中的消费投诉信用动态地图，以及网络、媒体等对信息的整合编辑与传播，均是为了提高普通民众、公司企业及政府部门对消费投诉信息的利用，最大限度发挥信息公示的效能。

6. 关于公示的用语

目前，在试点地区中出现了"消费投诉信息公示"与"消费提示"两种不同的表达用语，存在公示用语不一致的问题。江西省试点采用的"消费提示"用语，虽然较为平和，但该提法在目的上显得较为狭窄，权威性不够。从国际上看，对企业处罚信息有采用"消费警示"的用语进行公示，以提请消费者注意，如德国；而对企业消费投诉处理信息的公示，一般是以信息"公开""公表"作为公示的用语，如美国、日本。

7. 公示信息的清零

各试点地区对公示信息拟采取自公示之日起满一年或两年为限，在公开网络清零的机制。该做法导致公示的时间过短，可能影响消费者、其他社会主体对过往投诉公示信息的查询和利用。

8. 错误信息的澄清

消费者投诉信息公示的内容，虽然经过人工审核并采用信息技术自动抓取，但不能保证每一项的绝对正确性。因此应当给企业申诉的机会，并建立错误信息公示的澄清机制，以便及时纠正错误信息。

（二）笔者关于下一步工作的建议

针对上述存在的问题，笔者提出如下看法与建议。

1.《消费者权益保护法实施条例（送审稿）》第45条第3款的条文设计是消费者投诉信息公示的有力支撑

《消费者权益保护法实施条例（送审稿）》第45条第3款的条文设计为消费者投诉信息公示提供了充分的法律依据，该款规定："有关行政部门应当建设全国统一的消费者维权网络信息平台，为消费者提供投诉、举报等在线维权渠道，支持消费争议的远程解决，对经营者处理消费者投诉情况予以公示"，明确了要建立全国统一的消费者投诉、举报维权网络信息平台，对经营者处理消费者投诉的情况予以公示。该送审稿通过并生效后，法律依据不明确的问题即不复存在，作为全国统一的规范性法律文件，也避免了地方规定的杂乱无章，建议积极推进该条例的立法工作。

2. 建议在国家企业信用信息公示系统中进一步扩大消费投诉信息公示的试点范围，并对消费者投诉信息公示的内容和方式进行适当的统一和扩展，未来可考虑在全国统一的消费者投诉举报平台集中统一进行公示

笔者认为，根据目前试点的情况及存在的问题，可以考虑分两步走：

第一步，可以在国家企业信用信息公示系统中进一步扩大消费投诉信息公示的试点范围，并对消费者投诉信息公示的内容和方式进行适当的统一和扩展。对公示的内容和方式进行适当统一的好处是可以及时总结试点经验，避免各试点地区之间出现明显的不一致。另外，应当通过合理的指标和模板设计，适当扩展公示内容，尽可能客观、真实、及时地反映出消费者投诉处理的过程，并通过机器处理加人工审核的方式，保证公示内容的科学性和合理性。

第二步，在不断扩大试点的基础上，未来可考虑在全国统一的消费者投诉举报平台对消费者投诉信息进行集中统一的公示。根据《消费者权益保护法实施条例（送审稿）》第45条第3款的规定，工商行政管理部门将建立全国统一的消费者维权网络信息平台，为消费者提供投诉、举报等在线维权渠道，支持消费争议的远程解决，对经营者处理消费者投诉情况予以公示。由此可知，该平台建成后，我国将建成一个全国统一的消费投诉数据库，集消费者投诉、处理、公示为一体的专门化、专业化平台。因此，笔者建议可以借鉴 CFPB、日本消费者厅和国民生活中心的做法，未来在全国统一的消费投诉数据库中对消费者投诉信息进行公示，以增强公示的权威性及运行的规范性。此外，考虑到消费投诉信息亦属于企业信息，在全国统一的消费者投诉举报平台公示以外，国家企业信用信息公示系统仍有必要按照全国统一的消费投诉数据库的模板设计，进行信息的归集和公示，并最终与全国的消费投诉举报数据库对接联网。

3. 建议除法律规定应当保密的信息以外全面公示企业的消费者投诉信息

消费者投诉信息是市场监督管理部门依法处理消费者争议过程中产生的政府信息，这些信息能够反映企业的状况，对于消费者知情权和选择权的实现、促进市场主体诚信自律以及构建消费维权社会共治格局有重要的意义，符合《消费者权益保护法》《政府信息公开条例》《企业信息公示暂行条例》等法律法规的立法精神。因此，不分企业大小，市场监督管理部门应当对所有企业一视同仁，在不违反国家秘密、商业秘密、个人隐私等法律禁止公开的信息的前提下，全面公示消费投诉信息。根据目前消费投诉信息公示试点的情况，借鉴 CFPB 的做法，笔者建议公示的内容应当包括如下几项信息：①消费者投诉的时间；②消费者投诉的事项；③消费者投诉的事实陈述（公示前需要消费者的明示同意，并去除消费者个人信息，包括消费者姓名、住址、电话号码、银行账号等敏感信息）；④投诉是否被受理及受理时间；⑤被投诉企业名称/地址/社会信用代码（点击可以关联到企业登记信息、被处罚信息）；⑥企业的回应时间；⑦企业对消费者的回应和反馈信息（应在公示前征得企业的同意）；⑧消费投诉处理结果信息（包括消费者对企业的答复是否有异议、投诉转处罚信息，投诉转诉讼或仲裁信息）；⑨总投诉数量；⑩投诉解决率。为尽量避免和杜绝重复投诉、恶意投诉、虚假投诉的情况发生，建议投诉被转发给企业前，消费者必须向政府确认他们提供的信息是真实的，否则将承担提供不实信息的法律责任，并记入个人诚信档案。

4. 建议参考美国和日本的做法将商品和服务进一步细化成不同的类别分类进行公示而非按照投诉量的多少进行排名公示

中国是一个人口大国，消费投诉信息数量巨大。如果采用统一公示的模式，就必然要求对商品和服务进行细化分类，以便于进行公示，从而最大限度地实现信息公示的目的。可以参考美国和日本的做法，分别将商品和服务细化成若干不同的类别。例如，将服务分为金融类、保险类、教育类、娱乐类、运输类、通信类、标签广告类、保管类等，每一类还可以再细化成若干子类别，如商品可以分为服装、鞋帽、一般商品、电子产品、保健用品、机动车辆、光热产品等，在这些类别之下还可再细分为若干子类别。具体分类可以参照《商标注册用商品和服务国际分类》，或者根据当前投诉处理经验进行实际分类，将消费者投诉信息分类进行公示，以最大限度地满足消费者的知情权和政府管理目标，实现消费投诉信息公示的目的。同时，建议消费投诉信息公示不应以投诉数量的多少进行排名，而应以时间的先后倒序排序，这样更为公平合理。从美、日、德三国的公示情况看，并没有采用以投诉数量的多少进行排名的方式。因为企业规模各异，按照投诉量的多少排名并不能准确反映企业的实际状况。

5. 建议以客观、真实、及时的原则指导公示工作，以计算机读取加人工审核的方式保证公示内容的科学、合理、公正

按照工商行政管理系统现有的投诉处理工作机制，虽然不要求核实所有投诉事实，但实际上会对每个投诉进行审查，以确定是否应该由其他监督管理机构处理，并对每一个投诉都要在消费者和经营者之间进行查询验证，确认是否存在商业关系，并反馈投诉是否成立和受理。若投诉不成立或未受理，将不会提交给被投诉的经营者处理，也应当不会予以组织调解。这一工作机制意味着消费者、经营者之间是否存在投诉所称的争议事项，已经基本得到确认。在此基础上，可以采用计算机建模的方式，由机器自动完成信息的读取。但无论在理论上还是在实践中，公示机关想要完全避免错误，或者完全避免被申请行政复议或被行政起诉的风险都是不可能的，但可以尽量将风险控制在可接受的范围内。为此，笔者建议可以采取以下处理措施：

（1）针对重复投诉

如果同一个消费者就同一消费争议事项提出多次重复投诉的，可以参照民事诉讼"一事不再理"的原则，对重复的投诉不予受理。

（2）针对恶意投诉

恶意投诉者的目的，是针对经营者的正常经营活动实施破坏性的投诉，旨在让经营者付出额外的时间或金钱成本，或者使其陷于不必要的纠纷之中。实践中，普通的恶意消费者也有，但不多见。比较常见的是同业竞争者出于

不正当竞争的目的，在经营者完全无辜的情况下，或直接出面或间接找人（如所谓的网络"水军"）以"消费者"的名义滥用投诉权利，故意制造事端。如果查证属实，应及时纠正不实信息，并让恶意投诉者承担相应的法律责任，同时记入个人诚信档案。

(3) 针对虚假投诉

公示机关及投诉处理人员必须善于因势利导、化解矛盾，尽量劝服消费者主动撤回投诉；消费者坚持投诉的，不予受理；已经受理的，查证属于虚假投诉后以投诉不成立予以驳回，并不予公示经营者的信息。公示机关及投诉信息处理人员必须善于甄别，保护合法合规经营，视情节轻重劝诫或处罚恶意投诉人，驳回其投诉并不予公示经营者的信息。

(4) 针对诉求不合理的投诉

对于既不合法又不合理的重复性职业索赔行为，经营者除了不断发现和纠正自身的违法行为和错误之外，不应满足其不合理的要求，调解无法达成协议也是一种必要的处理结果，企业不能一味地为了提高解决率而放弃原则。同时，消费投诉信息公示不应以投诉数量的多少或投诉解决率进行排名公示，而应按投诉时间进行排序，这将有助于解决这一问题。

(5) 针对大量投诉需要调解的压力

根据上海调研反馈情况，笔者建议可以通过以下两个方面解决行政人力资源不足的问题：

第一，可以通过建设便利企业解决投诉的渠道，为企业自主纠错提供机会，在公示中树立主动与消费者和解的正面形象。例如，建立与企业联网的和解平台，将收到的单纯投诉直接通过该渠道转交给这些联网企业，由企业自行处理。此外，还可以通过微信平台，为经营者自主解决投诉提供平台。这样通过绿色通道，推动消费者与经营者先行和解，降低行政成本，让行政部门更多地从事监管、执法工作，从源头降低投诉数量，防止恶性循环。《消费者权益保护法实施条例（送审稿）》第 54 条第 1 款"有关行政部门受理消费者投诉后，按照下列方式处理并告知消费者"中的第 2 项督促指导经营者主动与消费者协商和解，也明确了让企业主动与消费者和解的纠纷解决之道。

第二，可以考虑与消费者协会、人民调解委员会联合调解，为基层工作减负。《工商行政管理部门处理消费者投诉办法》第 18 条规定："调解由工商行政管理部门工作人员主持。经当事人同意，工商行政管理部门可以邀请有关社会组织以及专业人员参与调解。"《消费者权益保护法实施条例（送审稿）》第54条第1款"有关行政部门受理消费者投诉后，按照下列方式处理并告知消费者"之第3项"依法委托消费者协会、人民调解委员会或者依法成立的其他消费者组织调解"。这些规定奠定了有关行政部门与消费者协会、人民调解委员会联合调解的法律基础。但依法委托消费者协会、人民调解委员会或者依法成立的其他消费者组织调解，应当告知消费者，消费者不同意的，不得委托调解。

6. 建议在集中统一公示的基础上对消费投诉公示信息进行再利用

笔者认为，应当清晰区分"消费投诉信息公示"与"消费投诉公示信息的再利用"，两者是不同的概念。"消费投诉信息公示"是指制作、记录、保存消费者投诉信息的政府机关（公示主体）在统一的信息公示平台所进行的集中统一公示，公示的主体是制作、记录、保存消费者投诉信息的政府机关。"消费投诉公示信息的再利用"是指公示主体以外的其他政府机关、各类社会主体，在消费投诉信息公示的基础上，对已经公开的消费投诉公示信息进行各种能够满足商业性、公益性、监督性需求的再开发、再整合、再利用，以实现大数据信息的社会使用价值。这包括集中交易市场和第三方网络平台等企业、消费者组织、媒体、社会公众和政府部门，为加强企业内部管理、加强社会监督、加大消费者保护以及宣传报道等对信息的使用需求，对消费投诉信息进行的再开发、再整合、再利用，其目的是最大限度实现公示信息的社会价值。因此，在消费投诉信息集中统一公示的基础上，政府部门可以在其官方网站、政务微信和微博中，根据监管需要，对消费者投诉公示信息进行摘编、整合、公示和利用，以实现部门监管的目标。基层消费维权联络站（点）可以借助信息宣传栏、电子显示屏等媒介，对本辖区市场主体的相关投诉信息进行公示。集中交易市场和第三方网络平台等企业、消费者组织、媒体等也可以对消费者投诉公示信息进行摘编、整理、公示、开发和利用，以实现消费者投诉公示信息的社会价值。

7. 建议统一使用"消费者投诉信息公示"的名称用语，并将公示期间延长为5年

"消费投诉信息公示"与"消费者投诉信息公示"仅一字之差，但在含

义上是有差异的。因为消费包括生产消费和生活消费，从严格意义上讲，"消费投诉信息公示"的用语是不准确的。因为"消费争议"除了消费者投诉以外，还应当包括消费者以外的经营者购买产品而发生的生产消费纠纷，以及由经营者提出的与消费者之间的消费争议纠纷。而本书所讲的"消费投诉"实际上专指市场监督管理部门通过12315消费者投诉举报平台受理的消费者投诉。《工商行政管理部门处理消费者投诉办法》所使用的名称，也是"消费者投诉"这一称呼。该办法第31条规定的"农民购买、使用直接用于农业生产的生产资料的投诉，参照本办法执行"，亦是符合《消费者权益保护法》的规定，将农民购买生产资料的投诉视为"消费者投诉"。故为了避免用语上的不准确，建议统一使用"消费者投诉信息公示"的用语。

消费投诉信息公示的期间，各试点地区规定为1年到2年不等。如果按照商品和服务的不同类别，分类进行公示，以及采取扩大公示内容、取消排名公示的设计方案、鼓励社会对公示信息的利用等方法，那么公示时间可以考虑适当延长至5年，因为过短的时间不足以持续了解和观察一个企业长期的经营状况。从美国、日本消费者投诉信息公示的情况看，其以往公示信息目前均可查询。

8. 建议建立错误信息公示的澄清机制

消费者投诉信息公示的内容，虽然经过人工审核并采用信息技术由机器自动抓取，但并不能保证每一项信息的绝对正确性。在任何情况下，被公开的信息都不可能完全没有错误。一旦出现不实信息，必须及时作出澄清或其他改正措施，允许企业对错误的公示信息有申请更正的权利和机会，以防止错误信息的影响进一步扩大。可以借鉴上海的做法，给企业申请更正错误信息的机会，建立错误信息公示的澄清机制。

附录

消费投诉信息公示办法（建议稿）

第一条（目的宗旨）

为进一步适应市场监管理念、监管手段的调整和创新，扩大消费维权工作社会监督，规范消费者投诉信息公示，督促经营者诚信自律，构建消费维权社会共治机制，根据《政府信息公开条例》《消费者权益保护法实施条例》（待通过），制定本办法。

第二条（概念界定）

本办法所称消费者投诉信息，是指消费者为生活消费需要购买、使用商品或者接受服务，与经营者发生消费者权益争议，向工商行政管理部门投诉，工商行政管理部门对消费者的投诉依法进行处理所形成的，由工商行政管理部门记录和保存的政府信息。

第三条（公示原则）

公示消费者投诉信息，应当遵循客观、真实、及时的原则，不得侵犯消费者个人信息依法得到保护的权利，不得侵犯经营者依法得到保护的权利。

第四条（公示主体）

消费者投诉信息公示由依法制作、归集、记录、保存该政府信息的工商行政管理部门负责公开。

第五条（公示对象）

消费投诉信息公示的对象是指工商行政管理部门公示消费者投诉信息所指向的被投诉市场主体、消费者的投诉以及投诉的处理情况等。

第六条（公示范围）

公示的消费者投诉信息应当为工商行政管理部门依法处理并办结的投诉信息。

第七条（分类公示）

消费者投诉信息公示应当根据商品和服务的不同类别，分类进行公示。

第八条（公示内容）

除国家法律、法规规定禁止公开的信息以外，工商行政管理部门应当全面公示消费者投诉的下列信息：

（一）消费者投诉的时间；

（二）消费者投诉的事项（大类别与子类别）；

（三）消费者投诉的事实陈述（公示前需要消费者的明示同意，并去除消费者个人信息，包括消费者姓名、住址、电话号码、银行账号等敏感信息）；

（四）投诉是否被受理及受理时间；

（五）被投诉企业名称、地址、社会信用代码（点击可以关联到企业登记信息、被处罚信息）；

（六）企业的回应时间；

（七）企业对消费者的回应和反馈信息（应在公示前征得企业的同意）；

（八）消费者投诉处理结果信息（包括消费者对企业的答复是否有异议、投诉转处罚信息，投诉转诉讼或仲裁信息）；

（九）总投诉数量；

（十）投诉解决率；

（十一）其他应当公示的内容。

为尽量避免和杜绝重复投诉、恶意投诉、虚假投诉的情况发生，投诉在被转给企业处理前，消费者必须确认其提供的信息是真实的，否则将承担提供不实信息的法律责任，并记入个人诚信档案。

第九条（公示告知）

工商行政管理部门应当在公示前，通过书面（包括电子书面）的方式告知市场主体相关投诉信息将向社会公示，并征得被公示主体对应征求其意见的公示内容的明示同意。

第十条（不予公示的情况）

对重复投诉、恶意投诉、虚假投诉的情况，经查证属实，应当将重复投诉、恶意投诉、虚假投诉的情况在公示系统中予以记载，对投诉的内容不予公示。

第十一条（信息的读取与审核）

为提高信息归集的效率，保证公示内容的科学、合理，消费者投诉信息的读取与审核应通过合理的指标和模板设计，以机器读取加人工审核的方式完成。

第十二条 （公示方式与途径）

消费者投诉信息公示应当本着方便消费者获取，有利于社会监督，保障公示的权威性和一致性的前提下，采取集中统一的公示方式，在以下信息化平台，按照统一的模板，自该投诉信息形成或者变更之日起20个工作日内予以公示：

（一）国家企业信用信息公示系统；

（二）全国消费者维权网络信息平台（全国统一的消费者投诉平台数据库）。

第十三条 （信息的利用）

在消费投诉信息集中统一公示的基础上，政府部门可以在其官方网站，政务微信和微博中，根据监管的需要，对消费者投诉公示信息进行摘编、整合、公示、利用，以实现部门监管的目标。

基层消费维权联络站（点）可以借助信息宣传栏、电子显示屏等媒介，对本辖区市场主体的相关投诉信息进行公示。

支持、鼓励集中交易市场和第三方网络平台等企业、消费者组织、媒体、社会公众为加强企业内部管理、扩大社会监督，加大消费者保护以及宣传报道的需求，对消费者投诉公示信息进行摘编、整理、公示、开发、利用，以实现消费者投诉公示信息的社会价值。

第三方网络交易平台公示投诉信息的，相关第三方网络交易平台应当按照政府部门的要求，在网页的显著位置公示投诉信息，便于消费者识别、查询，并确保数据安全。

第十四条 （公示期限）

国家企业信用信息公示系统和全国消费者维权网络信息平台公示的消费者投诉信息的公示期一般为5年。

第十五条 （公示内容的变更）

被公示市场主体有证据证明工商行政管理部门公示的、涉及自身的投诉信息不准确且要求予以更正的，工商行政管理部门应当进行审查，并将处理结果在15个工作日内告知申请人。

工商行政管理部门发现自己公示的投诉信息不准确的，应当及时予以更正。

第十六条（信息的保护）

任何公民、法人或者其他组织不得非法修改消费者投诉公示信息，不得非法获取未经企业同意公开的信息。

非法修改公示的消费者投诉信息，或者非法获取未经企业同意公开的信息的，依照有关法律、行政法规规定追究法律责任。

第十七条（行政复议与诉讼）

公民、法人或者其他组织认为政府部门在消费者投诉信息公示工作中的具体行政行为侵犯其合法权益的，可以依法申请行政复议或者提起行政诉讼。

第十八条（投诉信息的互联共享）

应当保障公众诉求综合处置平台内12315相关数据信息与其他信息系统的对接，并为其他政府部门公示投诉信息提供便利。

网络消费投诉信息公示应体现网络高效、大数据、即时性特点，公示机关宜与电商企业和第三方平台对接，建立更加快捷的投诉处理和公示渠道。

第十九条（网络消费投诉的公示）

对网络消费投诉信息公示进行计划单列。

鼓励、引导电子商务第三方交易平台或者商品交易市场经营管理方利用自身资源和优势，主动向社会公布平台内或者市场内经营主体的被投诉情况与维护消费者权益有关的信息。

第二十条（公示效果的反馈）

消费者投诉信息公示后，公示机关应及时了解社会主体对于公示效果的看法和对公示信息的使用情况。通过调查问卷、实地访谈等各种形式反馈公示效果，及时对公示的内容、方式、手段、程序等进行完善。

第二十条（实施日期）

本办法自　年　月　日施行。

第二章

消费者投诉转案件工作专项分析[1]

消费者投诉转案件（以下简称"诉转案"）工作，其直接法律依据是2020年1月1日起实施的《市场监督管理投诉举报处理暂行办法》第23条的规定。根据该规定，诉转案工作是指市场监督管理部门在调解中发现涉嫌违反市场监督管理法律、法规、规章线索时，应按照法定程序核查处理的工作。[2]同时，《市场监督管理行政处罚程序规定》第18条规定的行政处罚普通程序中，也有相关的将投诉信息中包含的案件线索进行核查后，继而办案的规定。[3]调研过程中发现，虽然各地根据《市场监督管理投诉举报处理暂行办法》制定地方性的诉转案工作办法的进度有异，但普遍都开展了依据《市场监督管理行政处罚程序规定》，将投诉信息中包含的案件线索进行核查的工作，并与依据《市场监督管理投诉举报处理暂行办法》进行的投诉信息核查处理工作一同进行诉转案相关工作的总结。因此可以说，诉转案工作已经处于持续开展的过程中，但尚未形成统一的诉转案的具体定义和详细流程，各地实践也存在较大差异。

---

〔1〕 本章是本书笔者2023年主持完成的国家市场监督管理总局执法稽查局委托的研究项目。

〔2〕《市场监督管理投诉举报处理暂行办法》第23条"市场监督管理部门在调解中发现涉嫌违反市场监督管理法律、法规、规章线索的，应当自发现之日起15个工作日内予以核查，并按照市场监督管理行政处罚有关规定予以处理。特殊情况下，核查时限可以延长15个工作日。法律、法规、规章另有规定的，依照其规定。对消费者权益争议的调解不免除经营者依法应当承担的其他法律责任。"

〔3〕《市场监督管理行政处罚程序规定》第18条"市场监督管理部门对依据监督检查职权或者通过投诉、举报、其他部门移送、上级交办等途径发现的违法行为线索，应当自发现线索或者收到材料之日起15个工作日内予以核查，由市场监督管理部门负责人决定是否立案；特殊情况下，经市场监督管理部门负责人批准，可以延长15个工作日。法律、法规、规章另有规定的除外。检测、检验、检疫、鉴定以及权利人辨认或者鉴别等所需时间，不计入前款规定期限。"

第二章 消费者投诉转案件工作专项分析

2022年10月，中国共产党第二十次全国代表大会在北京召开，习近平总书记作了《高举中国特色社会主义伟大旗帜 为全面建设社会主义现代化国家而团结奋斗》的报告（以下简称"二十大报告"），全面分析了当前国内外形势，提出实现中国式现代化的系列目标、方针和步骤，尤其指出"高质量发展是全面建设社会主义现代化国家的首要任务"，为实现这一任务，必须贯彻以人民为中心的发展理念，加快构建以国内大循环为主体、国内国际双循环相互促进的新发展格局。二十大报告还提出"着力扩大内需，增强消费对经济发展的基础性作用"的任务，可见消费在推动高质量发展中的关键作用。2022年12月，中央经济工作会议首次提出"把恢复和扩大消费摆在优先位置"的表述。2023年1月31日，中共中央总书记习近平在主持中共二十届中央政治局第二次集体学习时强调"建立和完善扩大居民消费的长效机制，使居民有稳定收入能消费、没有后顾之忧敢消费、消费环境优获得感强愿消费。"其中，营造良好消费环境、维护好消费者权益，是提振消费信心的重要方面，是市场监督管理推动经济恢复和发展的重要着力点。

诉转案工作在多个维度回应了中央政策需求，并且在各地积累了一些经验，具有充分的必要性和可行性（详见第一章）。但诉转案工作存在概念、受理范围、处理程序、奖惩机制不明确等问题，支撑市场监管推动经济发展的能力尚有不足（详见第二章）。因此，需要对诉转案工作进行系统性优化（详见第三章）。

在上述背景下，为创新消费维权机制，完善顶层制度设计，构建"投诉处置—净化市场—预防纠纷—减少投诉"的新型闭环和良性循环，从根源上维护消费者合法权益，真正发挥海量消费投诉的社会监督作用和案源价值，从而规范和矫正市场主体的违法行为，实现源头减量的目标，国家市场监督管理总局稽查执法局[1]委托中国市场监督管理学会组成诉转案工作专项分析课题组，课题组自2023年2月至4月分别前往重庆市、湖北省、北京市、浙江省等地调研，形成各地的调研报告，并于5月在西安市成功举办诉转案工作研讨座谈会，在前述成果的基础上形成相关优化诉转案工作的政策建议。

---

[1] 原国家工商行政管理总局消费者权益保护局的职能，由内设网络交易监督管理司进一步调整到稽查执法局，使消费者投诉和案件办理有了共同的归口管理部门。

一、优化诉转案工作的必要性与可行性

(一) 优化诉转案工作的必要性

消费者问题不是偶发的、个别的消费者权益遭受侵害的私人问题,而是不特定多数消费者权益被普遍侵害的社会问题。[1]在当前国内外形势下,着力扩大内需、构建国内国际双循环相互促进的新发展格局也具有适应当前国际环境、提高国家竞争力的面向,这使得消费者问题具有一定的国际性、政治性。因此,市场监管必须立足于国家的、综合的政治经济政策考虑,具有服务大局的意识,当前市场监督管理部门为加强消费者保护,创造良好、优质的消费环境,已经采取了很多有利于消费者保护的措施。但诉转案工作关乎对违法违规行为的纠正与查处,是与市场监管本质具有直接关联的措施,需要高度重视。具体而言,优化诉转案工作机制具有以下必要性:

1. 净化消费环境,推动经济社会高质量发展

近年来,我国消费投诉呈现总量大、增长快的特点。2022年,全国市场监督管理部门通过全国12315平台、电话、传真、窗口等渠道共受理消费者投诉、举报和咨询2940.77万件,同比增长23.5%。其中,投诉1310.38万件,举报472.23万件。[2]社会消费品零售总额439 733亿元,比上年下降0.2%,其中,12月份社会消费品零售总额40 542亿元,同比下降1.8%。[3]消费投诉的增长速度高于消费增长的速度。2023年,全国市场监督管理部门通过全国12315平台、电话、传真、窗口等渠道共受理消费者投诉、举报和咨询3534.3万件,同比增长20.2%。其中,投诉1740.3万件,同比增长32.8%。[4]之所以形成消费投诉增长过快的特点,一方面是因为近年来伴随

---

[1] 张严方:《消费者保护法研究》,法律出版社2002年版,第10页。

[2] 国家市场监督管理总局:《2022年消费者投诉举报呈现十大特点》,载国家市场监督管理总局官网,https://www.samr.gov.cn/xw/zj/art/2023/art_cfd1f78a46cc4acf9d0c1fba6f81758b.html,最后访问日期:2023年6月17日。

[3] 国家统计局:《2022年12月社会消费品零售总额下降1.8%》,载国家统计局官网,http://www.stats.gov.cn/sj/zxfb/202302/t20230203_1901713.html,最后访问日期:2023年6月17日。

[4] 国家市场监督管理总局:《2023年消费者投诉举报呈现八大特点》,载国家市场监督管理总局官网,https://www.samr.gov.cn/xw/zj/art/2024/art_992bb54bd6694032bb9b60d91f4924e0.html,最后访问日期:2024年11月8日。

新业态、新形势的多元发展，经营者处于良莠不齐的状态，侵权形式越发多样，而市场监管难以全方位、全时段覆盖；另一方面，在高速增长的消费投诉中，诉转案工作转化率、结案率低，消费投诉调解以个案处理为主，未能发挥一般预防与特殊预防相结合的作用，从而从根本上改善消费环境。要着力改善消费环境，使消费者能够感知和量化消费环境的变化，其中一个基础指标就是消费投诉的源头减量。

一般而言，消费投诉的增长与市场经济的活跃程度呈正相关关系——经济活跃度越高，则消费投诉量越大，但消费投诉量的增加并不一定意味着制度问题。由于平台经济的跨区域扩张、人口资本的跨区域流动、市场要素的跨区域配置，广东、浙江、上海、北京四个省市的消费正在加速集聚，四省市消费投诉数量在全国的占比从2020年的31.8%增长到2023年的45.16%。[1]其中，上海市、北京市长期为城市GDP排名的第一、二位；广东省GDP总量连续34年居全国省级排名第一，浙江省2022年GDP总量排名全国第四。可见消费投诉量分布与经济发展水平存在一定联系。但是，调研过程中也有地方反映消费投诉的增长速度"过快"，远超经济发展的速度，可能存在工作机制方面的问题。在消费投诉快速增长的背景下，投诉处置仍然以个案调解为主是多方面原因共同作用的结果。从市场监督管理部门的内部视角看，主要是由于市场监管任务繁重，诉转案工作优先级不高，与诉转案工作相匹配的专业支持和技术支持还有待加强。

首先，调研涉及的市场监督管理部门与基层市场监督管理所普遍反映工作人员与工作任务不匹配。由于处理消费投诉仅仅是市场监督管理部门的职责之一，其还承担着日常监管、稽查执法等重要职能。有的基层市场监督管理所对应了30多个业务口，经由内部分工后，实际负责处理消费投诉的人员数量和单个工作人员在诉转案事项上可分配的精力更加有限。湖北省还反映在机构改革过程中，部分地区"以综合执法为名"和"以强化乡镇为名"将基层市场监督管理所的执法力量归集到一个机构或划归乡镇、街道，使一线执法机构应对"创文""创卫"等复杂性工作，分散精力，本身的市场监管

---

[1] 国家市场监督管理总局：《2022年消费者投诉举报呈现十大特点》，载国家市场监督管理总局官网，https://www.samr.gov.cn/xw/zj/art/2023/art_cfd1f78a46cc4acf9d0c1fba6f81758b.html，最后访问日期：2023年6月17日。

职能不能保证。

其次，基层诉转案工作还存在专业能力不足的问题。基于以下两方面的原因，市场监督管理投诉处理人员诉转案专业能力有限：第一，机构改革后，市场监督管理部门较原工商行政管理部门新增了多项职能，扩宽了监管范围，基层工作人员对新增职能相关的法律法规和具体违法情形还不熟悉，学习能力和学习意愿较低。第二，当前受理消费者投诉的渠道众多，不同渠道的工作人员专业水平不一，并且越处于前端工作量越大，主要任务大多由基层处理，因此基层市场监督管理所总体处于人少事多的状态。鉴于稽查执法对工作人员要求更高，而负责投诉处理的人员专业能力相对较弱，大多没有执法办案的经验，对案件的敏感度较低，必须交由拥有执法证的人员办理。

最后，市场监管诉转案工作的技术支持有限。第一，诉转案工作主要由基层工作人员人工筛查，缺乏大数据、云计算、人工智能等先进技术的辅助支持。第二，现有投诉举报渠道较多，尚未实现内部数据联通，增加了基层工作人员信息整合的负担。执法支队作为负责稽查执法的专业队伍，专业能力强，对案件敏感度高，但是目前只能对接全国 12315 平台上的投诉信息，无法获得地方 12345 平台及其他渠道的投诉信息。第三，虽然市场监督管理部门形式上完成了工商行政管理、质量技术监督、食品药品监管等多个部门的整合，但是各个原部门之间的信息流通渠道尚未构建完毕。由此，市场监督管理部门外部有多个渠道共同受理投诉，数据分散性强；内部信息沟通渠道没有完全建立，部门信息交流能力较差，因此也难以进行诉转案的类案归集和指导，诉转案源头减量的功能发挥不足。加之地方政府对于市场监督管理部门消费纠纷解决具有指标考核，有关基层人员疲于应对单个消费纠纷，无暇对消费环境整体进行反思，长此以往可能会陷入"消费投诉—个案处置—投诉增长"的怪圈。

诉转案工作机制的优化，就是要构建"投诉处置—净化市场—预防纠纷—减少投诉"的新型闭环和良性循环。首先，诉转案工作拓宽了消费投诉的处置手段。从法律条文看，《消费者权益保护法》规定了消费者可以就消费纠纷"向有关行政部门投诉"，但并未限定有关行政部门相应的投诉处置方式。长期以来，消费投诉处理仅以个案调解为主，对于消费纠纷中是否存在普遍性的、可能危害不特定消费者的违法违规行为的关注度不够。在调研过程中,笔者也了解到很多地方的诉转案工作采用了调解之外的处置手段,包括对个案中的经营者进行警示教育,对投诉信息根据行业类别、争议类别等一定的标准进行分类归集,对全行业的经营者进行合规指引等。通过更丰富的投诉处置手段,不仅能够督促个案中的经营者改正不恰当的行为,还能对其他经营者进行培训和预警,从而超越个案的范围达到净化市场的目的。不仅是当前已经存在的市场主体,有的地区还对新设立的市场主体进行集中培训,指导企业合规经营,从而达到预防纠纷的目的。理论上,通过对投诉信息的深入挖掘和充分利用,能够回归到"消费者问题"的本质,真正着眼于不特定社会公众的利益,既能解决当前个案纠纷,又能减少长期和普遍存在的社会层面的消费问题,形成良好的消费环境,推动经济社会的高质量发展。

2. 创新协作模式,完善共建共治共享社会治理体系

除了净化消费环境以实现推动经济社会高质量发展的目的外,市场监管以什么样的方式、怎么实现上述目的,对于完善共建共治共享的社会治理体系也具有重要意义。党的十九大报告提出,"打造共建共治共享的社会治理格局";党的十九届四中全会提出,"坚持和完善共建共治共享的社会治理制度";党的二十大报告指出,要"健全共建共治共享的社会治理制度,提升社会治理效能"。推动矛盾纠纷的多元、多层次化解,是现代社会多层次、多途径解决矛盾纠纷的需要,是实现国家治理体系治理能力现代化的内容,是促进社会公平正义、维护社会和谐稳定的必然要求。2023年是毛泽东同志批示学习推广"枫桥经验"60周年,也是习近平总书记推广创新"枫桥经验"20周年。习近平总书记强调,要把"枫桥经验"坚持好,把党的群众路线坚持好、贯彻好。当前社会经济高速发展,经营者主体数量高速增长,侵权形式多样,消费者维权意识觉醒,对市场监管的质量提出了更高的要求。面对市场监督管理体系和监督管理能力现代化的新要求,做好新时代消费者权益保护工作,必须坚持和发展新时代"枫桥经验"。做好新时代工作,需创新工作方法,运用法治思维和法治方式,解决群众切身利益问题。优化诉转案工作即是市场监督管理部门化被动为主动,分析消费者一般投诉信息中隐含的案件线索、能动履职和化解矛盾纠纷的积极尝试。

《消费者权益保护法》中明确表示"保护消费者的合法权益是全社会的共同责任",除市场监督管理部门需要主动寻求与多种社会主体协作外,其他社

会主体也需要寻求市场监督管理部门的协作，否则将面临许多难以克服的困难。

消费者自我维权具有功能和程序的双重局限，既不能兼济消费关系之外的社会正义，对消费者个人权益的维护作用也较弱。[1]一方面，消费者自我维权往往出于私益弥补而非公益维护的目的，即使其意识到经营者的行为可能对不特定的消费者构成损害，在经营者同意补偿其个人损失时，消费者也可能倾向于仅就个人赔偿达成调解；另一方面，由于维权成本高昂、证据收集难度较大、专业知识不足，能够真正成功维权的消费者比例并不高。为鼓励消费者维权，《消费者权益保护法》规定了惩罚性赔偿条款，当经营者提供商品或者服务有欺诈行为的，除了赔偿消费者损失外，还需要增加赔偿消费者购买商品或服务3倍金额（不足500元的以500元计）的价款。但是，由于司法上对"欺诈行为"构成要件的把握标准不一，裁量结果差异较大，削弱了该条款对于一般消费者的激励效果。[2]实践中真正受到激励的是职业打假人。理论上，无论是否包含主观牟利的意思，只要提供的违法违规线索能够帮助市场监督管理部门稽查执法，都是可供利用的资源。但在现实中，大部分职业打假人非但没有起到辅助执法的效果，反而消耗了大量行政资源，具体形式有：第一，以投诉举报胁迫经营者向其支付一定金额，但并未向市场监督管理部门报告违法违规情形，或者由于其胁迫行为引起经营者警惕，导致经营者销毁相关证据，给市场监督管理部门取证造成困难。第二，多次、反复就同一内容向市场部门投诉/举报，滥用程序性权利。第三，未提供有价值的涉嫌违法违规行为的线索，但通过行政复议、行政诉讼、信访等程序逼迫市场监督管理部门进一步核查，只要未达到职业打假人的目的，其就认为市场监督管理部门未依法正确履行职责。第四，虽然职业打假人提供的线索有一定价值，但涉嫌的违法违规行为较为轻微，在经济恢复阶段更适于依政策柔性处理，而法律尚未及时作出相应调整（例如纳入免罚清单），职业打假人便要求严格按照法律处理，形成法律与政策的冲突。此外，一些职业打假人还存在"造假买假""敲诈勒索"等违法犯罪行为。

---

〔1〕 钟瑞华：《消费者权益及其保护新论》，中国社会科学出版社2018年版，第129~135页。

〔2〕 高志宏：《消费"欺诈行为"的司法认定及逻辑证成——基于38例典型案件的分析》，载《学海》2021年第1期。

经营者出于满足监管要求、维护自身商誉、增加行业准入门槛以及承担企业社会责任等多重目的，也可能作出约束自身而有利于保护消费者权益的行为，包括单个经营者对消费者权益的保护，经营者的联合体——行业协会对消费者权益的保护以及平台类企业对消费者的保护，其形式正好可以分为"企业自律""行业自律"与"平台自律"三类（以下统称"经营者自律"）。企业自律可以通过制定内部管理流程，落实责任，避免违反国家法律法规监督管理的要求，规避经营风险的同时保障社会公共利益。行业自律通过行业协会颁布建议性的行业指引、提供标准认证等手段引导企业自律，能够在一定程度上避免冗长的立法程序，又能实现一定范围内合规标准的统一，可以为需要规制的新兴领域进行制度探索。[1]平台自律包括线上和线下两种形式。线下一些大型商场、产业园区建设有消费者维权服务站，对入驻商场、园区的企业进行服务和管理，对发生在其管理场所领域内的消费争议直接进行处理，并组织争议双方进行调解；许多线上平台同样对平台内企业进行服务和管理，消费者与平台内企业发生争议时，可以向平台投诉，并按照平台公布的规则进行处理。通常平台规则都会高于法律规定的最低标准。但是，经营者自律行为也存在一些缺陷：第一，单纯的经营者自律缺乏必要的监督与制约机制，不乏行业协会以保护消费者、维持行业秩序为名实施垄断行为的情况，也存在平台企业利用管理者优势地位实施"自我优待"的情况；第二，单纯的经营者自律有时还缺乏强制力和威慑力，不能约束存在相关违法违规行为的经营者改正其不当行为。

优化诉转案工作机制，可以从以下几方面对上述问题作出回应，创新公私协作形式：第一，诉转案工作机制可以确立公私协作中市场监督管理部门的主导地位。与举报行为引起的案件调查程序相比，市场监督管理部门从投诉信息中发现案件线索时，并没有向投诉人反馈办案情况的法律义务，也不会引发后续的行政复议或行政诉讼程序，其可以根据自身工作安排和现实条件合理制定办案策略。单纯的诉转案工作可能无力解决职业打假人问题，但其作为公私协作的一种模式，提供了市场监督管理部门主动进行信息筛选而非被动接受消费者（或职业打假人）举报的新方案，对于改善市场监督管

---

［1］ 徐敬宏：《美国网络隐私权的行业自律保护及其对我国的启示》，载《情报理论与实践》2008 年第 6 期。

部门在职业打假人问题中的被动地位具有正向意义。第二，诉转案工作的优化可以为经营者自律提供实质规则的指引，并划定经营者自律的边界。一方面，诉转案工作机制的优化需要明确"可以转案"的一般案件和"应当转案"的重点案件，形成具体的审查标准。市场监督管理部门在与电子商务平台、产业园区、大型商超合作及指导其建设消费维权服务中心（站）的过程中，可以引用和解释相关诉转案标准。这在一定程度上可以弥补非执法人员专业知识不足、案件敏感性不高的缺陷，从而为经营者自律提供实质规则的指引。另一方面，确定的"应当转案"的标准也划出了公共规制与私人自治的界限。一旦相关经营者的行为造成了重大的消费者利益的损害或具有危害不特定消费者的共同利益的风险，电子商务平台、产业园区、大型商超等主体就应当向市场监督管理部门报告，由市场监督管理部门判断如何处置，而不能"大事化小，小事化了"。第三，诉转案工作的优化还能弥补经营者自律刚性不足的缺陷。经营者自律的刚性不足体现在两个方面，一是处于管理者地位的经营者怠于管理其他经营者，二是被管理的经营者怠于改正自身涉嫌违法违规的行为。诉转案工作机制的优化一方面可以通过加强市场监督管理部门与处于管理者地位的经营者的合作，以为其提供方法指导、精神与物质激励的方式，提高管理积极性；另一方面通过明确诉转案的规则，赋予处于管理地位的经营者将一些屡教不改、危害后果严重的经营者依法移交市场监督管理部门处理的权限，增强其管理的权威性。此外，由于诉转案工作机制需要市场监督管理部门与市场主体深入协作，这种协作本身在一定程度上也会构成对经营者的监督，从而在一定程度上发挥净化市场、预防纠纷的作用。

3. 助力消费者协会改革，探索消费者协会与市场监督管理部门协作模式

理论上，消费者协会与市场监督管理部门的协作应当属于完善共建共治共享社会治理体系的一部分，但基于以下两个原因，笔者将这一部分单独列出：第一，消费者协会与市场监督管理部门关系复杂，并不一定属于外部协作关系。虽然当前消费者协会的改革已经开展，但是要实现消费者协会与市场监督管理部门脱钩较为困难，一些地方还存在消费者协会与市场监督管理所合署办公的情况，甚至存在取消消费者协会基层编制后，由市场监督管理所的工作人员履行消费者协会职能的情况。在上述情况下，消费者协会与市

场监督管理部门的协作更接近一种"内部分工"。第二，消费者协会的改革形式多样，意义重大。党的二十大报告中"深化事业单位改革"置于"扎实推进依法行政"的标题之下，是"转变政府职能，优化政府职责体系和组织结构"的具体措施之一。因此，消费者协会的改革不仅仅是为了协会自身的发展，也是为了理顺消费者机关与市场监督管理部门的关系，反过来，市场监督管理部门进行的与消费者权益保护相关的制度改革，对消费者协会改革也具有重要影响。

根据《消费者权益保护法》第37条，消费者协会具有8项公益性职责，其中受理消费者投诉和纠纷调解是消费者协会与市场监督管理机构共有的职能。根据中国消费者协会2022年4月发布的《中国消费者权益保护状况年度报告（2021）》数据，2013年至2020年，全国消费者机关组织共受理消费者投诉约590.7万件，同期市场监督管理部门受理消费者投诉2176.8万件；2021年全国消费者协会组织共受理104.5万件，市场监督管理部门处理投诉案件911万件。[1]2022年全国消费者协会组织共受理消费者投约诉115.2万件，同期市场监督管理部门受理消费者投诉约1310.4万件；2023年全国消费者协会组织共受理消费者投诉132.85万件，同期市场监督管理部门受理消费者投诉约1740.3万件。根据上述数据可知，向消费者协会投诉的案件不及向市场监督管理部门投诉案件的1/3，且这一差距还处于扩大趋势。可见，消费者协会并非消费者投诉与调解的主要选择对象。长期以来，"社会上对消费者协会的名称、独立性、经费来源、职能、公信力等多有微词"[2]，投诉处理案件的差异反映了消费者协会在保护消费者方面的系统性不足。不仅如此，消费者协会与市场监督管理部门的职责重复也为市场监督管理部门的工作开展带来了不利影响。除前述合署办公增加的工作量外，还进一步导致了市场监督管理部门与其他政府职能部门在职能交叉时的分工不当。因为根据《消费者权益保护法》第39条，消费者纠纷的解决可以"向有关行政部门投诉"，并不限于市场监督管理部门，而第37条中消费者组织"受理消费者的投诉，

---

〔1〕 中国消费者协会：《中国消费者权益保护状况年度报告（2021）》，载国家市场监督管理总局官网，https：//www.samr.gov.cn/xw/mtjj/202204/t20220425_343938.html，最后访问日期：2023年3月14日。

〔2〕 孙颖：《"消法"修改语境下中国消费者组织的重构》，载《中国法学》2013年第4期。

并对投诉事项进行调查、调解",并不限于市场监督管理部门有管辖权的事项,而是所有消费相关的事项。当消费者协会和市场监督管理部门在基层合署办公时,市场监督管理部门就会通过消费者协会的窗口受理一些超出市场监督管理部门职能范围的投诉件,引发市场监督管理部门与其他政府职能部门之间的职责混淆。

诉转案工作机制的优化可以助力消费者协会的改革,进而探索消费者协会与市场监督管理部门协作的新模式。在进一步强化消费者协会的地位与独立性的基础上加强与当地市场监督管理部门的密切合作。一方面,协会可以从诉转案工作机制中获得支持,市场监督管理部门向消费者协会反馈"应当转案"的投诉具备哪些特点,对消费者协会的工作人员进行培训,提高其专业性和案件敏感度;另一方面,市场监督管理部门通过与消费者协会的合作,可以分散自身处理个别消费者投诉的压力,集中精力解决普遍性、典型性的消费者问题,强化市场监督管理部门的监管职能。并且由于改革后的消费者协会独立于市场监督管理部门,其可以同时向其他政府部门移交包含违法违规行为线索的投诉件,也有利于市场监督管理部门与其他政府部门之间的权责厘清。

4. 推动市场监督管理部门与其他政府部门的职责厘清

严格意义上讲,诉转案工作机制的优化是市场监督管理部门内部的程序优化,本身并不具有厘清市场监督管理部门与其他政府职能部门职责的规范意义。但是,由于部门权责交叉、投诉件分工不清晰导致市场监督管理部门承担的投诉件数量过多,从而导致基层市场监督管理所疲于应付个体消费者的投诉,无暇有效开展诉转案工作及更好履行市场监管职能。各地在探索诉转案工作机制优化的过程中不可避免地涉及到如何向地方政府申请协调部门间职责划分的问题;如在健身房预付款退费问题中市场监督管理部门与体育管理部门之间的职责划分问题,在某教育机构退费问题中市场监督管理部门与教育管理部门之间的职责划分问题等。

地方政府倾向于将职责不清晰的事项交由市场监督管理部门办理,有以下几方面的原因:第一,"市场监管"一词使某些地方政府领导产生了市场监管具有兜底性的错觉,使地方政府大多将涉及市场行为且不确定应归属于哪个部门管辖的投诉件交由市场监督管理部门办理。从工商行政管理部门向市场监督管理部门的改革过程中,市场监督管理部门的职能不仅在原工商行政管理部门的基础上吸收、整合了产品质量监管、食品药品监管、价格监管、知识产权保护等方面的职能,一些地方政府在此基础上,又将一些未明确监督管理部门的投诉或者部分新出现的市场业态中的投诉交给市场监督管理部门处理,增强了其兜底性。第二,市场监督管理部门相对于其他政府职能部门而言,执法体制最为完善,保护消费者和维护市场秩序的经验最为丰富,因此常被地方政府委以重任。经过多年发展,市场监督管理部门已经形成科学的层级划分,内部分工明确,配备有专业的执法人员,而调研过程中发现其他一些政府职能部门尚未建立完整的执法体系,因此当地方政府面临急需处理的,可能发展为"大案""要案""难案"的诉求时,倾向于将其交给市场监督管理部门处理,以及时妥善化解矛盾,避免纠纷升级。

如果说与其他政府部门职责相关的投诉件处理仅仅是增加了基层市场监督管理部门的工作量,可能影响其本职工作的履行,那么在诉转案的背景下,职责不清则有违反"依法行政"原则的风险。因为调解过程是综合性地运用法律、伦理、商业惯例、市场影响以及办案人员处理类似情况的经验等资源化解消费者个人与经营者之间的矛盾,保护个别消费者权益。而办案过程需要严格依照法律程序,根据法律条文对经营者涉嫌违法违规的行为进行法律上的界定并作出相应的行政处罚决定。因此,对于上级政府交办或因其他原因接收的、超过市场监督管理部门一般行政管理职责范围的投诉件,市场监督管理部门仍然可以进行调解,并很可能取得良好效果。但如果发现其中存在涉嫌违法违规的行为,则难以将之转为案件办理,否则就有越权之嫌,有面临行政复议和行政诉讼的风险。

优化诉转案工作机制,需要明确哪些类型、哪些来源的案件应当转案,如何转案以及转为什么样的"案"。这就需要正面回应市场监督管理部门与其他政府职能部门之间存在职权交叉的事实,并根据市场监督管理部门自身职能范围对不同类型的投诉件作出不同的处理。通过上述区分,可以为地方市场监督管理部门向地方政府争取更科学合理的职责划分与任务分配提供一定的政策依据,从而推动市场监督管理部门与其他政府职能部门的职责厘清。

（二）优化诉转案工作的可行性

1. 优化诉转案工作具有充分的法律政策依据

如前所述，优化诉转案工作在目标与途径两方面都有充分的国家政策依据。从目标上看，党的二十大报告提出"着力扩大内需，增强消费对经济发展的基础性作用"的任务，2022年12月中央经济工作会议首次提出"要把恢复和扩大消费摆在优先位置"的表述，而要形成"能消费、敢消费、愿消费"的新局面，离不开消费市场的净化和消费秩序的维护。优化诉转案工作机制正是以净化消费环境为目标，这一目标设定符合党的二十大精神，符合党和国家实现中国式现代化的发展方向。从途径上看，自党的十九大以来，党中央反复提及要"打造共建共治共享的社会治理格局"，坚持以人民为中心的发展思想，学习落实新时代"枫桥经验"。这些都要求市场监督管理部门创新公私协作的新模式，提高统筹、协调、调动社会资源实现社会治理的能力。而诉转案工作机制的优化，正是对市场监督管理部门与消费者、经营者、消费者协会以及其他政府职能部门之间如何进行协作的一种制度安排（非全部制度安排）。诉转案工作机制的优化在净化消费环境的同时，还需要尽可能地提高社会参与程度，发挥社会治理效能。

优化诉转案工作符合当前法律的精神且不违反其具体规定。根据《国家市场监督管理总局职能配置、内设机构和人员编制规定》，国家市场监督管理总局具有"负责市场综合监督管理""规范和维护市场秩序，营造诚实守信、公平竞争的市场环境"的职责，消费环境自然属于市场环境的一部分，净化消费环境的目标内涵于市场监督管理部门的职责之中。根据《消费者权益保护法》第32条第1款"各级人民政府工商行政管理部门和其他有关行政部门应当依照法律、法规的规定，在各自的职责范围内，采取措施，保护消费者的合法权益。"同样是概括性地授权市场监督管理部门采取职责范围内的措施，保护消费者权益，而《消费者权益保护法》第39条规定的"向有关行政部门投诉"并未将投诉处置的方式限定为行政调解，即市场监督管理部门可以采取相关的能够实现净化消费市场、保护消费者权益等目标的措施。诉转案工作机制的优化不仅着眼于个体消费者权益的维护，而且更加关注消费者的整体利益，致力于深入挖掘投诉信息中涉嫌违法违规的案件线索，并充分利用这些线索以纠正经营者的不当行为，净化消费市场，这与上述立法精神高度一致。同时，《行政处罚法》《市场监督管理行政处罚程序规定》以及《市场监督管理投诉举报处理暂行办法》对案件办理和投诉举报处理规定了相应的程序，且充分肯定了投诉举报作为案件办理线索来源的作用，并在条文中有所提及。诉转案工作机制的优化是在上述法律规定的基础上进行的程序细化，涉及的部门权限没有超越现有法律规定的范围。

2. 各地诉转案工作已经积累了相对成熟的经验

消费者投诉转案件工作在全国多地已经进行了试点工作，虽然从整体情况上看仍然存在一些问题，但个别地区和个别领域内不乏优秀范例。通过对这些优秀范例的进一步分析，分解出其之所以成功的独特因素和可推广、可借鉴的普遍因素，就能为全国层面的诉转案工作的优化提供助益。

（1）园区自律实现消费投诉源头减量

重庆市江津区西部食谷消费维权服务中心是园区自律的代表，也是调研过程中唯一通过深入分析和利用投诉信息实现源头减量的范例。该消费维权服务中心是由西部食谷工业园区出资设立的独立于园内企业和消费者的第三方机构。服务中心作为消费者与企业的连接通道，发现园区内企业的相关投诉后积极主动调解，并就投诉中的共性问题加强对企业的指导。在组织架构上，园区内的每个企业需要明确一名联络员，直接与服务中心对接。当服务中心通过12315线上平台发现涉及园区内企业的投诉信息时，将立刻通过联络员与企业进行联系，要求企业与消费者在一定期限内自行和解。服务中心设有产品检验机构，同时组建了食品、法律、会计等专家团队，在个案处理过程中，上述机构和专家团队将帮助企业明确自身在相关消费者投诉中是否存在过错，从而更好地与消费者和解。同时，服务中心每月将对园区内企业进行类案指导，包括商标、标识、产品质量等多个方面，并按季度将园区投诉处理情况和服务指导情况形成书面报告。若企业存在严重违法违规情形，或者存在过错又无法与消费者达成和解的，服务中心会将相应投诉和违法违规线索转给区市场监督管理局。2022年该服务中心处理投诉100多件，较去年同比下降51%，和解率达到84%，诉转案案件2个。虽然诉转案率较低，但实现了投诉件大幅下降的目标。

（2）以精神激励与考核修正调动基层诉转案积极性

湖北省内对于诉转案工作存在较为普遍的精神激励机制。赤壁市由执法监督机构、同级纪律检查委员会进行全程考核督查，对于工作突出的予以通报表扬，而工作履职不到位的，将追究相关责任；武汉市东西湖区对于工作突出的，在其市局内部进行通报表扬，并可能将诉转案工作成效作为干部任用的考察因素之一。湖北省虽然也存在 12345 转办件满意度的考核，但在基层所和区级单位还存在一种"投诉排除机制"。对于依法处理但是投诉人不满意的情况，可以在执法人员提供办理报告后排除其对满意度评估的影响，并且每月都会由第三方专家参与考核该机制。这种将不合理诉求排除出考核机制的方式，能够在一定程度上提高考核制度的合理性并发挥督促行政人员依法处理投诉的功能。

（3）因地制宜开展专项筛查，集中力量分析投诉信息

湖北省诉转案工作的一个突出特点是与稽查执法部门合作，对投诉件进行专项筛查。在省级层面，2022 年消费者保护部门和省公安厅、食品药品监督管理局在食品药品、医药器械领域合作，把投诉信息交给上述专门负责稽查执法的部门筛查，这些稽查执法部门的工作人员依据自身执法经验，将类型化的多发案件反馈给消费者保护部门，进而提炼相关关键词，提高诉转案工作效率。在湖北省的地方层面，省厅允许地方就诉转案工作开展专项行动，对专项行动的类别和领域不作限制，由地方根据自身特点进行选择。此外，湖北省自 2022 年 4 月以来对特定行业的投诉信息展开专项数据收集与分析工作，并记载于《湖北省消费投诉信息处置专报》。该专报显示，4 月份网络游戏投诉、房屋租赁投诉明显增多，且涉及问题较为集中；5 月份则主要集中于防疫防护用品、家居家装和健身服务等行业；6 月份集中于教育培训行业；7 月份则集中于空调行业与化妆品行业；11 月受热点新闻影响展开了对电动车行业的专项分析；12 月则聚焦于数字藏品领域。由此，投诉信息的分析能够为湖北省开展专项行动提供依据，提高行政执法的效能。如果地方上投诉信息分析的结论与全省分析的结论不一致，省局层面并不限制地方根据自身特点开展专项行动。

（4）依托大数据平台建设提高诉转案效率

北京市消费投诉的来源以 12345 平台（接诉即办平台）为主，市级层面受理后将有关投诉件派送到区中心，由区中心派送到相应的基层市场监管所。北京市丰台区市场监管局在 2019 年创新开放了接诉即办的大数据指挥平台，

基层可以利用大数据来提升工作效率。大数据指挥平台建立后，派单过程明显加快，发现的案件线索也更加精准。该大数据平台把接诉即办所有的12345平台受理的投诉数据按分、秒进行归结，如同数据晴雨表一样实时显示，对一些热点诉求进行精准的分类，依托大屏幕显示全局工单的流转情况，包括投诉热点、投诉数据走势、行政复议或行政诉讼相关数据、风险主体、高发区域都能用大屏幕直观地显示出来。目前，北京市丰台局大数据指挥平台共设有8个维度，200个场景，通过大数据的手段进行案源的捕捉，能够及时发现一些监管的盲区，通过靶向监管这种方式对症下药，从而实现源头治理。

（5）消费者诉求分流，提高诉求处置效率

浙江省杭州市对投诉举报的处理至少包括普通投诉件、药监投诉件和线上投诉件3种处置流程。其中，前两种流程是多数杭州市区的处置流程，而第三种流程是杭州市余杭区独有的处置流程。对于普通投诉件，基于全国12315平台的流程与功能设置，目前基层在处理消费争议的过程中如发现被投诉人有涉嫌违反市场监管法律、法规、规章的行为时，投诉部分先在全国12315平台内办结，同时将发现的案源线索交由执法办案机构调查处理。对于药监投诉件，为规范药品、化妆品、医疗器械质量安全领域"以调代罚"的现象，全国12315平台新增药监"投诉转案源"功能，针对药监投诉工单（药监投诉工单定义：客体类别为两品一械的工单），在分流、初查及办结反馈办理时，页面显示"投诉转案源"的按钮，点击会重新打开一个工单登记页面，类型为举报，新生成的举报工单保存后，原投诉工单的"投诉转案源"按钮置灰。余杭区在市场监督管理局里设立了网络经营监督管理分局，该分局由2013年淘宝的工作站逐步发展完善而来，2014年形成了经济督察大队，2020年分别设立了网络经济的监管分局和稽查执法大队，把电商类阿里系的投诉、举报件都移交给网络经营监督管理分局处理。网络经营监督管理分局有自己的在线调解系统，12315的投诉件到达余杭区市场监督管理局后，网络经营监督管理分局会把这些投诉件导入在线调解系统，而在线调解系统本身有诉转案这个选项。

与杭州市余杭区类似，义乌市也有相对特殊的流程以应对海量的消费投诉举报数量。该流程一共分了四级，一级问题直接回复，二级问题进行调解，三级问题现场核实，四级问题立案查处。具体来说，一级问题通过识别筛选，可以直接回复，目前义乌市消费投诉居高不下的主要原因是存在大量职业举报人针对电商进行投诉，而且投诉的问题普遍情节轻微、不违法，或者因为投诉信息不全，可以不予受理。在2022年义乌市市场监督管理局接收的消费投诉中，不予受理的共计有12 000多件。第二级问题进行调解、化解纠纷，此类问题需要受理单位组织双方电话调解或现场调解，化解消费纠纷。2022年义乌市市场监督管理局通过组织电话、现场等方式进行调解，成功调解22 025件投诉。第三级问题现场核实、责令整改。因产品标签不规范、食品经营单位环境卫生差等需要开具责令改正通知书的消费投诉，工作人员需要上门核实并出具责令改正通知书。现场核实时发现经营者不在登记地经营，并且无法联系到经营者的，列入经营异常名录，属于电商的要抄送电商平台。2022年义乌市市场监督管理局处理消费投诉责令整改案件611件，情节轻微不予立案的3 425件。第四级问题现场核查、现场检查、立案查处。此类投诉案件一般较为严重，并且具有情况复杂、行为隐蔽的特点，需要正式进入诉转案流程。办案干部会对案件进行调查、固定证据，对侵害消费者合法权益的行为进行严厉打击。2022年义乌市市场监督管理局共办理诉转案案件80多起，罚没款106.5万元。

（6）拓宽投诉信息使用场景，培训企业预防纠纷

浙江省对于投诉举报形成的数据进行了较为充分的开发利用，金华市市场监督管理局反映，由于投诉处理时限的问题，基层工作人员很少选择诉转案，但是该市每个季度都会出一份全局投诉举报信息的分析报告，加强数据分析，把每个季度投诉量排名前50名的市场主体以及他们涉及的问题列举归类，对相关市场主体进行集中调查，核查是否有违法行为，然后进行立案、办案。除此之外，浙江省还将有关数据形成的结论用于企业培训，预防消费纠纷的发生。诉转案工作正是希望通过海量的投诉大数据，特别是共性问题、典型案件的处置来规范市场主体的经营行为，纠正市场主体不规范或者有瑕疵的行为，实现源头减量。对于投诉、举报重灾区的电商领域，浙江省市场监督管理局会对有关市场主体做一些业务的指导培训，引导其合规合法经营，降低无意识违法被投诉、举报的数量。这种指导培训不限于现存市场主体，也包括即将注册成立的准市场主体。由此从源头上提高经营者合规经营的质量，净化消费环境。

(7) 三方会商机制实现繁简分流与证据移转

西安高新技术产业开发区探索了三方会商工作机制。根据该机制，所有投诉举报先由高新区的市场监督管理所统一受理并进行调查处理，如果市场监督管理所认为是普通消费纠纷，则自行处理。如果发现有诉转案条件，或者已经有明确违法行为的，由市场监督管理所完成先期材料收集，包括笔录制作，再由法制科联系执法中队，最后由基层所、法制科和执法中队三方到场进行会商。如果认为经营者行为轻微可以免于处罚的，则现场制作三方会商表，三个单位同时签字，免于行政处罚；认为需要做行政处罚，即需要走案件程序的，三方会议上完成线索及证据移交工作，由中队走后期办案的程序。通过三方会商机制，西安高新技术产业开发区同时实现了诉转案的繁简分流与线索、证据的移转，提高了诉转案的效率。

二、当前诉转案工作的实践困惑

当前诉转案工作在各地存在不同的模式，有的地区，例如重庆市、湖北省制定了诉转案工作规范，但仍处于试点推广的探索阶段，实践操作并非严格按照其制定的工作规范；还有一些地区没有省级层面的法律法规进行指导，这导致诉转案工作在省内各个地市之间差异更大。这种差异不仅导致各省、各地诉转案工作成效的差异，而且由于统计口径的参差，还导致了各省、各地的数据缺乏可比性，若直接使用各省纸面数据对诉转案工作的必要性和方式方法进行比较，可能得出片面的结论，对此应予以高度重视。

(一) 诉转案工作的主体困惑

诉转案工作的主体可以分为内部主体和外部主体。严格按照《市场监督管理投诉举报处理暂行办法》第 23 条的表述，由市场监督管理部门在调解过程中发现案件线索，再由市场监督管理部门进行核实和处理，无论投诉的主体还是案件办理的主体都属于市场监督管理部门的内部主体。除此之外，还存在由市场监督管理系统之外的主体在处理消费者纠纷时发现涉嫌违法违规的案件线索后，将案件线索报告给市场监督管理部门的情况。

实践中内部主体进行诉转案工作是主流，存在两种基本的模式：模式一，在消费者投诉进入政府系统后，在任何一个发现案件线索的分流环节，都可以转为案件处置，因此诉转案主体包括省/市一级接诉中心、区分流中心和基层市场监管所,但由于案件量巨大,实际上主要由基层所在实际处理投诉的过程中进行是否诉转案的分析。模式二,是将投诉件分流给基层工作人员后,基层工作人员在组织调解、现场核查的过程中发现案件线索的,可以转为案件处置,诉转案主体为有投诉处理权限的基层市场监督管理所。需要说明的是,在这两种模式下,当地方面临人少事多、专业性不足等困境时,基层单位往往选择由市场监督管理部门的法制科或更具专业性的执法办案人员介入诉转案工作。

与内部主体相比,外部主体能否参与诉转案工作、如何参与诉转案工作还存在争议,在实践中尚未形成固定模式,需要予以探讨。

1. 消费维权服务中心是否可以作为诉转案工作的主体

调解并非严格的职权行为,除行政调解外,还有多种形式的人民调解、社会组织的调解等。发展多种形式的调解机制,弥补市场监管力量的不足,本身也符合学习新时代"枫桥经验"、多元化解纠纷的要求。笔者发现各地都存在某种形式的"消费维权服务中心"(或消费维权服务站),这些消费维权服务中心可以受理消费者投诉,并在一定程度上化解纠纷,但其发现违法违规案件线索的时候,是否可以向市场监督管理部门直接移送还有待确认。

消费维权服务中心各地差异较大,大体可分为两种类型:

一种类型以重庆市江津区西部食谷消费维权服务中心(以下简称"中心")为代表,在前文"各地诉转案工作已经积累了相对成熟的经验"已有提及。该中心通过积极服务消费者和园区内企业,既化解了消费纠纷、维护了消费者权益,又提高了企业合规经营的水平、净化了消费环境,实现源头减量。该中心采取的行动可以概括为以下几个步骤:第一,居中缓和矛盾,避免消费者和企业之间矛盾激化。在网站上发现了园区企业的问题后,中心首先接过投诉,形成与消费者连接的通道,在消费者和企业中间起到一个隔离作用,主动进行调解。第二,类案归集,汲取经验。中心通过投诉接待,发现企业存在的普遍问题,比如质量问题多出在哪一个环节?如何加强供应链的保障?中心把这些有规律性的问题总结出来,不仅仅是个案对个案,而是发现共同的问题,结合食品安全的监管和服务,提升企业的能力。第三,一站式服务帮助企业。园区在法律、财务、商务等多个方面都组建了中小企业专家志愿者工作站,在纠纷发生后上述专家团队能够判断企业是否确实存在过错,并通过进驻企业等方式帮助企业整改。第四,类案指导,防患未然。中心人员每月对热点投诉问题进行归纳总结,并向园区内企业进行培训。第五,通过诉转案程序引入市场监督管理部门,增强中心管理的权威性。对于在完成上述服务后仍然拒不改正、严重违反《食品安全法》的企业,中心会将相关投诉件移送市场监督管理部门办理。2022年中心共移送2例,2023年尚未发生需要移送的案例。除重庆市西部食谷工业园区外,笔者了解到消费维权服务中心的建设具有普遍性,浙江省也提出了大型企业或平台企业源头化解消费纠纷的四个步骤:第一步建立机构、第二步完善制度、第三步强化保障、第四步建立分析,充分利用企业的力量做到将消费纠纷化解在一线,实现源头减量。

另一种类型以浙江省义乌市佛堂街道为代表,义乌市政府在佛堂古街设置了9个"消费维权点",这些维权点本身即是正常经营的商铺,店主为党员的,在店名处有特殊标记。市场监督管理机构以年度为单位,向这些店主发放"聘书",将其聘为"佛堂镇消费维权义务调解员",消费者可以就近选择任一"消费维权点"进行调解,以便利的程序可获得性,让消费者放心消费,从根本上减少消费纠纷的产生。

两种模式下,消费纠纷是否会存在涉嫌违法违规行为的可能性并无疑问,但是消费维权服务中心是否有动力和能力进行诉转案工作却是存疑的。第一种模式下,园区消费服务中心具有法律判断的专业能力,并且自身需要诉转案的可能性作为达摩克里斯之剑,以公权力的法律实施作为最后保障对企业提出与消费者和解、进行合规整改的要求,但如果其频繁诉转案,则可能失去与园区企业平等协作的关系。诉转案工作的立足点是在一个更为长远的尺度内保护区内企业、帮助企业成长,而非发现案件线索和维护公共利益。因此,在无相关法律法规加以引导、支持和鼓励的情况下,适度诉转案有利于园区管理,过多的诉转案则可能与园区自身利益相悖。第二种模式下,义务调解员主业是商业经营,对于法律规定事项难以充分掌握,不具备识别一般消费纠纷是否涉嫌违法违规行为的专业能力。并且,为便利消费者,这些义务调解员所处理的消费纠纷距离自身经营区域较近,其是否有动力为"邻里"招来严格的调查核实也是存疑的。

2. 电商平台是否应该参与诉转案工作

随着平台经济的发展,"平台企业+入驻商户"的经营模式越来越普遍。

由于平台企业面向全国消费者服务的同时，注册在某一个具体的省、市、区（县），这就可能导致该平台企业及其入驻商户的相关投诉全部集中到某一个基层市场监督管理所。如果按照其他市场监督管理所一样对消费者投诉全部亲自处理，产生的工作量已经不可能完成。调研过程中，北京市海淀区北下关街道作为抖音集团的注册地、浙江省杭州市余杭区作为淘宝网的注册地，均面临此类问题，但对于平台是否可以参与到诉转案程序中来，两地具有不同的态度。

北京市对于平台参与持谨慎态度。根据北京市调研数据，2022年，北下关街道市场监督管理所接到投诉、举报共31 839件，转案101件，转案率为0.003%。其中，关于抖音平台的投诉、举报占绝大多数，在31 839件工单中占22 000多件。北京的抖音平台仅仅是视频直播，电商在上海、团购在成都、支付在深圳、钱包在武汉，但北下关街道市场监督管理所承接了全国所有关于抖音的工单，由于实际违法主体、违法行为都在外省，因此诉转案情形微乎其微。面对海量待处理的工单，抖音集团确实有派驻工作人员协助处理工单，但由于北京市场监督管理部门认为企业人员与市场监督管理部门的立场不同，因此相对谨慎，未让抖音集团的工作人员参与较多事务。

浙江省对平台参与持更加开放的态度。阿里巴巴公司总部即位于余杭区，不仅平台本身的案件，平台上注册经营的企业的案件也主要在该区处理，因此该区受理的举报、投诉量长期居高不下。对此，浙江省认为应当提高平台治理水平，强化平台责任。2022年315活动阿里巴巴推出"二次申诉"制度，增加平台企业在源头的纠纷化解能力。之所以形成此种态度，与余杭区和阿里巴巴公司的合作传统有关，杭州涉及网络投诉的数据，大量来源是投诉给全国12315平台和自己接受的投诉件，这两个渠道的投诉件在办理的过程中需要和平台合作，因为平台是按照订单和企业的营业执照号进行匹配来找交易信息的，这些信息需要和电商平台（阿里巴巴）打通，因为不打通就找不到入驻企业，海量案件就没有办法处理。

根据上述两地的经验，处理平台经济领域内的消费投诉离不开平台企业的适度参与，但参与的程度和方式还需要进一步探索，具体的方式需要兼顾平台企业的自身立场和保护消费者、维护公共利益的需要。

3. 12345热线平台是否可以作为诉转案工作的主体

根据多地调研情况，12345政务服务热线（一些地区称谓有差异，另称政工热线、市长热线等，以下统称12345热线平台）已经是市场监督管理部门受理消费者投诉的重要渠道。在部分地区，例如北京市近4年的统计数据，12345热线平台受理投诉量约为12315平台受理投诉量的3倍。接诉即办工作流程高效快捷，要求市场监督管理局在接到12345热线平台派单后24小时内联系诉求人，7天内办结诉求，相比12315平台45个工作日[1]的办理时间大大缩短。同时12315平台设计复杂，诉求人存在难以区分投诉和举报的情形，而向12345热线平台提出诉求的程序简便，诉求人需要提供的信息较少，大幅度降低了消费者维权门槛，客观上将原来囿于维权成本过高或维权途径不畅的消费者纳入了进来。基于以上原因，北京市消费者更愿意选择向12345热线平台提出投诉而非全国12315平台。

对12345热线平台受理的投诉件的处理，各地差异极大。例如浙江省杭州市将全部12345热线平台转发的工单重新上传至12315平台，按照12315平台既有流程办理，基本不涉及12345热线平台是否需要作为诉转案主体的问题。而北京市12345热线平台接到群众投诉举报后形成工单，自行向区县的分中心派发，分中心根据情况不同再将工单派发给各个具体承办单位，各承办单位应该在24小时内联系诉求人，并于7日内办结。该模式下基层市场监督管理所是唯一接触投诉信息的市场监督管理部门系统内的主体，基于为基层减负的角度，投诉信息在12345热线平台内部的流转过程中是否需要考虑诉转案问题是值得讨论的。

但是，12345热线平台虽然也是政府内部主体，但其工作人员主要负责接听工作，接线员的专业性不足；并且12345热线平台的运行逻辑也与市场监督管理部门不相一致，12345热线平台以问题解决为导向，并不具体区分问题的性质，无论投诉还是举报均要求在同一规定时限内办结完毕，因而也不存在从投诉中发现案件线索的动力。

4. 消费者协会是否可以作为诉转案工作的主体

由于消费者协会处于改革过程中，全国各地的消费者协会的情况差异极大，甚至难以界定其为市场监督管理部门的内部主体还是外部主体。有的地

---

[1]《市场监督管理投诉举报处理暂行办法》第21条第1款第5项规定，"自投诉受理之日起45个工作日内投诉人和被投诉人未能达成调解协议的"终止调解，因此实务部门通常认为投诉处理的时限为45个工作日。

区消费者协会与市场监督管理部门的关系在基层存在"一套人马，两块牌子"的情况，此时虽然投诉举报以"消费者协会"的名义进行调解，但信息流转仍然发生在市场监督管理部门内部。有的地区消费者协会与市场监督管理部门是相对独立的两个机构，例如陕西省消费者协会已经改组为消费者委员会，由消费者委员会受理消费者投诉发现涉嫌违法犯罪线索的，不仅可以向市场监督管理部门移送案件线索，还可以向公安部门、金融监督管理部门等市场监督管理部门以外的行政机关移送案件线索。但移送过程中也存在两点困惑：一是部分案件管辖权不明朗，不确定应当移送的具体部门；二是消费者委员会与办案单位对案件线索的质量评估存在差异，双方供需存在不匹配的情况。

从当前的改革趋势上看，在诉转案程序中消费者协会与市场监督管理部门的关系应当分两种情况进行界定：一是接受市场监督管理部门委托处理12315平台受理的投诉时，发现涉嫌违法违规行为线索需要进行转案的；二是消费者协会自身接受消费者投诉，处理投诉件时发现有重要线索需要向市场监督管理部门移送的。第一种情况下，消费者协会与市场监督管理部门的关系由委托协议界定，诉转案的细则也可以由委托协议进行详细规定；第二种情况下，应当将消费者协会界定为市场监督管理部门的外部主体，但应当在诉转案工作中就市场监督管理部门如何接收消费者协会移送案件线索进行考量。之所以要在诉转案工作中重点考量对消费者协会这一外部主体移送案件线索的接收，一是因为消费者协会长期参与消费者纠纷调解工作，专业性相对其他外部主体而言更强，具有参与诉转案工作的能力基础；二是因为政府职能优化存在重新构建与消费者协会关系的需要，将其纳入诉转案程序能够体现二者的分工协作。对于消费者协会相对于执法单位专业性不足的问题，可以通过规范指引、能力培训、技术支持等方法加以补足。

（二）诉转案工作的客体困惑

1. "消费者投诉"是否包括举报内容的投诉

"诉"应当指形式上的消费者投诉，还是实质上纯粹的不涉及违法违规行为举报的"投诉"？以12315平台直接受理的投诉举报件为例，当消费者投诉同时涵盖投诉与举报的内容时，需要区分两种情况处置：一是消费者明确提出诉转案要求的，工作人员会将该投诉件拆分为两个件，分别依照投诉、举报的程序并行处理，这种情况下不存在诉转案；二是消费者未明确提出诉转案要求，但投诉事项中存在依法应当查处的涉嫌违法违规情况的，需要工作人员判断是否诉转案。理论上，当消费者投诉件中包含举报经营者涉嫌违法违规行为的，应当告知消费者另行举报，由消费者自身分别完成投诉件和举报件的启动，但由于杭州市存在相关复议案件且在复议中"败诉"的情况，因此将程序更改为由工作人员直接对消费者投诉件进行拆分。在上述第二种情况中，基层工作人员仍被要求对消费者诉求进行逐项回应，为避免被复议的风险，该类案件也可能按照第一种情况处置，直接对投诉件进行拆分，并就拆分情况对消费者进行回应，而非在内部进行诉转案的操作。对于其他平台转入12315平台的投诉举报件，统一作为"诉求"转入投诉系统中，然后由工作人员进行判断是否需要拆分，只有在消费者投诉的文字表达中不存在被复议的风险且投诉内容确实涉嫌违反市场监管法规的，才可能实际使用"诉转案"这一功能。质言之，对"投诉"的拆分在功能上部分替代了诉转案，减少了诉转案统计数据的分子，是导致诉转案统计比率偏低的原因之一。

2. "消费者投诉"是否包括12315平台之外的诉求

当前，市场监督管理部门处理投诉件的来源多样，既有自身各种途径受理的投诉件，也有其他部门转办、上级交办的投诉件，诉转案中的"诉"是仅限于12315接收的消费者投诉还是包括全部由市场监督管理部门办理的消费者的诉求？由于市场监督管理部门实际处理的消费投诉、举报渠道来源多样，目前仅12315平台直接受理的有明确的"投诉"和"举报"的分类，而12345热线、信访、110系统等其他渠道转送的案件统一为"诉求"，不做投诉与举报的区分。将这些不做区分的"诉求"和12315平台中接收的"投诉"合并计算诉转案比率，不能准确反映实际的诉转案水平。并且，在将上述其他来源的诉求件统一归为"投诉"类之后，还需要面临前文提及的拆分问题。

更为重要的是，许多其他渠道转入12315平台的诉求件超越了市场监管的职能范围，不仅限于消费投诉。由于市场监督管理部门对消费者投诉的处理是行政调解，而调解需要更多的是对包括法律条文、证据、情感、伦理、沟通技巧的综合运用，对法律和证据的重视程度相对较低，即使部分其他渠道受理的投诉超越了市场监管的职能范围也能进行调解处理，但是这部分投诉即使果真涉嫌违法违规行为，也会因为不属于市场监管所管辖等原因而无法成为内部的诉转案。同时，将这一部分投诉件也统计入诉转案的分母之中，同样会导致诉转案纸面数据失准。

(三) 诉转案工作的程序困惑

诉转案工作的通常程序与其主体对应，存在两种模式：

模式一：投诉受理与分流（省、市、区级）—发现案件线索（省、市、区、基层市场监督管理所）—移交稽查执法部门筛查、分析—稽查执法部门立案。

模式二：投诉受理与分流（省、市、区级）—投诉件处理（基层市场监督管理所工作人员）—发现案件线索（基层市场监督管理所工作人员）—批准转为案件办理（基层市场监督管理所所长）—重大案件移交区级执法大队。

理论上，投诉与举报的程序都有《市场监督管理投诉举报处理暂行办法》加以规范，《市场监督管理投诉举报处理暂行办法》第23条已经确定了诉转案的工作时限，《行政处罚法》《市场监督管理行政处罚程序暂行规定》也规定了执法办案的程序，因此诉转案的程序本不应存在问题。但是，实践中由于市场监督管理部门存在条线双重管辖，基于地方政府的考核任务压缩了投诉处理的时间，使得上述规定难以适用。此外，上述两种模式远远不能概括实践中地方处理程序的差异性，诉转案工作的程序问题在各个细节处加以体现。

1. 诉转案工作是否必须在投诉处理时限完成

根据《市场监督管理投诉举报处理暂行办法》第23条第1款："市场监督管理部门在调解中发现涉嫌违反市场监督管理法律、法规、规章线索的，应当自发现之日起15个工作日内予以核查，并按照市场监督管理行政处罚有关规定予以处理。特殊情况下，核查时限可以延长15个工作日。法律、法规、规章另有规定的，依照其规定。"但实际工作中该条规则的适用空间较小。

以浙江省为例，12345渠道转办案件名义上的处理时间为7天，但职能交叉案件的分置时间也包括在内，再加上市场监管内部给其他层级预留的时间，实际办案时间为3~4天。由于案件数量巨大，不可能每一个案件都在接案后立即进行现场核实，而是根据统筹安排在1~2天后多个案件集中进行现场核实，实际的现场核实时间仅有1天，即基层工作人员必须在这一天内对手中处理的多个案件判断是否诉转案。一旦转为案件，程序不可逆，但是即使基层工作人员在处理消费者诉求的规定时限内未进行诉转案，并不影响后续稽查执法的工作人员从已经办结的投诉案件中发现违法违规行为的线索。在两种程序后果的权衡下，市场监管基层工作人员在处理消费者诉求的时限内不进行诉转案，而是在投诉调解程序完结之后由稽查执法部门从中发现案件线索。在其他省份的调研过程中也反映出投诉处理时间受限的问题，如果是信访部门移送的案件，处理时限可能更短。在此背景下，"调解中发现"（即投诉处理阶段）适用空间较窄。

2. 诉转案工作如何衔接调解程序和办案程序

《市场监督管理投诉举报处理暂行办法》第23条第2款明确规定："对消费者权益争议的调解不免除经营者依法应当承担的其他法律责任。"质言之，"投诉"对应行政调解程序，"办案"对应行政处罚程序。不能仅仅解决消费者的民事诉求，而免除经营者的行政责任，也不能仅仅查处经营者违法行为而免除民事责任，两种程序应当并行不悖。但在实际工作中，多地调研反映经营者的调解配合程度与是否受处罚高度相关，一旦对经营者进行立案调查，经营者往往会拒绝配合调解；即使采取"先调解、后处罚"的策略，其他经营者在了解情况后也可能出现普遍性的不配合调解的情况。这种理论与实践的矛盾需要予以解决。因此，实践中的常见做法是在发现涉嫌违法违规线索的时候中止调解。但由此也引发了一个衍生问题——调查核实不存在违法违规行为的，是否应当重启调解？

一种观点认为诉转案未能立案需慎重考虑重启调解，因为市场监督管理部门是一个兜底部门，一线工作压力本就非常大，如果还要反复调解，势必更加增加一线同志的工作量；另一种观点认为诉转案未能立案的应当重启调解，因为投诉是消费者为自身权益而提出的诉求，案件办理服务于公共利益，二者的法益、程序均有不同，二者不能相互替代，需要同时并重，不能顾此失彼。但是应当注意到，调解程序和办案程序的衔接问题是在《市场监督管理投诉举报处理暂行办法》不完全适用的基础上产生的。我们应当立足于更宏观的制度设计层面进行考虑，而不能局限在基层市场监管所调解与办案的优先性问题上。

3. 诉转案工作如何实现证据衔接

由于案件办理最终可能作出行政处罚的决定，因此对于证据要求较高。

投诉或举报的反映人通过平台或者网络提交的证据，不能称之为证据，更多应该称为线索。根据《市场监督管理行政处罚程序暂行规定》，证据应当符合法律法规并经查证属实，才能作为认定案件事实的证据，以非法手段取得的证据不得作为认定案件事实的依据，包括民法、刑法里也都有相应的证据规定。投诉人以非法手段拍摄甚至篡改的视频实际上都不能作为案件证据，这就要求市场监管人员在进入案件处理程序前首先要前往实际经营地对违法行为进行核实。从流程上来看，受理投诉需要 7 个工作日内告知是否受理，而举报的核实是 15 个工作日，情况特殊再延长 15 个工作日，这两个时间相差太远，导致市场监督管理部门在答复的时候容易出现偏差。在未取得有效证据的情况下，将投诉转为案件存在很大的风险。而且在现场检查的过程中，部分存在投诉处理与稽查执法分工的基层市场监督管理所的负责投诉处理的人员由于没有处理过案件，对法律不够熟悉，在收集证据时，不能根据消费者投诉的法律争点有针对性地进行收集。这在两种程序证据移交的时候也会形成冲突。甚至一些地区市场监督管理部门内部的投诉处理部门与执法办案部门分隔较为严重，负责投诉调解的基层工作人员几乎没有时间调查核实，或者没有能力进行有效的调查核实，认为存在违法违规行为线索的，一律移交执法队，由执法队进行核实，这在很大程度上增加了证据灭失的风险。

证据衔接问题的本质在于投诉调解过程中的证据标准与实际办案所需的证据标准不统一，如果要求消费者在投诉时就提高符合立案标准的证据，无疑提高了消费者维权的门槛，不利于消费者权益保护；如果要求投诉调解人员在初步了解情况时就按立案标准收集证据，也会因为调解人员的专业性不足而难以完成任务；如果要求执法办案人员尽早介入投诉调解程序，虽然可以尽早收集证据，但海量的投诉件将极大牵扯执法办案人员的精力，而真正能够诉转案的投诉件在全部投诉件中的占比相对较低。因此，证据衔接问题的关键在于如何尽可能地提高调解办案人员的专业水平以及把握好执法办案人员介入的时机。西安高新科技产业园区探索的三方会商机制在该园区的背景下实现了一种平衡——法制科参与增加专业性，三方会谈机制实现繁简分流，既能将包含违法违规行为线索的投诉件及时转案，也不会过分增加执法办案人员的负担。

4. 诉转案工作如何实现闭环

按照《市场监督管理投诉举报处理暂行办法》，投诉和举报都能够在各自的程序内实现闭环,但诉转案同时涉及投诉端和办案端,诉转案工作在何时以及如何实现闭环,地方上存在诸多困惑。仅就条文字面理解,投诉受理部门在发现涉嫌违法违规行为线索后,将相关线索移交执法办案部门即可完成闭环。但这一规定存在两个方面的问题:第一个问题是没有明确调查核实的内部主体,即应当由投诉受理部门进行初步核实还是执法办案部门进行初步核实?在调研中,投诉受理部门和执法办案部门一体的情况是少数,多数地区二者是分离的。第二个问题是地方考核中对闭环的理解有扩大化的倾向。既然投诉处理存在诉转案的情况,那么诉转案之后案件办理结果也应当属于该投诉件应当归档的信息,而在全国大部分地区存在投诉处理与执法办案分离的情况,投诉处理部门使用国家市场监督管理总局建设的全国12315平台,而执法办案部门使用省内建设的办案系统,而后者通常并不向前者反馈处理结果。[1]这导致投诉处理部门实现案件信息的闭环归档存在困难。这也导致在数据统计时无法获知案件办理情况,无法准确统计立案率、结案率、处罚率等关键数据,以指导后续的诉转案工作。

对闭环的另一层理解在于,诉转案的结果是否需要告知投诉人?理论上,从消费者投诉信息中发现涉嫌违法违规事件线索属于市场监督管理部门依职权进行的行为,无需向消费者反馈。但由于前述诉转案工作主体、客体方面的原因,存在一些不严格区分投诉、举报的情形,例如12315系统中的药监投诉件无论是否转案均需反馈投诉人。12345热线平台、信访部门等其他部门移送的投诉件未严格区分投诉与举报的情况,如果未对消费者进行反馈,则市场监督管理部门可能面临行政复议和行政诉讼的风险。

(四)诉转案工作的奖惩机制

针对基层工作人员诉转案工作的动力不足的问题,可以从奖惩机制两方面进行解释。由于责任机制的欠缺,当前尚不存在关于"必须"诉转案的情形的规定。笔者发现在一些地区制定的地方性的诉转案工作办法中已经涉及

---

[1] 在重庆市、湖北省、北京市、浙江省四省份的区县一级的调研中,仅湖北省赤壁市根据湖北省《诉求信息转案件线索工作规范(试行)》和咸宁市市场监督管理局出台的《消费者诉求处置与线索转置工作规范(试行)》在诉转案程序中明确规定了"结果反馈"环节,"对于12315转置的案件线索,应当于15个工作日内予以处理并及时反馈给同级的12315机构;对于符合立案条件的,应当于案件办结后3个工作日内将结果反馈给同级消保机构"。另外浙江省部分区县消费者保护机构反映,诉转案的具体数据为本次调研需要专门向各个基层所收集,日常工作中没有专门的诉转案反馈环节。

纪律检查委员会监督考核等条文，但在实践中几乎不曾实施。因为基层工作人员诉转案率较低并不能完全归因于自身认识不足、能力不足，而与多方面的因素相关。但是，适当的激励因素有益于诉转案率的提高，重庆市和湖北省两地诉转案率的差异可以较好地反映激励机制对诉转案工作的影响：

首先，诉转案本身缺乏激励的问题。激励通常包括外在激励和内在激励两部分，一方面，重庆市当前对诉转案工作的推进没有精神或物质激励等外在激励；另一方面，大多数由投诉件转化而来的案件涉案金额小，不涉及重大公共利益，与迫切需要处理的其他来源发现的案件相比，也难以产生维护公共利益的成就感等内在激励。其次，不合理的考核制度在一定程度上限制了市场监督管理工作人员深挖投诉件中的案件线索的主动性。笔者发现有两种类型的考核，一是12345平台交办的投诉件，有办结事项的满意度考评，该投诉是否涉及违法违规情形，是否诉转案，不在考评之中；二是优化营商环境的考评，该考评要求行政机关不得侵扰经营者的正常经营活动，因此有的基层人员担心接到投诉后对经营者的现场核查会导致破坏营商环境。基于上述原因，基层市场监管工作人员诉转案的主动性偏低。湖北省内对于诉转案工作存在较为普遍的精神激励机制，赤壁市由执法监督机构、同级纪律检查委员会进行全程考核督查，对于工作突出的予以通报表扬，而对于工作履职不到位的，将追究相关责任；武汉市东西湖区对于工作突出的，其市局内部进行通报表扬，并可能将诉转案工作成效作为干部任用的考察因素之一。

（五）影响诉转案工作的其他因素

市场监管是一项全面系统的工作，影响诉转案工作的因素并不仅仅包括诉转案工作涉及的主体、客体、程序、奖惩机制问题，与市场监管有关的人力资源配置、考核压力，市场监督管理部门与其他部门的关系以及职业打假人现象，都对诉转案工作能否顺畅实施有一定的影响。对诉转案工作的优化，一定程度上也需要超出诉转案工作本身，进行更为宏观的布局。

1. 基层工作人力资源不足

根据实践中的诉转案工作流程，无论是采用在基层处理投诉时进行判断是否转案的模式，还是在投诉件每一次流转过程都可以进行转案的模式，最终主要承担诉转案工作的都是基层工作人员。北京、重庆、湖北等地均反映当前市场监督管理部门的基层存在人员老龄化、专业知识更新慢、工作任务加重的现象，导致基层工作人员缺乏必要的时间、精力以及专业知识去识别投诉中的违法违规行为的线索，进行诉转案工作。

上述问题理论上可以从编制扩充、技能培训、技术支持、公私协作等角度进行解决。但是，编制问题需要国家和地方政府层面的统筹规划，涉及多层次的政策考量，并非诉转案工作机制优化所能解决的问题，只能作为诉转案工作机制优化的背景而非变量加以分析。技能培训理论上能够直接增加基层工作人员的专业能力，提高案件敏感度，及时发现案件线索进行诉转案，但调研过程中部分基层领导反映，虽然其也意识到人员培训的必要性，但仍难以实际开展人员培训：一是现实工作任务过重，本身基层工作人员就处于长期加班的状态，难以安排培训时间；二是相对年轻的工作人员流动性大，优秀人员容易被市局、省局等上级单位抽调，培训后并不能反馈基层。因此，在个别工作任务量处于高饱和状态的地区，技能培训的现实可行性也存疑，但在其他仍有余量的地区，技能培训仍然是补足基层工作人员专业性不足的重要方法。

技术支持在大方向上得到了总局层面和地方层面的双重肯定，但是仍有两个方面的问题需要注意：第一，要尽量避免新建系统，不要使技术支持变为技术负累。当前基层市场监督管理部门需要使用总局建设的12315平台、地方自建的办案系统，有的地区还需要接入12345热线平台，地方自建的大数据中心等多个系统，这些系统之间存在一定的数据壁垒，数据交换常常依靠基层工作人员手动输入，增加了基层工作量。第二，要尽量降低平台使用门槛，用技术手段内化法律程序。智慧行政是当前行政发展的方向之一，面对越来越多样和细致的程序规定，在提高工作人员素养的同时，也可以通过技术手段对工作的合法性、有效性进行保障。调研反馈希望增加的12315平台功能主要有：①对投诉件中包含举报信息或举报件中包含投诉信息的，可以一键生成两个工单，无需工作人员手动补充；②对于新生成的工单（非消费者投诉举报直接生成的工单）增加自动计时功能，提醒办案处理人员截止时间，避免出现程序瑕疵；③自动抓取关键词，自动识别可能存在案件线索的投诉信息，交由工作人员重点筛查（相关关键词可以根据地方上投诉举报信息的统计结果进行调整，兼顾地方特点）。

公私协作的思想在调研过程中也取得了共识，各地根据自身特点均开展了与电商平台、园区、景区、大型商超的合作，指导建立消费维权服务中心（站），已经取得了较为成熟的经验。

2. 条线管辖地方政府考核压力较大

对市场监督管理部门工作机制影响最大的是各地12345热线平台下的考核机制，以北京市最为显著。北京市的特殊之处在于创新性地推进了接诉即办为民服务（以下简称"接诉即办"）工作。接诉即办工作源于"街乡吹哨、部门报到"的改革，由2021年公布的《北京市接诉即办工作条例》正式确立。该工作制度的建立是为了方便市民，切实解决老百姓的问题，但在实践中难以避免地会对市场监督管理部门的诉转案工作产生影响。

（1）接诉即办机制要求严，占用行政资源较多

接诉即办工作作为各级党委政府的一把手工程，考核压力大，考评严格，以响应率、解决率和满意率为考核标准。市场监督管理局接受的诉求中消费者纠纷占比较大，消费者诉求涉及退换货、退费等事项，很难在规定时限内办结。为了提升"三率"，达到考核标准，满足接诉即办7天办结的工作要求，基层工作人员将大部分工作精力投入到接诉即办工作中，减少了对诉求的深入分析，难以转案。

（2）12345热线平台工单流转机制尚不完善

第一，接诉即办由市12345中心接到诉求之后形成工单，派发至区中心再由区中心向各个承办单位派单，各区派单标准不同，没有统一规定，易导致内容相似的举报件派发至不同承办单位的情形。第二，接诉即办工单的形成主要由基层工作人员人工记录，缺乏大数据、云计算、人工智能等先进技术的辅助支持。工单内容以记录全面为准，内容专业性低，市场监督管理部门会受理大量市场监管职权范围外的工单。第三，在12345热线平台上消费者提交的诉求中大部分是投诉中带有举报线索的，消费者在维护自身合法权益时也举报了企业的违法行为，但由于接诉即办的办理时限较短，接线员难以在有限时间内对诉求进行定性。

（3）外埠工单占用大量资源

北京市海淀区集中了大量互联网平台企业，如抖音、美团、微软等互联网平台企业，此类企业总部设立在海淀区，但业务遍布全国。在海淀区市场监督管理局接到的工单中，经常存在部分违法行为发生地并不在北京但12345

热线平台的接线员将工单转到了海淀区的情况。

（4）地方自身难以对12345热线平台考核机制进行矫正

湖北省虽然也存在12345转办件满意度的考核，但在基层所和区级单位还存在一种"投诉排除机制"。对于依法处理但是投诉人不满意的情况，可以在执法人员提供办理报告后排除其对满意度评估的影响，并且每月都会请第三方专家参与考核机制。这种将不合理诉求排除出考核机制的方式，能够在一定程度上提高考核制度的合理性并发挥督促行政人员依法处理投诉的功能。但是，这一修正是个别化而非类型化的，"投诉排除机制"未能从根本上扭转基层市场监管满意度导向的工作方式，诉转案工作积极性不高的情况仍然存在，需要更高层次的沟通协调，进行类型化的排除。

3. 与其他政府职能部门的协作需要加强

《国家市场监督管理总局职能配置、内设机构和人员编制规定》专门列举了市场监督管理部门与其他政府职能部门之间的分工关系，包括公安部门、农业农村部门、卫生健康部门、海关部门等。但实际调研过程中笔者发现，市场监督管理部门与其他部门之间的分工协作较为广泛，例如市场监督管理部门与教育部门、体育部门、文旅部门等存在部分管辖事项的交叉，需要进行沟通协调。

目前市场监督管理部门与其他政府职能部门之间的分工协作存在两方面的问题：一是与其他政府职能部门分工不够明确。这不仅仅增加了市场监督管理部门的工作量，而且由于市场监督管理部门不能确定处理的投诉件所对应的涉嫌违法违规事项是否属于自身管辖范围，为避免行政复议和行政诉讼风险，更倾向于采取谨慎态度，不进行诉转案。二是与其他政府职能部门的分工协作模式不稳定。稳定的分工协作方案应当是如同《国家市场监督管理总局职能配置、内设机构和人员编制规定》一样自上而下地进行规定，地方遵照执行，但由于现实生活中涌现的新业态、新问题具有紧迫性、地域性，往往是先由级别较低的县区级单位、地市级单位进行沟通，再进行上报。上级单位之间的沟通时间在后，并且沟通后制定的分工协作方案可能与此前较低级别单位沟通制定的方案不一致，由此导致分工协作模式不稳定。这两方面的问题具有相互叠加的效果，使得基层市场监督管理部门对于存在职权交叉的投诉件不敢轻易进行诉转案。

关于增强与其他政府职能部门的协作，在调研过程中主要有两个意见：一是提高市场监督管理部门内部沟通的效率，上级部门在与同级其他政府职能部门沟通协调时应当充分考虑下级单位已经取得的沟通成果，下级单位在与其同级其他政府职能部门沟通协调时应该及时向上级部门反馈情况；二是及时汇总下级部门与其他政府职能部门沟通的成果，并上报国家市场监督管理总局，经过国家市场监督管理总局研究后，将分工协作方案以高级别的总局文件的形式固定下来，为全国市场监督管理部门与其他政府职能部门的协作提供统一指引。

4. 职业打假人占用行政资源

职业打假人问题是基层普遍关心的问题，调研结果显示，以城市主城区为代表的居民生活区中消费投诉职业打假人占比较低，而工业园区和电商发达区域职业打假人占比较高。职业打假人总是倾向于尽可能多地使用程序，因此存在诉转案工作是否会为职业打假人开辟新通道的风险。

职业打假人现象的重要成因就是其收益远大于风险，存在极大的获利空间。首先，无论是通过界定"消费者"概念的方式排除职业打假人，还是直接对"职业打假人"下定义，在理论上都存在较大争议，在实务上难以操作，容易误伤正当维权的消费者。因此消费者权益保护的多倍赔偿条款无法将职业打假人排除在外，使其可以通过"打假"牟利。同理，为便利消费者维权而设置的各类渠道和程序性权利，也成为了职业打假人用来牟利的工具。其次，因为全国各地对待职业打假人现象的态度不统一，而职业打假人具有流动性，导致职业打假人牟利的土壤始终不能消除。如果一个地方的政策不支持职业打假人，职业打假人就会前往另一个地方，例如，重庆市人民法院在"150碗扣肉"一案中支持了职业打假人，导致了大量职业打假人涌入重庆，给当地的市场监督管理部门形成了极大的压力。

若无法准确界定职业打假人，部分基层工作人员担心诉转案工作的开展可能会增加投诉人的程序性权利，[1] 进一步降低职业打假人牟利的成本，增加其干扰市场监督管理部门正常履职的途径，导致职业打假人现象的进一步

---

〔1〕 理论上，拟制定的诉转案工作指导意见是市场监督管理部门内部工作优化的指导文件，不会影响投诉举报人的程序性权利，但是部分基层工作人员担心政府复议机构或者法院作出不同于此的理解，因此希望总局在制定诉转案工作指导意见时进一步斟酌用语，避免形成歧义。

恶化。因此，对诉转案工作的制度设计需要提前对职业打假人现象做出应对方案。

三、优化诉转案工作的政策建议

诉转案工作具有充分的政策法律依据，虽然该工作的开展在地方上还留有一些困惑，但这些困惑存在相当大的共性，且在各地探索过程中已经形成了一些行之有效的方法，为诉转案工作的优化积累了经验。在上述背景下，形成以下优化诉转案工作的政策建议。

（一）明晰诉转案工作的主体

诉转案工作看似涉及多种类型的主体，但其实判断是否转案的关键主体只有投诉处理机构，其他主体仅在个别程序中发挥辅助作用。为落实诉转案工作主体责任，需要明晰诉转案工作的主体。

1. 判断是否转案的关键主体是投诉处理机构

投诉处理机构是具体负责处理消费者诉求和消费纠纷，对消费者进行回复，决定是否启动、终止调解程序的机构。在地方上，投诉处理机构的具体构成可能存在差异，有的地方成立有专门的消费者权益保护科，有的基层市场监督管理所安排有专门工作人员负责投诉处理，而有的基层市场监督管理所未做专门安排和区分。

《市场监督管理投诉举报处理暂行办法》第23条规定"市场监督管理部门在调解中发现涉嫌违反市场监督管理法律、法规、规章线索……"，表明发现线索的主体应当同时也是负责调解程序的主体，而负责调解程序的主体在市场监督管理部门内部就是投诉处理机构。因此，投诉处理机构作为诉转案工作的关键主体已经明确了。

2. 市场监督管理部门法制科或执法办案机构可帮助投诉处理机构判断是否转案

投诉处理机构的工作人员可能存在专业性不高、案件敏感度不够等问题，即使出现了涉嫌违反市场监管法律、法规、规章的线索，可能也无法及时发现。因此，市场监督管理部门法制科或执法办案机构等专业性更强的机构可以对其提供专业培训和指导，或实际参与到诉转案线索发现和判定工作中。基层工作人员专业性的提高可以有效提高诉转案率。

由于各地各级市场监督管理部门内设机构和人员配备情况存在较大差异，由法制科介入还是执法办案机构介入需要结合当地情况进行确定，因此建议不进行强制性要求。

3. 投诉处理机构与外部主体的协作

伴随着消费者保护领域共建共治共享的社会治理体系的建立健全，市场监督管理部门与其他社会主体之间的协作越来越多，协作的主体与协作形式都在向多样化、层次化发展，当前消费者协会、消费维权服务中心（站）、电商平台在处理其所管理的经营者与消费者之间的纠纷时，也可能发现违法违规行为的线索，需要向有执法权的市场监督管理机构移送。

除接收外部主体移送的线索外，市场监督管理投诉处理机构可以向消费者协会、消费维权服务中心（站）、电商平台等提供发现线索的经验，提示其应当重点关注的事项，在反馈其移送的投诉信息及其包含的案件线索时，对上述主体的业务进行指导。

（二）明确诉转案工作的对象

诉转案工作的对象是指市场监督管理部门发现线索的材料，是诉转案工作开展的起点，一般指消费者投诉信息。但实践中消费者投诉信息的指向存在一些误区，给市场监督管理部门的诉转案工作带来了一些困扰，需要进一步明确工作对象。

1. 诉转案工作对象的来源是市场监督管理部门受理的消费投诉信息

诉转案工作作为市场监督管理部门内部程序，主要针对的对象应当是自身受理登记的投诉信息，当前最为标准化的是全国12315平台，该平台设有"我要投诉"和"我要举报"两个入口，消费者可以选择相应的入口，根据提示填写信息，进行投诉或举报。其他渠道，如12345热线平台和信访来源的消费者投诉信息虽然也具有重要价值，但是其信息与市场监督管理部门通过12315平台登记的投诉信息在标准化程度上存在一定的差异，可能存在一些关键数据的缺失，难以直接适用。并且，由于其他渠道来源涉及的主体超出了市场监督管理部门的范围，拟出台的诉转案工作指导意见不能直接对其行为进行约束，因此也不宜在诉转案工作指导意见中将这些主体提供的投诉信息作为发现案件线索的对象。

但是，地方上的市场监督管理部门可以将其他渠道来源的投诉信息转录入12315平台，对投诉信息进行标准化处理，再根据属地原则派发给基层市场监督管理所。如不能统一登记到12315平台中，可以规定参照适用12315平台登记的诉转案程序，各地另行采取促进投诉信息标准化的措施。

2. 诉转案工作对象的内容是纯粹的消费者投诉信息

市场监督管理部门发现涉嫌违反市场监督管理法律、法规、规章的线索对象，是纯粹的投诉信息。《市场监督管理投诉举报处理暂行办法》第7条规定："向市场监督管理部门同时提出投诉和举报，或者提供的材料同时包含投诉和举报内容的，市场监督管理部门应当按照本办法规定的程序对投诉和举报予以分别处理。"有时基层工作人员对于"同时包含投诉和举报内容"难以判断，消费者投诉中仅仅是声称要求进行案件办理，或者暗示存在违法违规行为，但并未达到《市场监督管理投诉举报处理暂行办法》第24条第1款中规定的"举报人应当提供涉嫌违反市场监督管理法律、法规、规章的具体线索，对举报内容的真实性负责"的标准。此时应当先与投诉人联系，询问其是否需要补充材料进行投诉件与举报件的拆分，而不是一律转为案件办理。

3. 诉转案工作中的投诉信息包括调解过程中扩充的信息

消费者填写的投诉信息中包含的有效信息有限，大部分情况下相关案件线索的来源实际上是"消费者填写的投诉信息"和"市场监督管理部门后续了解的情况"，市场监督管理部门在调解中发现案件线索的规定，就说明了市场监督管理部门在组织调解的过程中，通过向消费者、经营者双方进一步了解情况，进行现场调查等行为所获取的信息，也应当包括在诉转案工作对象指向的投诉信息之中。

（三）细化诉转案工作的标准

鉴于地方诉转案工作没有区分情况设定不同标准，实际操作过程中也缺乏标准化、专业化的引导，为解决投诉件过多，工作人员难以逐件判断是否诉转案，避免投诉处理机构"应转未转"而未能及时保护公共利益，或为规避自身"应转未转"的责任而过度向执法办案机构转案的情况，需要细化诉转案工作的标准。

1. "应当转案"的标准

"应当转案"的标准如下：第一，相关线索和证据基本能够证明经营者行为违反了市场监督管理法律、法规、规章；第二，经营者行为对公共利益具有持续或紧迫的危险，需要给予行政指导或行政处罚；第三，市场监督管理部门有权限对经营者有关行为作出行政指导或行政处罚。同时满足上述3个条件的，应当进行转案。

"应当转案"的标准应当较市场监管行政处罚的立案标准低。与行政处罚的立案标准相比，"应当转案"的标准无需考虑行政处罚期限和属地管辖权的问题。除超过行政处罚的法定期限外，各地可能还发布有优化营商环境的事项清单，原则上市场监督管理部门在诉转案环节无需考虑上述因素，由执法办案机构在接收案件线索和线索核查后判断是否立案、是否给以行政处罚或开具不予处罚行政决定书。类似的，属地管辖权的问题也应在判断完毕是否"应当转案"后再行解决，而非在判断过程中予以考虑。地方在适用"应当转案"标准时可以具有一定的弹性，因为转案的对象是包含案件线索的投诉信息，是否真正立案还需要经由执法办案机构核查后进行判断；投诉处理机构无法准确判断是否满足"应当转案"的要件，但又担心贻误保护公共利益的时机时，也可以进行转案。

2. 重点关注事项

以下为投诉处理机构应当重点关注的事项：第一，多个消费者对同一行为或同一经营者进行的投诉；第二，通过大数据对投诉举报信息进行分析，本地近期内反复、多次出现的同类型、同领域投诉；第三，关于食品、药品、产品质量、特种设备的"安全类"投诉；第四，新兴领域内发生的投诉；第五，伴随较大社会影响或网络舆情的投诉；第六，其他当地市场监管局认为需要重点关注的投诉。上述需要重点关注的情况可以借助技术手段，通过大数据对当地投诉、举报信息的分析提取关键词，对投诉处理人员进行提示。

"应当转案"的标准高度依赖市场监督管理部门工作人员的主观判断，对人员专业性要求较高。但由于个人的能力、精力有限，且投诉信息中包含案件线索并非通常情况，对投诉信息进行类型化，对部分类型予以重点关注更有利于提高诉转案效率。各地可以根据自身实际，制定和更新本地区诉转案工作重点关注事项，充分考虑地区差异性，因地制宜优化诉转案工作机制。

(四) 明确诉转案工作的情形

《市场监督管理投诉举报处理暂行办法》第23条将发现线索的环节规定为"在调解中"，这是通常情况下最易发现案件线索的环节，但并非全部环节。事实上市场监督管理部门在确定是否受理、是否要进行调解的过程中，部分投诉信息可能已经满足转案条件，而且实际进行的消费纠纷调解并非都是由市场监督管理部门自身进行调解，也会委托给消费者协会、消费维权服务中心（站）等。因此至少存在以下3种情形下需要判断是否诉转案：

1. 投诉信息分级分类过程中的线索发现与判定（转案）

市场监督管理部门受理投诉和分派投诉件的过程中，可以对投诉信息进行分级分类，投诉处理机构将受理的消费者投诉信息进行初步分类和定级，投诉信息可以分为四类：第一类，投诉问题不违法或者投诉信息不全等可以不予受理的；第二类，投诉问题不存在明显违法行为或者违法行为轻微的；第三类，投诉问题表明经营者行为涉嫌违反市场监管法律、法规、规章，但尚无证据表明公共利益存在持续的或急迫的危险的；第四类，投诉问题表明经营者行为涉嫌违反市场监管法律、法规、规章，且有证据表明公共利益存在持续的或急迫的危险的。

第一类投诉信息并非诉转案工作针对的信息，市场监督管理部门亦无需组织调解，可以直接回复消费者；第二类和第三类信息需要组织调解，在调解过程中可能发现案件线索；第四类信息虽然也需要组织调解，但其本身已经足以构成案件线索，无需等待调解程序的启动，即可启动诉转案程序。

2. 市场监督管理部门调解过程中的线索发现与判定（转案）

经过前述分级分类后，消费者投诉信息在调解过程中有可能得到信息的进一步补充，一方面消费者和经营者在调解过程中能够还原更多消费细节；另一方面如果市场监督管理部门组织了现场调解，或者工作人员在经营场所发现了更多消费细节，这些信息补充原始的消费投诉信息，使原来隐藏在消费者投诉信息中的案件线索暴露出来，也是诉转案工作的核心环节。为此，调解人员需要做好调解记录，在调查和调解过程中发现案件线索的，应当进行证据保存，提请投诉处理部门对证据线索进行研判确定是否转案。

3. 市场监督管理部门接收外部移送线索并进行判定（转案）

在非市场监督管理部门亲自组织调解的情况下，诉转案的主体仍然是市场监督管理部门的投诉处理机构。投诉处理机构接收消费者协会、消费维权服务中心（站）、电商平台等移送的消费者投诉信息及其包含的案件线索后，需要对案件线索的质量进行判断，但由于此前已对消费者纠纷进行过一轮调解，或者其他主体组织的调解还在进行之中，市场监督管理部门无需再启动调解程序。市场监督管理部门的投诉处理机构对接收的外部主体移送的投诉信息，需按照"应当转案"的条件，判定是否需要转案。

(五) 建立诉转案工作归档程序

为促进投诉处理机构与执法办案机构之间信息的双向流通，量化诉转案的工作成效，统计诉转案工作数据，指导未来诉转案工作的重点、难点，需要在诉转案工作指导意见中增加归档程序。执法办案机构根据经核查后的案件线索对经营者作出行政指导或行政处罚的，应当将案件办理结果反馈给投诉处理机构，并上传电子版的或者提供纸质版的、反映案件办理结果的材料复印件，便于投诉处理机构归档。

1. 执法办案机构应向投诉处理机构反馈诉转案结果

执法办案机构应及时向投诉处理机构反馈诉转案结果，包括移送的线索是否转为案件、社会危害程度、是否行政处罚、行政处罚的类型和幅度、是否包含该案件的关键证据、是否遗漏重要信息、补充了哪些关键证据等。

当前投诉处理机构与执法办案机构在两套系统下分别运行，投诉处理机构依托全国12315平台进行信息流转和工作归档；执法办案机构则使用地方自建的执法办案系统进行案件处理，两套系统没有实现信息的双向流通，这导致了两个后果：一是投诉处理机构诉转案工作未能实现工作闭环，缺少对诉转案之后情况的记录；二是投诉处理机构无法对诉转案工作进行有效评估，无法及时对诉转案工作进行调整和优化。因此，需要执法办案机构对其进行结果反馈。

2. 投诉处理机构应对诉转案工作进行归档

在明确执法办案机构应向投诉处理机构反馈诉转案结果后，投诉处理机构进行诉转案工作归档，实现工作闭环的主要障碍就基本得以解决，可以进行工作归档。同时，工作归档也有利于投诉处理机构后续整理、分析和利用诉转案工作数据，优化诉转案工作，实现净化消费市场的目标。

(六) 加强诉转案工作的保障机制

诉转案工作涉及市场监督管理部门的多个职能，地方上既存在对诉转案工作本身的困惑，也有许多长期存在的影响诉转案工作实施效果的其他因素。因此，仅仅通过诉转案工作指导意见对基层市场监督管理部门提出要求是不够的，还需要从多方面加强对诉转案工作的保障机制。

1. 加强诉转案工作的组织领导

各级领导的重视程度，与诉转案工作的成效成正相关关系。加强诉转案工作的组织领导，能够从多个方面调动基层工作的积极性，能有效提高诉转案工作的成效。但是，加强诉转案工作的组织领导，不等于层层加码。根据调研情况，大部分基层单位诉转案率低、诉转案积极性不高正因为地方上较大的对投诉调解的考核压力，诉转案工作指导意见旨在为市场监管基层工作人员化解诉转案工作过程中遇到的困境，对其实际困难宜采取积极解决的态度，而不能和地方考核进行压力竞争。因此，原则上诉转案工作指导意见不宜设置硬性考核指标。

2. 健全诉转案工作的制度激励

制度激励可以从积极与消极两方面理解，积极方面是对工作人员的嘉奖，包括物质奖励和精神奖励；消极方面是对工作人员的责任减免，免除其行为的后顾之忧。

积极方面的制度激励需要鼓励地方创新诉转案工作奖励机制，包括绩效奖励、通报表扬、考评加分等。需要注意的是，地方上的绩效奖励、通报表扬、考评加分是一级地方政府进行的综合性考评行为，国家市场监督管理部门的内部文件不能直接作为地方政府考评的依据，即使诉转案工作指导意见对此作出了相应规定，也还需要各个层级的市场监督管理部门和地方政府积极沟通，促进地方政府落实相关制度激励措施。

消极方面的制度激励要加强与地方政府的沟通，逐步取消对投诉处置进行满意度考核的硬指标。当前，湖北省已经开始探索一种"投诉排除机制"：对于依法处理但是投诉人不满意的情况，可以在执法人员提供办理报告后排除其对满意度评估的影响，由第三方专家每月参与考核机制。但是，这一修正是个别化而非类型化的，"投诉排除机制"未能从根本上扭转基层市场监管"满意度"导向的工作方式，诉转案工作积极性不高的情况普遍存在。为保障诉转案工作的有序推进，需要各级市场监督管理部门与同级政府部门加强沟通。在国家市场监督管理总局的层面可以加强对投诉处理与一般性政府服务事务差异的论证，尤其是在诉转案背景下，投诉处置过程中可能需要甄别涉及影响不特定公众利益的案件线索，过分关注个案的调解结果可能导致对公共利益保护水平的下降。

3. 强化诉转案工作的技术支持

要着力解决市场监管行政资源有限的问题，一方面要提高治理能力，建立健全市场监管的社会治理体系，充分利用社会力量辅助市场监督管理部门履行职能，例如指导消费者协会和消费服务中心（站）处理消费纠纷、与电子商务平台合作等；另一方面要充分利用技术发展成果，及时将技术层面取得的进步转化为治理效能。

与诉转案工作直接相关的技术需要有两方面：

一是逐步打通12315平台与地方建立的执法办案系统之间的数据壁垒，促进信息的双向流通，这与诉转案工作中办案结果反馈、诉转案工作归档、诉转案相关数据的充分利用紧密相关。在制度层面通过诉转案工作指导意见提供依据后，技术层面也需要进行相应的配套，才能有效施行相关措施。根据调研反馈，12315平台的数据开放难度较小，因为执法办案机构本身属于市场监督管理部门的一部分，只要为其创立专门账号，执法办案机构就能自行获取12315平台的相关信息。与之相反，执法办案系统具有更为严格的资格要求，执法办案人员需要具有执法证才能使用该系统，因此不能直接将该系统向一般投诉处理机构开放。但是，从结果反馈、工作归档和数据统计的需要出发，投诉处理机构并不需要获取执法办案的全部细节，只需要提取与诉转案工作有关的关键数据即可。如何把握数据开放的程度，需要各地结合本地区执法办案系统的资格要求、保密要求等规范进行研究。

二是将诉转案程序内化到电子系统中，以技术手段部分解决基层投诉处理人员人力资源有限、专业性不足、案件敏感性不高等问题。例如诉转案标准中的重点关注事项，可以通过大数据进行关键词提取，并及时进行关键词的更新；再如投诉处理、诉转案、案件办理的各个时间节点，均可以通过系统提示提高基层工作人员的效率，避免其无意识的程序违法。

（七）与诉转案工作相关的其他建议

诉转案工作是市场监管工作的一部分。诉转案工作成效受市场监管的其他因素影响的同时，诉转案的工作成果也可以增进市场监管的其他方面。结合调研实践，笔者提出与诉转案工作相关的其他建议。

1. 市场监督管理部门与政府其他部门的协作

市场监管机构在"发现线索""线索核查"程序中发现经营者存在违法行为，对公共利益有持续或紧迫的危害，但相关事项不属于市场监督管理部门管辖的，不适用诉转案程序。

不转案的情形无需单独规定，因为不符合"应当转案"情形的自然无需转案。此处主要是针对职权交叉领域部门协调配合作出的规定，对于不属于市场监督管理部门职责范围内的、涉嫌违法违规行为线索的投诉信息，如果转案有行政越权的风险，不转案又不能制止和弥补公共利益受到的损害，应鼓励地方市场监督管理部门与其他政府部门建立长效协调机制，通过地方协调机制向具有相应职责的部门移送案件线索。

2. 诉转案相关数据的充分利用（政府内部）

地方市场监督管理部门应采取措施，促进诉转案相关数据的充分利用。《市场监督管理投诉举报处理暂行办法》第34条已经明确"市场监督管理部门应当加强对本行政区域投诉举报信息的统计、分析、应用，定期公布投诉举报统计分析报告，依法公示消费投诉信息"，另一方面，全国12315平台已经积累了大量的投诉数据。从案件线索发现的角度看，诉转案标准中的重点关注事项也需要这些相关数据进行分析和更新。从案件办理的角度看，发现案件线索的场景不局限于调解中，在投诉信息进入市场监管系统后分流、调解、汇总分析的全过程都可能发现案件线索，执法办案机构在投诉件已经处理完毕后，集中对某一类型的投诉信息进行筛查发现的案件线索，更是当前地方市场监督管理部门主动获取办案线索的重要形式。

重点关注事项的形成可以充分利用大数据技术，形成"诉转案关键词"，满足关键词要素进行系统推送，提示工作人员进行重点审查；地方上还可以根据投诉举报统计分析报告以及诉转案工作的转案率、处罚率等数据，就近期投诉热点问题、诉转案率较高的领域设置关键词进行补充。执法办案机构在投诉件已经处理完毕后，集中对某一类型的投诉信息进行筛查发现案件线索的方式具有多种地方实践模式，根据启动单位的不同，大致可分为投诉处理机构主导和执法办案机构主导两种模式。投诉处理机构主导的模式有以下步骤：第一，投诉处理机构进行投诉数据分析，形成投诉热点、重点问题的季报、月报；第二，投诉处理机构根据分析结果，向有相应管辖权的执法办案机构推送相关投诉，由执法办案机构集中进行信息筛查发现案件线索，或由执法办案机构对相关领域、主体进行重点监督检查发现案件线索。执法办案机构主导的模式有以下步骤：第一，执法办案机构综合考虑办案数据、投诉举报数据、网络舆情、国家宏观经济政策等因素，制定执法专项行动计划；第二，执法办案机构根据专项行动计划向投诉处理机构请求移送相关领域内投诉信息，并集中进行分析发现案件线索。需要说明的是，投诉处理机构与执法办案机构同属于市场监督管理部门，其收集整理的投诉举报数据和执法办案数据应当可以相互开放使用。

3. 对市场主体进行培训（企业培训）

鼓励各地市场监督管理部门应当对诉转案工作反映的问题进行整理，对诉转案多发领域的市场主体进行培训，提示其进行整改；对新设市场主体进行集中培训，帮助其建立消费纠纷预防机制。提升企业合规经营的水平，从源头上净化消费市场，减少消费投诉。

诉转案工作需要超越个案争议，实现一般预防与特殊预防的统一，才能实现净化消费市场、消费投诉源头减量的社会效果。调研过程中，重庆市西部食谷工业园区消费维权服务中心正是通过对投诉数据的分析总结、专家组帮助企业合规整改、工作人员宣讲帮助企业防范违法风险等途径实现了投诉数量的下降。浙江省一些地、市级的市场监督管理局也采取了类似做法，但因为市、区的范围远大于工业园区，影响因素众多，因此暂未收集到投诉数量下降的数据。

附录

市场监督管理总局关于进一步完善消费者投诉信息转执法案件线索工作机制的指导意见

（建议稿）

各省、自治区、直辖市及新疆生产建设兵团市场监督管理局（厅、委）：

保护消费者合法权益是市场监督管理部门的重要职责。近年来，各级市场监督管理部门牢固树立"监管为民"的核心理念，充分发挥职能作用，创新消费维权机制手段，推动开展消费者投诉信息转执法案件线索工作，从中发现和查处了一批侵害消费者权益的案件，取得积极成效，社会反响良好，消费者满意度不断提升。同时也要看到，实际工作中依然存在内部分工不够清晰、受理范围和处理程序不明、工作力量短缺、行政调解与行政处罚衔接不够顺畅等问题。

为进一步发挥消费者投诉的社会监督作用和案源价值，形成"投诉处置—净化市场—预防纠纷—减少投诉"的新型闭环和良性循环，提升市场监督管理行政效能，根据《消费者权益保护法》《侵害消费者权益行为处罚办法》《市场监督管理投诉举报处理暂行办法》《市场监督管理行政处罚程序规定》等规定，结合实际，提出如下意见。

一、工作范围

本指导意见所称消费者投诉信息转执法案件线索（以下简称"诉转案"），是指各级市场监督管理部门通过"全国12315平台"（以下简称"12315平台"）处理消费争议时，发现被投诉人存在涉嫌违反市场监督管理法律、法规、规章的行为，将有关诉求信息作为行政执法案件线索转交执法办案机构进行调查处理，以实现消费纠纷行政调解与违法行为行政处罚有机衔接的工作机制。

各级市场监督管理部门受理由本辖区12345平台转交、通过信访等其他渠道转送的消费诉求、消费争议时，发现被投诉人存在涉嫌违反市场监督管理法律法规和规章的行为、有关诉求信息可能成为行政执法案件线索、应当转交执法办案机构进行调查处理的，参照本指导意见执行。

二、适用条件

（一）符合下列情形的，可以进行"诉转案"：

1. 投诉人有具体的投诉请求以及消费者权益争议事实，符合消费投诉受理条件；

2. 有明确的涉嫌违法经营者；

3. 有初步证据表明被投诉经营者确有违反法律、法规、规章的事实和情节，应当由市场监督管理执法机构调查处理的。

（二）符合下列情形的，应当立即进行"诉转案"：

1. 相关投诉事项涉及多个消费者对同一行为或同一经营者进行的投诉，或者通过大数据对投诉信息进行分析，本地近期内反复、多次出现的同类型、同领域的投诉；

2. 相关投诉事项涉及食品、药品、产品质量、特种设备的"安全类"投诉；

3. 新兴领域内发生的投诉，以及伴随较大社会影响或者网络舆情的投诉；

4. 相关线索和证据基本能够证明经营者行为违反了市场监督管理法律、法规、规章；

5. 有明确的涉嫌违法经营者，或者涉嫌违法经营者虽然暂不明确，但已对公共利益造成持续或紧迫的危险或者已经引发严重后果，需要移交执法机构调查处理的。

三、工作程序

（一）对可以进行"诉转案"的情形，按照以下程序办理：

1. 市场监督管理部门接收消费者投诉信息之后，应当指定市场监督管理部门内部负责消费者争议调解的机构（以下称"投诉处理机构"）具体负责投诉信息中的线索筛查、判定和转交。

2. 投诉处理机构应当按照"统一接收、分类处理、分别处置"的原则，对投诉信息进行甄别、处置。

第二章 消费者投诉转案件工作专项分析

（1）在投诉调解环节中，发现被投诉人存在涉嫌违法行为，并有初步证据表明可能存在公共利益持续受损的危险的，应当在不停止调解的情况下将投诉信息及其所包含的案件线索转交给执法办案机构。

（2）投诉处理机构在调解已经转为案源的投诉过程中，发现新的案件线索的，应当及时将新的线索信息转交执法办案机构。

（3）对疑难复杂的投诉信息，投诉处理机构可在接到投诉信息之日起3个工作日内报请本部门法制机构会商。

（4）投诉信息中包含举报内容的，投诉处理机构应当对投诉和举报予以拆分，分别处理。消费者投诉中仅仅是声称要求进行案件办理，或者暗示存在违法违规行为，但并未达到《市场监督管理投诉举报处理暂行办法》第24条规定标准的，应当与投诉人联系，确认是否需要补充材料进行投诉件与举报件的拆分，再行处理。对投诉信息的处理按照本指导意见的要求进行，对举报信息按照市场监督管理行政处罚等有关规定处理。

（5）经投诉处理机构判定或者与本部门法制机构会商后发现确有违法线索需要进行"诉转案"的，投诉处理机构应在1个工作日内将相关投诉信息转交执法办案机构。

3. 执法办案机构对转交的案件线索信息，应当自接到之日起按照《市场监督管理投诉举报处理暂行办法》第23条的规定，在15个工作日内予以核查，并按照市场监督管理行政处罚有关规定予以处理。

（1）对不符合立案条件的，应当在作出决定当日函告投诉处理机构并解释说明。

（2）对符合立案条件的，应当在作出决定当日函告投诉处理机构，并在依法办结案件后3个工作日内，将案件办理结果函告投诉处理机构。

（3）对不予立案的投诉事项，若投诉处理机构在行政调解过程中发现新的案件线索信息并再次移交执法办案机构的，执法办案机构应当对信息进行重新审核，按照上述程序处理。

4. 投诉处理机构自收到执法办案机构案件办理结果函之后3个工作日内进行归档；执法办案机构按照行政执法案卷归档的相关要求进行归档。

（二）对应当进行"诉转案"的情形，按照以下程序办理：

1. 在投诉受理环节中，发现相关投诉信息属于本指导意见中"应当立即进行'诉转案'"情形的，投诉处理机构应当在12315平台立即启动诉转案程序按钮，将投诉信息及其所包含的案件线索转交给执法办案机构，无需等待调解程序的启动；

2. 对转交的案件线索信息，执法办案机构应当立即进行核查：

（1）对不符合立案条件的，应在作出决定当日函告投诉处理机构并解释说明。

（2）对符合立案条件的，应当立即立案调查并在作出决定当日函告投诉处理机构。在依法办结案件后3个工作日内，执法办案机构应当将案件办理结果函告投诉处理机构。

3. 投诉处理机构自收到执法办案机构案件办理结果函之后3个工作日内进行归档；执法办案机构按照行政执法案卷归档的相关要求进行归档。

四、工作要求

（一）各级市场监督管理部门要高度重视"诉转案"工作，依据本指导意见和地方实际，进一步明确本区域内"诉转案"的工作范围。

（二）各级市场监督管理部门要严格落实本指导意见的"诉转案"适用条件，特别是对涉及食品、药品、特种设备、重点工业产品质量安全的投诉，多渠道反复进行的投诉，以及已经或者可能引发重大性、突发性、敏感性、群体性事件的投诉，要做到应转必转、应转尽转。

（三）各级市场监督管理部门要重视消费争议行政调解和市场监督管理综合执法程序的协调配合，投诉处理机构和执法办案机构应当按照各自职责分工和工作程序对消费者投诉和"诉转案"分别进行处理。投诉人撤诉、对投诉组织调解以及终止调解等情形均不影响"诉转案"工作，不免除经营者依法应当承担的其他法律责任。

（四）执法办案机构要严格执行执法办案工作程序和纪律要求，不得无故推诿、拖延和拒绝接收投诉处理机构移交的"诉转案"线索；不得隐瞒、包庇、袒护和纵容被投诉人的违法行为；不得违规泄露案源信息或出现有案不查等行为。违反上述规定的，视情节和后果追究有关单位和个人的责任。

五、保障机制

（一）加强组织领导。各级市场监督管理部门要建立"诉转案"工作协调与推进机制，明确消费者组织、市场监督管理综合执法、法制部门等机构的职责分工和工作配合，着力形成受理及时、流转顺畅、处置高效的违法经营行为查办工作新机制，提升"诉转案"工作的实际效果。

（二）建立激励机制。各级市场监督管理部门可根据实际情况，将"诉转案"工作纳入考核，建立相关奖励机制，对"诉转案"工作推进效果良好的单位和个人予以通报表扬、考评加分等奖励。

（三）加强总结研究。各级市场监督管理部门要注重相关法律法规、典型案例等资料收集，并区分行业类别，建立"业务知识库"，对信息接收处理人员及分析研判人员进行培训，逐步提升工作能力；要加强"诉转案"结果的统计分析，定期对"诉转案"成案情况开展分析研判，及时在市场监督管理部门内部进行情况通报，不断提升工作水平。

本指导意见实施中的重大问题，请及时报告国家市场监督管理总局（执法稽查局）。

国家市场监督管理总局
年　月　日

第二编
保健食品监管制度政策

第三章

保健食品监管制度政策研究[1]

一、保健食品监管制度政策形成的历史回顾

我国保健食品监管已走过30多年的历史。保健食品监管制度政策经历了多次变化、调整，其历史沿革大致可划分为四个阶段：分别是卫生部监管时的萌芽期、国家食品药品监督管理局监管时的探索期、国家食品药品监督管理总局监管时的发展期和国家市场监督管理总局监管时的完善期。

（一）第一阶段：萌芽期（1987年—2003年）

1987年，卫生部出台了《禁止食品加药卫生管理办法》和《食品新资源卫生管理办法》等规章制度，明确：①普通食品不得添加药物成分，不得进行功能声称。②确立"特殊营养食品（通过改变食品中天然营养素的成分含量比例或控制热量以适应某些疾病人群营养需要的食品）""药膳"以及"食品新资源"的研制和生产均须经卫生行政部门审批。此是我国保健食品监管制度建立的探索时期，该阶段"保健食品"这一概念尚未被明确提出。1995年《食品卫生法》颁布，该法第22条和23条首次系统性规定我国保健食品监管的基本原则：具有特定保健功能的食品，其产品及说明书必须报国务院卫生行政部门审查批准，其卫生标准和生产经营管理办法，由国务院卫生行政部门制定。1996年，卫生部制定了《保健食品管理办法》，将保健食品定

---

[1] 本章是本书笔者2020年主持完成的国家市场监督管理总局特殊食品安全监督管理司委托的重点研究项目。相关研究成果为保健食品市场监管科学决策提供了积极有效的对策建议，编入本书时补充了2020年以后至2024年的法律、法规、规章等资料。

义为：表明具有特定保健功能的食品，即适宜于特定人群食用，具有调节机体功能，不以治疗疾病为目的的食品。此时"保健食品"已具有高度概括性，监管理念已经从1987年的分而治之转变为统一化和模式化，药膳和中药材等保健食品不再具有其独立的监管模式。该办法第5条规定："凡声称具有保健功能的食品必须经卫生部审查确认。研制者应向所在地的省级卫生行政部门提出申请。经初审同意后，报卫生部审批。卫生部对审查合格的保健食品发给《保健食品批准证书》，批准文号为'卫食健字（ 年）第 号'。获得《保健食品批准证书》的食品准许使用卫生部规定的保健食品标志"，至此保健食品开始实行注册监管制度。随后，《保健食品通用标准》（1997年）、《保健食品良好生产规范》（1998年）、《保健食品检验与评价技术规范》（2003年）等规章制度相继出台。2002年，卫生部发布了《既是食品又是药品的物品名单》（87种），《可用于保健食品的物品名单》（114种）和《保健食品禁用物品名单》（57种）原料分类目录。在我国保健食品监管制度的初步探索期间，我国保健食品的监管特点有以下三点：一是由卫生部一个部门独立负责保健食品监管工作；二是明确了保健食品需按照食品类别管理，取消中药保健药品；三是我国建立起保健食品注册评审、GMP（生产质量管理规范）生产管理、生产许可、原料名单分类管理、功能声称管理、检验管理和表示管理制度，为以后监管制度的变革与探索打下基础。

表3.1 第一阶段保健食品监管政策相关法律、规章制度

颁布时间	法律、规章名称	颁布机关
1987年	《禁止食品加药卫生管理办法》	卫生部
1987年	《中药保健药品的管理规定》	卫生部
1995年	《食品卫生法》	全国人民代表大会常务委员会
1996年	《保健食品管理办法》	卫生部
1996年	《保健食品标识规定》	卫生部
1996年	《保健食品功能学评价程序和检验方法》	卫生部
1997年	《保健（功能）食品通用标准》（GB16740-1997）	国家技术监督局
1998年	《保健食品良好生产规范》（GB 17405-1998）	卫生部

续表

颁布时间	法律、规章名称	颁布机关
2002年	《卫生部关于进一步规范保健食品原料管理的通知》	卫生部

（二）第二阶段：探索期（2003年—2013年）

2003年，国家食品药品监督管理局成立，保健食品审批职责由卫生部划转为国家食品药品监督管理局。2008年，保健食品监管权也移交给国家食品药品监督管理局，至此实现了审批权与监管权的统一。2005年，国家食品药品监督管理局正式出台《保健食品注册管理办法（试行）》，明确对保健食品申请与审批等工作的具体规定；同年，《保健食品广告审查暂行规定》颁布，规定了保健食品广告审查制度。2009年《食品安全法》正式出台，我国开始实施食品生产经营许可制度，对声称具有特定保健功能的食品实行严格监管，具体办法由国务院另行规定。这一阶段主要由两个部门共同负责保健食品管理工作，其中保健食品原料要求和标准的管理工作由卫生部负责，保健食品的注册和生产许可管理等工作由国家食品药品监督管理局负责。在监管制度方面，国家食品药品监督管理局基本延续了卫生部时期的监管模式，并在其基础上出台了保健食品广告审查制度。

表3.2 第二阶段保健食品监管政策相关法律、规章制度

颁布时间	法律、规章名称	颁布机关
2005年	《保健食品注册管理办法（试行）》	国家食品药品监督管理局
2005年	《保健食品广告审查暂行规定》	国家食品药品监督管理局
2009年	《食品安全法》	全国人民代表大会常务委员会

（三）第三阶段：发展期（2013年—2018年）

第三阶段从2013年开始。2013年国务院机构改革，国家食品药品监督管理总局和国家卫生与计划生育委员会成立。在保健食品的管理职责方面，还是由两个部门共同监管，其中食品原料以及食品标准的制定和企业标准备案由国家卫生与计划生育委员会负责；保健食品的注册、生产许可、日常监管以及广告管理均由国家食品药品监督管理总局负责。2015年新修订的《食品

安全法》实行严格监督管理，正式将保健食品纳入特殊食品进行监管，此次修订虽然保健食品相关部分只占据5条，但是内容丰富，为之后保健食品监管确立了基本框架：一是正式确立了保健食品备案与注册双轨并行制度，部分采取备案制，部分采取注册制；二是首次在法律层级的规范性文件中提出原料目录和功能目录；三是强化保健食品企业应当落实主体责任自查报告制度；四是规定保健食品广告应当经省级食品药品监督管理部门审查批准；五是明确了保健食品违法违规行为处罚依据等。为了进一步细化《食品安全法》，保证该法的落地，2016年国家食品药品监督管理总局陆续通过了《保健食品注册与备案管理办法》《保健食品原料目录（一）》和《允许保健食品声称的功能目录（一）》。2017年4月，国家食品药品监督管理总局设立特殊食品注册管理司，全面推进审评审批制度改革。该阶段主要是推动落实注册制度与备案制度的双轨制度的实施，但是进度较为缓慢，出台的原料目录和功能声称主要集中在营养素部分。

表3.3　第三阶段保健食品监管政策相关法律、规章制度

颁布时间	法律、规章名称	颁布机关
2015年	《食品安全法》	全国人民代表大会常务委员会
2016年	《保健食品注册与备案管理办法》	国家食品药品监督管理总局
2016年	《保健食品注册审评审批工作细则（2016年版）》	国家食品药品监督管理总局
2016年	《保健食品原料目录（一）》	国家食品药品监督管理总局
2016年	《允许保健食品声称的功能目录（一）》	国家食品药品监督管理总局

（四）第四阶段：完善期（2018年以后）

在2018年国务院机构改革中，国家食品药品监督管理总局的食品监管职责和机构被纳入到国家市场监督管理总局当中，保健食品监管成为国家市场监督管理总局的职责。同时，2018年年末发生的权健事件引起了保健食品市场的剧烈动荡，间接推动了保健食品监管制度的完善。

这一阶段，主要出台的就是《保健食品原料目录与保健功能目录管理办法》。《保健食品原料目录与保健功能目录管理办法》贯彻落实了《中共中

央、国务院关于深化改革加强食品安全工作的意见》，进一步深化"放管服"改革，是推进保健食品注册备案双轨制运行的一项重要监管制度和保障措施。针对当前保健食品审评审批面临的问题，通过"两个目录"（保健食品原料目录和功能目录）实现注册备案的双轨运行、保证产品的安全有效，力争管住、管活、管优，用科学监管理念促进产业高质量的健康发展，用更优质的产品服务于人民日益增长的健康需求。其具有以下特点：

（1）严格质量标准

保健食品功能目录规定了允许保健食品声称的保健功能范围，原料目录界定了注册与备案的通道，纳入原料目录的，可以直接备案。为保证纳入目录的原料安全有效、功能真实可靠、质量标准稳定，《保健食品原料目录与保健功能目录管理办法》严格规定了目录纳入条件、纳入程序、管理方式。对纳入目录的原料和保健功能，设置了再评价和退出机制，对于最新研究发现有风险、科学共识有变化的，可以及时启动目录的调整程序。

（2）强化社会共治

该办法规定，任何个人、企业、科研机构和社会团体在科学研究论证的基础上，均可提出纳入保健食品原料目录和功能目录的建议。主管部门按程序要求组织审查、公开论证，符合要求的就可以纳入目录。这样可以充分发挥社会资源、科研优势，提高原料和功能评价方法的科学性，解决目前单一政府主导而科技力量不足的问题，提高备案产品和注册申报质量，提高审评审批效率。

（3）鼓励研发创新

该办法鼓励多元市场主体参与目录制定，打通了新的保健功能研究开发路径；鼓励企业既继承传统中医养生理论，又充分应用现代生物医学技术，研究开发新功能新产品，改变目前保健产品低水平重复的现状，促进保健食品产业高质量发展。该办法实施后，原料目录和功能目录将成熟一个，就发布一个。随着目录不断扩大，备案产品将逐渐增多、注册产品将逐渐减少，生产企业和监督管理部门的制度成本也会降低。同时，国家市场监督管理总局相继公布《市场监管总局关于公开征求辅酶 Q10 等 5 种保健食品原料目录意见的公告》《营养素补充剂保健食品原料目录（征求意见稿）(2019 年版)》和《允许营养素补充剂保健食品声称的保健功能目录（征求意见稿)(2019 年版）》的公告，吸收了域外国家在原料目录和功能目录制定方面的有益做法，补充了常用的5种原料，在营养素补充剂原料目录名称中增加了各种常用的化合物名称，以及该化合物的标准依据、适用范围，在每日用量中列举了与各种不同化合物功效成分相对应的适宜人群及其最高值、最低值。在允许营养素补充剂保健食品声称的保健功能目录中，在保健功能名称之外增加了保健功能释义，允许企业在保健食品标签中选择使用释义中相应的一条或多条营养成分功能声称标准用语，解决保健食品只有功能名称没有具体功能声称的问题，以期强化标签管理。

表 3.4.1 第四阶段保健食品监管政策相关法律、规章制度

（截至 2020 年 4 月）

发文（生效）时间	法律、规章名称	颁布机关
2019 年	《保健食品原料目录与保健功能目录管理办法》	国家市场监督管理总局
2019 年	《市场监管总局关于公开征求辅酶Q10等5种保健食品原料目录意见的公告》	国家市场监督管理总局
2019 年	《营养素补充剂保健食品原料目录（征求意见稿）（2019年版）》	国家市场监督管理总局
2019 年	《允许营养素补充剂保健食品声称的保健功能目录（征求意见稿）（2019年版）》	国家市场监督管理总局

表 3.4.2 第四阶段保健食品监管政策相关法律、规章制度

（2020 年 4 月本课题完成以后至今）

发文（生效）时间	法律、规章名称	颁布机关
2020 年	《保健食品注册与备案管理办法》（2020 修订）	国家市场监督管理总局
2020 年发布，2021 年施行	《国家市场监督管理总局、国家卫生健康委员会、国家中医药管理局关于发布辅酶Q10等五种保健食品原料目录的公告》	国家市场监督管理总局，国家卫生健康委员会，国家中医药管理局

续表

发文（生效）时间	法律、规章名称	颁布机关
2021年	《保健食品备案产品可用辅料及其使用规定（2021年版）》	国家市场监督管理总局
2023年	《保健食品标志规范标注指南》	国家市场监督管理总局
2023年	《允许保健食品声称的保健功能目录 非营养素补充剂（2023年版）》及配套文件	国家市场监督管理总局，国家卫生健康委员会，国家中医药管理局
2023年	《保健食品原料目录 营养素补充剂（2023年版）》	国家市场监督管理总局，国家卫生健康委员会，国家中医药管理局
2023年	《允许保健食品声称的保健功能目录 营养素补充剂（2023年版）》	国家市场监督管理总局，国家卫生健康委员会，国家中医药管理局
2023年	《保健食品原料目录 大豆分离蛋白》	国家市场监督管理总局，国家卫生健康委员会，国家中医药管理局
2023年	《保健食品原料目录 乳清蛋白》	国家市场监督管理总局，国家卫生健康委员会，国家中医药管理局
2023年	《药品、医疗器械、保健食品、特殊医学用途配方食品广告审查管理办法（征求意见稿）》	国家市场监督管理总局
2023年发布，2024年施行	《保健食品原料目录人参》《保健食品原料目录西洋参》《保健食品原料目录灵芝》	国家市场监督管理总局，国家卫生健康委员会，国家中医药管理局
2024年	《市场监管总局关于简化进口保健食品注册备案申请有关领事认证材料的公告》	国家市场监督管理总局
2024年	《市场监管总局关于征集拟纳入允许保健食品声称的保健功能目录建议的公告》	国家市场监督管理总局

从表3.4.2可以看出，在2020年4月本课题完成后，保健食品领域相关政策法规的制定与更新速度已有明显的加快。

二、保健食品监管制度政策中存在的问题与原因分析

(一) 保健食品定位问题与分类困境

1. 保健食品定位不清晰

对于保健食品监督管理机构而言，明确保健食品的监管定位是其正确行使监管权的前提。在保健食品监管的有关法律法规尚不健全之际，保健食品的监管尺度究竟应该借鉴普通食品监管规范还是向药品监管规范靠拢，这一问题在基层监督管理部门尚未达成一致，而在这一问题上的分歧必然会给基层执法人员的执法工作带来困扰。其实，虽然保健食品与婴幼儿配方食品、特殊医学用途食品一同被《食品安全法》归类为"特殊食品"，但是仍然属于食品的一种，然而这并不意味着对保健食品的监管尺度应该全部向普通食品监管靠拢。按照《食品安全法》第75条第3款规定，保健食品原料目录应当包括原料名称、用量及其对应的功效，列入保健食品原料目录的原料只能用于保健食品生产，不得用于其他食品生产；第78条规定保健食品的标签、说明书不得涉及疾病预防、治疗功能，内容应当真实，与注册或者备案的内容相一致，载明适宜人群、不适宜人群、功效成分或者标志性成分及其含量等。《药品管理法》第2条第2款规定，所谓药品，是指用于预防、治疗、诊断人的疾病，有目的地调节人的生理机能并规定有适应症或者功能主治、用法和用量的物质，包括中药、化学药和生物制品等；第49条第2款规定，药品的标签或者说明书应当注明药品的通用名称、成分、规格、上市许可持有人及其地址、生产企业及其地址、批准文号、产品批号、生产日期、有效期、适应症或者功能主治、用法、用量、禁忌、不良反应和注意事项。通过对比可以发现，相比于普通食品，保健食品和药品拥有以下特征：①原材料或成分较为特殊。无论是保健食品还是药品，一般是经过物理萃取或化学合成等复杂的现代工序制作而成，而普通食品的制作过程往往较为简单，涉及到的物理和化学加工也较少。故与普通食品相比，保健食品更接近于药品，具有较高的不稳定性、不确定性和潜在的危害性。②因为不稳定性、不确定性和潜在的危害性的存在，所以保健食品与药品均对适用人群、用法用量等服用方式有较高要求。以上两大特征导致保健食品和药品的监管具有以下相似性：①对产品的研发实行严格的许可制度或备案制度；②对经营者的生产环境、

生产技术和工作人员有特定要求；③对产品的包装披露制度有高于普通食品的标准；④销售实行许可制度，未经批准不得随意销售。通过以上分析可以确定，保健食品与药品在研发、生产、包装、销售等方面的监管制度具有高度相似，且皆高于普通食品的监管力度。究其背后理念，相比于普通食品，保健食品和药品更加具有工业化时代的产品的秉性：不稳定性和较高的风险性。因此，在保健食品监管政策制度尚不完善的情况下，无论是监管制度与政策之制定，还是监管制度政策之执行，一直都参考药品的监管制度和理念，尤其是保健食品的审批方面。但归根结底，保健食品依然是食品，是特殊食品而不是药品，在相关监管制度政策的设计与制定中应当准确把握其特殊食品的法律定位。

2. 缺乏对保健食品的明确分类

我国保健食品监管规范中缺少明确的保健食品分类制度。保健食品分类制度的意义在于根据不同类型的保健食品的自身特质确立不同的监管标准，实现监管分流，提高效率、节约成本，促进保健食品市场健康发展，而分类制度的缺乏容易造成监管低效，影响市场发展。我国尚无明确的保健食品分类规定，根据《食品安全国家标准 保健食品》（GB 16740-2014）中对保健食品的定义，从文义角度解释可以将保健食品分为两类，一类是以调节人体机能为目的的功能类产品，另一类是以补充维生素、矿物质为目的的营养素补充剂类产品。[1]但这只是在技术标准中的一个简单分类，这种分类仍然不够细致，并且尚没有在相关的法律或法规中明确区分保健食品的不同类型、名称以及不同的监管要求。目前实行的注册与备案双轨制，正在开启对保健食品的分类监管，但这只是工作程序上的一种分类，或者说是一种监管上的风险分级，各种保健食品仍然笼统地称为"保健食品"，没有具体分类。是否还应该有其他类型，或者更细致的类型划分？目前我国保健食品只有一个类型，靠原料目录内或外来确定注册还是备案的监管制度是十分粗放的，在一定程度上影响和阻碍了传统原料保健食品的研发和审批，必须尽快扭转这一局面。

---

[1]《食品安全国家标准 保健食品》（GB16740-2014）对保健食品的定义如下：保健食品是指声称并具有特定保健功能或者以补充维生素、矿物质为目的的食品，即适用于特定人群食用，具有调节机体功能，不以治疗疾病为目的，并且对人体不产生任何急性、亚急性或者慢性危害的食品。

(1) 营养素补充剂类保健食品仍然存在需要注册的产品

营养素补充剂主要由一种或多种维生素或矿物质组成，产品形式为片剂、胶囊、冲剂或口服液，它是作为饮食的一种辅助手段，用来补充人体所需的氨基酸、微量元素、维生素、矿物质等营养成分。国内外的研究人员对营养素分类所采取的分类标准和名词各有不同，我国行业标准主要将营养素分为四大类，分别是宏量营养素[1]、微量营养素[2]（包括常量元素[3]、微量元素[4]）、维生素（包括脂溶性维生素[5]和水溶性维生素[6]）和其他膳食成分（包括膳食纤维、水等），不同类型的营养素在具体审评中会产生技术上的类型化差异。

由于个体差异的存在，包括年龄、性别、身体活动、生理状态、消化、吸收、代谢、排泄乃至遗传基因和所处环境的差异，每个个体的营养需要都不一样，但是从群体的角度来看，人群中所有人对某种营养素的需要呈现正态分布。整个人群中全部个体营养素的需要量的平均值称之为营养素的平均需要量（EAR）。按照正常分布的规律，在 EAR 的基础上将摄入量再提高两个标准差，此摄入量水平将超过人群中 97.5% 的个体营养素需要量的水平，一般就将这个水平作为营养素摄入量的推荐摄入量（RNI）。同时，营养素的摄入量也不是越多越好，营养学上根据相关安全性资料，研究制定了一个安全水平上限——可耐受最高摄入量（UL）。合计的摄入量应该在 RNI 水平到

---

[1] 根据《营养名词术语》（WS/T 476—2015），宏量营养素是人体内含量及需要量相对较多的营养素。包括蛋白质、脂类、碳水化合物。

[2] 根据《营养名词术语》（WS/T 476—2015），微量营养素是人体内含量及需要量相对较少的营养素，主要指维生素和矿物质。

[3] 根据《营养名词术语》（WS/T 476—2015），在人体内的含量大于 0.01% 体重的矿物质。包括钾、钠、钙、镁、硫、磷、氯等。

[4] 根据《营养名词术语》（WS/T 476—2015），在人体内的含量小于 0.01% 体重的矿物质。分为三类：第一类为人体必需的微量元素，有铁、碘、锌、硒、铜、钼、铬、钴 8 种；第二类为人体可能必需的微量元素，有锰、硅、镍、硼、钒 5 种；第三类为具有潜在毒性，但在低剂量时，对人体可能是有益的微量元素，包括氟、铅、镉、汞、砷、铝、锂、锡 8 种。

[5] 根据《中国居民膳食营养素参考摄入量 第 4 部分：脂溶性维生素》（WS/T 578.4—2018），溶于有机溶剂而不溶于水的一类维生素，包括维生素 A、维生素 D、维生素 E 及维生素 K。吸收后与脂蛋白或某些特殊蛋白质结合而运输。可在体内贮存，排泄缓慢，如果摄入过多，可引起蓄积性中毒。

[6] 根据《中国居民膳食营养素参考摄入量 第 5 部分：水溶性维生素》（WS/T 578.5—2018），能在水中溶解的一类维生素，包括 B 族维生素（维生素 B1、维生素 B2、维生素 B6、维生素 B12、泛酸、叶酸、烟酸、胆碱、生物素）和维生素 C。

UL 水平之间，这是营养素摄入量的目标。[1] 营养素的不足与过量均会对人体造成伤害。

对营养素补充剂类保健食品的监管关键就是保证营养素的每日摄入量在人体可接受范围内，《卫生部关于营养素补充剂管理有关问题的通知》曾规定，营养素补充剂冲剂每日食用量不得超过 20 克，口服液每日食用量不得超过 30 毫升。[2] 2023 年国家市场监督管理总局公布了《保健食品原料目录 营养素补充剂（2023 年版）》，与卫生部 2002 年的通知相比，在每日食用量上根据服用人的年龄等差异作出了更加精确的规定，对营养素补充剂的用量也做出了更具体的规定。

营养素补充剂类的保健食品是保健食品的主要组成部分，多数保健食品都是以营养素补充剂为主要原材料。《保健食品注册审评审批工作细则（2016年版）》规定，属于补充维生素、矿物质等营养物质的国产产品注册申请需要提交以下材料：①补充的维生素、矿物质等营养物质，具有明确的中国居民膳食营养素的 RNI 水平或适宜摄入量（AI）；②产品使用的原料质量标准应有适用的食品安全国家标准或卫生行政部门认可的适用标准。仅有《中华人民共和国药典》（以下简称"《中国药典》"）或中国药品标准的，原料应属已列入《食品安全国家标准 食品营养强化剂使用标准》（GB 14880-2012）或卫生行政部门公告的营养强化剂；③应按新产品注册申请要求，以及保健食品原料目录的纳入要求等有关规定，提交注册申请材料。其中，安全性评价试验材料和保健功能评价试验材料可以免于提供。

然而问题在于，对于使用的原料已经列入原料目录的保健食品，按照《保健食品注册与备案管理办法》采取备案制度，那么对于使用原料目录以外的营养素补充剂食品，是否还应当继续坚持注册审批制度。

(2) 中药材类保健食品缺乏符合中医特点的技术评价体系

中药材也经常用作保健食品的原材料，目前这一类保健食品的审批办法、功能声称等与其他保健食品的并无二致。但是中药植物成分一般难以用现代

---

[1] 苏宜香主编：《儿童营养及相关疾病》，人民卫生出版社 2016 年版，第 253 页。
[2] 《卫生部关于营养素补充剂管理有关问题的通知》于 2002 年发布，是为了加强营养素补充剂的管理，规范营养素补充剂的审评工作所制定的监管规定。虽然已经被撤销，但从中可以看出我国对营养素补充剂类型的保健食品监管的初始路径。

生化方法全部准确测定，这种做法无疑限制了中药材保健食品市场的发展。中药与西药不同，中药的药材多属天然药物，包括植物、动物和矿物质；而可供人饮食的食物，同样来源于自然界的动物、植物及矿物质，因此中药和食物的来源是相同的。大部分中药既有治病的作用，同样也能当作饮食用之，这叫作药食两用，而且很多中药与食物很难截然分开，可以说是身兼两职。

根据国家药品监督管理局的数据，2022年新药审批工作中共批准新药临床9628件，其中中药类产品有1 439件，占比14.95%；2021年新药审批工作中共批准新药临床9 443件，其中中药类产品有1 329件，占比14.07%；2020年新药审批工作中共批准新药临床8 646件，其中中药类产品有510件，占比5.90%；而2019年获批的5 982个新药批文中，中药只有408个，仅占6.82%，中药审批占比近年来虽有提升，但仍较偏低和边缘化。[1]中药审批偏低和边缘化的主要原因有以下三点：①中医新药疗效评价存在着趋同倾向，即中药新药均按统一的指导原则、一个标准来进行评价，缺乏个性化的观察和总结，不能很好体现中医的整体观念和灵活用药用方辨证论治的理念。②中医遵循的是整体观念，其治疗对应的是证候而非某一疾病，针对的是多靶点。而现行的审评体系则是统一要求针对单靶点进行研究，这恰恰是化学药品的强项。这种以疾病为目标的评审体系忽略了中医药"证"的特色，没有充分发挥中医药多成分、多通路、多靶点作用机制的综合优势。③我国中药新药研发审评通过率低、投资大、周期长、风险高，很多企业和科研机构对中药新药研发望而却步。

中药西管，过于西化的评价标准不符合中药的特点，阻碍了中医药的发展。中药材保健食品的审评也面临同样的问题，这也是实践中以中药材为原料的保健食品监管体系迟迟得不到建立的原因。但是与中药上市所面临的困境相比，保健食品所面临的困难则要小很多。正如上文所说，作为药物时，中药所要治疗对应的是证候而非某一疾病，针对的是多靶点；而现行的审评体系则是统一要求针对单靶点进行研究，这是化学药品的强项，但是保健食品所要实现的目标是调解机体功能、促进健康，这就与中医遵循的是整体观

---

〔1〕 国家药品监督管理局药品审评中心：《2022年度药品审评报告》，载国家药品监督管理局药品审评中心官网，https://www.cde.org.cn/main/news/viewInfoCommon/849b5a642142fc00738aff200077db11，最后访问日期：2023年10月17号。

念相符合。因此从这一角度来看，以中药材为主要原材料的保健食品的研发是困难中存在机遇。

以上分类主要是按照保健食品的主要原材料分类，因为原材料决定了保健食品的标志性成分和功效成分，直接决定了保健食品功能声称的检测方法。当然还可以按照不同功能声称进行分类。实践中可能还会存在中药材与其他原料（包括营养素、普通食品等）复配使用作为原材料的保健食品，以及由于采用特殊加工工艺而导致物质基础发生重大改变的材料作为原材料的保健食品等。因此其分类可以按照差异化的监管要求进行更多的分类，但是以上两种是现有保健食品中最主要的两大种类。

（二）注册制度中的问题

1. 风险分级制度存在缺失

与保健食品的分类不同，保健食品的风险分级是将同一类保健食品按照其风险性的高低做出划分。在我国的监管实践中，只有"保健食品"这笼统的一大类，在这一大类中主要是按照使用的原材料分级为两类：需经注册的保健食品和需经备案的保健食品。这一分类的主要标准就是保健食品使用的原材料是否在原料目录之内。原料目录制度的建立其实就是通过对原料的把控从而确立风险分级。

这种风险分级监管制度是重要的监管手段，比如说我国对医疗器械就采用风险分级管理制度。医疗器械根据风险等级分为三类。根据2021年新修订的《医疗器械监督管理条例》的规定，第一类是风险程度低，实行常规管理可以保证其安全、有效的医疗器械，这一类也是医生较常使用、常规、安全性较高的医疗器械；第二类是具有中度风险，需要严格控制管理以保证其安全、有效的医疗器械，一般须有专人看护管控；第三类是具有较高风险，需要采取特别措施严格控制管理以保证其安全、有效的医疗器械，这类器械一般是用于维持病人生命的仪器，该类器械大多数需要进入人体，相较于第二类医疗器械更需要时刻看护，其隐藏的风险较高。在科学分类的基础上，对不同医疗器械实施不同的监管措施，《医疗器械监督管理条例》规定，对第一类医疗器械实行产品备案管理，对第二类、第三类医疗器械实行产品注册管理；第一类医疗器械产品的备案由备案申请人向所在地设区的市级人民政府的药品监督管理部门申请，第二类医疗器械产品的注册由注册申请人所在地省、自治区、直辖市人民政府的药品监督管理部门主管，第三类医疗器械产品注册申请由国务院药品监督管理部门主管；第一类医疗器械产品备案，不需要进行临床试验，而申请第二类、第三类医疗器械产品注册，应当进行临床试验。医疗器械的分级管理制度始建立于2014年《医疗器械监督管理条例》修订之际，确立了医疗器械的监管应当宽严有别，即高风险产品"加压"，低风险产品"松绑"。与放松源头监管形成对比的是对惩罚力度的加强，2014年修订的条例对严重违法一般并处2倍至5倍罚款，而2021年新修订的条例并处5倍至10倍罚款，甚至10倍至20倍罚款，大幅度提高了违法成本，震慑作用显著增强。通过这样一种方式促进市场活力，将责任交到企业自己手中。[1]

虽然我国已经陆续出台了《保健食品注册与备案管理办法》《保健食品注册审评审批工作细则（2016年版）》《保健食品原料目录（一）》《允许保健食品声称的保健功能目录（一）》和《保健食品原料目录与保健功能目录管理办法》等相关规定，但是风险分级过粗过少，只有备案和注册两类。对于有些风险级别极低的保健食品，可以参考国外经验，考虑实行自行合规上市的标签管理制度，而不必备案。

2. 注册审评周期过长

审评周期过长是保健食品注册监管中面临的主要问题，主要由以下几方面原因导致：①我国保健食品注册实行的是以专家审查为主的外审制，我国一款新的保健食品在上市之前，仅仅行政审批就需要半年以上的时间，再加上此前的毒理性实验和排队检测时间，企业取得注册申请许可至少要两年的时间。为了推动保健食品由外审制向以保健食品审评中心工作人员审查为主的内审制过渡，提高审评效率和一致性，国家食品药品监督管理总局在2016年发布了《保健食品注册审评审批工作细则（2016年版）》，其在"适用范围"中规定该细则适用于使用保健食品原料目录以外原料的保健食品和首次进口的保健食品（不包括补充维生素、矿物质等营养物质的保健食品）新产品注册、延续注册、转让技术、变更注册、证书补发等的审评审批工作，这

---

[1] 2014年修订的《医疗器械监督管理条例》第66条规定："……违法生产、经营或者使用的医疗器械货值金额不足1万元的，并处2万元以上5万元以下罚款；货值金额1万元以上的，并处货值金额5倍以上10倍以下罚款……"

一制度实施以后就大幅度缩小了专家外审的范围。在实践中,专家仅对新产品的注册、保健功能变更、注册申请材料进行评审,为企业降低经济成本。②我国保健食品注册审评中实施的是不收费机制,致使现实中出现大量的"僵尸"批文现象,造成了资源的浪费。我国目前保健食品的注册、延续注册、转让技术、变更注册并没有任何收费,现实中很多保健食品类型申请人其实都已经不再生产,但是因为没有任何申请成本,企业依旧一揽子申请延续注册。这种延期注册的申请审评其实就是将国家的公共资源浪费在个别企业生产者身上,是对国家财政即纳税人缴纳税款的浪费,也是导致审评工作积压、处理缓慢的原因之一。③实践中存在批件严重滞后于时代科技发展,但是因为变更注册成本较大,企业就拒绝变更,擅自采用新的生产方式生产的情况。根据《食品安全法》第82条的规定,保健食品应该按照注册或者备案的产品配方、生产工艺等技术要求组织生产。但是因为我国的监管制度处于不断摸索和改革之中:从注册制度到注册备案双轨并行制度,核准批准保健食品申请从卫生部到国家食品药品监督管理总局再到国家市场监督管理总局,我国目前市场上的保健食品批件前后标准并不一致。同时,那些由卫生部批准的保健食品因为年代久远已经不适应生产发展,但是变更注册也需要大量的时间成本,会严重影响企业的经济效益。监督管理部门对批件过于陈旧而导致实际使用的生产工艺与批件上注明的不一致的情况并没有过分要求。如果对全部批件重新清理,会导致审评周期过长的问题。④监管政策频繁变动与延期注册时效叠加加剧了保健食品审批工作的积压情况。审查完毕尚未发放证书的保健食品注册申请又得根据新规章制度重新审查,实践中曾经出现因为规章制度的频繁变动导致一些保健食品被审查了4、5遍的情况。除了规章制度,每一次国家标准的变化,也会给保健食品审查工作带来上述困扰。同时,保健食品延期注册时效制度使得审评和监管工作出现递增效应。我国保健食品每5年就需要申请延期注册,这就意味着2020年,食品审评中心就需要对5年、10年、15年之前注册的保健食品全部进行审查,依此类推,等到2025年,工作量就会再增加一倍。这种制度设计造成的工作压力对审评中心和监督管理部门而言都是巨大的。

3. 申请材料补正通知一次操作存在困难

除上述情况外,现有监管制度规定中存在与实践不符的情况,也给监督管理部门造成了一定困难。《保健食品注册审评审批工作细则（2016年版）》中有规定，申请材料不齐全或者不符合法定形式的，受理机构应出具《申请材料补正通知书》，一次告知注册申请人需要补正的全部内容。相关部门主要领导据此认为审评中心只能有一次机会要求申请人补充材料，此外不得以任何理由再要求申请人补充材料。但是实践中部分小微企业缺乏申报经验，经常会出现补正一次材料之后仍然缺少重要材料的情形。此种情况下，审评中心只能有一次通知补正，此外就不能再正式通知申请人补正相关信息，于是不得不通过电话等方式要求申请人继续补正，进行无法律强制效力的磋商协调。但一些行政相对人认为评审中心的这种做法不符合法律上关于"一次告知"的要求，甚至会向上一级政府部门反映，审评中心甚至会因此受到上级部门的询问和批评。这样一种时效规定与实践脱节给实践中带来的困扰是值得探究的。

（三）备案制度中的实质审查和形式审查之争

《保健食品注册与备案管理办法》第50条规定，保健食品监督管理部门收到备案材料后，备案材料符合要求的，当场备案；不符合要求的，应当一次告知备案人补正相关材料。从文义角度理解该条文，保健食品备案审查是一种形式审查，只要申请人所交的材料形式上符合要求，工作人员即可以予以备案，并不需要对申请人所交材料的内容和科学性进行审查。

但在实践中，企业及相关人员对备案制度的理解存在较为严重的偏差。在省级和国家市场监督管理总局食品审评中心的备案工作中，一些企业在通过备案申请之后几天之内，发现了其所提交的材料中存在一些低级的数据错误，便会自己主动向监督管理部门申请要求更改备案信息的现象出现。保健食品备案制度的建立并不是降低监管标准，相反，备案制度背后的理念是默认在原料目录中的保健食品原材料稳定性高、危害性小，企业的生产技术已经达到了国家要求的标准，故此降低对这一类保健食品的审查，仅进行备案即可。实践中，部分企业错误地认为备案制度是监管制度的放松，故在申请过程中对申请材料的填写缺乏科学性、严谨性以达到拿到备案号后迅速将产品投入市场的目的。保健食品备案部门在展开工作时就会遇到这样一个问题：是否要对申请人所提交的材料进行对比，审查其数据的真实性、科学性？如果进行实质审查，加大部门的工作量，其实也违背了分流监管而减少政府责任压力的原则；如果仅进行形式审查，其中必然会出现一些不符合标准的产品。

此时正确的思路应该是加强事后监管的处罚力度,将责任归还给企业。如此方能建立科学发展的管理体系,落实企业主体责任,服务产业行业发展。[1]

同时,保健食品备案制度存在的另一问题就是备案保健食品的验证评价技术机构实行的也是备案制度。现今特殊食品验证评价技术机构只需要在特殊食品验证评价技术机构备案信息系统上申请备案,在简单的形式审查之后,即可以通过申请,由此便获得了为保健食品出具检验报告的资格。这些未经严格审查的检验机构所出具的检测报告的真实性和科学性难以得到保证。同时,负责对此类检验机构进行监管的认证监督管理司并没有展开对该类机构的后续监管,也无法保证此类机构的真实性与科学性,只能靠检测企业和申报企业的自觉。

（四）生产监管制度中存在的问题

1. 生产许可环节

为了优化营商环境,响应"放管服"改革,让群众办事更加便利,北京市将企业开办的7个环节压缩到2个,办理时间从24天缩短到5天、压缩了80%。但保健食品生产许可证的取得一般而言要经过书面审批、现场审查、局内审批上报等环节,5天的时间过于紧张。监督管理部门一旦超时就会被问责。根据调研了解到,这对基层监督管理部门来说是一项巨大的压力,人手和精力的不足导致超期许可的事情时有发生。监督管理部门不得不请求申请人主动撤销申请,等过一段时间再提出申请,以便给监督管理部门缓冲的时间。但是一旦撤审的情况频繁发生,内部监管体制又会导致保健食品监督管理部门被约谈、发函,所以保健食品监管工作是在重压之下展开的。

在这样的监管压力之下,监督管理部门只能在数量和质量之间做出抉择,选择哪一方不言而喻。上级监督管理部门的初衷是诚心诚意为市场服务,优化营商环境,但是实践操作中难免会事与愿违,针对这种情况,应当认真研究如何才能既保证合格的申请者在合理的时间内拿到食品生产许可证,也可以让监督管理部门高效同时也高质量地完成审批工作。

2. 日常监管环节

按照《食品安全法》,监督管理部门有权对食品生产企业进行抽查检验。

---

[1] 田明、房军:《中国保健食品原料管理基本现状及改进建议》,载《食品与机械》2019第1期。

对北京市食品生产企业展开一年一次的全市全面覆盖检查工作是北京市市场监督管理部门的职责。仅仅这项一年一次的全市全面覆盖检查的任务对于监督管理部门就是很大的挑战。北京市保健食品经营企业3万多家，普通食品经营企业全市11万多家，餐饮企业9万多户，但是全市的食品相关监管人员只有2000名左右。现在中国公务员体制的大环境是简政放权，公务员编制不会增多，但是对于行政监管的要求却越来越多。国家对食品监管提出了"四个最严"的要求，即用"最严谨的标准、最严格的监管、最严厉的处罚、最严肃的问责"，确保广大人民群众"舌尖上的安全"。

就这样，"放管服"与"四个最严"之间必然产生一种现实性的张力。一方面要监督管理部门减少审批时间，另一方面又要严格事中事后的监督审查。其实，我国的基层监督管理部门面临工作繁多、压力大、缺人手、缺经费的情况。当然，现行的监管标准不应该放松，应该加重违法主体承担的责任从而威慑经营者，使经营者不敢违法，切实落实企业主体责任。企业主体责任不是一句口号，应该化为实实在在的监管制度政策；而制度的创新，智慧监管是关键，不能再沿袭传统的监管思维和监管方式。2019年天津市开始实施保健食品生产企业量化分级分类管理，将企业量化等级分为A、B、C、D四个等级：A级为诚信企业，B级为基本诚信企业，C级为警示企业，D级为失信企业。[1]企业量化等级实行按年度评定、动态管理、逐级升级。根据企业的量化等级，分别采取简化监管、常规监管、严格监管、重点监管（或停产整改）的措施。对需严格监管和重点监管的企业，可有针对性地采取增加监督检查频次和抽样检验批次、约谈企业负责人、通报相关部门联合惩戒、公开曝光等措施，倒逼企业提高产品质量控制水平，促进企业全面落实主体责任。笔者认为，此种方式可以尝试在全国推广。

（五）经营监管制度中对虚假宣传、传销等行为监管不力

对销售环节的监管是保健食品监管的重要环节，经营者在销售环节中的违规问题主要体现在虚假宣传和传销、会销等方面。2018年权健事件的问题是虚假宣传。权健公司生产的"本草清液"产品，根据配料表可知是普通果

---

[1] 天津市市场监督管理委员会于2019年3月印发《2019年天津市保健食品生产企业量化分级分类管理工作实施方案》，开始在全市范围内实施保健食品生产企业量化分级分类监管。

汁，但权健在广告宣传中声称该产品可以排毒，售价为 1 068 元。销售者将自己的产品夸得包治百病以高价销售。同时，保健食品销售中存在价格虚高的问题。按照《价格法》规定，保健食品属于自主定价，但并不意味着经营者可以随意定价。《价格法》规定，经营者定价应当遵循公平、合法和诚实信用的原则；经营者定价的基本依据是生产经营成本和市场供求状况；经营者应当根据其经营条件建立、健全内部价格管理制度，准确记录与核定商品和服务的生产经营成本，不得弄虚作假。这些条文都体现了经营者应当以供求关系为基础，以商品的成本为标准，诚实、公平地对商品或者服务展开定价。经营者定价过高，监管者可以追究其法律责任。

在保健食品的营销环节，部分持有正规直销牌照的企业变相从事传销。我国《直销管理条例》中规定申请成为直销企业，应当满足资金和信誉等条件。但是直销牌照发放之后的后续监管并未跟上，部分持有直销牌照的企业将直销牌照当作"免死金牌"到处招摇撞骗。《直销管理条例》规定，直销人员不可以跨省运营；第 24 条还规定，直销企业支付给直销员的报酬，只能按照直销员本人直接向消费者销售产品的收入计算，报酬总额无论以何种形式计算，不得超过直销员本人直接向消费者销售产品收入的 30%。而 2018 年权健集团的行为均严重违反《直销管理条例》，已与传销无异。

随着对保健食品监管力度的加强，对"会销"这一销售方式的合法性讨论也浮出水面。会销最初出现的目的是让经营者向消费者宣传保健食品的功效，因为保健食品标签上的功能声称和原材料名称过于专业，消费者经常难以理解。但之后宣传人员声称其保健食品能包治百病，并采用其核心套路进行牟利。这明显违反了《消费者权益保护法》《反不正当竞争法》和《广告法》等法律法规。但口头宣传难以留下证据，监督管理部门对其也无法较好地实施监管，对现场销售的保健（食）品扣押检查也存在难题，行政机关无法获得有利的证据进行违法定性并加以行政处罚，会销、虚假宣传等违法行为愈发大行其道。

三、国内外保健食品监管制度政策比较与借鉴

在对国内制度和监管措施进行梳理并适度评价其中缺弊后，为了进一步寻找现有制度改革的依据，借鉴国外制度中的有益经验，就成了探寻研究结果的

有效路径之一。为此，本部分就国内外保健食品监管制度政策进行比较分析。

（一）保健食品名称与定位比较研究

各国及地区对保健食品的称谓均不相同，有些差异不大，有些差异较大。例如，美国称"膳食补充剂"（dietary supplement），欧盟称"食品补充剂"（food supplement），二者的名称和定位基本相同。但是，同处北美的加拿大，保健食品的名称叫"天然健康产品"，名称和定位与美国、欧盟存在明显差异。又如，同处东亚的中日韩三国，中国称"保健食品"，日本称"保健机能食品"，韩国称"健康功能食品"，看似差异不大，但具体分类及其定位却又存在明显不同。澳大利亚更是与众不同称之为"补充药品"。名称的差异在一定程度上反映出定位的差异，进而其监管的制度政策也呈现出明显的区分。尽管我国的保健食品在不同国家中不一定有可完全对应的单一产品类别，但是各国都有相类似的产品，并且都从法律层面对这类产品的名称和定位进行了具体规定，定义虽各有不同，但是它们仍具有一些共同点：

①区别于普通食品和药品；

②可以进行功能声称，但对声称内容有要求；

③对可使用的原料有要求；

④剂型以胶囊、片剂、口服液等为主，对每日用量有要求。

以这些共通点为依据，把主要各国及地区的保健食品类食品的名称、类型划分和定位以列表的方式进行对比（详见下表），能够更加清晰掌握其特点，在结合我国实际的基础上，以进一步探讨我国保健食品名称和类型划分的改革方向：

表3.5：不同国家（地区）保健食品的名称及定位

国家/地区	保健食品名称	定位
中国	保健食品（包括特定保健功能食品和营养素补充剂）	声称并具有特定保健功能或者以补充维生素、矿物质为目的的食品。即适用于特定人群食用，具有调节机体功能，不以治疗疾病为目的，并且对人体不产生任何急性、亚急性或慢性危害的食品。 ——《食品安全国家标准 保健食品》（GB 16740-2014）

续表

国家/地区	保健食品名称	定位
欧盟	食品补充剂（健康声称食品）	食品补充剂属于食品，由维生素、矿物质及其他物质组成，不含过多的热量，目的是补充正常膳食供给的不足，但不能替代正常的膳食，其销售的剂量形式上可以是胶囊、锭剂、片剂、丸剂或其他相似形式，如包装粉剂、液体安培剂和滴剂等小单位量形式的一类物质。 ——《食品补充剂指令》（EC 2002/46） 健康声称是指阐述、建议或暗示某食品类别、某种食品或其中某种成分与健康之间存在关系的声称；降低疾病风险声称是指阐述、建议或暗示食用某类食品、某种食品或其中某种成分可以显著降低人类发生某种疾病风险的健康声称。 ——《食品营养和健康声称条例》（EC1924/2006）
美国	膳食补充剂（健康声称食品）	一种旨在补充膳食的产品（而非烟草），可能含有一种或多种如下膳食成分：维生素、矿物质、草本（草药）或其他植物、氨基酸、以增加每日总摄入量而补充的膳食成分，或是以上成分的浓缩品、代谢物、提取物或组合产品等。以片剂、胶囊、粉剂、软胶囊、口服液形式摄入；不能以传统食品，或是一餐饮食中的唯一组成食品形式出现。 ——《膳食补充剂健康教育法案》（DSHEA） 健康声称是在食品、包括膳食补充剂的标签上或标识内容中表述或暗示某种物质与某种疾病或健康相关状况有关联特征的声称，这种表述或暗示的形式包括引用"第三方"的陈述、文字陈述（如含有诸如"心"用语的商标名）、符号（如心脏符号）和图形。暗示性健康声称所提供的综合信息表述食品中某种物质的存在或含量与某种疾病或健康相关状况的关联，形式包括文字陈述、符号、图形和任何拟使用的传播形式。而且，健康声称仅限于表述疾病风险的降低，不得涉及疾病的诊断、痊愈、缓解和治疗。使用健康声称前需要美国食品药品管理局（FDA）的审查和评估。 ——《美国食品标签指南》

续表

国家/地区	保健食品名称	定位
加拿大	天然健康产品（包括三个类别，第Ⅰ、Ⅱ、Ⅲ类天然健康产品）和带功能声称食品	天然健康产品是指使用附录1中的物质、以附录1中药材成分为原料的、以顺势疗法药物、传统药物，加工而成并销售作为以下用途的产品：（一）诊断、治疗、缓解疾病，或预防疾病、紊乱、异常身体状态以及身体症状；（二）恢复或纠正人体的正常机能；（三）改善人体正常机能，比如通过改善相应功能可以维持或促进健康。但是，天然健康产品并不包括列于《加拿大天然健康产品条例》附录2中的物质，也不包括任何含有附录2中的物质的组合物、顺势疗法药物或传统药物。 ——《加拿大天然健康产品条例》 带功能声称食品属于一般食品，允许使用健康声称，包括：降低疾病风险声称（包括治疗性声称）和功能声称（包括营养功能声称）。
日本	保健机能食品（包括特定保健用食品、营养机能食品、功能标示食品三个类别）	一、特定保健用食品是指日常饮食生活中因特定保健目的而摄取、摄取后能够达到该保健目的，并加以标示的食品。 ——《健康增进法》 二、营养机能食品是指日常饮食中以补充食品标示基准规定的营养成分（但在片剂、胶囊等加工食品中除去钾）为目的的，声称具有符合食品标示基准中营养成分的食品。 三、功能标示食品是指由企业等负责，以未患病者〔除未成年人、孕产妇（包括备孕及乳母）外〕为对象，基于科学理论依据、在包装上声称具有可期待的特定保健目的的食品。但不包括特别用途食品、营养功能食品、含酒精饮料，及过量摄入钠、糖的食品。 ——《食品表示法》（食品标示标准）
韩国	健康功能食品（包括一般健康功能食品和特定健康功能食品两个类别）	一、一般健康功能食品：又称为日常健康功能食品，是根据不同健康水平的消费群体（如婴幼儿、老年人和学生等）的生理特点与营养需求而设计的，主要功能是促进成长发育、维持身体的活力与精力、提高身体的免疫功能和调节生理节律等的食品。

续表

国家/地区	保健食品名称	定位
		二、特定健康功能食品：针对特殊消费群体（如糖尿病患者、肿瘤患者、心血管病患者、便秘患者和肥胖病人）的特殊身体情况，强调预防疾病和促进康复方面的调节功能的食品。 ——《健康功能食品法》
澳大利亚	补充药品（包括列表补充药品和注册补充药品）和带功能声称的食品	补充药品是指有全部或主要含有一种或多种特定功效原料的治疗产品，其中每一种特定功效原料都已明确其特性以及具有传统使用历史。 ——《治疗产品条例》 带功能声称的食品属于普通食品，可在其标签中陈述、表明或暗示某种食品或食品成分具有或可能具有某种对人体的生化、生理、功能性过程或结果、生长发育、体能、思维活动、疾病、病症或症状等产生健康作用，但须符合《澳大利亚-新西兰食品标准法典》所列的特定健康作用、条件和要求。
泰国	膳食补充品（种类分为：基础营养食品、功能性食品、减脂食品、食疗类食品等）	膳食补充品的范围，为含有食物元素或其他营养元素的产品，包括：维生素、氨基酸、脂肪酸、矿物质及动植物产品，其形态包括原料浓度液体、代谢物、提取物或是将食物元素和其他所述元素混合后，以片剂、颗粒、粉末、胶囊、液体等形状，供身体状态正常（非病患者）的消费者在正常摄取主食之外，以促进身体健康为目的而服用的产品。 ——公共卫生部《2005年（第293版）膳食补充品》公告声明 基础营养食品，是指能够为身体提供和补充营养素的食品，大多数是身体必需的食物。 功能性食品，指食品中含有某一种有效成分，能够提供除人体所需基础营养外的元素，使消费者身体更加健康。 食疗类食品，依托泰国传统医学泰药研究，从泰药引入到食物中辅助治疗疾病、养生保健，甚至是美容的运用。

续表

国家/地区	保健食品名称	定位
印度	特殊膳食食品、功能性食品、保健营养食品、健康补充剂	特殊膳食食品、功能性食品、保健营养食品、健康补充剂是指：（a）经特别加工或配制以满足因特定身体或生理状况或特定疾病及紊乱而存在的特定饮食要求的食物，而该等食物的成分必须与性质相若的普通食物的成分有显著不同（如该等普通食物存在的话），并可含有以下一种或多于一种配料： （i）单一或混合的以水、乙醇或水乙醇提取物的粉末、浓缩物或萃取物的形式的植物或其部分； （ii）矿物质、维生素、蛋白质、金属或其化合物或氨基酸（分量不超过建议的印度人每日摄入量）或酶（在准许的限度内）； （iii）动物来源的物质； （iv）供人类通过增加膳食总摄入量来补充饮食的膳食物质； （v）标签为"特殊膳食用途的食品或功能性食品或保健营养食品或健康补充剂或类似的该等食品"的产品，而该等产品并非以传统食品的形态表现，可配制成粉末、颗粒剂、片剂、胶囊、液体、果冻及其他剂型，但不包括非肠外制剂，并且是供口服的。 ——2006年《食品安全和标准法》，2016年《食品安全标准法条例》

（注：《加拿大天然健康产品条例》附录1、附录2参见本章附录，附有中文翻译。）

从上述列表中可以发现，各国及地区保健食品名称各异，但多数国家将保健食品定位于有特定功能的食品，只有加拿大和澳大利亚分列在药品和食品两个类别中分别进行管理。中国与大多数国家相近，将其定位于特殊食品。泰国的膳食补充品和印度的特殊膳食食品含义范围较广，除维生素和矿物质外，还包括了动植物提取物质。

同时，从上表可以看出，中国对保健食品的定义是规定在保健食品的国家标准这一技术规范文件之中，且极为简明概括；其他国家一般均有专门立法，至少是行政法规一级的专门立法，且非常重视其法规管理。

(二) 保健食品监管模式比较研究

1. 中国保健食品监管模式

就我国而言，2015年10月实施的《食品安全法》对保健食品的监管制度作出了重大调整，在法律层面上也确定了一个全新的监管模式，主要从以下几个方面来看：

（1）市场准入

按照《食品安全法》《保健食品注册与备案管理办法》，为进一步落实"放管服"的要求，统一规范全国保健食品备案管理工作，国家食品药品监督管理总局在已经发布的保健食品原料目录和保健功能目录的基础上，组织制定了《保健食品备案工作指南（试行）》，并首次建成了我国保健食品备案信息系统。此系统于2017年5月1日正式上线运行，由此开启了我国保健食品"注册+备案"双轨制管理的新局面。该办法的实施总体上对保健食品产品的准入放低了要求，将给此行业监管带来更大的挑战，会有越来越多的新企业加入，监督管理部门的工作量也将会大大增加。面对新挑战，总局应不断加强事中事后监管力度，适应新发展。

（2）技术审评

在技术审评方面，我国保健食品原料目录和食品安全风险评估相结合。保健食品原料目录包括保健食品的原料名称、用法用量和对应功效；对于那些用于保健食品生产的原料，必须是列入保健食品原料目录，且不能用于其他食品生产的。食品安全风险评估可为食品安全监管方法的制定提供科学依据，对食品安全监管进行事前预防，并主动发现存在的风险，明确监管的重点。

（3）监督管理

我国的食品安全监管实行"总局+各级局"联合监管的模式。《食品安全法》和《保健食品注册与备案管理办法》将国家食品安全监督管理部门、省级食品安全监督管理部门、基层食品安全监督管理部门的职能划分细化了，加大了省级食品安全监督管理部门的职责，除了要做好现场检查、抽查以及日常的监管以外，增加了备案管理、总局委托的注册变更和保健食品广告的审查等工作；基层食品安全监管任务更加繁重，新的监管模式给基层监管带来了更大的挑战，这可能导致某些地方的职能部门"心有余而力不足"。

2. 保健食品监管模式的域外比较

根据中国营养学会《特殊食品安全管理国际现状研究分析报告》中的保健食品部分，当前大多数国家（地区）对于保健食品及类似产品的管理模式主要分为三类：第一类是注册管理，即对产品进行实质性或技术性审查；第二类是备案管理，只对产品进行形式审查；第三类是企业自行合规，不用向主管部门进行申报即可上市，由企业自身承担主体责任。随着法规体系建设越来越完善，目前多数国家均根据原料和功能声称等风险评估结果，按照风险管理原则采取注册和备案的分类模式，即风险等级高的实行注册制度，而风险等级低的则采取备案管理。个别国家对标准化的成分和功能声称实行自行合规管理，非标准化的声称事先审批，如印度。

通过对域外各国制度的比较研究发现，考察的多个国家对于保健食品及类似产品的上市许可、产品生产以及上市后监管这三个重要环节都制定了相关的法规标准，其中上市许可包括了注册产品、注册健康声称、注册场地、备案产品共四种类别；产品生产阶段则全都制定了GMP，并要求生产企业必须遵守，中国、加拿大、澳大利亚、泰国和印度还会对企业审查后颁发生产许可；所有国家都对保健食品及类似产品实施上市后监管，美国、加拿大、日本和澳大利亚还指定了专门机构负责监测和受理保健食品及类似产品的不良反应事件和报告。此外，在流通销售方面，所有国家对于此类产品的广告宣传都有监管措施，中国、韩国、澳大利亚、泰国、印度实行的是事前审查，其他国家则主要是对发布后的广告进行监管；在本研究包含的9个国家（地区）中，只有中国明确要求对企业在销售保健食品前需申请专项经营许可，泰国、印度等需要申请的销售证明、经营许可是包括保健食品在内的食品经营许可。详见下表：

表3.6：保健食品及类似产品监管模式比较

国家/地区	上市许可	生产	流通	广告	上市后监管
中国	注册或备案产品（包括功能声称）	生产许可	经营许可	事前审查	监督抽检
欧盟	注册健康声称，备案产品	符合GMP	/	发布后监管	监督抽检

续表

国家/地区	上市许可	生产	流通	广告	上市后监管
美国	注册健康声称，备案产品	符合 GMP 注册生产设施	/	发布后监管	监督+企业自律
加拿大	注册产品和场地	生产许可 符合 GMP	/	自愿审查	监督抽检
日本	注册或备案产品	符合 GMP	/	发布后监管	市场监督
韩国	注册或备案产品	符合 GMP	/	事前审查	监督抽查
澳大利亚	注册或备案产品	生产许可	/	事前审查	监督
泰国	备案产品和场地，注册特别控制食品（含大麻类等）	生产许可	销售证明	事前审查	监督抽查
印度	产品注册，非标准化声称事先审批	生产许可	经营许可	事前审查	监督抽查

不同国家（地区）在保健食品及类似产品的管理上都有相对独立的法规体系、明确的法律定义以及专门的管理部门。而保健食品的监管不应只针对生产企业的市场准入，还需包括对生产经营企业的日常监管和产品售后的安全责任监管，即以法律法规和质量标准、功能标示标准体系为载体，以产品的安全性和功能性为重点。进一步而言，尽管不同国家（地区）对保健食品和类似产品监管模式有所差别，但是都明确了对此类产品可使用的原料及功能声称进行管理，主要评估其安全性、科学性及真实性。

对于保健食品产品的管理，常采用注册评估制度，但审批结果仅可为一家或多家企业使用。可是对原料和功能声称同样采用注册评估制度，顺利通过评估的原料和功能却可以被大多数企业普遍使用。因此有关国家（地区）都把监管重点转移到对原料和功能声称的管理上。通过对域外保健食品原料、功能声称管理进行的上述比较，可以为我国保健食品注册和备案制度的进一步改革做参考。

本研究包含的国家（地区）都依据现有所掌握的资料建立了关于产品可用原料或功能声称的目录或名单，同时制定了关于目录/名单外原料或声称的审查规定。其中有些目录是原料和功能结合的目录，如韩国的《健康功能食品法》，加拿大的《加拿大天然健康产品条例》，规定了原料的名称、来源、用量范围、允许使用的功能声称、质量要求、注意事项等。详见下表：

表 3.7：其他国家/地区对保健食品及类似产品原料和功能声称的管理

国家/地区	原料管理	功能声称管理
欧盟	维生素矿物质原料有明确的目录，超出目录的原料需另行注册；不属于维生素矿物质的其他原料，少数通过了欧盟审批，但包括植物原料在内的其他大部分原料管理尚未统一。	分为一般性健康声称和适用于特定人群以及降低疾病风险的健康声称。对于使用原料声称目录外的声称需注册。
美国	使用新原料需要审核，膳食补充剂中老原料无需许可，新原料需在上市前审核性备案。	对于允许使用的原料制定了健康声称名单和说明，新的健康声称需审查批准。
加拿大	有天然保健品成分数据库，内含：功效成分名单、非功效成分名单和超过 250 个的天然健康产品标准，包括：单一原料专著和包含多种原料组合的产品标准。使用不符合天然健康产品标准要求的原料或原料组合需通过注册。	分为针对不同健康状态、不同健康作用的声称和一般性的健康声称。天然健康产品专论有相应的功能声称，不符合天然健康产品专论的功能声称的使用需要注册。
日本	①特定保健用食品有部分原料名单。产品使用名单内或名单外的原料都要注册。②营养机能食品有允许使用原料的目录，只允许使用目录内的原料。③机能标示食品未设立明确的功效原料清单，对原料的使用上要求有效成分明确，原料不应属于《膳食摄入基准》规定的营养素。	备案的特定保健用食品声称分为 3 类，只有 9 项，产品使用 9 项或 9 项外的声称都要注册。营养机能食品仅允许使用目录内的声称。机能标示食品未设立明确的功效范围，需要对拟标示功能进行评价后方能进行声称。
韩国	有功能原料名单。新功能原料需要注册。	三类：①营养成分功能声称；②其他功能声称；③降低疾病风险声称。在新功能原料的评估中确认。

续表

国家/地区	原料管理	功能声称管理
澳大利亚	有成分和成分类型目录。目录外的成分使用需进行新成分注册。	有标准功能声称目录和可按《列表类药品声称支持证据指南》确定的特定声称。除此之外的声称需在产品注册中确认。
泰国	有原料成分目录表及最高含量。	健康声明（Health claim）根据公共卫生部《健康声明及食品警告》之规定执行，但由于此公告还处于推行期，尚未强制使用，所以仍然使用原条款，即按照1999年公共卫生部发布的（第182版）《营养学标签及必须注明"不应让6周岁以上泰国人每日超过规定用量服用"》，直到上述公告强制执行为止。
印度	有原料成分目录和最低含量与最高含量。	保健食品的成分和声称在相关法规中有目录表。食品的健康声称包括成分（营养素或营养成分）功能声称，增强肌体功能声称，减少疾病风险声称，健康维护声称，增强免疫力声称和抗老化声称。除此之外的健康声称都属于卫生和家庭福利部下设的印度食品安全和标准局（FSSAI）许可范围之外的无效声称。其他在食品中的非药物声称可以被许可，但须事先获得食品管理局的批准（许可）。没有科学依据或要引入新成分的健康声称，应事先获得管理局的批准，并应以充分的科学证据为基础。

（三）保健食品注册与备案管理制度比较研究

1. 我国保健食品注册与备案管理制度

2019年5月，《中共中央、国务院关于深化改革加强食品安全工作的意见》明确要求推进保健食品注册备案双轨运行，实施保健食品行业专项清理整治行动。国家市场监督管理总局认真落实中央要求，采取了一系列措施加强监管、规范市场、打击违法、引导消费。在深入调查研究、广泛征求意见的基础上，国家市场监督管理总局制定了《保健食品标注警示用语指南》和

《保健食品原料目录与保健功能目录管理办法》。《保健食品标注警示用语指南》涉及产品上市后监管，《保健食品原料目录与保健功能目录管理办法》涉及产品市场准入。

现行《食品安全法》规定，对保健食品实行备案和注册审批，对保健食品原料和保健功能实行目录管理，是实现备案和注册双轨制的重要基础。《保健食品原料目录与保健功能目录管理办法》是贯彻落实《中共中央、国务院关于深化改革加强食品安全工作的意见》，进一步深化"放管服"改革，推进保健食品注册备案双轨制运行的一项重要监管制度和保障措施。针对当前保健食品审评审批面临的问题，通过"两个目录"实现注册备案的双轨运行，保证产品的安全有效，力争管住、管活、管优，用科学监管理念促进产业高质量健康发展，用更优质的产品服务人民日益增长的健康需求。

《保健食品原料目录与保健功能目录管理办法》规定，除维生素、矿物质等营养物质外，纳入保健食品原料目录的原料应当符合下列要求：一是具有国内外食用历史，原料安全性确切，在批准注册的保健食品中已经使用；二是原料对应的功效已经纳入现行的保健功能目录；三是原料及其用量范围、对应的功效、生产工艺、检测方法等产品技术要求可以实现标准化管理，确保依据目录备案的产品质量一致性。同时，存在食用安全风险以及原料安全性不确切的、无法制定技术要求进行标准化管理和不具备工业化大生产条件的、法律法规以及国务院有关部门禁止食用或者不符合生态环境和资源法律法规要求等其他禁止纳入情形的，不得列入保健食品原料目录。

2. 域外保健食品注册与备案管理制度

就域外而言，本研究包含的7个国家都有注册管理的产品或功能声称，且有备案或自行合规管理的产品。

（1）注册管理

由于无法确定产品的安全性、功效性（即可使用的功能声称），加拿大、日本、韩国和澳大利亚对保健食品及类似产品（包括功能声称）进行注册管理。具体注册的相关要求，需要由专门机构对产品相关资料进行审核判定。

而欧盟和美国则只是对原料的功能声称进行注册管理，获得批准后其他企业也可以使用。功能声称被要求注册的原因是，产品所使用的原料与人体的健康关系无法确定，因此需要由专门机构进行评估。印度对保健食品产品实行的是与普通食品一样的注册管理，对功能声称实行的是自行合规加非标准化声称的注册审批。印度对功能声称的管理，在具有相关标准的规定的附件中列举出来许多声称，允许由食品经营者（FBO）使用，不需要寻求食品监管机构的事先批准。然而，在这些规定下没有标准化的其他类型的声称需要食品管理局的批准，并且应该有可靠的科学依据支持。[1]并且，从印度本土企业生产、经营保健食品与食品经营者进口保健食品所需要的审批材料和程序来看，对于产品的审批并没有特殊的规定。（详细内容请参见下述关于保健食品生产与经营许可制度的比较研究）

具体来看，在进行注册管理的国家（地区）中，欧盟、美国只对保健食品及类似产品的健康声称（基于原料）进行注册管理，对产品无需注册；印度对产品注册，对没有标准化的其他类型的声称需要食品管理局审批。加拿大对第Ⅰ、Ⅱ、Ⅲ类天然健康产品进行注册管理，日本对特定保健用食品进行注册管理，韩国对特定健康功能食品进行注册管理，澳大利亚对补充药品进行注册管理。

此外，为了规范注册管理，上述7个国家（地区）均制定了相应的注册程序和申报资料要求，重点在于评价产品或原料的安全性，以及功能声称的科学性。各国家（地区）的评价体系主要分为三类：

第一类，依据文献证据的符合性评估：对搜集到的全部科学证据进行系统评估，并依据评估结果作出综合判定，再按照规定的程序向社会报告。这种评价模式完全依赖于现有科学证据的评估与分级以及专家意见，比较适宜成熟的普遍科学认知的评估。如美国、欧盟的膳食（食品）补充剂评价体系。印度的FSSAI目前也请业者提出有科学证据的、在别国被认可的健康声称，作为其采用国际标准的参考，届时的管理模式会直接使用符合已知成分及已在欧盟与美国认可的健康声称。

第二类，证据评估系统+申请人试验研究：主管部门在评估证据的同时，还要求申请人进行功能学试验研究，提供功能学试验方法及试验报告。如韩国对特定健康功能食品的评价，澳大利亚对注册补充药品的评价。印度对标

---

[1] Many claims, listed in various schedules of these regulations with related criteria, are permitted to be made by food business operators without the need for seeking prior approval from the food regulator. However, other types of claims not standardised under these regulations may require approval from the Food Authority and should be supported with sound scientific basis。

准规定之外引入新成分产品的功能声称的，须以经过验证的方法来表征或量化构成该声称基础的成分或物质，以科学方法加以证实。

第三类，证据评估系统+标准化试验方法+申请人试验验证：由政府主管部门对保健功能评价方法、指标、程序等——做出明确规定，申请人不得擅自修改。在产品注册时，申请人须提交产品具有保健功能的科学文献依据及按照政府主管部门规定的功能学试验方法完成的功能学试验报告，并经综合审评后决定，如日本对特定保健用食品的评价。同时，如在加拿大，申请者使用未被批准的声称时，除了需要提供动物研究体外测试结果等证据外，还需提供人体试验证据。

（2）备案管理

在研究的几个国家（地区）中，欧盟对保健食品备案管理没有统一规定，而是由各成员国自身法规决定，其中大多数成员国将保健食品及类似产品中的食品补充剂纳入备案管理；美国将使用新原料的膳食补充剂纳入备案管理；日本将营养机能食品和功能标示食品纳入备案管理，其中对于营养机能食品，企业需确保产品完全符合《营养标示基准》及《关于营养标示基准的相关执行法规》等相关法规的要求，对于功能标示食品，则由企业自行承担责任，以科学依据为基础进行适当的标示，国家不进行安全性和机能性的审查，企业通过临床试验或者综述报告作为科学依据，对产品的机能性进行说明；韩国将一般健康功能食品纳入备案管理，因该种保健食品是用《健康功能食品法》目录中有保护功能的原料成分生产的产品，安全性整体可控；澳大利亚将列表补充药品纳入备案管理，由于此类保健食品的原料和声称都是使用法规附表中规定的内容，使用原料是条例附表中或由卫生部治疗用品管理局（TGA）公开发布的治疗产品列表通知中提及的一类，声称不涉及治疗任何严重疾病、状况、慢性病以及缺陷。

在日本、韩国和澳大利亚，当保健食品及类似产品使用的原料在规定的名单/目录中，使用的功能声称也符合相应规定，原料安全性和功能声称科学性都得到了满足，这类产品可以通过备案管理。

美国实行备案管理的原因是出于政府免责的角度，要求企业在备案产品标签上注明"本产品未经FDA审查"字样。企业对该产品承担全部责任。

由于欧盟国家对保健食品及类似产品的具体监督管理由欧盟各成员国负责，

大多数成员国实行的是上市前备案，备案产品的有关信息在网站公布，如已在一个国家备案，该产品就可在欧盟内部流通，不必向欧盟的其他国家备案。

泰国有着丰富的食疗类食品资源。泰国没有严格的保健食品概念，他们的膳食补充品通过备案管理。对膳食补充品使用的食品标签的证明审核包括原料成分及其安全性的证明和检测方法，但改变了其原始的形状，需要提交的是该原料形状为食品的证据以及膳食补充品急性毒素（Acute toxicity）检测报告；膳食补充品的成分原料没有被用作食物使用的历史，则需要提供动物慢性毒性（Chronic toxicity）试验检测报告；根据各个国家法律规定的具有膳食补充品、保健食品特征的产品或其他同类型产品，需要提交该产品在所在国家销售不少于15年的政府证明文件或者政府授权机构或组织或公证处出具的证明或文书，根据产品生产国家的法律规定，注明出具公证书或证明的日期、产品名称、配方、成分及生产者姓名、地址。

印度明确了6种企业可使用的功能声称的类型，但不限于规定的6种，其他非药物声称可以被许可，但须事先获得食品管理局的批准，所有的健康声称都应与要求的足够水平的文件和有效证据相称，以供食品监督局审查（review）。印度对于没有科学依据或要引入新成分的健康声称，应事先获得食品管理局的批准，并以充分的科学证据为基础。如果健康声称是由产品引起的，食品经营者在将其投放市场之前，应通过提交相关文件以及标签副本的方式通知食品管理局，并自行编制和提供全面的产品信息、安全性和声称支持数据，并应定期由具有相关资格和经验的科学家对其进行审查和详细检查，并真实记录专家观点作为文件组成部分以备查。根据笔者搜集的资料，印度法规中规定的保健食品是已经被标准化的，不需要获得事先的批准，但是没有在法规中规定的，需要获得事先的批准。这是一种相当于目录管理的制度，并且关于保健食品的成分和声称在相关法规中也是有目录表的，它们的管理与保健食品作为产品的管理是相对独立的。

（3）自行合规管理

在研究的几个国家（地区）中，日本和印度有自行合规管理的产品。日本的营养机能食品，又称"规格标准型营养功能食品"，是2001年以后规定出现的新类型保健食品，仅允许使用目录内的声称。营养成分的含量等如果位于标准所规定的范围内，没有必要对个体进行效果验证，因此不需要进行许可审查，也不需要在进行贩卖时提交备案。[1]标注值的设定，根据该食品的销售目的，含有能够达到对营养成分进行恰当补给或补充的适当分量，并同时满足相关安全性。2001年作为有关对象成分的规格标准，对12种维生素及2种矿物质进行了设定（维生素A、D、E、C、B族、烟酸、生物素及叶酸、钙和铁），2003年追加了3种矿物质（亚铅、铜及镁），目前再次增加了新成分（n-3系列脂肪酸、维生素K以及钾盐等），当初对象当中没有包括除鸡蛋之外的生鲜食品，现在范围已扩大到加工食品以及生鲜食品。

印度对原料和声称制定了标准，但对保健食品产品实行的是与普通食品一样的注册管理，并没有特殊的规定；对符合标准规定的原料和功能声称的产品实行的是自行合规加事后监管的管理制度。

（四）保健食品生产与经营许可制度比较研究

1. 我国保健食品生产与经营许可制度

在中国境内生产和销售保健食品均需取得批准许可。首先，生产和进口保健食品均需申请注册，企业取得保健食品注册证和保健食品进口注册证后方可生产和进口；其次，保健食品的销售实行许可制度，经营企业需要办理保健食品流通许可证后方可销售。

在生产、经营环节，保健食品生产需取得保健食品生产许可证，企业生产条件需通过保健食品GMP认证，取得保健食品GMP证书后方可生产；经营方面则需办理相关证件，批发和零售均需申请取得保健食品流通许可证。同时，生产环节和经营环节均需建立进货查验、索证索票及台账管理制度，如实记录并保存。生产企业还需建立出厂检验制度，需真实记录并保存检验结果。

2. 域外制度比较

（1）美国

美国对膳食补充剂采取的是一种较宽松的监督管理方式，强调企业与行业协会的自律。对膳食补充剂无需上市前的安全性审批，而是实行备案制度，由企业对成分的安全性和产品功能声称的科学性负责，即只要生产商提出上市要求，向FDA提供安全性证实资料，FDA对资料不需要进行审核，生产商

---

[1]［日］久留米大学法学部副教授周篝：《保健功能食品的制度与法律框架》，东亚地区食品安全法制研究论坛，最后访问日期：2019年11月23日。

即可上市出售。但是 FDA 发现产品存在安全问题时，可宣布该膳食补充剂为伪劣产品，并有权限制其使用或责令企业从市场上召回该产品。对于膳食补充剂产品广告的监管主要由 FTC 负责。

对含有新膳食成分的膳食补充剂，生产商需要在销售前 75 天向 FDA 通报备案，并提供安全性证实资料，FDA 需要对新膳食成分的安全性进行审核，认为安全的才允许上市销售。所谓新的膳食成分，是指符合《膳食补充剂健康教育法案》规定，且在该法案通过之前未曾在美国以膳食补充剂形式上市的膳食成分。

2003 年起，FDA 要求所有向美国提供膳食补充剂的生产、销售企业必须向 FDA 登记企业信息。之后，FDA 发布了《膳食补充剂良好生产规范》，要求膳食补充剂生产、包装、经营企业按照膳食补充剂标准进行各项生产活动，以确保产品成分、纯度和质量。

(2) 欧盟

欧盟对食品补充剂实行比较宽松的准入制度。多数欧盟国家规定食品补充剂上市前 30 天（个别国家在上市前当天），生产企业应当向本国政府备案，政府不对食品补充剂进行审查注册。产品如已在一个国家备案，该产品就可以在欧盟内流通，不必向其他欧盟国家备案。根据《食品补充剂指令》（EC2002/46），食品补充剂的上市前备案管理并不是强制要求，各成员国可以选择是否备案。因此有些成员国不要求上市前进行备案，只实施上市后的监管（奥地利、荷兰、瑞典、英国），主管机构通常会定期进行市场监督检查，检查的范围包括成分、标签和声称等。如果发现违法情况，将采取产品召回、罚款等措施。

欧盟对于食品补充剂的管理主要体现在对健康声称的限制和规范上。欧盟委员会于 2007 年开始执行《食品营养与健康声称条例》（EC1924/2006），对营养与健康声称的定义、适用范围、申请注册、科学论证等内容作出了明确的规定。欧盟关于健康声称的管理实行列表与行政许可相结合的制度。截至 2017 年，欧洲食品安全局已经确认了 30 种营养声称和 227 种健康声称。[1]根据最新更新数据，健康声称的变化为：增加了碳水化合物溶液，二十碳五烯酸和二

---

[1] 欧盟法律官方网站，营养声称：https://eur-lex.europa.eu/LexUriServ/LexUriServ.do?uri=CONSLEG：2006R1924：20121129：EN：HTML#tocId37；健康声称：https://eur-lex.europa.eu/legal-content/EN/TXT/?uri=CELEX：02012R0432-20170822，最后访问日期：2020 年 3 月 20 日。

十二碳六烯酸、氟化物、8 种叶酸、饱和脂肪酸含量低或降低的食物、钠含量低或降低的食物，共 14 种；删去了紫色红曲霉。[1]根据《食品营养与健康声称条例》的规定，除降低疾病风险声称与促进少年儿童生长与健康声称需要行政许可外，其他一般性声称采用列表的形式，即凡列入允许使用健康声称范围内的、满足使用条件的食品均可标注，不需要经欧洲食品安全局评估；在列表范围外增加新的声称的，需要经欧洲食品安全局评估，并通过立法程序修改原来的声称列表。

(3) 韩国

韩国在制定《健康功能食品法》之前，只存在《食品卫生法》上的"食品"和《药事（师）法》上的"医药品"的区别，没有关于健康食品和功能性食品的特别规定。后来，在《食品卫生法》中逐渐增加了健康食品和功能性食品的相关规定（其肇始是在 1970 年同法施行令中出现的"营养强化食品"）。[2]此后，营养强化食品更名为营养食品（1977 年）、营养等食品（1981 年）、健康辅助食品、特殊营养食品（1989 年）等，其意义也逐渐发生变化。健康辅助食品当时（1989 年）共分为 25 种，且对每种食品都提出了定义和产品类别，并允许标识与健康相关的功能性。此外，在对健康辅助食品（包括特殊营养食品）进行广告时需要经过保健福利部长官的事前审议。

随着消费者对食品功能性的要求不断提高，当时（1989 年）的《食品卫生法》已经不能满足消费者和监督管理部门的需求，韩国借鉴美国《膳食补充剂健康教育法案》的相关内容，制定了《健康功能食品法》。根据该法的规定，健康功能食品指的是使用对人体有用的功能性原料或成分而制造（包括加工）的食品。2002 年，该定义修改为"使用对人体有用的功能性原料或成分并以片剂、胶囊、粉末、颗粒、液状、丸等形态而制造、加工的食品"。2008 年 3 月，该定义取消了制定形态的限定，修改为"使用对人体有用的功能性原料或成分而制造、加工的食品"。其中，"功能性"指的是能够使人体的构造及功能获得营养素调节或者生理学作用等类似保健用途的实用性效果。

---

[1] 欧盟法律官方网站，健康声称：https://eur-lex.europa.eu/legal-content/EN/TXT/?uri=CELEX%3A02012R0432-20240819，最后访问日期：2024 年 11 月 20 日。

[2] [韩] 釜山大学法学专门大学院教授徐熙锡：《韩国健康食品规制》，东亚地区食品安全法制研究论坛，最后访问日期：2019 年 11 月 23 日。

《健康功能食品法》共 10 章 48 条，分别是：总则，营业，标准与规格等，检查等，优质健康功能食品制造标准等，销售等的禁止（禁销），健康功能食品委员会及团体设立，纠正命令、许可取消等行政制裁，附则，罚则。根据该法的规定，韩国对健康功能食品制造业实行许可制，对健康功能食品销售业实行申报制。营业者应当按照营业分类取得营业执照并申报营业。为取得营业执照或进行营业申报，营业者须具备执行规则中规定的行业设施标准，并事先接受安全卫生教育。

（4）日本

在保健食品生产与经营许可制度方面，日本对于特定保健用食品、营养机能食品、功能标示食品有不同的规定：

①特定保健用食品：产品由消费者厅负责审评、审批，但需由劳动厚生省对是否与医药品抵触进行确认。产品依据科学证据程度不同分为常规型、条件限制型、降低疾病风险型和规格基准型 4 种类型，其中常规型和条件限制型需个案审评、注册许可，降低疾病风险型和规格基准型采用简化注册许可。

对于特定保健用食品的功能声称与产品一并经审查认可。功能声称与科学依据相关联，由申请人按照有关要求自行设定，限定在有助于维持或改善健康状况的适当范围，必须说明功效成分、作用机理等，不得与医药品相抵触、明示或暗示具有医药品的功能功效等。

②营养机能食品：不需注册或备案，自行合规后即可上市。消费者厅对营养成分的种类、摄入量以及每种营养成分的功能声称做出明确规定，企业应按规定进行产品的功能声称和产品生产。营养机能食品是指补充维生素、矿物质的产品。现在范围已扩大到加工食品以及生鲜食品。[1]

③功能标示食品：实施上市前备案，由消费者厅对备案材料进行形式审查后备案。对功能声称没有明确规定，但规定了此类产品仅对未患病人群（不包括未成年人、孕产妇、计划怀孕妇女、乳母），以维持和改善健康状况为目的，不得标示降低疾病风险，企业自负其责地进行功能声称，较特定保健用食品功能声称更加开放。

---

[1] [日] 久留米大学法学部副教授周篪：《保健功能食品的制度与法律框架》，东亚地区食品安全法制研究论坛，最后访问日期：2019 年 11 月 23 日。

(5) 加拿大

在保健食品生产与经营许可制度方面,加拿大对于天然健康产品及带功能声称食品,[1]也有不同的规定:

①天然健康产品:加拿大规定对天然健康产品及其健康声称实施审批(包括简化注册)制度。对于已收录于数据库中的天然健康产品专论,其功效成分的安全性和功效的科学性已获验证,申请产品符合专论规定的,不再对资料进行技术审查,采取相当于简化注册管理方式,健康声称应与专论相关内容相符。否则,采取注册管理的方式,健康声称随产品一并审查注册,其中进行现代声称的天然健康产品,应按照三类产品的高、中、低风险的不同要求提供安全性和功效性证据,对产品的安全性、功能进行全面的审查;进行传统使用声称的天然健康产品,提供基于单一公认的传统医药体系的安全性和有效性信息,包括专著、临床试验报告和实验观察报告等。

②带功能声称食品:加拿大规定对带功能声称食品的健康声称实施审批、列表管理、自行合规管理。对一般食品,允许使用健康声称,申请者需证明相关声称是真实的而且不具有误导性,且企业收集产品功能声称的证据。健康声称分为两类:降低疾病风险声称(包括治疗性声称)和功能声称(包括营养功能声称)。降低疾病风险声称和治疗性声称(与《食品药品管理办法》目录 A 中所列疾病有关的健康声称)需要审批;目录 A 中所列疾病以外的健康声称,可以自愿申请,得到批准后,列入"加拿大卫生部允许的健康声称列表",只审批健康声称,不对产品进行审批;功能声称(包括营养功能声称),不需审批即可自主使用,申请人需证明相关声称是真实的而不具有误导性,且收集科学证据以备查。

(6) 澳大利亚

澳大利亚类似于我国保健食品的产品有补充药品、带功能声称的食品两类。[2]在管理上,对补充药品及声称实施注册与备案制;对带功能声称的食品的声称实施备案、自行合规制度。其中,对于补充药品,根据产品所使用

---

[1] 国家中药品种保护审评委员会:《保健食品功能定位和监管模式》课题研究报告,第 161~163 页,最后访问日期:2017 年 3 月。

[2] 国家中药品种保护审评委员会:《保健食品功能定位和监管模式》课题研究报告,第 177~178 页,最后访问日期:2017 年 3 月。

的原料以及功能声称，判定其安全风险性高低，进一步将补充药品划分为列表补充药品和注册补充药品两类。

①补充药品：第一，列表补充药品产品作为补充药品中低风险的一类，产品及其声称不需审批，采取网上申请备案，相关资料亦无需审核，但申请人需具备相应的支持证据以备查，并且其声称必须符合TGA发布的允许的成分清单和《列表补充药品声称的支持证据指南》的要求。基本条件为：仅含低风险的原料，含量符合TGA规定的列表补充药品允许使用的限量；在GMP条件下生产；仅允许对治疗用途作维持健康、增强健康或不严重的带自我限制条件的特定声称。

第二，注册补充药品必须要通过TGA批准，声称范围与数量不作限制。TGA针对疾病/失调/症状编写了需注册疾病列表，在产品经过TGA审批及纳入澳大利亚治疗药品注册后才能进行针对这些疾病/失调/症状的适应症的声称。声称与产品一同申报，审批流程及要求较严格，更类似于美国的专论及我国的非处方类（OTC）产品审批要求，申请人需根据《适应症及声称的支持依据的级别及种类指南》来决定提交的支持证据的级别及具体要求，包括安全性和有效性的临床数据信息。

②带功能声称的食品：《澳大利亚-新西兰食品标准法典》中营养和健康声称列明的条件及要求，包括对特定营养物质的营养含量声称及对某种食品或食品属性的健康声称，将带功能声称食品的健康声称分为：高水平健康声称（针对某种严重疾病或严重疾病生物标志物的声称）及一般水平健康声称（非高水平健康声称），并对这两种级别的声称条件进行了列表规定。做出高水平健康声称的产品申请人需要将食品或食品属性与健康作用的关系告知澳新食品标准局；做出一般水平健康声称的产品无需上述告知，如相关部门要求，则需提供食品或食品属性与健康作用的关系的确定记录。

（7）泰国

隶属于泰国公共卫生部的食品药品监督管理局是执行泰国《食品法》及相关法规的主要机构，以保护消费者的健康，特别是确保健康产品的安全、质量及效能。对于膳食补充产品或者食品补充剂的生产和经营管理，主要从市场前控制、市场后控制以及安全监测三个方面展开。一是市场前控制，包括对生产设施、产品质量及产品进入市场前的广告宣传的控制，每一步程序必须依照相关法律法规进行。具体包括：建立食品标准和规格以及卫生和标签要求（食品进入市场销售前须贴有泰文标签并经泰国食品药品监督管理局批准）；食品进口和生产的控制（食品厂须经检验、批准并发放生产许可证之后方可进行生产，食品进口商也须申请进口许可证后才能进口食品，指定的食品储藏室也须经泰国食品药品监督管理局检验后才能使用。生产许可证和进口许可证均须每3年更新1次）；自由销售证明、卫生证明、GMP证明、危害分析及关键控制点（HACCP）证明的发放；糖尿病人等服用的特别控制食品的注册审批（无论是国内生产还是进口的食品，如属特别控制食品，必须先到泰国食品药品监督管理局注册批准）。二是市场后控制，主要调查生产设施及产品质量确保符合现行的标准及法律法规。三是为了消费者的安全实行监测程序，主要是监测任何负面影响或者消费者使用产品后的意外结果。

（8）印度

印度保健食品的主要监督管理机构是卫生和家庭福利部下设的FSSAI。2008年9月FSSAI的建立，标志着印度改变了原来多层次（mutli-level）的分散监管体制和单纯的单向监管模式（pure regulatory regime），转而对食品安全治理（包括保健食品）采取以促进相关主体自我合规（self-compliance）为重点的单一机构控制策略。印度虽然也是联邦制国家，但权力重心在中央政府。印度的食品安全治理结构是双层制的，分联邦和地方（邦和联邦属地）两个层面。

地方层面，考虑到各邦和联邦属地在人口、面积、饮食文化、食品工业水平和市场渗透率等方面存在的差异，印度同样坚持食品安全治理的属地责任。地方食品安全监管人员由包括食品安全专员（Food Safety Commissioners）、食品安全特派员（Designated Officers）、食品安全办事员（Food Safety Officers）、食品分析员（Food analysts）等人员组成。食品安全专员由地方政府任命，其有权在本行政区划内禁止食品的生产和经营、调查食品生产经营者是否遵守本法规定等，食品安全特派员和食品安全办事员由食品安全专员任命，负责食品从业者的登记、颁发和吊销执照，并根据需要向食品从业者下达整改通知等。

根据2011年《食品安全标准法（食品经营许可和注册）条例》的规定，食品经营企业需按照该条例的规定，先进行企业登记注册。登记主管机关应在30天内对处所的安全、卫生和清洁条件感到满意后，予以登记。企业登记之后，还必须取得有效的食品经营许可证，才能开始经营食物业。[1]许可证的有效期为1年至5年，由食品经营者选择，自颁发登记或许可证之日起计算，但须缴纳该期间适用的费用并遵守所有许可证条件。在许可证注明的有效期前30天内可提出延续申请。企业产品注册（product registration）（包括保健食品）可能需要多个许可证（大约4~5个），这取决于实际的产品状态，如：[2]①公司是否需要销售原料药或成品配方；②公司是否进口成品或散装货物；③进口产品是否有印度专用标签；④该声称是否在印度发布；⑤公司是否具有包装许可；⑥是否需要生产许可证；⑦是否需要营销许可。销售保健食品需要获得FSSAI的许可有3种类型[3]：①Centarl License：大型食品经营者；②State License：小型或中型食品经营者；③Basic Registration：小规模的（petty）或非常小型的生产者（此处与一般的经营食品的企业获得的许可并无不同）。

在印度，FSSAI已将保健营养品标准化，因此它们只能含有保健营养品法规附表Ⅰ或附表Ⅱ或附表Ⅳ或附表Ⅵ或附表Ⅶ或附表Ⅷ中规定的成分。[4]法规中未提及但已在印度或任何其他国家建立其安全性的保健营养品，只有在获得食品管理局的事先批准后，才能在印度生产或销售。为此，食品经营者将需要向FSSAI提出申请，并将附带至少有记录的使用历史：在印度使用15年，在原籍国使用30年。[5]因此，根据上述情况，笔者认为印度法规中规定的保健食品是已经标准化的，是一种相当于目录管理的制度，不需

---

〔1〕 Subject to Regulation 2.1.1, no person shall commence any food business unless he possesses a valid license.

〔2〕 Vibhu Yadav, Parijat Pandey, Vineet Mittal, Anurag Khatkar and Deepak Kaushik：*Marketing nutraceuticals in India：an overview on current regulatory requirements*，Asian J. Pharm. Hea. Sci. | Jan – Mar 2015 | Vol-5 | Issue-1.

〔3〕 *FSSAI REGULATIONS FOR THE IMPORT, MANUFACTURE AND SALE OF NUTRACEUTICALS IN INDIA, RECOMMENDED DIETARY ALLOWANCE（RDA）*，详见 https：//webcache. googleusercontent. com/search? q = cache: awVnfmSVizkJ: https: //www. slideshare. net/SwapnilFernandes1/fssai - regulations - for - the-import-manufacture-and-sale-of-nutraceuticals-in-india-recommended-dietary-allowance-rda + &cd = 4&hl = zh-CN&ct = clnk&gl = us.

〔4〕 FSSAI has standardized nutraceuticals so they may contain only any of the ingredients as specified in Schedule I or Schedule II or Schedule IV or Schedule VI or Schedule VII or Schedule VIII of the Nutraceutical regulations.

〔5〕 *FSSAI Key Requirements for Manufacturing Nutraceuticals in India*，详见 https：//foodsafetyhelpline. com/fssai-key-requirements-manufacturing-nutraceuticals-india/.

要获得事先的批准，但是没有在法规中规定的，需要获得事先的批准。

总之，根据中外关于保健食品生产与销售的管理制度比较，各国对保健食品的生产许可，一般与注册或备案同时进行。自行合规的也要有食品生产企业登记以及符合 GMP 良好生产条件，并且自行搜集相关资料备查或者定期由有资质的专家审查指导并备存专家意见书。但除中国外，均未见有针对保健食品在销售环节的经销规定需要单独申请针对保健食品的专项经营许可。

（五）保健食品标签与广告的管理比较研究

1. 中国保健食品标签与广告审核制度

（1）标签与说明书审查

在中国，保健食品的标签标识必须与其保健食品批准证书所批复内容一致，不得虚假夸大宣传保健食品的保健作用。广告宣传内容必须真实，符合相关法律规定，不得含有欺骗、夸大的内容以及涉及疾病预防、治疗的内容。为了进一步推进该项内容的实施，2019 年 11 月 10 日，国家市场监督管理总局发布《保健食品命名指南（2019 年版）》。该指南规定，保健食品的名称由商标名、通用名、属性名依次排列组成。商标名是指保健食品使用依法注册的商标名称或者符合《商标法》规定的未注册的商标名称，通用名是指表明产品主要原料等特性的名称，属性名是指表明产品剂型或者食品分类属性等的名称。

《保健食品命名指南（2019 年版）》规定，保健食品命名应反映产品的真实属性，简明扼要，通俗易懂，符合中文语言习惯，便于消费者识别记忆。同时，不得涉及疾病预防、治疗功能，不得误导、欺骗消费者。此外，不得含有人名、地名、汉语拼音、字母及数字等，但注册商标等除外。

根据《保健食品命名指南（2019 年版）》，保健食品的名称由商标名、通用名、属性名依次排列组成。其中，商标名 、通用名不得含 11 项内容，包括：虚假、夸大或绝对化的词语；明示或者暗示疾病预防、治疗功能的词语；庸俗或者带有封建迷信色彩的词语；人体组织、器官、细胞等词语；人名、特定人群等词语；地名词语；与产品特性没有关联，消费者不易理解的词语及地方方言；保健功能名称或与表述产品保健功能相关（近似、谐音、暗示、形似等）的文字等。

《保健食品命名指南（2019 年版）》还明确了保健食品名称中属性名申报与审评要求：属性名有适用的国家标准、行业标准或地方标准的，按照相应标准的规定进行属性名命名；无适用的国家标准、行业标准或地方标准的，属常见口服药品剂型的，按《中国药典》制剂通则规定的属性名命名。此外，同一配方与同一名称申报与审评要求为：同一企业不得使用同一配方注册或者备案不同名称的保健食品，不得使用同一名称注册或者备案不同配方的保健食品。

并且，自2010年1月1日开始，《保健食品标注警示用语指南》正式实施。这意味着，所有保健食品都必须在包装的显眼位置印上一句警示语"保健食品不是药物，不能代替药物治疗疾病"。按照新规，警示用语区应当位于最小销售包装物（容器）的主要展示版面，所占面积不应小于其所在面的20%。此外，保质期标注也作了进一步的规范，保质期的标注统一按照食用截止日期来标注，就是按照"保质期至某年某月某日"的方式进行描述，与生产日期的标注形式相统一。标注位置要求在产品最小销售包装（容器）上的明显位置清晰标注保质期和生产日期。保质期标注应当与所在位置的背景颜色形成鲜明对比，让消费者容易识别。

除规定标签上显著标注警示用语、保质期外，《保健食品标注警示用语指南》还规定在保健食品标签上明确标注投诉服务电话、服务时段等信息。生产经营企业保证承诺服务时段内接听、处理投诉举报，相关信息至少保存2年。保健食品经营者在经营场所、网络平台等显要位置标注消费提示信息，主要内容包括：保健食品是食品，不是药物，不能代替药物治疗疾病；到正规的商场、超市、药店等经营单位购买；遇有违法违规问题，可向当地市场监督管理部门举报或拨打12315投诉举报电话。

（2）广告审查

作为我国保健食品市场的头号治理对象，虚假宣传治理一直是保健食品监管的重点。我国现行法律体系中涉及到虚假宣传规制的法律及规范性文件，主要有《广告法》《反不正当竞争法》《消费者权益保护法》以及《广告管理条例》《保健食品广告审查暂行规定》等，其中《广告法》和《广告管理条例》是对虚假广告的总体规制。我国《广告法》第28条明确了虚假广告包括内容虚假和引人误解的广告，这为界定"虚假广告"提供了一定的基础，但在实务中，仍然存在一些问题，并不能依据该条的规定而在实务中明确界定"虚假广告"。《广告管理条例》及《广告管理条例施行细则》主要规定了广告的登记、审查和法律责任等，但其制定时间较早，难以适应新时代的发展变迁，且其适用范围狭窄，不利于对虚假广告进行规制。《消费者权益保护法》中关于虚假广告的内容，则侧重于保护消费者的正当权益免受保健品虚假广告的侵害，同时还规定了在遭遇虚假广告侵害后消费者的救济措施及保健品虚假广告主体的赔偿责任。此外，虚假广告在本质上属于一种不正当竞争行为，对其的规制亦适用于《反不正当竞争法》。自2019年该法修正并实施后，近年来行政机关在整治保健食品市场虚假宣传乱象过程中运用较多，但对于特点各异、个体多样的普通消费者群体，《反不正当竞争法》的实际应用性不强。

2019年12月24日，国家市场监督管理总局公布的《药品、医疗器械、保健食品、特殊医学用途配方食品广告审查管理暂行办法》规定，保健食品广告的内容应当以市场监督管理部门批准的注册证书或者备案凭证、注册或者备案的产品说明书内容为准，不得涉及疾病预防、治疗功能。保健食品广告涉及保健功能、产品功效成分或者标志性成分及含量、适宜人群或者食用量等内容的，不得超出注册证书或者备案凭证、注册或者备案的产品说明书范围。保健食品广告应当显著标明"保健食品不是药物，不能代替药物治疗疾病"，声明本品不能代替药物，并显著标明保健食品标志、适宜人群和不适宜人群。

保健食品虚假广告本质上适用于虚假广告的法律规制，但由于其特殊性，我国法律法规对保健食品虚假广告的规制有特殊规定。如《广告法》第18条明确要求：保健食品广告中不得含有表示功效、安全性的断言或保证；不得涉及疾病预防或治疗功能；不得暗示或声称商品为保障健康所必需；不得与药品、其他保健食品进行比较；广告中应当显著标明"本品不能代替药物"字样。尽管如此，这些法律规制大部分规定仍比较笼统，理论性较强，没有具体规定实践中的操作标准，因此只能作为兜底的法条进行运用。《保健食品广告审查暂行规定》则主要从保健食品广告的事前申请程序、广告禁止内容以及保健食品广告的事后监督来对保健品广告加以规制，在一定程度上降低了保健食品虚假广告的数量，但是这套审查体系也存在着片面性强、缺乏弹性的问题，并不能完全通过事前审查来杜绝保健品的虚假广告。

此外，为害甚众的针对中老年人的保健食品、其他保健产品的会销宣传，已不在广告法规制范畴，治理颇为困难。

2. 域外制度比较

在我们研究的域外制度中，以下国家（地区）都对功能声称的主要载体标签和广告制定了相应的法律法规,并进行严格的监管,防止产品上市销售过程中标签的不规范标示、夸大或虚假宣传等,有些国家对违规行为设定了相应的处罚。各国通过对保健食品标签与广告的管理,以加强对保健食品功能声称的监管,维护保健食品市场的稳定发展和更好保护消费者权益。具体内容见下表:

表 3.8:域外主要国家(地区)标签与广告管理比较

国家/地区		标签和广告中的功能声称监管措施	主要法规
美洲	美国	美国 FDA 或 FTC 会通过市面抽查或产品宣传网站的检查来监管产品标签上功能性声称的使用。	《营养标签和教育法案》《21CFR 101.14 健康声称基本要求》
	加拿大	上市销售的天然健康产品标签信息必须符合《标签要求检查信息》。天然健康产品不允许针对公众进行涉及《食品和药品管理办法》目录 A 所列严重疾病的治疗或治愈声称。产品标签中不得出现对产品进行虚假、误导或欺骗性的广告声称。	《食品和药品管理办法》《标签要求检查信息》
亚洲	韩国	允许在产品标签和广告中使用功能宣称。在媒体上刊登广告必须先在韩国保健食品协会申请广告内容,待协会确认后,方可刊登。	韩国《健康功能食品法》
	日本	要求产品标签注明警示用语:该产品与特定保健用食品不同,未经消费者厅长官逐个审查。主管部门对产品及标签标示信息通过上市后监督检查进行管理。食品卫生监视员及消费者均有权向地方政府报告营养机能食品标示不合规的情况。	《营养标示基准》《关于营养标示基准的相关执行法规》
	东盟	东南亚联盟健康补充剂协议中没有对声称的监管措施进行详细的描述。新加坡允许在标签和广告中声称功能,其《健康补充剂指引》强调声称必须真实,禁止使用夸大、误导等语言,广告中禁止出现"唯一""世界最好""100%安全""没有副作用""保证""第一""抗衰老""减少压力"和"延长寿命"等宣传语句。但是对于违反这些条例的行为,《健康补充剂指引》中并没有给出具体的罚则。	新加坡《健康补充剂指引》
	泰国	膳食补充品必须得到食品药品监督管理委员会许可的食品标签。授权膳食补充剂使用食品	《授权膳食补充剂使用食品标签的证

续表

国家/地区		标签和广告中的功能声称监管措施	主要法规
		标签,将按照食品药品管理委员会在2015年6月13日颁布的"食品编号"文件中规定的证明及文件执行。广告必须与标签一致。任何通过媒体形式的广告均须经泰国食品药品监督管理局批准。	明及相关文件》《2017年食品广告管理条例》《2018年食品广告宣传管理条例》
	印度	企业产品注册(包括保健食品)时可申请标签、广告许可证。保健营养品法规规定所有的保健营养品包装上都须标示"保健营养品"字样,以及可实现营养或生理效果的剂量和警告标示。特殊膳食食品法规规定产品标签中的"用于特殊膳食食品"字样后面,必须标示具体的健康功效,如控制体重、降低血压或者降低血糖等。标签、展示和广告不得声称该营养品具有预防、治疗或者治疗人类疾病的属性。其他产品信息中也不得出现这类文字。对于含有"天然""原始""传统"等以品牌名称的形式出现在食物的标签、表示或广告中,应以不少于3毫米大小的字体尺寸在标签的适当位置作出免责声明:"只是一个品牌名称或商标,并不代表其真实性质"。广告中的声称应当与食品、饮料标签上的信息一致。	2011年《食品安全标准法(包装和标签)条例》2018年《食品安全标准法(广告和声称)条例》
大洋洲	澳大利亚	标签管理:列表补充药品的标签不需要事前审批,但TGA在针对列表补充药品合规性的日常随机审查或针对性的审查中,审查内容会包含标签、广告;注册补充药品的声称和标签在注册过程中审批。广告宣称管理需要符合澳大利亚治疗产品相关广告法规以及《治疗产品广告守则》的相关规定。	《治疗产品广告守则》
	新西兰	《膳食补充剂法规(1985年)》规定了膳食补充剂标签通用要求。其中规定了标签应该包含的内容、标签的形式及方式、字母大小、应当显示在包装主面板的信息,给出了误导性声明的定义并明确不得有误导性声明,以及生产商及经销商对于标签的责任。	《膳食补充剂法规(1985年)》

续表

国家/地区		标签和广告中的功能声称监管措施	主要法规
欧洲	欧盟	检查市售食物补充剂的合规性,关于声称检查的依据仍是欧盟法规(EC 1924/2006)的规定。调查包含以下几方面：核查在售产品是否上市前申报备案、检查产品的标签是否符合特定法规的要求、检查产品中营养素和植物成分、检查使用的合法性、检查产品描述中的营养声称和健康声称是否符合规定、检查是否符合网络销售的规定。	《食品营养和健康声称条例》(EC1924/2006)

在保健食品标签与广告的管理方面，与保健食品上市后一般场景的监管相比，各国均通过对标签与广告的管理实现对保健食品功能声称的严格监管。通过比较发现，各国（包括中国）在内，对标签和广告的管理具有如下共同点：①都允许在标签中对功能声称予以标示；②都要求广告必须与标签一致，不得超出标签的范围；③都必须在标签中标注警示语或者免责声明。不同的是有些国家对标签和广告的管理实行产品上市前的审查许可，例如中国、泰国、印度；有的国家（地区）则对标签和广告不做事前审查，实行产品上市后的市场监督检查，如美国、欧盟；有的则要求广告内容必须先向行业协会申请，待确认后方可使用，例如韩国。具体采取哪种方式通常与各国的市场监管体系、制度相关。

概括而言，本部分从保健食品名称与类型划分、监管模式、注册与备案管理、生产与经营许可、标签与广告管理五个方面，对保健食品相关的重点制度和域外实践进行了比较和研究，以探求适合我国保健食品实践改革的方向。在结合我国社会经济发展和保健食品领域法制体系实际的基础上，接下来的部分，我们将提出一些完善建议，以兹为保健食品监管制度和政策改革参鉴。

四、完善我国保健食品监管的制度政策建议

在对域外制度进行充分的比较研究的基础上，笔者认为，对于域外制度中的经验，我们应当积极吸取，但也并非是全盘借鉴，而是充分结合我国社会发展和法治建设的实际，进行更加适合我国保健食品改革的制度探索，以期在宏观、中观、微观三个层面更大程度地达致本书研究的目的。

(一) 完善保健食品监管制度政策的总体思路与目标

任何制度的变迁都是对旧制度结构进行否定和扬弃的过程，考虑到我国保健食品市场发展的延续性，我们建议分两步走。第一步，在我国现有的制度框架体系下，为促进保健食品市场的健康发展，应构建我国保健食品安全风险监管行为激励相容制度：

第一，从积极推动我国保健食品行业健康、充分、有序发展的角度出发，在保证保健食品安全与质量控制的前提下，应当尽快从整体上改进和优化我国保健食品监管制度政策，减少各种不必要、不科学的制度安排，允许企业充分挖掘、运用我国传统资源，并结合现代西方医学、营养学理论和管理方式。

第二，政府加强监管和信息公开，提高及时处罚的概率和处罚金额，加强与公安机关、检察机关的配合，特别是与公益诉讼等案件办理线索相关的衔接和配合。同时，政府应加强一线监管人员的专业素质，提升应对各类市场营销乱象的执法对策，提高案件发现能力和办理能力，加大检测检验技术的实施。

第三，加强消费者教育，提高消费者对保健食品的认知。

在此基础上，第二步还应逐步改革和完善我国保健食品的监管政策体系，总体的方向是：

首先，在宏观层面，要遵循健康中国建设的需要。党的二十大报告中明确提出了推进健康中国建设。《"健康中国2030"规划纲要》的提出，不仅增强了人们对于健康的关切，还促使人们作出积极的行动。在保健行业，国家层面的政策支持促使企业作出积极的响应，企业抓住各种机会，通过继承与创新、增加科研人员和销售人员等方式来加强企业、行业发展。在此背景下，保健行业正在逐步成为全球贸易中发展最快的行业之一。除此之外，消费者对于健康生活质量的追求也是推进健康中国建设的重要原因。一方面，改革开放向纵深发展，民众生活水平得以较大程度提高，对自身健康和生活质量有了更多的现实需求；另一方面，随着我国人口老龄化速度的加快，"银发时代"迅速来临，带动了保健食品市场旺盛的消费需求。在此背景之下，我们应认识到，健康中国的平稳和高效建设，应更多依靠市场的作用，使市场在相关领域资源配置中起决定性作用。同时，由于保健食品领域直接与医药、食品等民生领域息息相关，在很多的交错环节体现出很大程度的公共性。为此，对其进行政府干预成为必须。市场的"无形之手"加之政府干预的"有形之手"，是市场健康发展的有力保障，同时也是助推健康中国建设之必需。

其次，在中观层面，应改革保健食品政府"背书式"的监管体系。党的十八届三中全会指出，要使市场在资源配置中发挥决定性作用，以及更好地发挥政府作用。同时，市场和政府关系是对立统一的，在社会资源配置中各有重要功用。在保健食品领域，厘清政府和市场的关系，使企业承担起应尽的责任，至关重要。由此，我们建议，改革政府"背书式"监管，具体如下：第一，实施保健食品功能声称分类、分级管理，如日本将保健食品分为营养机能食品、功能标示食品和特定保健用食品，对不同类别的保健食品进行不一样的功能声称监管。第二，借鉴药品审批许可收费机制，对保健食品产品申报企业收取适当费用，引导企业合理分配和使用资源。第三，对于一些简单变更，如名称品牌、地址以及非批件内容、支持技术进步的变更（如标准完善、物料改进，调整辅料比例、过程非关键参数调整的），建议下沉至省级监督管理部门实施，并适度放宽对保健食品企业生产产品的名称（命名）、标签标识、索证索票等要求。第四，加强法律规范的衔接和体系化工作，监督管理部门应将法律规范的公示公开和解释作为重点工作，以促进监督管理部门统一对规范文件的理解和执行。

最后，在微观层面，应净化市场环境，以进一步保障消费者权益。从目前我国保健食品生产营销环节的特点来分析，保健食品以多形式的营销方法对消费者进行轮番轰炸，特别是对老年人。

基于此，本书立旨于完善现有保健食品监管体系，同时改善涉及保健品领域的社会治理现状，助力实现食品安全国家治理体系和治理能力现代化。同时，落实质量安全管理责任、加强生产经营过程控制在内的生产经营者主体责任，对处于弱势地位的消费者，尤其是老年消费者的保护，将提高人民群众的获得感、幸福感、安全感，对和谐社会的构建具有推动作用。完善保健食品领域相关的监管体系，将进一步规范、整治甚至取缔非法及失范企业，引导企业探索和实践成熟、向善的商业模式，这将有助于从源头防止侵害消费者权益现象的出现。

(二) 名称与类型划分的改进建议

1. 法律依据

(1) 保健食品定位

我国《食品安全法》及其实施条例,确定了保健食品"特殊食品"的法律定位,对保健食品注册、备案、使用原料、保健功能、安全性等作了相应的规定。保健食品作为特殊食品应对其实行严格监督管理。

(2) 保健食品与普通食品、药品的区别

保健食品指声称具有保健功能或者以补充维生素、矿物质等营养物质为目的,能够调节人体机能/不以治疗疾病为目的,含有特定功能成分,适宜于特定人群食用,有规定食用量的食品。[1]保健食品的核心是食用安全和声称的保健功能具有科学依据。它属于食品,与普通食品的区别在于组成产品的原料或成分、食用量、功能声称和适用范围等需要符合安全性与科学性评价,并进行标签、说明书管理,因此它不同于普通食品。

根据《食品安全法》规定,食品指各种供人食用或饮用的成品和原料以及按照传统既是食品又是中药材的物品,但是不包括以治疗为目的的物品。这里的"食品"包含了保健食品等特殊食品在内的全部食品。

根据《药品管理法》规定,药品是指用于预防、治疗、诊断人的疾病,有目的地调节人的生理机能并规定有适应症或者功能主治、用法和用量的物质。保健食品可以有目的地辅助调节人的生理机能,也有特定功效成分以及适宜人群、不适宜人群以及食用量的规定。但本质上保健食品不是药品,不需要像药品那样严格管理,重点应放在原料和功能声称的安全性与科学性评价以及防止对消费者的误导方面。

2. 借助现代医学和传统养生理论

现代医学(预防医学)治慢病理论认为,慢病不是特指某种疾病,而是对一组起病时间长、缺乏明确病因证据,一旦发病即病情迁延不愈的非传染性疾病的概括性总称。根据慢病的特点,个体从健康到疾病要经历一个完整的发生发展过程,在被诊断为疾病之前,进行有针对性的预防干预,有可能成功阻断、延缓,甚至逆转疾病的发生发展进程,从而实现维护健康的目的。

---

[1] 定义来自《食品安全国家标准 保健食品》(GB16740-2014)。

中医药传统养生"治未病"理论认为，健康的本质是"阴阳平衡的状态"，即天人合一的整体观、因时因地因人制宜的动态辩证观、中医治未病的预防观。采用中医药养生与健康危险因素干预，从状态入手对机体进行调理，达到平衡阴阳、调和气血、疏通经络，即未病先防、已病防变、已病防渐。

保健食品不同于药品，对病症不能起到治疗的功效，但其与药品一样，都专注于人体的健康和机能正常。现代医学和中医药传统养生理论都给予我们启示，其治疗慢病和"治未病"的理念与保健食品调节人体机能、改善健康的功能具有相通之处，在原料和功能的安全性、以及名称和类型划分方面，可以借鉴。

3. 其他国家或地区类似产品名称和类型划分的经验

经对韩国、日本、美国、加拿大、澳大利亚、欧盟、泰国、印度等 8 个国家或地区保健食品类似产品的研究发现，其名称和类型划分都细分为两类或以上，以进行分别的定义和不同的监管，包括安全性和功能声称的管理。经笔者研究和比较发现，加拿大和日本的保健食品名称和类型划分更契合我国当前的保健食品名称和类型划分的改进方向。加拿大将保健食品统称为天然健康产品（分为 I、II、III 三类）和带功能声称食品。日本则对保健食品进行不同的命名，分别为特定保健用食品、营养机能食品、功能标示食品三个类别。

4. 名称和类型划分改进的具体建议

在《食品安全法》规定保健食品注册、备案、使用原料、保健功能、安全性等的基础上，保健食品应在功能上与药品和普通食品进行精确的界分，以免与普通食品和药品相混淆。同时，借助现代医学和中医药传统养生理论，在调节人体机能、改善健康等方面的成果。在名称上，尊重传统，依然延续之前的名称称谓，命名为"保健食品"，只是在原料目录的监管、安全性和功能声称的管理、审评的主体上，对其进行种类的划分；在类型划分上，随原料目录的监管、安全性和功能声称管理的严格程度由低到高，依次将保健食品分为一类、二类、三类保健食品。一类保健食品可以是已纳入原料目录的以及以药食同源类原料作为生产原料的保健食品，其安全性、功能性、科学性已得到充分的证明；二类保健食品可以是原料目录以外，在国内已有 15 年或者原产国至少 30 年的使用记录，安全性较高，但是功能声称等方面仍需要仔细审批的保健食品；三类保健食品为引入新的原料，安全性不确定，需要采取注册方式审批的保健食品。这种类型的划分应在产品的标签上予以清晰标注，并且对应不同的监管制度和程序及不同的受理主体。

（三）监管定位与监管模式的改进与完善建议

根据对我国保健食品领域问题的分析以及域外经验的借鉴，我国保健食品监管定位与监管模式的改进和完善大体可以从以下几个方面展开：

第一，在原料目录的监管方面。目前，我国保健食品的注册与备案双轨制度之间的主要分界线就是该保健食品是否使用原料目录中的原材料。经调研，笔者认为这一分类标准过于简单，影响了保健食品注册与备案的效率与速度，建议我国保健食品可以借鉴我国医疗器械的分类制度。医疗器械根据风险等级分为三类，对不同风险等级的医疗器械实行不同的注册备案管理制度。与放松源头监管形成对比的是对惩罚力度的加强。通过此方式促进市场活力，将责任交到企业自己手中。这样一种监管方式值得保健食品监督管理部门借鉴。在大量论证和科学研究的基础上，不妨将原来单一的标准改变为：安全性有充分保证的一类保健食品采用备案方式；安全性较高，但是功能声称等方面仍需要仔细审批的二类保健食品；运用新的原料、安全性不确定的三类保健食品采取注册方式，分别由省级和总局的行政机构受理。

第二，在保健食品安全性和功能声称管理方面。其一，保健食品安全性应进一步细化管理。在我国存在一些药食同源类生产原料的保健食品，这类保健食品的安全性有充分的保障，可以作为一类保健食品，只需要备案，而且可以不经过试验。[1]其二，在保健食品的功能名称的管理上，应进行以下的完善：功能名称不能与疾病预防和治疗作用以及药品的功能主治表述相混淆；应充分考虑保健食品定位、保健功能理论依据、功能评价方法、功能作用的科学共识等因素，保健食品功能名称应与这些因素协同一致，不得相互矛盾或不符；一些以动植物为原料、以传统医学理论指导研发的产品，其功能声称应与中医药作用相对应；保健食品功能名称与功能声称的表述应当区分，应进一步细化、科学化、规范化，并编制准确、简练、易懂的保健食品

---

〔1〕 马瀛通：《中医对药食同源、养生和食疗的理解》，载科学网博客，http://blog.sciencenet.cn/blog-461711-571534.html，最后访问日期：2020年1月10日。

功能名称释义；对于保健食品功能名称，还应采取动态管理的模式逐步修改完善。其三，为了促进保健食品行业的健康发展，还应加大对保健食品功能声称和评价方法研究的资金投入。就这一问题，我们在审评中心的调研得知，以被列入有待进一步研究论证的保健食品功能目录中的辅助降血糖、辅助降血脂功能为例，至今对这一类功能无法确定的原因其实是研究过程中投入的研发成本还不到位，导致现有实验案例、研究期限不足以得出有效的实验结果。

第三，在保健食品审评周期方面。为了解决审评周期过长的问题，国家食品药品监督管理总局在2016年年底发布了《保健食品注册审评审批工作细则（2016年版）》来缩小外审范围，即专家仅对新产品的注册、保健功能变更、注册申请材料进行评审。但是在实践中，如何克服技术上的证明难题，合理确定审批中的程序性问题，应当有专门的实施细则来对这些问题做出具体的规定。

第四，针对保健食品审评工作积压问题。笔者建议保健食品变更注册和延续注册审评审批等监管职责下沉至省级监督管理部门。首先，延续注册、变更注册和转让技术注册涉及到的技术问题并不高深，省级监督管理部门具备相应的能力，且审评中心在最初的注册申请中已经对这类注册进行了审查，所以可以保证此类产品的安全性和功能声称的真实性。其次，延续注册、变更注册和转让技术注册与生产环节密切相关，省级监督管理部门离申请人的研发地和实际生产地较近，方便检查检测。再次，可以减轻企业的经营成本，免去其在住所地和北京之间来回奔波的费用，降低企业的研发费用和劳务成本。最后，相比于保健食品，药品的研发工艺和生产都更为复杂，但是药品的延续注册和变更注册等工作都是由省级监督管理部门负责，根据举重以明轻的原则，保健食品这类工作也应当下沉至省级监督管理部门。

（四）保健食品注册与备案制度改进与完善建议

1. 针对保健食品原料的管理

按照我国《保健食品原料目录与保健功能目录管理办法》第7条的规定，纳入保健食品原料目录的原料应当符合一系列安全性要求。原料目录制度的建立其实就是通过对原料的把控从而确立风险分级。

现行《食品安全法》提出要设定保健食品功能目录，还要求制定保健食品原料目录。该法第 75 条规定了保健食品原料目录应当包括原料名称、用量及其对应的功效。笔者建议在功能目录和原料目录中扩充原料目录的种类，使得更多的保健食品（特别是功能声称性）可以走备案途径，既有利于生产企业，也可以减轻注册审批的压力；并且可以考虑在现行备案的保健食品中划出一部分，进一步细化保健食品原料风险等级，在注册和备案之外可以考虑增加由企业自行合规的规格标准规定，对于有些风险级别极低的添加维生素、矿物质的保健食品，可以考虑参考日本等国外经验，实行自行合规上市的产品管理制度，而不必备案。

另外，在科学证据的基础上，构建原料目录动态化管理机制也十分重要。由于我国特定的中医药历史与文化背景，具有养生保健功效的动植物原料已成为了我国保健食品原料的重要组成部分和可持续开发资源，但其由于技术检验难题不能立即满足备案管理条件。随着科学研究的深入，一旦满足条件，相关原料或原料组合应当及时纳入目录，进行备案或者自行合规管理。

在这里要特别强调，药食同源类物质作为食品原料，安全性有充分保证，可以应用于保健食品的研发和生产，但由于传统医学评价体系和现代功能声称不在一个体系，不能归为一类管理。建议区别传统中医药保健食品和现代营养学保健食品，大力加强传统中医药保健食品原料的研究，在现有允许种类的基础上不断拓展原料目录范围。纯中药类物质，在具有较强功效的同时，也具备一定的毒性，不适合作为保健食品原料（保健食品本质上是食品，食品要求对人体不得产生任何危害），因此纯中药类物质应该划归到药品类进行管理。

2. 构建和完善相关配套制度

（1）推进内审制与注册申报收费制：基于药品审批的启示

第一，建议推进以内审制为主的保健食品注册审批制度。目前我国保健食品注册审批实行的是专家审查为主的外审制，一款新保健食品在上市前，仅行政审批的时间就需半年以上，再加上此前的试验和排队时间，企业取得批文至少需要两年。这不仅对企业的时间成本以及人力财力是一个较大的消耗，同时也占用了审批部门大量的时间，是造成历史申报产品大量积压的主要原因。

为此，可以借鉴药品审批的内审制。国家食品药品监督管理总局在 2016

年底发布了《保健食品注册审评审批工作细则（2016年版）》，一方面，缩小外审范围，审评专家负责对新产品注册、增加保健功能变更、注册申请材料进行技术审评；另一方面，扩大内审范围，审评中心负责对专家审查组审评报告进行审核和汇总，对补充材料、延续注册、转让技术、变更注册、证书补发等申请材料进行审评。建议在此基础上，进一步规范申报材料，对保健食品原料、生产工艺、检测指标等实现标准化管理，进而简化审批流程、加快审批速度。可参考加拿大的做法，根据已批准的产品情况，形成原料专论和产品专论，公布在官网数据库中，供申请人参考；或者参考印度的做法，对于其功效成分的安全性和功效的科学性已获验证、申请产品符合标准化的原料及功能声称规定的，不再对资料进行技术审查，采取简化注册管理方式或者自行合规的标签管理，要求健康声称应与标准专论相关内容相符，否则采取注册管理的方式。

第二，建议实行保健食品注册申报收费制。目前我国保健食品注册审评中实施的是不收费机制，致使现实中出现大量的"僵尸"批文现象，造成了资源的浪费。我们建议可以借鉴药品注册审评制度。根据《药品注册管理办法》，药品注册申请受理后，需要申请人缴纳费用的，申请人应当按规定缴纳费用；申请人未在规定期限内缴纳费用的，终止药品注册审评审批。此举提高了申报门槛，很多不再生产的药品的配方持有人在面对此申报成本时根本不会申请注册，这就有效节省了审评与监管资源。对注册申报的收费其实是一个非常有效的拦截低水平申报的措施。

（2）建设保健食品功能健康基础数据库

保健食品功能健康数据库包括对已有原始文献的综述研究，以及对国内外已批准保健食品的安全性和功效性上市后再评价的研究内容。充分借鉴药品上市后再评价和食品安全风险评估的经验和教训，收集、分析监测数据，综合利用循证医学、检验检测、文献研究等手段，对不同来源的证据体进行分级评价，以划分证据的强弱，并且考虑不同证据的一致性、适用性等，从而得出更科学全面的结论，最终形成保健食品健康基础数据库，作为政策制定、监督管理的科学依据。

（3）加强企业自律，同时发挥行业协会作用

政府监管是外部监督，企业自律是内部控制，只有内外结合才能确保保

健食品的安全。目前保健食品行业存在的主要问题是非法添加化学药物、违规生产、虚假宣传、夸大宣传等，这些都不是注册环节的问题，主要是企业诚信问题。因此，建议设立企业产品诚信数据库，并对公众公开，一方面督促企业维护自身诚信形象，保证产品安全，另一方面让消费者可以及时、准确获知产品的安全性问题等信息。

备案制的实施，要求政府对保健食品的监管重心从前置许可阶段更多地转移到生产过程、经营销售阶段上来。同时，也要充分发挥行业协会的作用，让其加强行业自律和行业诚信体系建设。可以考虑借鉴日本和韩国的做法，由行业协会承担部分产品上市前的标签和广告的申请与确认，再配合上市后监督管理机构的日常监督检查，以此培养、强化行业协会的职能和作用。

（五）保健食品生产与经营制度完善建议

为使所有保健食品的生产和经营都处于可管可控的状态，对不符合生产或经营规定的厂家或经销商应即刻调整，并向市场通告。建议根据风险分层监管理念，在前述对保健食品类型进行划分的基础上，再对涉及生产与经营保健食品的企业进行诚信量化分级，根据企业既往在生产、经营过程中的现实表现，将企业量化等级分为A、B、C、D四个等级：A级为诚信企业，B级为基本诚信企业，C级为警示企业，D级为失信企业。企业量化等级实行年度评定、动态管理、逐级升级。其间企业有降级条件情况发生的，应立即下调其量化等级，并按照新的等级实施不同严格程度的监管措施。

并且，建议参考韩国的健康功能食品履历跟踪管理制度，建立基于电子检测报告的食品溯源体系，主要应包括以下内容：第一，生产企业信息管理平台。生产企业将本单位生产的各批次的产品检验报告书进行上传、签章、发布，并形成"检验报告上传码"。检验报告书发布完毕后，生产企业的客户就可以对这些电子检验报告书进行查验操作。第二，经营单位信息管理平台。经营企业用户到此平台上找到供货商提供的相应产品的电子检验报告书，在与购进批次产品核对无误后，进行查验确认，生成该检验报告书的本单位"检验报告查验码"。之后将此查验码标注在纸制购进记录的对应批次品种后，以备监督管理部门核查。在核查过程中企业应如实填报供货商、采购数量、单位、时间等关键信息，这是进行相应产品追溯的核心。第三，监督管理部门管理平台。食品监督管理部门用户在此平台可以对生产企业上传的检验报告书进行查询统计,对经营单位查验检验报告情况予以核实检查,并对问题产品进行追溯。第四,接口服务。提供产品查询、质量查证、商品溯源等内容的数据开放接口,采用基于 http 协议,返回标准的 JSON 格式数据供其他平台无缝调用,可以容纳除保健食品外的其他食品领域溯源体系。

"保健食品电子检验报告追溯体系"可以完整记载食品的基本信息和流通信息的变化轨迹,实现了信息资源共享,达到科学监管和"来源可追溯、去向可查证、责任可追究、数量可统计"的目的,对于保证食品药品的质量安全具有积极的促进意义。

(六)标签、说明书及广告审核的制度政策建议

1. 标签、说明书审核建议

《食品安全法》及其实施条例对特殊食品的标签、说明书进行了规定。2020 年 1 月正式实施的《保健食品标注警示用语指南》专门对保健食品的警示用语标注和消费提示做出了详细规定。但在相关规定实施过程中,监督管理部门应加强对未醒目标示警示语等"软抵制"行为的监督和惩治,面对虚假宣传问题必须采取强制措施,且应对辖区内每家保健食品生产企业予以检查督促。

当然,如果能够结合注册与备案制度对我国保健食品的分类做重新调整的话,则亦应在标签中对分类予以明确标示。

此外,在严管保健食品、严打虚假宣传之时,也应通过公益广告等形式,广泛宣传"保健食品不是药物,不能代替药物治疗疾病"的观念,让该观念深入人心。

2. 广告审核的建议

(1) 明确界定"保健食品虚假广告"

《广告法》中,将虚假性和引人误解性作为虚假广告的认定标准,为整治我国虚假广告提供了有力支持。因此界定"保健食品虚假广告"时,应当以虚假性和引人误解性为基础,制订出一套既能充分考虑到消费者的合法权益又能保障保健品广告市场稳定发展的标准、规范用语。

(2) 监督管理部门加强对保健食品虚假广告的监管

第一,完善广告审查制度。一是提升事前审查的效率,建立专门的保健食品虚假广告审查小组,并构建专业的保健食品虚假广告监管体系,通过该

体系对保健食品广告审查人员进行引导，保证审查的科学性与合理性；二是以现有审查指标为基础，不断对其完善，使其能够全面地对保健食品广告进行评价；三是从消费者群体中，选出一到多名消费者代表共同对保健食品广告进行审查，使得保健品广告审查的过程中，能够从消费者的角度考虑，确保审查结果真实客观。

第二，进一步完善执法部门间的协作机制，以保证监督和管理工作能够发挥正常作用。我国的保健食品广告监督和审查都是由市场监督管理部门负责，市场监督管理部门在执法时应当注意内部工作部门间的协调，实现信息交互和共享，避免行政资源的浪费。另外，可以从我国保健食品广告市场的基本情况来考虑，构建出一套覆盖保健食品广告审查、监督的协调机制，以此为基础来健全保健食品广告执法部门间的协作机制。同时，市场监督管理机关在实际审查保健食品广告的过程中，应当注意对发布广告的媒体的审查与监管，不能遗漏对有责任的报纸、电视等媒体的追责，对此可以尝试由市场监督管理部门与新闻媒体主管部门共同承担对虚假广告的惩处职责。

(3) 拓宽对保健食品虚假广告的社会共治渠道

第一，引入虚假广告仲裁制度。要拓宽保健食品虚假广告的社会共治渠道，可以引入虚假广告仲裁制度。在21世纪初期，我国便已经开始采用仲裁的方式来维护消费者因虚假广告受损的权益，并且取得了不错的效果。相比于虚假广告公益诉讼，虚假广告仲裁制度有着快捷性和经济性的优点。因此，通过仲裁的方式再配合我国已有的公益诉讼程序来保护消费者免受保健食品虚假广告的侵害具有可行性。[1]

第二，完善更正性广告制度。更正性广告是一种针对虚假广告的法律规制手段，是指对于违法发布虚假广告的非法经营者，广告监督管理部门要求其在不小于违法广告发布的范围内自费通过公开方式纠正已经发布的违法广告。现阶段，我国的法律中并没有关于更正性广告的详细规定，只是在《广告法》和《广告管理条例》中进行了原则性的规定。完善更正性广告制度在很大程度上能有效震慑保健品虚假广告中的广告主体，其具体表现在：一是发布更正性广告主体的企业形象会在消费者中大幅度降低，从而会对该企业

---

[1] 章祝、陶然：《浅析保健品虚假广告的法律规制与监管体制》，载《医学与法学》2019年第6期。

的发展前景产生不良影响;二是更正性广告的发布能够加深消费者对该保健食品的印象,从而避免购买该保健食品;三是由于发布更正性广告的费用是由违法的广告客户和广告经营者来承担,由此也会给违法主体带来经济上的直接损失。另外,根据对国外更正性广告制度的研究,除了行政机关有权责令违法广告主体发布更正广告以外,消费者及相关经营者亦有权向法院申请启动司法程序,依法判决违法主体发布更正广告。因此,完善更正性广告制度也能有效地打击保健食品虚假广告。

(4) 禁止利用会议、讲座、健康咨询、社交电商等方式为保健食品进行虚假宣传

《食品安全法实施条例》第34条规定:"禁止利用包括会议、讲座、健康咨询在内的任何方式对食品进行虚假宣传……",以会议等方式对保健食品进行宣传应当属于广义的广告范畴。从广义上讲,任何企业和个人为了特定的目的,通过一定的媒介或形式向社会公众传播某种信息的宣传活动,都是广告。但是,通常《广告法》适用的广告,限于商业广告,即商品经营者通过一定的媒介或形式,直接或者间接地介绍自己所推销的商品或者服务的宣传活动。一直以来,针对中老年群体的借助会议、讲座、健康咨询等方式虚假宣传和销售保健品(包括保健食品)的活动危害甚广,且特别难以治理,原因在于虚假宣传的证据不容易发现和固定。因此,在治理上,一方面建议可以在有关健康声称、营养声称的相关法律文件中对"声称"的概念进行界定,规定健康"声称"是指任何印刷、口头、音频或视觉的陈述、建议或暗示某种食品具有与其来源、营养特性、性质、加工、成分或其他方面有关的特定品质;并禁止超出注册或备案的标签、说明书的范围进行虚假宣传和误导性宣传。另一方面,应在街道居委会、乡镇村组层面,对会议营销等活动的举办进行备案和全程旁听监督,这需要依据《食品安全法实施条例》对会议营销等活动制定统一的管理办法,以切实解决这一长期困扰执法部门和侵害消费者权益的法律规制问题。

此外,对直播带货等社交电商行为加强监管。社交电商行为本质上是一种直销行为,近年来在网上发展势头迅猛,已形成为一种新的商业模式。而保健食品的直销也已经从线下发展到线上,且存在传销风险。目前,我国对登记注册的直销企业有着严格的监管,但是大量不受监管的非直销企业、个

体从业人员、网红等利用线上包容审慎监管的、相对宽松的政策和环境，从事着保健食品的销售，其中存在着大量违法虚假宣传和误导性宣传销售行为，必须加强关注和对策研究，堵住这一监管真空。

（七）落实企业研发主体责任的制度政策建议

1. 落实保健食品全流程监管，压实企业主体责任

进一步改革保健食品监管制度，使市场上销售的所有保健食品都能做到"流通可溯源，经销可查询"，压实企业的主体责任则至关重要。首先从生产源头开始，加强对原辅料的监管。保健食品生产工艺有原料提取、纯化等前处理工序的，生产企业应当具备相应的原料前处理能力。[1]其次，作为配套，提高承检机构的检验检测能力。加快推进相关法律法规的立法，加强对检验检测机构的管理者、签字授权人及相关技术人员的管理与培训。同时，鼓励政府与具备检验检测能力的第三方检测机构合作，以便政府及时对违规企业进行处罚。

在当前时代背景下，建议建立健全电子商务诚信体系。要建立集成网上经营行为违法记录、消费者评价投诉等多方面信息的信用记录库；要将信用监管落实到个人，防止个人利用重复注册的方式从事违法经营。

2. 保健食品研发中添加剂使用的主体责任

（1）添加剂使用的现状

当前我国厂商生产的大多数食品添加剂在世界食品添加剂领域内处于领先水平，可是，我国的食品添加剂中仍然有那么一小部分有着一定的安全隐患。根据不完全统计，最近5年内我国在全国范围内共查获了有关食品添加剂方面的违法案件有1.7万多起，保健食品研发中添加剂的使用情况依然面临着严重的挑战。[2]

这些滥用情形主要表现在：第一，保健食品的研发中超范围、超量使用食品添加剂；第二，在保健食品的研发过程中违法使用非食品级的添加剂，如近几年查处的有关食品安全方面的违法案件中，发现有些保健食品的生产厂家把碳酸氢钠加入到降血糖的糕点当中，如长时间的食用会产生非常严重

---

[1]《食品安全法实施条例》第35条。
[2] 张中植：《保健食品研发中添加剂使用的法律监管及建议》，载《食品研究与开发》2017年第7期。

的后果;第三,保健食品的研发过程中使用含有食品添加剂的原材料。随着我国养殖技术的变化,在动物饲养的过程中,现在大部分都是以饲料喂养为主,大部分的动物饲料中通常都含有人用的食品添加剂。当使用这种动物原料研发制造保健食品的时候,非常有可能发生食品添加剂从动物原材料中转移的情况,最终造成保健食品的食品添加剂超标的现象。

(2) 落实研发中添加剂使用主体责任的建议

第一,健全保健食品添加剂管理的相关法律体系。虽然我国目前在食品添加剂方面的规范性文件较多,但是,这些规范性文件在制定的过程中没有突出保健食品生产行业的特殊性。在我国现阶段的保健食品研发过程中,添加剂的使用缺乏统一的标准。建议可以参照发达国家的成功经验,设立一套完整的执行标准,为有关机构的监管和企业研发提供参考。此外,需健全食品添加剂危险性评估体系。因为食品添加的服用量与毒性有密切的联系,所以需要建立在毒理学理论基础上的以研究食品添加剂危险性为主的评估体系。

第二,应对研发中滥用添加剂的行为应加强处罚力度。应通过增强处罚力度来完善法律的保障机制,对非法使用食品添加剂的厂商严格查处、增加处罚力度,使其失去在这方面的违法能力。例如增加赔偿金额、建立违法企业退出机制、提高处罚上限。

(八) 消费者教育与保健食品消费环境改善的制度政策建议

1. 加强保健食品领域的消费者教育

我国老龄化程度逐渐加深,老年人数量不断增加。老年人相比年轻人而言更加注重健康,这也是老年人是保健食品消费的主力军的原因之一。但部分老年人由于自身文化水平不足、对保健食品的认识不够,不但不依照自身情况使用消费保健品而且对保健品形成盲目相信。除去老年人,其他年龄阶段的消费者也存在轻信保健食品广告宣传的现象,他们只关注宣传所吹嘘的效果而不将眼光放在当下实际的保健食品功效情况。

对此,有效的应对方式便是加强保健食品领域的消费者教育。第一,对于城市消费者,应以新媒体为核心,发展城市多元信息发布体系。当前,我国大部分城市居民尤其是中青年群体已经习惯通过手机上网获取信息。保健食品监督管理部门可以与当地的电信运营商合作,定期向手机用户推送保健食品安全信息。对于城市居民中的老年群体,由于他们对新式传播方式相对陌生，因此仍然应当注重借助传统媒体和基层社区进行信息传递，遵循其认知特点来展开安全教育。第二，对于广大的农村消费者，应以可得性和可理解性为核心，提高农村居民信息能力。保健食品信息和知识发布，一方面应当充分发掘传统的广播、电视的传播能力，另一方面，通过微信等社交媒体推送视频信息。同时，还应当注意开发契合农村居民接受心理的多元传播形式，如乡村广播站。此外，考虑到农村居民的平均文化水平较低，县一级食品安全监督管理部门应当拨出专项资金，设立专人，定期前往所辖区域村镇进行食品安全知识普及宣讲；编制包含保健食品在内的食品安全知识普及手册，以简明通俗的手法和群众喜闻乐见的形式讲解相关食品安全知识，有效帮助广大农村消费者提高信息能力。[1]随着农村网络覆盖的加强和手机的普及使用，利用短视频平台、语音阅读平台等进行保健食品知识的教育传播也是一条可探索之路。

消费者加强对保健食品知识的学习能够明确保健食品的角色定位，明确普通食品、保健食品和药品的区别。保健食品属于国食健字号仅有保健及改善机体的功能，而药品属于国药准字号是经过国家食品药品监督管理局严格审批过的。市面上所有正规保健品说明书上皆有"本品不能代替药物"，而部分消费者却视而不见，在身体出现不适时不借助正规医院进行治疗而将希望寄托在保健品身上。消费者通过对其相关知识的学习能够对保健食品形成较为深刻的了解，明确保健食品不是药品，不能代替药品，也不能代替日常一日三餐需正常摄取的五类营养物质。最终，使"保健食品不是药品，也不能替代日常需摄取的五类营养物质"成为全社会的共识。

2. 改善保健食品消费的市场环境

改善保健食品消费的市场环境，最关键也是最直接的环节便是市场监督管理部门监管行为的有效性。

首先，在组建统一的国家市场监管系统，结束保健食品分散的监管状态后，对于普通食品冒充保健食品违法虚假宣传、高价销售的行为，应严厉禁止，并且应建立和完善保健食品监管行刑衔接机制。在执法过程中，市场监督管理部门应积极加强与公安部门的联动互动，与公安部门联合执法。针对

---

[1] 吴元元：《食品安全共治中的信任断裂与制度因应》，载《现代法学》2016年第4期。

保健食品涉刑方面，国家食品药品监督管理总局、公安部、最高人民法院、最高人民检察院、国务院食品安全办联合研究制定了《食品药品行政执法与刑事司法衔接工作办法》，各地也陆续出台了相关法律文件，提供了有效的法律依据。我们认为，下一步可在现场证据固定、人员信息的调取、阻挠执法等方面妥善控制，建立完善的对接体系。针对可能发生证据销毁、阻挠执法、人员逃逸等情况，警方可提前介入或派员进驻监督管理部门，从调查过程初始开始控制，及时合理合法取证，解决取证难问题。针对虚假宣传高价销售保健食品的违法行为，由于行政执法的局限性，取证难的问题必须要依靠公安部门介入才能解决。加强与公安机关的行刑衔接，实时建立公安机关的提前介入工作机制，合理合法有效取证，才能解决虚假宣传高价销售保健食品违法行为取证难问题。

具体而言，可以通过推进实施智慧监管的方式。在互联网时代，保健食品监管面对海量的监管数据靠人工根本无法满足监管需求，必须依靠人工智能，推进智慧监管。要开发大数据平台，将保健食品线上线下信息整合起来，并实现分析、预警等功能。相关的信息主要包含保健食品注册备案信息、广告审批、生产商信息及其日常抽检检查信息、网上商户信息、消费者投诉和不良反应信息，通过关键词抓取、快速比对及相关分析，实现对互联网保健食品违法行为的快速识别和预警。同时，还要加大培养数据分析人才，建立一支职业化的电子监管队伍。

其次，加强与检察院的沟通与协调。对于满足"虚构事实、隐瞒真相、非法占有"三要素，构成诈骗罪的违法行为，食品药品监督管理部门与公安部门联合执法，从诈骗罪的角度取证，结合个案情节分析，加强与检察机关沟通协调，才能将此种违法行为定性为诈骗罪。国内新闻近几年也有过将此类案件定性为诈骗罪的报道，相关律师也就此问题展开过讨论，但具体还要看案件本身过程和情节，重点在于取证和认定。同时，建议政策法规层面出台相应的法规，限制保健食品营销者聚众集会虚假宣传，或将此类蓄意销售行为明确列入诈骗罪范畴。

再者，检察机关充分发挥法律监督职能。运用综合监督方式，将各种监督手段综合运用，多方面、多层次、多渠道提升办案成效。虚假宣传是保健品市场乱象的一种典型表现形式，严重误导消费者，损害人民群众特别是老年人、病人的身体健康，并带来较大经济损失。检察机关以公益诉讼为切入点，以刑事办案为保障，督促行政执法部门和公安机关及时全面履职，有力维护消费者合法权益，推动保健品领域乱象得到有效整治。

2017年，全国食品、保健食品欺诈和虚假宣传整治工作电视电话会议召开后，综合近3年来日常监督、投诉举报、监督抽检及处罚情况，在明确检查重点、督促企业履行好质量安全主体责任、加强科普宣传和舆论引导、建立保健食品"预防虚假宣传与媒体曝光机制"、教育引导人民群众理性消费、法规制度建设和政策制定等方面取得了初步成效。相信在保健食品监管制度政策不断优化的引领下，各部门协同配合，定能让保健食品违法行为无处遁形，让中国的百姓更具有幸福感和获得感，享受更优质的保健食品产品和服务。

附录

《加拿大天然健康产品条例》附录1、2

第一章释义部分对天然健康产品的定义：

natural health product means a substance set out in Schedule 1 or a combination of substances in which all the medicinal ingredients are substances set out in Schedule 1, a homeopathic medicine or a traditional medicine, that is manufactured, sold or represented for use in:

(a) the diagnosis, treatment, mitigation or prevention of a disease, disorder or abnormal physical state or its symptoms in humans;

(b) restoring or correcting organic functions in humans; or

(c) modifying organic functions in humans, such as modifying those functions in a manner that maintains or promotes health.

However, a natural health product does not include a substance set out in Schedule 2, any combination of substances that includes a substance set out in Schedule 2 or a homeopathic medicine or a traditional medicine that is or includes a substance set out in Schedule 2. (produit de santé naturel)

天然健康产品是指使用附录1中的物质、以附录1中药材成分为原料的、以顺势疗法药物、传统药物，加工而成并销售作为以下用途的产品：

①诊断、治疗、缓解疾病，或预防疾病、紊乱、异常身体状态以及身体症状；

②恢复或纠正人体的正常机能；

③改善人体正常机能，比如通过改善相应功能可以维持或促进健康。

但是，天然健康产品并不包括列于条例附录2中的物质，也不包括任何含有附录2中的物质的组合物、顺势疗法药物或传统药物。（天然健康产品）

附录1：天然健康产品的原材料

SCHEDULE 1

（Subsection 1（1））

INCLUDED NATURAL HEALTH PRODUCT SUBSTANCES

项目	Substances	物质
1	A plant or a plant material, an alga, a bacterium, a fungus or a non-human animal material	植物或植物材料、藻类、细菌、菌类或非人类动物材料
2	An extract or isolate of a substance described in item 1, the primary molecular structure of which is identical to that which it had prior to its extraction or isolation	项目1中所述物质的提取物或分离物，主要分子结构与提取或分离前相同
3	Any of the following vitamins: biotin、folate、niacin、pantothenic acid、riboflavin、thiamine、vitamin A、vitamin B6、vitamin B12、vitamin C、vitamin D、vitamin E、vitamin K1、vitamin K2	维生素：生物素、叶酸、烟酸、泛酸、维生素B2、维生素1、维生素A、维生素B6、维生素B12、维生素C、维生素D、维生素E、维生素K1、维生素K2
4	An amino acid	氨基酸
5	An essential fatty acid	必需脂肪酸
6	A synthetic duplicate of a substance described in any of items 2 to 5	项目2至项目5所述物质的合成物
7	A mineral	矿物质
8	A probiotic	益生菌

附录 2：不可作为天然健康产品原材料的成分

SCHEDULE 2

(Subsection 1 (1))

Excluded Natural Health Product Substances

项目	Substances	物质
1	A substance set out in Schedule C to the Act 注：the act 是指 Food and Drugs Act	条例附表 C（Food and Drugs Act）所列物质（出售或代理用于制备放射性药物的非放射性核素药物、放射性药物、放射性药品）
2	A substance set out in Schedule D to the Act, except for the following: (a) a drug that is prepared from any of the following micro-organisms, namely, an alga, a bacterium or a fungus; and (b) any substance set out on Schedule D when it is prepared in accordance with the practices of homeopathic pharmacy	本法附表 D 所列物质，但下列物质除外：(a) 由下列微生物，即藻类、细菌或真菌制备的药物；以及 (b) 附表 D 所列的任何物质，而该物质是按照顺势疗法药房的做法配制的 (D 表的物质是指用于治疗或诊断的过敏性物质、垂体前叶提取物、垂体外叶、抑肽酶、胆囊收缩素、胆囊收缩素、重组 DNA 法获得的药物、微生物制备的非抗生素药物、由血液制成的药物、胰高血糖素、促性腺激素、促性腺激素、免疫制剂、胰岛素、干扰素、单克隆抗体及其结合物和衍生物、反转录单核细胞、分泌素、甜菜碱、蛇毒、尿激酶、尿激酶等）
3	[Repealed, SOR/2018-132, s. 3]	已经被废除
4	A substance set out in any of Schedules I to V of the Controlled Drugs and Substances Act	《管制药物和物质法》附表 1 至 5 所列物质（主要是药品和麻醉物，比如说罂粟及其制剂、衍生物、生物碱和盐类等）
5	A substance that is administered by puncturing the dermis	一种通过刺穿真皮而给药的物质
6	An antibiotic prepared from an alga, a bacterium or a fungus or a synthetic duplicate of that antibiotic	由藻类、细菌、真菌或该抗生素的合成物制成的抗生素

续表

项目	Substances	物质
7	Cannabis as defined in subsection 2 (1) of the Cannabis Act, except for a derivative or a product made from a derivative that is exempt from the application of the Cannabis Act under the Industrial Hemp Regulations and that does not contain an isolated or concentrated phytocannabinoid or a synthetic duplicate of that phytocannabinoid	《大麻法》第2（1）小节中定义的大麻，但根据《工业大麻条例》免于适用《大麻法》且不含分离或浓缩植物大麻素或该植物大麻素的合成复本的衍生物或衍生产品除外
8	Anything referred to in Schedule 2 to the Cannabis Act that contains more than 10 μg/g THC, an isolated or concentrated phytocannabinoid or a synthetic duplicate of that phytocannabinoid	《大麻法》附表2所指含有10μg/g THC、分离或浓缩的植物大麻素或该植物大麻素的合成复本的任何物质

第四章

保健食品（企业）线上行为监管研究[1]

一、保健食品（企业）线上行为的界定

保健食品（企业）线上行为的形式主要有微商、电商平台，以及企业自身或委托中介机构在网络直播社交平台直播带货等。结合现代主体性哲学到主体间性哲学的转变，可以将这些保健食品（企业）的线上行为区分为传统电商和社交电商两类。传统电商行为以商品交易为核心，专注于提供各类商品以满足消费者的特定需求，带有强烈的主客体意识，是主体性哲学思想在电子商务领域的延续，目的是展现客体对主体的满足性。而主体间性哲学致力于交互主体性研究，主张通过主体与主体之间的行为展现人之理性，社交电商行为便是展现交易主体之间交互性的典型实例。社交电商行为更多地将交易重心从客体转向主体，更关注消费者、中间方、经营者之间的主体关系。随着2016年淘宝直播间的首次上线，以及随后的直播带货在社交平台、短视频平台的兴起，电商行为模式整体发生了变化，致力于主体之间的交互，通过主体与主体之间的行为吸引消费者在互动中完成消费，这一现象在保健食品（企业）线上行为中表现得似乎更为突出。

---

[1] 本章是本书笔者2021年主持完成的食品安全治理协同创新中心委托的研究项目。编入本书时题目作了调整，内容进行了删减。

（一）保健食品（企业）线上行为界定的理论基础

1. 传统电商行为与社交电商行为

（1）传统电商行为与社交电商行为的差异

保健食品（企业）的线上行为即保健食品领域的电子商务活动，《电子商务法》将电子商务界定为通过互联网等信息网络销售商品或者提供服务的经营活动。社交电商行为与传统电商行为均是电商行为的下位概念。《社交电商经营规范》（征求意见稿）将社交电商界定为基于人际关系网络，利用互联网社交工具，从事商品交易或服务提供的经营活动，包括信息展示、支付结算、快递物流等电子商务全过程，是新型电子商务的重要表现形式之一。

传统电商则是指社交电商之外的电子商务活动。根据亿邦动力研究院发布的《2019中国社交电商白皮书》，传统电商行为与社交电商行为在诸多方面存在显著差异，如下表所示：

表4.1 传统电商行为与社交电商行为比较[1]

	传统电商行为	社交电商行为
人	身份单一（买家）	身份多元（消费者、粉丝、会员、店主、商业伙伴等）
货	物以类聚（货架式陈列、搜索式购买、全类目/垂直品类）	人以群分（推荐式呈现、发现式购买、用户偏好）
场	千品千景	一品千景
网络效应	供给侧网络协同效应	需求侧网络协同效应
零售要素	以产品经营为核心	以用户经营为核心
流量特征	用户聚集形成固定流量	社交裂变形成动态流量
决策链路	独立式决策	开放式决策

（2）主体性哲学与主体间性哲学视域下的传统电商和社交电商

主体性哲学强调主体与客体的关系，重视客体对于主体需求的满足性。[2]在主体性特征更突出的传统电商行为中，主体通常以消费者和经营者

---

[1] 亿邦动力研究院：《2019中国社交电商白皮书》。

[2] 虎小军、张世远：《主体间性：哲学研究的新范式》，载《宁夏社会科学》2007年第2期。

的身份出现，客体表现为消费对象，即商品和服务。而主体间性是在主体性的基础上，转向主体与主体的横向关系。[1]与传统电商相比，社交电商行为更加注重主体间性，这主要表现为以下两个方面：

其一，相比于客体可用性，主体可信赖性更突出。主体间性是作为主体的人在交往过程中表现的交互主体性。[2]传统电商中消费者购买商品或服务的动力主要来自于客体，在部分直播类的电商中直播营销人员与消费者也存在一定的交互性。而在社交电商行为中，这种动力更多来自于中间人推荐，是基于对中间人的信任而产生的交易关系。其二，主体复合性特征更明显。一般传统电商行为的主体单一性十分突出，如消费者仅为"买家"，经营者将消费者主体客体化，经营者也是如此。这种异化主客体关系使得纠纷不断。[3]而社交电商行为则不同，如消费者往往能以买家、商业伙伴等多种身份出现。对此经营者注重消费者的主体地位而非作为客体的商品，不再将消费者当作客体存在。

2. 基于实践的交往理性：线上行为模式构造及风险

（1）线上行为模式的内部构造

交往理性体现在交往行为中，而交往行为是建立在语言或语句基础上的相互理解活动，这种活动具有主体间性特征，发生在至少两个主体之间。[4]在哈贝马斯看来，任何一个交往行为都要满足三个有效性要求：真实性、真诚性和正确性（正当性）。[5]具体是指内容真实、真诚表达、表达符合规范。交往行为有效性要素与线上行为模式相结合，提供了三种内部构成要素，即主观真诚性、客观真实性和规范正确性。

其一，主观真诚性是线上行为主体在进行线上行为时，主观上具有善意。判断主观真诚性需要从主观非善意的角度进行，即不故意隐瞒、欺诈才可视

---

[1] [德] 马丁·海德格尔：《存在与时间》，陈嘉映、王庆节译，生活·读书·新知三联书店2006年版，第146~152页。

[2] 郭湛：《论主体间性或交互主体性》，载《中国人民大学学报》2001年第3期。

[3] [美] 大卫·雷·格里芬编：《后现代精神》，王成兵译，中央编译出版社2011年版，第120页。

[4] 胡军良：《论哈贝马斯的交往理性观》，载《内蒙古社会科学（汉文版）》2010年第2期。

[5] 傅永军：《哈贝马斯交往行为合理化理论述评》，载《山东大学学报（哲学社会科学版）》2003年第3期。

为具有主观真诚性。其二,客观真实性是线上行为所指向对象符合真实性要求,即商品和服务真实。其三,规范正确性是线上行为符合规范性要求,包括道德和法律规范性要求。这三部分是相互关联而非对立的关系,规范正确性本身也包含着主观真诚性和客观真实性。

这种交往理性尤其体现在社交电商上,社交电商交互行为包括以下几种:经营者与经营者之间、经营者与消费者之间,以及消费者与消费者之间的交互行为。实践中包括以拼多多为代表的拼购社交电商,以抖音等为代表的内容导购社交电商,以及以贝店为代表的零售社交电商。此外,还有活跃在微信、微博等社交媒体中的社交电商。

(2)反交往理性:线上行为风险解析

线上行为具有的反交往理性风险包括主观真诚性缺失风险、客观真实性缺失风险和规范正确性缺失风险。

其一,主观真诚性缺失风险主要表现为行为主体主观欺诈故意的心理状态。根据欺诈主体不同,线上行为的欺诈类型包括经营者欺诈和消费者欺诈。这种分类是对经营欺诈和消费欺诈的实际运用。[1]具体而言,线上经营者欺诈可以分为价格欺诈、宣传欺诈和质量欺诈三种类型。[2]此外,经营者欺诈还包括以传销形式实施的欺诈。而社交电商消费者欺诈主要包括直接欺诈和间接欺诈两种形式。直接欺诈是消费者针对经营者实施的欺诈,而间接欺诈是消费者借助经营者对其他消费者实施的欺诈。

其二,客观真实性缺失风险是线上行为指向的商品或服务不符合真实性要求。针对商品,客观真实性缺失风险包括商品本身不存在、商品无法溯源、商品存在质量问题三种类型。针对社交电商服务,客观真实性缺失风险包括社交电商服务本身不存在、服务不符合约定、服务损害消费者权益三种类型。

其三,规范正确性缺失风险是线上行为所依据的规范不符合正确性要求,包括规范不存在、规范未被遵守、规范适用结果非正义三种类型。这里的规

---

[1] 杨立新:《消费欺诈行为及侵权责任承担》,载《清华法学》2016年第4期。

[2] 肖峰:《〈消费者权益保护法〉中"欺诈"的解释方法改进》,载《法律科学(西北政法大学学报)》2020年第2期。

范特指法律规范而非道德规范。[1]规范适用结果非正义典型表现为《禁止传销条例》对社交电商中团队计酬的性质认定。《禁止传销条例》第 2 条规定了三种形式的传销活动,[2]其核心属性是欺诈。[3]社交电商经营者通过分级销售形式拉拢顾客,并根据销售业绩给付员工报酬,这被《禁止传销条例》认定为违法传销行为。但该行为不存在欺诈,也未损害其他主体利益。

(二)保健食品(企业)线上行为的法律适用

1. 保健食品(企业)线上行为的法律关系

(1)法律关系主体:平台主体、经营主体、消费主体

保健食品(企业)线上行为法律关系中的主体主要包括平台主体、经营主体与消费主体,其中社交电商相比于传统电商更为注重不同主体之间的互动与交流。

其一,平台主体包括社交电商平台、社交平台、传统电商平台与自建平台。社交电商平台的功能是满足社交、商品购买、自主创业等多重需求,其内容是相似或相同主题的信息分享、互动,相关商业元素的植入及推广。[4]《网络交易监督管理办法》第 7 条界定了网络社交平台,即为经营者提供网络经营场所、商品浏览、订单生成、在线支付等网络交易平台服务的主体。[5]传统电商平台的本质是商品或服务交易模式。[6]自建平台下平台主体与经营

---

[1] 规范通常是对秩序的维护,秩序可分为自发秩序和设计秩序。因此,规范也可分为自发规范和设计规范。其中,法律规范是典型的人为设计的规范,需要通过立法程序形成。道德规范则是属于自发规范,无需特定程序即可生成。关于秩序分类,详见[英]弗里德利希·冯·哈耶克:《法律、立法与自由(第一卷)》,邓正来、张守东、李静冰译,中国大百科全书出版社 2000 年版,第 55 页。

[2]《禁止传销条例》第 2 条规定:"本条例所称传销,是指组织者或者经营者发展人员,通过对被发展人员以其直接或者间接发展的人员数量或者销售业绩为依据计算和给付报酬,或者要求被发展人员以交纳一定费用为条件取得加入资格等方式牟取非法利益,扰乱经济秩序,影响社会稳定的行为。"

[3]《禁止传销条例》第 1 条规定:"为了防止欺诈,保护公民、法人和其他组织的合法权益,维护社会主义市场经济秩序,保持社会稳定,制定本条例。"

[4] 潘建林、汪彬、董晓晨:《基于 SICAS 消费者行为模型的社交电商模式及比较研究》,载《企业经济》2020 年第 10 期。

[5]《网络交易监督管理办法》第 7 条第 4 款规定:"网络社交、网络直播等网络服务提供者为经营者提供网络经营场所、商品浏览、订单生成、在线支付等网络交易平台服务的,应当依法履行网络交易平台经营者的义务……"

[6] 潘建林、汪彬、董晓晨:《基于 SICAS 消费者行为模型的社交电商模式及比较研究》,载《企业经济》2020 年第 10 期。

主体合二为一，如台湾康田、美国安利、日本SUNTORY等销售保健食品的企业。这些平台因为在本质、功能与内容等方面均不相同，所以对其进行监管的重点也将有所不同。

其二，经营主体主要是指从事销售商品或者提供服务的经营活动的自然人、法人或非法人组织。社交电商还包括从事商品推荐的主体。推荐主体通过文字、图片、视频等分享自己对某商品或服务的使用心得，或在直播中介绍商品信息，来激起消费者的购物欲。与传统电商相比，社交电商中社交因素的加持使得经营主体与消费主体的互动性大大增加，经营主体针对不同类型的消费主体可能会有不同的经营行为。

其三，消费主体是指为生活消费需要购买、使用商品或者接受服务的个体。社交电商领域的消费者还呈现一些新的特点，他们是"由社交媒介或者电商平台进入，围绕主题进行分类社交、商品推荐或购买的用户"[1]。所以，社交电商中消费主体与其他主体之间有时存在身份的转换，如转换为会员、团长、店主等。这种身份的转换在线下实施可能存在障碍，但是在互联网的帮助下，这种障碍在线上实施的过程中就逐渐消失了。

（2）法律关系客体：经营活动、保健食品

其一，经营活动。《电子商务法》第9条第1款规定："本法所称电子商务经营者，是指通过互联网等信息网络从事销售商品或者提供服务的经营活动的自然人、法人和非法人组织，包括电子商务平台经营者、平台内经营者以及通过自建网站、其他网络服务销售商品或者提供服务的电子商务经营者。"而对于"经营活动"的界定，在电子商务法起草组编著的《电子商务法条文释义》中作了解释，"经营活动是指以营利为目的的持续性业务活动"。但社交电商经营主体的经营活动因为采用"裂变"的商业模式，尤其在分销型的社交电商中该特征极其明显，如"多级分销""拉人头""交入门费""层级计酬"等，则可能涉嫌传销。

其二，保健食品。国家食品药品监督管理局于2005年4月30日发布的《保健食品注册管理办法（试行）》虽然已经失效，但是其中对于保健食品的定义却仍有一定的参考意义，其第2条规定，本办法所称保健食品，是指

---

〔1〕 潘建林、汪彬、董晓晨：《基于SICAS消费者行为模型的社交电商模式及比较研究》，载《企业经济》2020年第10期。

声称具有特定保健功能或者以补充维生素、矿物质为目的的食品。即适宜于特定人群食用，具有调节机体功能，不以治疗疾病为目的，并且对人体不产生任何急性、亚急性或者慢性危害的食品。

保健食品行业常见的直销也有诸多问题，如缺乏人性化销售服务、可能涉及违法传销等。[1]于是保健食品行业向社交电商转型升级，"互联网+直销+健康观念"所组成的"健康营销模式"受到了广大保健食品企业的青睐，基于主体信赖关系的社交电商为保健食品行业的发展起到了极大的推动作用。但其中仍同时有些不法分子以假冒、伪劣的产品欺诈消费者。

(3) 法律关系内容：经营者义务、消费者权利

其一，《消费者权益保护法》对经营者义务与消费者权利进行了系统的规定。其二，《电子商务法》重点规定了电子商务经营者的义务，相较于其他法律更贴合保健食品（企业）的线上行为。该法规定经营者从事经营活动应当遵循的原则，应当依法办理市场主体登记、依法履行纳税义务、不得搭售、不得滥用市场支配地位，不得排除、限制竞争，以及从事跨境电子商务的经营者还应当遵守进出口监督管理；在第2章第2节还详细规定了"电子商务平台经营者"的义务。其三，《反不正当竞争法》规范经营者行为，也对消费者群体的权益进行保护。[2]该法制止诸如标识混淆、商业诋毁、虚假或引人误解的商业宣传、违法有奖销售等不正当竞争行为，既有利于营造公平的竞争秩序，也有利于保障消费者知情权、公平交易权等权利。其四，《民法典》对合同双方当事人的义务与权利的规定。保健食品线上经营者与消费者如果达成合意，可以两者之间建立了合同关系。其中经营者事先规定的格式条款应该严格遵守法律的规定，如要以显著的方式提请消费者注意、不能减损消费者的权利、不能减损自己的义务等。其五，《广告法》对经营者义务的规定。保健食品线上经营者向潜在的消费者推荐、介绍相关商品，这可以被归为广告行为，需要符合《广告法》的规定。根据《广告法》第2条第1款，广告是指商品经营者或者服务提供者通过一定媒介和形式直接或者间接地介

---

[1] 白悦彤、郭秀云、郑梦凡：《我国保健食品市场现状分析及对策研究》，载《现代商业》2019第21期。

[2]《反不正当竞争法》第1条就将保护消费者的合法权益作为本法的立法目的之一，第2条将损害消费者合法权益的行为作为不正当竞争行为的要素之一。

绍自己所推销的商品或者服务。《广告法》规定了保健食品不得包含的内容[1]；部分媒体不可以变相发布保健食品广告[2]，在针对未成年人的大众传播媒介上不得发布保健食品广告[3]，发布保健食品广告前需要由广告审查机关对广告内容进行审查[4]。违反上述规定的，相关主体要承担法律责任。除此之外，《保健食品广告审查暂行规定》第8条[5]规定更为具体。

2. 保健食品（企业）线上行为的法律风险

（1）触及传销等刑事犯罪

近年来因为涉嫌传销被处罚的社交电商已经不在少数，其中较为著名的是2017年的"云集微店"案和2019年的"花生日记"案。此外，淘小铺、

---

[1]《广告法》第18条：保健食品广告不得含有下列内容：（1）表示功效、安全性的断言或者保证；（2）涉及疾病预防、治疗功能；（3）声称或者暗示广告商品为保障健康所必需；（4）与药品、其他保健食品进行比较；（5）利用广告代言人作推荐、证明；（6）法律、行政法规规定禁止的其他内容。保健食品广告应当显著标明"本品不能代替药物"。

[2]《广告法》第19条：广播电台、电视台、报刊音像出版单位、互联网信息服务提供者不得以介绍健康、养生知识等形式变相发布医疗、药品、医疗器械、保健食品广告。

[3]《广告法》第40条第1款：在针对未成年人的大众传播媒介上不得发布医疗、药品、保健食品、医疗器械、化妆品、酒类、美容广告，以及不利于未成年人身心健康的网络游戏广告。

[4]《广告法》第46条：发布医疗、药品、医疗器械、农药、兽药和保健食品广告，以及法律、行政法规规定应当进行审查的其他广告，应当在发布前由有关部门（以下称广告审查机关）对广告内容进行审查；未经审查，不得发布。

[5]《保健食品广告审查暂行规定》第8条：保健食品广告中有关保健功能、产品功效成份/标志性成分及含量、适宜人群、食用量等的宣传，应当以国务院食品药品监督管理部门批准的说明书内容为准，不得任意改变。保健食品广告应当引导消费者合理使用保健食品，保健食品广告不得出现下列情形和内容：（1）含有表示产品功效的断言或者保证；（2）含有使用该产品能够获得健康的表述；（3）通过渲染、夸大某种健康状况或者疾病，或者通过描述某种疾病容易导致的身体危害，使公众对自身健康产生担忧、恐惧，误解不使用广告宣传的保健食品会患某种疾病或者导致身体健康状况恶化；（4）用公众难以理解的专业化术语、神秘化语言、表示科技含量的语言等描述该产品的作用特征和机理；（5）利用和出现国家机关及其事业单位、医疗机构、学术机构、行业组织的名义和形象，或者以专家、医务人员和消费者的名义和形象为产品功效作证明；（6）含有无法证实的所谓"科学或研究发现""实验或数据证明"等方面的内容；（7）夸大保健食品功效或扩大适宜人群范围，明示或者暗示适合所有症状及所有人群；（8）含有与药品相混淆的用语，直接或者间接地宣传治疗作用，或者借助宣传某些成分的作用明示或者暗示该保健食品具有疾病治疗的作用。（9）与其他保健食品或者药品、医疗器械等产品进行对比，贬低其它产品；（10）利用封建迷信进行保健食品宣传的；（11）宣称产品为祖传秘方；（12）含有无效退款、保险公司保险等内容的；（13）含有"安全""无毒副作用""无依赖"等承诺的；（14）含有最新技术、最高科学、最先进制法等绝对化的用语和表述的；（15）声称或者暗示保健食品为正常生活或者治疗病症所必需；（16）含有有效率、治愈率、评比、获奖等综合评价内容的；（17）直接或者间接怂恿任意、过量使用保健食品的。

斑马会员、贝店、赚多多、随时约、章鱼哥、艾维购、名义初品、OL圈、华特松鼠、E趣商城等多家平台也因为涉嫌传销被处罚。保健食品线上经营者中除了真心实意地做电子商务外，也有一些企业实施虚假商品交易的欺诈行为，开展传销活动。

（2）瓦解并重塑信任机制

相比于传统电商，社交电商中更加注重人与人之间的信赖关系，如果这层信赖关系崩塌，那么社交电商的经营主体将会很难再继续向自己的粉丝推介商品。目前有很多因素会导致信任机制瓦解，如消费者购买到的商品质量不符合经营主体推介、商品质量存在瑕疵或缺陷、售后服务不完善、消费者的个人信息泄露，等等。这些风险势必将会在经营主体与消费主体之间建立起一道隔阂，信任机制的瓦解将会使得某个经营主体或某个平台的经营寸步难行。但是，因为如今的线上经营行为几乎无处不在，消费者与某个经营主体或某个平台的信任机制瓦解之后，可能会迅速建立起对另一个经营主体或平台的信任，虽然重塑起了信任关系，但是主体却不同以往，这并不利于客户的留存，也不利于线上经营行为的长远发展。

（3）陷入监管真空状态

首先，欠缺专门的法律规范。《电子商务法》对传统电商的规范较为完善，但是针对社交电商还有不足。《电子商务法》目前仅能规范那些能被归为电子商务经营者的社交电商，而且也是按照一般的电子商务行为予以规范，并没有凸显出社交电商行为的特殊性。2018年商务部电子商务司就《社交电商经营规范》向社会征求意见，专门用于规范社交电商行为。但是，至今该规范还没有正式颁布实施。

其次，线上行为中经营主体身份不明将会为监管带来难题。例如目前社交电商中一些卖家流量入口是信息流广告、微信好友分享的链接，这些入口非常不稳定，随时可能删除或下线，消费者事后很难通过这些链接获得救济。[1]这也给监管带来不小的难度。

最后，线上行为的形式各种各样，如以文字、图片、视频、直播等形式分享的商品信息，再加上互联网极强的隐蔽性，导致其内容很难被全部纳入

---

[1] 李家悦：《社交电商监管初探》，载《中国市场监管报》2019年7月30日，第A5版。

监管的范围之中。这给了不法分子可乘之机。

二、保健食品（企业）线上行为监管必要性

恰当、充分的监管是规范新兴行业、新型行为并促进其健康发展的重要因素。线上经营行为作为发展于互联网领域中的新型行为，应当对其进行恰当、充分的监管。而保健食品领域与服装、图书等其他领域不同，其关系人们的生命、健康。因此，保健食品领域线上行为的监管必要性更为凸显。

（一）保健食品（企业）线上行为的反交往理性

1. 主观真诚性缺失：欺诈行为、虚假广告

主观真诚性缺失主要是指保健食品领域线上行为主体欺诈的心理状态。这里的主体主要为经营者，主观真诚性缺失主要表现为线上经营者欺诈，而经营者欺诈的两种主要表现行为即为欺诈行为和虚假广告。

欺诈行为在实践中较为常见，集中体现在价格欺诈和质量欺诈两个方面。其一，在价格欺诈中，保健食品领域线上经营者通常以价格促销作为欺诈形式，如提高价格后进行打折、虚构商品价格等。除此之外，还包括在消费者以关键词搜索出相应商品或在商品橱窗看到展示的商品时，该商品显示的价格与实际下单、付款时的价格存在差异。其二，在质量欺诈中，线上经营者为促进交易获得利润，其通常采用隐瞒保健食品质量缺陷或瑕疵的形式欺诈消费者。国家市场监督管理总局2020年发布的《市场监管总局关于加强网络直播营销活动监管的指导意见》反映了线上经营活动中切实存在的产品质量问题和食品安全问题。[1]

而在虚假广告中，保健食品领域存在线上经营者将保健食品不具有的功能进行对外宣传、以图交易并获得利润的行为。老年人是保健食品销售的重要对象，而老年人辨别欺诈行为和虚假广告的能力相较青年人、中年人偏低，更容易受欺诈行为和虚假广告影响而产生认识错误，进而造成人身和财产上的损害。

---

[1]《市场监管总局关于加强网络直播营销活动监管的指导意见》："（10）依法查处产品质量违法行为。针对网络直播营销中售卖假冒伪劣产品等问题，依据《产品质量法》，重点查处在产品中掺杂掺假、以假充真、以次充好、以不合格产品冒充合格商品、伪造产品的产地和伪造或冒用他人厂名厂址等违法行为。……（12）依法查处食品安全违法行为。针对网络直播营销中的食品安全问题，依据《食品安全法》，重点查处无经营资质销售食品、销售不符合食品安全标准的食品、销售标注虚假生产日期或超过保质期的食品等违法行为。"

另外，监管实践中欺诈行为、虚假广告在线上经营领域存在变异的情形，这对于充分、及时的监管提出了更高的挑战。对传统的欺诈行为、虚假广告大多可从经营者发布的文字、视频等入手，以判断经营者对商品所做的介绍与商品的实际情形是否吻合，进而得出经营者主观真诚性是否缺失的结论。然而，在社交电商中，直播中的介绍等不会以文字、视频等方式留存，通过社交电商平台、朋友圈等发布宣传的内容可以随时为其所修改，这使得监督管理机关掌握证据、认定违法行为存在较大困难。

2. 客观真实性缺失：产品缺陷、假冒伪劣

客观真实性缺失风险是指线上经营行为指向的商品或服务不符合真实性要求。在保健食品领域，客观真实性缺失主要体现在产品缺陷和假冒伪劣两个方面。

产品缺陷是指产品的设计、原材料、功能声称等方面存在缺陷，未能满足消费或使用产品所必需的合理安全要求的情形。保健食品的产品缺陷主要是指产品成分中的缺陷，由于保健食品将通过食用直接进入体内，食品中的成分将直接关涉人体的健康，因此保健食品存在产品缺陷的不良影响将更为严重。[1]现实中存在大量线上销售的保健品成分不明、成分功效不确定等情形，这既是保健食品生产者的生产责任，也是线上经营者对食品审核的不到位，它们最终共同造成了客观真实性缺失，具体而言是其中的产品缺陷问题。[2]

假冒伪劣商品可以大致分为两类，即假冒商品和劣质商品。其一，假冒商品是指以假充真，攀附其他商品在质量、服务等方面的优势销售自己的商品。保健食品经营者通过销售贴附着其他商品的商标、使用与其他商品相近的包装装潢的保健食品，使消费者在其他商品与该商品间产生混淆、误认，消费者错误地认为线上经营者销售的保健食品是其他经营者生产、销售的保健食品，进而基于该错误认识购买该假冒商品。这既侵犯了消费者的知情权、公平交易权等权利，还侵犯竞争秩序。恶意的搭便车行为将破坏市场中经营者间的良性竞争，破坏商标、商业标识识别来源的作用，打破市场中各主体间的相互信任，造成经营者和消费者利益的整体损害。其二，劣质商品是指

---

〔1〕 参见潘建立、郑良英、贾昌平：《减肥类中成药及保健食品中33种非法添加化学物质的UPLC-DAD-ESI-Q-TOF/MS快速检测》，载《中国药师》2020年第7期。

〔2〕 参见林升清、陈国忠：《中国保健食品现状及存在问题探讨》，载《中国食品卫生杂志》2007年第5期。

质量低劣的商品。食用质量低劣的保健食品不仅难以起到保健的作用，甚至将对人身造成损害。部分线上经营者为降低成本、提高销量进而获得收益往往将价格较低、利润空间较大的保健食品推荐给消费者。

3. 规范正确性缺失：违法交易、违规操作

规范正确性缺失是指行为不符合规范。在保健食品的线上经营领域，我国法律、法规仍存在缺位情况，尤其是缺乏法律、法规对于社交电商进行直接规范。规范正确性缺失的问题具体表现为线上经营者违法交易的问题。

我国法律对于社交电商的一般性规范中主要包括以下内容：经营者注册登记、特殊商品或服务经营许可、传销禁止、产品或服务符合标准、广告宣传合法真实、保护消费者个人信息等。实践中，存在不少违反法律规范的行为，如保健食品线上经营者未向行政机关进行注册登记、经营者通过社交电商向消费者销售质量不合格商品、社交电商平台经营者涉嫌传销等。

(二) 保健食品（企业）线上行为面临的法律困境

1. 以《电子商务法》为代表的法律规范调整范围不全

从《电子商务法》第2条看，除个别特殊领域不为《电子商务法》调整以外，其他所有在我国境内实施的电子商务活动都受《电子商务法》的调整，可见，《电子商务法》调整的范围非常广泛。[1] 该法对规范以商品交易为核心的传统电商行为较为有效，但对于更加注重交易主体信用的社交电商行为则显得针对性不足。

此外，《电子商务法》还存在部分条款难以落实的问题。以《电子商务法》第10条为例，该条规定了电子商务经营者应当依法办理市场主体登记，并列举了例外情形。[2] 然而该条款的实施面临着现实和法律的两重阻碍。现实阻碍包括平台采集技术要求高且工作量大、社交电商经营者主动性不高等。法律障碍主要为《电子商务法》并未规定电子商务经营者违反其第10条应当

---

[1]《电子商务法》第2条："中华人民共和国境内的电子商务活动，适用本法。本法所称电子商务，是指通过互联网等信息网络销售商品或者提供服务的经营活动。法律、行政法规对销售商品或者提供服务有规定的，适用其规定。金融类产品和服务，利用信息网络提供新闻信息、音视频节目、出版以及文化产品等内容方面的服务，不适用本法。"

[2]《电子商务法》第10条"电子商务经营者应当依法办理市场主体登记。但是，个人销售自产农副产品、家庭手工业产品，个人利用自己的技能从事依法无须取得许可的便民劳务活动和零星小额交易活动，以及依照法律、行政法规不需要进行登记的除外。"

承担何种法律责任，在责任不明确的情形下，很难切实发挥该条款本应发挥的助力建立长效监管机制和帮助经营者提高自律意识等效用。

2. 以《禁止传销条例》为代表的法律规范调整时效滞后

在保健食品（企业）的线上行为中，很多社交电商平台的底层佣金制度为"三级分销"，该种分销方式按照《直销管理条例》《禁止传销条例》《刑法》等法律法规的相关规定，极易构成违法甚至涉嫌犯罪。[1]但这种认定未必正确。2005年颁布的《禁止传销条例》等规定随着时间的变迁已不能完全适用于当今的现实需要，其不断表现出调整不恰当及调整时效滞后的问题。

首先是传销活动的界定。一般通过三个因素来进行综合界定：交入门费、拉人头、多层代理与团队计酬。传销活动的界定遵循着依法认定理念、审慎认定的理念。"依法"要求认定既要符合法律的文本规定，也应根据特定法律的原则和精神。"审慎"要求认定特定行为为违法行为时，应进行充分的事实调查和理论论证。在界定方法上，需要区分直销与传销，两者之间有很多模糊地带。界定传销可以从以下几个角度出发。第一，行为模式。交入门费、拉人头、多层代理与团队计酬是传销的主要表现方式。但限制人身自由只存在于传销，不存在于直销中。第二，核心业务。传销一般不存在真实的商品、服务或并非其主要盈利来源，其价值链或收益来源都来自于最末端。第三，欺诈性。传销通常以可观的收益欺诈新的人进入庞氏骗局，或是产品定价虚高，以价高质低的产品欺诈消费者。

其次，现行立法中的传销活动类型有以下几种：拉人头型、收取会费型、团队计酬型。[2]但是直销通常也会存在一定层级的代理，例如"三级分销"

---

[1] 2020年6月10日，杭州讯兰、杭州酷梨、广州云庭等因涉嫌传销被有关部门传唤，并冻结数千万资金。6月29日，代理模式电商平台"淘小铺"主要运营商广州三帅六将教育科技有限公司等因涉嫌传销，被山东省滨州市滨城区人民法院冻结相关多家企业共计4400万元。7月1日，贝店宣布免费开店，取消了以前缴纳399礼包制的开店门槛。但伴随升级同时传出的是：因涉嫌传销，被湖北荆门市场监管局处以3000万元罚款。社交电商平台"花生日记"、云集等因传销问题被有关部门叫停。

[2] 《禁止传销条例》第7条："下列行为，属于传销行为：（1）组织者或者经营者通过发展人员，要求被发展人员发展其他人员加入，对发展的人员以其直接或者间接滚动发展的人员数量为依据计算和给付报酬（包括物质奖励和其他经济利益，下同），牟取非法利益的；（2）组织者或者经营者通过发展人员，要求被发展人员交纳费用或以认购商品等方式变相交纳费用，取得加入或者发展其他人员加入的资格，牟取非法利益的；（3）组织者或者经营者通过发展人员，要求被发展人员发展其他人员加入，形成上下线关系，并以下线的销售业绩为依据计算和给付上线报酬，牟取非法利益的。"

模式，且社交电商的兴起，事实上打破了没有取得直销牌照的非直销企业不能直销的禁止性规定。非直销企业通过招募销售代理的方式，在网络社交媒体进行销售的情况是大量存在的，但并没有受到严厉监管，一定程度上也模糊了直销和非直销的界限，造成主体间的不公平现象。

最后，如何区分保健食品合法营销与传销活动。其一，从质上来看，需要判断主观上是否存在欺诈的故意，客观上是否存欺诈的行为。实践中往往通过经营者的陈述和客观的情况推定主观是否具有欺诈的故意。若经营者承认其具有欺诈的故意，或者经营者明知或应知特定保健食品未有其向消费者宣传的功效或隐瞒保健食品的瑕疵等，便可以推定该经营者具有欺诈的主观故意。此外，还须判断客观上经营者是否实施了欺诈行为。其二，从度上来看，需要判断是否存在受欺诈的结果。若消费者并未受到欺诈，则认定该行为为传销行为未免显得过为严苛，虽然其行为模式可能与传销相同或类似，但是保健食品的成分和功效均符合标准，对人身体健康有益处，该种行为法律应当容许。

（三）保健食品（企业）线上行为监管现状

1. 监管主体、监管依据、监管对象

保健食品（企业）线上行为的监管主体主要为国家市场监督管理总局，此外还涉及国家发展和改革委员会（以下简称"国家发改委"）、工业和信息化部（以下简称"工信部"）、公安部、商务部、海关总署、国家互联网信息办公室、邮政局、各级人民政府等。其中市场监督管理部门起到主要作用，贯穿其经营全流程，负责对市场主体登记注册、对保健食品质量进行监督管理、对市场秩序进行监督管理以及处理相关举报与投诉。其他监督管理部门在社交电商经营的某一个或多个具体环节发挥监管作用，履行监管职责。

在监管依据方面，主要有如下规定：《电子商务法》第 6 条[1]、《广告

---

[1]《电子商务法》第 6 条："国务院有关部门按照职责分工负责电子商务发展促进、监督管理等工作。县级以上地方各级人民政府可以根据本行政区域的实际情况，确定本行政区域内电子商务的部门职责划分。"

法》第 6 条[1]、《消费者权益保护法》第 31 条至第 34 条[2]、《反不正当竞争法》第 3 条至第 4 条[3]、《食品安全法》第 5 条[4]。

目前，保健食品领域线上行为的监管对象主要包括平台经营者、保健食品生产者、保健食品销售者三个主体。其一，对于平台经营者，主要监管其电商平台是否履行了其应尽的义务，包括对平台内经营者的管理、采取技术措施和其他必要措施保障电子商务交易安全等。其二，对于保健食品生产者，监督管理机关主要从原料与功能声称管理、产品注册、产品经营许可、GMP审查、标识管理、广告审查等方面进行监管。保健食品关乎人民的身体健康，不论是生产资质的取得还是产品的成分，均须接受相关国家机关的监督。[5] 其三，对于保健食品销售者，目前主要是指社交电商中的中间方，多为明星、网红、主播，目前平台内主要是对上述主体在直播过程中的违规行为进行限制，包括不当裸露、不当言论、不当行为等。作为被监管的对象，由于其规模庞大，相关国家机关对其的监管呈现出监管不能的现状，通常只能在发生

---

[1]《广告法》第 6 条规定："国务院市场监督管理部门主管全国的广告监督管理工作，国务院有关部门在各自的职责范围内负责广告管理相关工作。县级以上地方市场监督管理部门主管本行政区域的广告监督管理工作，县级以上地方人民政府有关部门在各自的职责范围内负责广告管理相关工作"。

[2]《消费者权益保护法》第 31 条："各级人民政府应当加强领导，组织、协调、督促有关行政部门做好保护消费者合法权益的工作，落实保护消费者合法权益的职责。各级人民政府应当加强监督，预防危害消费者人身、财产安全行为的发生，及时制止危害消费者人身、财产安全的行为。"第 32 条："各级人民政府工商行政管理部门和其他有关行政部门应当依照法律、法规的规定，在各自的职责范围内，采取措施，保护消费者的合法权益。有关行政部门应当听取消费者和消费者协会等组织对经营者交易行为、商品和服务质量问题的意见，及时调查处理。"第 33 条："有关行政部门在各自的职责范围内，应当定期或者不定期对经营者提供的商品和服务进行抽查检验，并及时向社会公布抽查检验结果。有关行政部门发现并认定经营者提供的商品或者服务存在缺陷，有危及人身、财产安全危险的，应当立即责令经营者采取停止销售、警示、召回、无害化处理、销毁、停止生产或者服务等措施。"第 34 条："有关国家机关应当依照法律、法规的规定，惩处经营者在提供商品和服务中侵害消费者合法权益的违法犯罪行为。"

[3]《反不正当竞争法》第 3 条："各级人民政府应当采取措施，制止不正当竞争行为，为公平竞争创造良好的环境和条件。国务院建立反不正当竞争工作协调机制，研究决定反不正当竞争重大政策，协调处理维护市场竞争秩序的重大问题。"第 4 条："县级以上人民政府履行工商行政管理职责的部门对不正当竞争行为进行查处；法律、行政法规规定由其他部门查处的，依照其规定。"

[4]《食品安全法》第 5 条规定："国务院设立食品安全委员会，其职责由国务院规定。国务院食品安全监督管理部门依照本法和国务院规定的职责，对食品生产经营活动实施监督管理……。"现国务院食品安全委员会的具体工作由国家市场监督管理总局承担。

[5] 宋智超等：《保健品的市场规制和消费者权益保护的法律问题研究》，载《商场现代化》2020 年第 10 期。

欺诈后进行事后监管。

2. 监管手段、监管效率、监管责任

在监管手段上，除了传统手段之外，我国法律针对电子商务的特性，倡导监管手段的电子化、监管机关的联动化，如《电子商务法》第72条[1]。此外，还可以探索监管机关与电商平台共治之路。为约束夸大宣传等反交往理性的主播推荐行为，现已有电商平台通过技术手段在主播宣传商品过程中对其发表过于绝对的言论的行为予以提醒，如果其依旧反复实施上述行为，则面临着被关闭直播的风险。因此，监督管理机关可以利用平台的技术手段，与平台共同完成监管的艰巨任务。

但目前我国保健食品领域线上行为监管效率有待提高，问题主要体现在属地管辖上。我国在行政处罚中坚持属地管辖原则，对网络商品或服务违法行为由经营者或第三方交易平台经营者住所所在地的市场监督管理部门进行管辖。[2]然而实践中，市场监督管理部门可能以管辖权为由推卸责任，导致案件被频繁移送，甚至产生二次移送现象，进而使争议的解决效率低下。[3]此外，效率低下的原因还包括监管手段不足等。线下的保健食品领域可以通过抽查、抽检等活动进行监管，而现实中监督管理机关无法通过抽查、抽检等方式约束保健食品线上经营者，难以切实保障保健食品的安全性。

监管责任是指监督管理部门不履行或不恰当履行监管义务应当承担的责任，《电子商务法》第87条对此进行了规定。[4]在实践中，监管责任从主体划分可以分为组织责任和个人责任。个人责任可以分为刑事责任、行政责任和民事责任。然而在实践中，组织承担不履行或不当履行监管义务的情形几乎不存在，通常由有关领导或个人承担。

---

[1]《电子商务法》第72条："国家进出口管理部门应当推进跨境电子商务海关申报、纳税、检验检疫等环节的综合服务和监管体系建设，优化监管流程，推动实现信息共享、监管互认、执法互助，提高跨境电子商务服务和监管效率。跨境电子商务经营者可以凭电子单证向国家进出口管理部门办理有关手续。"

[2]《网络交易管理办法》第41条。

[3] 王锡锌：《网络交易监管的管辖权配置研究》，载《东方法学》2018年第1期。

[4]《电子商务法》第87条："依法负有电子商务监督管理职责的部门的工作人员，玩忽职守、滥用职权、徇私舞弊，或者泄露、出售或者非法向他人提供在履行职责中所知悉的个人信息、隐私和商业秘密的，依法追究法律责任。"

三、保健食品（企业）线上行为监管模式类型

保健食品（企业）线上行为监管模式主要有政府监管模式、非政府监管模式和合作监管模式三种。其中，政府监管是历史最悠久的监管模式，它在未来很长一段时间内在我国保健食品市场监管中仍然占据主导地位。非政府监管模式是为了弥补政府监管失灵，它的监管主体主要是社会组织、企业等非官方市场主体，但也存在一些自生性不足。在以上两种监管模式的基础上产生的合作监管从组织和概念两个方面对监管分析产生影响，组织上形成了多元主体的监管模式，概念上重新定义了监管的本质，重构了国家和社会之间的关系。[1]但合作监管本身具有多元性和复杂性，它仍然存在很长一段道路需要摸索。

（一）保健食品（企业）线上行为政府监管模式

1. 保健食品（企业）线上行为政府监管模式的逻辑

我国对保健食品的规制逻辑是在对保健食品的定性基础上展开的，即保健食品是特殊食品，同时具有类似于药品的特殊属性，风险性高于普通产品。我国《食品安全法》将保健食品划分到特殊食品这一分类中，规定了保健食品的备案和注册制度，这些制度和药品、医疗器械等监管制度非常类似。因此，在监管模式角度也可以参考药品和医疗器械等监管模式。

传统保健食品领域的政府监管工作的重点主要是以下两点：第一，预防和遏止保健食品领域传销行为或者直销异化后的传销行为。直销异化后的传销行为是指部分取得主管部门颁发的直销经营许可证的保健食品企业以直销许可作为掩护，实施传销。第二，规范保健食品领域的宣传行为，严厉打击保健食品领域出现的虚假宣传行为，包括但不限于宣传并不存在于我国保健食品功能目录中的功能，将普通食品作为保健食品来宣传等行为。

2. 传统保健食品领域监管工具谱系

针对保健食品市场监管而言，传统的政府监管的工具主要有事前批准工具、信息工具和处罚工具。[2]

---

[1] 朱宝丽：《合作监管法律问题研究》，法律出版社2018年版，第45页。
[2] [英]安东尼·奥格斯：《规制：法律形式和经济学理论》，骆梅英译，中国人民大学出版社2008年版，第123页。

此处的事前批准工具是在经济活动发生之前由监督管理部门颁发的许可证，评估所有从事该活动的主体的潜在质量，以确定其是否达到某种确定的标准。[1]这一工具在保健食品领域主要体现为以下几种形式：确立保健食品功能声称的种类和评价方法的规定、颁发保健食品生产许可证、发放保健食品直销经营许可证。但是当保健食品销售模式从线下变为线上，从传统的电子商务模式变为社交电商模式之后，保健食品直销经营许可制度产生了一些制度不适配的现象。

信息工具的基本原理是：市场失灵的主要原因之一就是信息不对称。保健食品市场中信息工具主要体现为：强制信息披露、误导性信息的规制、政府信息发布。强制信息披露体现为经营主体必须依法进行登记，保健食品的宣传须合法等。误导性信息的规制体现为监督管理部门对于违反强制信息披露的行为及时制止。政府信息发布是指政府为了实现特定的规制目的，有选择地发布特定信息，以此来引导市场的经济行为和消费者的消费行为。但这三种主要的信息工具在保健食品领域线上行为的规制中也存在应对不足的现象。

行政处罚这一工具实施效果良好的前提是政府对市场及市场中的主体的相关信息有充分的把握，即要求信息工具的良好运作。除了行政处罚之外，政府还逐步发掘出行政指导、行政约谈等规制工具，监督管理部门用更加柔性和便捷的方式督促监管对象及时调整自身的违法行为。此时，行政处罚已经变为行政监管手段中最后一项兜底性的工具，并不经常运用，除非市场中已经发生了具有强负外部性的不正当经济行为。

3. 保健食品（企业）线上行为政府监管模式的缺陷

保健食品（企业）线上行为的发展，使得部分传统的规制法规已经难以适应。首先，直销经营许可证制度的部分制度的存在基础在一定程度上已经难以适应互联网上的社交电商模式。直销的核心在于通过营销人员（推销员或直销商）来建立一个销售渠道。而新生平台、新生的平台经营者面对各大电商平台企业用户和消费者基本饱和、很难从现有的各大电商平台手中抢夺销售市场的情况，只能通过平台会员或者消费者（直销商或者销售员）的社

---

[1] 实践中，许可工具常常与标准工具紧密相连，许可工具包含了标准工具，因为篇幅的原因，此处不再专门对标准工具花费笔墨。

交网络，以口口相传和人拉人的方式为平台带来了大量的消费者和新的会员。虽然社交电商和直销在销售的产品种类、销售人员门槛等方面不同，但是社交电商和直销"形不同质同"，这两种商业模式最终运营逻辑是一致的。这种本质是直销的社交电商市场经济的运营模式对《直销管理条例》的适用提出了以下几点挑战：第一，既然社交电商的本质是直销，那么为何企业线下直销需要满足非常严苛的条件。[1]一些原本在线下应该取得直销经营许可证方能经营的企业，如果在线上从事经营竟然就可以规避对直销行为的规制。第二，企业取得直销经营许可证除了要履行极其复杂的申请手续，在其经营和招录直销员等各种直销活动中也遭受许多限制。[2]值得注意的是，以上几点对直销活动的限制主要都是从空间上展开的。当年如此设定规制规范是为了方便执法部门进行监管，但是互联网经济的优势就是打破空间对经济交往的桎梏，可以说《直销管理条例》的部分规制规则已经落后于时代，如果不及时做出改变，可能会阻碍保健食品（企业）线上行为的发展。

另外，传统的信息工具和行政处罚工具难以适应互联网经济的发展进程。在互联网环境下对信息工具的运用最主要的困难就是政府难以把握经营者的准确身份信息。在线下的监管活动中，这些监管信息的主要来源就是经营主体的工商登记和交易过程中保存的纸质交易记录。但随着互联网经济的发展，经济活动的展开都是在虚拟的网络空间中，政府监督管理部门在执法过程中的取证和追责变得非常困难，造成这种困难的主要因素之一是技术壁垒。同时，我国工商登记制度是按照市场主体的所属地域进行登记的，与此相配套的政府监管模式也是地域管辖模式，而保健食品领域线上行为打破空间对主体商业活动的限制，对这种按照地域和级别划分的监管方式提出了挑战。一旦发生经营主体在销售过程中未提供相关地址信息，或者事涉多地的情况，就可能会产生不同部门之间相互推诿的现象。当然，我国监督管理部门采取了各种方式解决上述监管问题，比如《市场监督管理行政处罚程序暂行规定》把管辖权转为行为发生地，以解决电商在本地财政贡献大，本地比较包容，

---

[1]《直销管理条例》第7条："申请成为直销企业，应当具备下列条件：（1）投资者具有良好的商业信誉，在提出申请前连续5年没有重大违法经营记录；外国投资者还应当有3年以上在中国境外从事直销活动的经验。（2）实缴注册资本不低于人民币8000万元。（3）依照本条例规定在指定银行足额缴纳了保证金。（4）依照规定建立了信息报备和披露制度。"

[2]《直销管理条例》第2章到第4章。

监管不力等问题。但是以上监管措施囿于科技、政府监管能力、报送义务不确定等因素的影响，其措施有效性仍然有待验证。另一方面，网络空间的取证也是一大难题。为此《网络交易监督管理办法》第 20 条特别规定网络直播服务提供者对网络交易活动的直播视频保存时间自直播结束之日起不少于 3 年；第 31 条规定网络交易平台经营者对平台内经营者身份信息的保存时间自其退出平台之日起不少于 3 年，对商品或者服务信息，支付记录、物流快递、退换货以及售后等交易信息的保存时间自交易完成之日起不少于 3 年。[1] 而实践中也需要监督经营者是否按照法律规定保存相关信息，以防止证据的灭失。

由此可见，将传统政府监管中所运用的信息手段运用到互联网经济中，确实存在一些制度不适配的情况。正如前文所述，保健食品的许多监管逻辑与药品市场和医疗器械的规制存在逻辑相同之处。2018 年 7 月 17 日，国家卫生健康委员会、国家中医药管理局联合发布《互联网医院管理办法（试行）》，在传统医药行业规制的逻辑基础上做出了部分调整，允许医院和医生在与病人仅通过视频、语音和图片交流而非物理上的实际接触的情形下对病人作出诊断。由此可见，法律作为上层建筑应该契合经济基础，在经济基础改变的时候，应当进行调整，避免阻碍经济发展。

（二）保健食品（企业）线上行为非政府监管模式

与政府监管模式的目的是规制具有强负外部性违法行为不同，非政府监管模式的侧重点是实现线上经营的合法合规化，监管主体涉及行业协会、消费者协会、电商平台、社会媒体等。这些主体进行监管的时候，行使的是自治权而非国家强制力。同时，这些监管权所监管的对象是具有弱负外部性的线上经营行为，而主要手段则一般会有集体抵制、内部处罚等。

对保健食品（企业）线上行为的非政府监管模式的探讨需要分为两大类，即分为自平台模式和他平台模式，在不同的模式中，非政府监管的模式并不

---

[1]《网络交易监督管理办法》第 20 条第 2 款："网络直播服务提供者对网络交易活动的直播视频保存时间自直播结束之日起不少于 3 年。"第 31 条："网络交易平台经营者对平台内经营者身份信息的保存时间自其退出平台之日起不少于 3 年；对商品或者服务信息，支付记录、物流快递、退换货以及售后等交易信息的保存时间自交易完成之日起不少于 3 年。法律、行政法规另有规定的，依照其规定。"

相同。

1. 不同模式中不同的非政府监管模式

保健食品领域线上行为的自平台模式有以下两种：第一种是保健食品经营者在微博、微信等社交平台，抖音、快手等短视频平台推荐相关商品和服务并发布相关信息，运用自媒体的交互性，实现与消费者之间的"亲密无间"的交流，从而激发消费者潜在的购买欲望，最终促使流量变现。第二种是指经营者自己设立App、网页或者微信小程序这样的平台，并在这些平台上销售自己的商品，招募会员并且吸收消费者。在第一种模式下，自我监管模式主要依赖平台对经营者的监管来运行。当保健食品经营者想要入驻其他综合性的电商平台，根据我国《电子商务法》《广告法》《反不正当竞争法》和《消费者权益保护法》等法律相关的规定，平台经营者需要履行包括对平台内经营主体的资格认定、建立健全和执行平台规则、交易信息保护、失信惩戒等多项法定监管义务，否则平台可能会承担连带责任、补充责任和先行赔偿等责任。由此可见，法律法规通过规定电商平台对平台内经营者的责任从而督促平台建立良好的自治规范。

当然，在自平台模式经营中，经营者在自己设立的App、网页或者微信小程序等空间中销售自己的商品，在没有社交平台作为守门人的情况下，非政府监管模式更加难以发挥作用，除非媒体或消费者的举报，否则在平台缺失的情况下，所谓的自我监管只能靠经营者对自身企业形象的珍惜来维持。

2. 保健食品（企业）线上行为非政府监管模式的缺陷

保健食品领域线上行为的非政府监管模式最主要的缺陷有以下几点：①行业协会自治无政府强制力作为保障以及行业协会天然的行业自利倾向。行业协会的权力机构是会员大会，而会员大会是由入会企业组成，行业协会需靠会员企业每年所缴纳的会费来维持日常经营，所以其中立性常受到质疑，自我监管效果就大打折扣。②平台经营者或保健食品经营者因利益驱动，无自我监管的动力。无论是在他平台模式下作为监管者的平台经营者（电商平台或社交平台），还是自平台模式中保健食品经营者本身，其本质都是以盈利为最终目的企业，所以追逐利益是其本能。除非经营行为的负外部性已经严重影响到企业自身形象或者阻碍企业盈利，否则企业缺乏对这些具有负外部性的行为进行自我规制的内在驱动力。

(三) 保健食品（企业）线上行为合作监管模式

1. 保健食品（企业）线上行为合作监管的定义

从最普遍的意义上来说，合作监管就是为了实现公共管理的目标而进行的监管合作形式，即由多方主体（公权力机关和私人主体）采用多种手段在监管领域相互作用的一种监管模式。[1]具体来说，保健食品领域线上行为合作监管包含以下几个层次的内容：第一，保健食品领域线上行为合作监管本质上是国家与社会共同分享监管权力，承担监管责任。规则制定、监管和执行的权力和责任不是由公共行政机关独自承担，而是由众多的私人机构或组织分担，他们参与监管活动是行使自己的监管职权，并对监管活动的结果承担责任。比如《保健食品注册与备案管理办法》第23条[2]本质上就是将原本应由政府承担的部分监管责任授权给第三方市场主体——食品检验机构，监督管理部门在食品检验机构作出的试验或检验报告基础上作出具体行政行为，但是一旦食品检验机构出具了虚假的试验或检验报告，责任也由第三方主体自行承担，这是合作监管在保健食品领域最典型的应用。在保健食品领域线上行为的监管中，这种合作监管模式最主要表现在监督管理部门、平台和行业协会等第三方主体的监管责任的分配当中。第二，保健食品领域线上行为合作监管的目的是实现公共管理的目标，共同维护社会公共利益。这种公共利益主要表现为消费者的权益、保健食品市场的秩序和保健食品市场的良好发展。第三，保健食品领域线上行为监管目标的实现和监管结果的获得取决于政府、保健食品企业、平台和行业协会等主体间的相互作用，每个行为者都可能影响监管的结果。第四，保健食品领域线上行为合作监管主要是运用平台、企业和政府的信息互动、市场机制和自我监管等多种手段进行监管。

2. 保健食品（企业）线上行为合作监管中监管主体与角色定位

保健食品领域线上行为合作监管职能应该由多个主体进行分担，包括政府、企业和第三部门等。

作为社会公共利益的代表，政府所提供的监管在整个多中心监管体系中

---

〔1〕朱宝丽：《合作监管法律问题研究》，法律出版社2018年版，第13页。
〔2〕《保健食品注册与备案管理办法》第23条："保健食品审评涉及的试验和检验工作应当由国家市场监督管理总局选择的符合条件的食品检验机构承担。"

起着不可替代的作用。政府引导不同主体之间展开合作，根据实际情况不断调整合作监管的具体内容和实施方案。政府的行为决定了合作监管的最终效果和质量。

企业（包括平台和保健食品经营者）是保健食品领域线上行为合作监管的关键，因为政府监管只能提供外部驱动力。作为产品的生产者和提供者，企业的行为本身体现了法律的执行和实现。采用自我监管不但能够更加有效地实现监管目的，减少政府的监管成本，而且企业本身具备专业技术知识，掌握大量信息，能够更有针对性地提出监管问题的解决方案，能够在有效减少监管成本的同时提高监管效率，实现更好的监管。

第三部门的监管主体包括保健食品行业协会、食品检验机构、消费者协会等。第三部门拥有的信息更加充分，通常比相关政府部门更了解行业的现状及消费者的需求，有利于作出更科学的监管决策。同时由于第三部门本身具有的专业性、独立性和民间性，有利于降低监管的成本（如交易成本、执行成本、制度创新成本及监管制度均衡成本）。

3. 保健食品（企业）线上行为合作监管的监督与问责

保健食品领域线上行为合作监管的监督与问责主要按照以下两条路径展开，第一条是政府监督管理机关—平台—保健食品经营者；第二条是政府监督管理机关—第三部门—保健食品经营者。这两条路径展开的关键在于政府监督管理机关将对保健食品经营者的直接监管权力逐渐让渡给平台或第三部门，以形成对保健食品经营者进行间接监管、对平台或第三部门进行直接监管的新型监管局面。

第一条路径展开的前提是法律或者法规存在有关平台自我监管义务的规定，比如平台对平台内经营者的资格认定义务等，一旦平台未能够建立法律规定的平台自我监管制度，那么行政机关就可以通过谈话等方式督促其履行义务，在平台自我监管义务履行不到位且造成严重后果的情况下，政府监督管理部门则可以运用行政处罚这一工具。

第二条路径则主要依靠第三部门。《食品检验机构资质认定条件》对作为第三部门的食品检验机构也规定了其应具有的检验资质。同时，国家会在全国范围内联合组织开展食品检验机构专项监督检查工作，一旦发现该检测机构存在不合理的情况,就会要求对方整改、处以罚款甚至会建议注销。[1]而对于行业协会来说,受制于行业协会天然的缺陷,行业协会自我监管的效果最终还是取决于政府监督。如果缺乏政府的监管约束,纯粹的行业自我规制往往会滋生机会主义的行为,甚至会成为限制竞争者进入、规避政府监管、维护企业私益的手段。

四、保健食品(企业)线上行为监管模式选择

(一)保健食品(企业)线上行为监管法治化

1. 完善线上行为法律规范

当前我国保健食品领域线上行为在监管上出现诸多问题的原因之一就是基本立法的不完善,通过完善基本立法,不仅为监督管理部门行使相应的职权提供了相关的依据,而且也为线上经营者提供了指导其行动的行为规范。规范的完善应当关注以下几个方面:

第一,主体上分类落实主体登记公示。由于线上经营者所涉及的主体范围非常广、形式各异,需要根据主体的类型设置不同的市场准入方式。其次,在社交电商以人聚物的特点下,经营者零散而且分散,以自然人居多,其管控措施不可能像传统电商模式一样。因此,在工商登记方面,在平台监管的基础上,可以授权社交电商交易平台统一向政府相关部门依法办理工商注册登记。再次,对于非自然人线上经营者,在取得主体资格和经营资格时必须办理商事登记;而且对于保健食品这类需要严格审批的商品,需要实行严格的市场准入制度,应当取得相关监督管理部门的行政许可。如此准入式的监管模式,会有效化解线上经营近几年的山寨产品、灰色产品等问题。

第二,明确不同类型主体的法律地位。线上经营者的类型很多,包括网络系统运营者、会员、消费者、商品或服务经营者、网络服务提供者等。比如社交电商中网络分销系统运营企业的定位,是电子商务平台经营者还是自建网站经营者,要根据情形考虑。当供应链企业是平台的一家子公司,消费者下单的时候是和供应链子公司的合同关系,但供应链子公司又是平台完全

---

[1] 国家认证认可监督管理委员会:《关于2021年度国家级资质认定检验检测机构监督抽查情况的通告》,载国家认证认可监督管理委员会官网,https://www.cnca.gov.cn/zwxx/tz/2022/art/2022/art_773ebb30f33d48a2bf34030683e390c9.html,最后访问日期:2023年10月16日。

控制的，这种情况下认定为自建网站经营者更符合其本质。如果是开放式的，吸收众多商家入驻，那则是平台经营者。

第三，对不同主体的不同行为进行分离，以行为的类型化进行规制，避免业态的类型化。为避免出现业态的类型化，不能针对某一种业态制定条例，因为业态之间的融合和业态的边界是不能进行清楚切割的，应当以行为的类型化进行规制。对于线上经营者，针对实践中出现的传销行为、欺诈交易行为、制假售假行为、侵犯个人信息行为等逐一进行规制。例如《网络直播营销管理办法（试行）》规定了直播营销平台、直播间运营者、直播营销人员、直播营销人员服务机构等不同主体类型，其行为类型各不相同。直播营销平台需要履行备案、直播营销管理审核义务、信息内容和安全管理等义务，而直播间运营者和直播营销人员则需要履行真实准确全面地发布商品或服务信息、加强直播间管理、核验信息并留存记录备查等义务。[1]

社交电商平台一旦进入到商品交易或者服务交易领域，则不能以自己是单纯的社交平台来排除自身应尽的义务和责任，所以平台要履行相应的审核义务、登记义务、个人信息保护义务、警示义务，随时对平台内商品宣传、营销进行机器和人工审核抽查。关于平台所要履行的义务的规定要与《电子商务法》相衔接。此时对平台的监管要看其是否履行了相应的义务，如果消费者人身财产权益受到损失，而平台却无法提供相应的证据和经营者的联系方式，则平台要承担一定的责任。确立平台责任制度的目的在于规范电商平台的行为，更在于通过对其施以法律责任的压力促使电商平台构建合规的交易秩序。

2. 修订《禁止传销条例》和《直销管理条例》

《禁止传销条例》主要列举了"拉人头""收取入门费""团队计酬"三类违法传销的样态，其颁布之初主要是为了规制传统的线下传销行为，该规定如今不能适应我国电子商务的发展，亟须修订。《直销管理条例》施行之后出现的"权健事件"使得《直销管理条例》的修订再次受到重视。笔者建议修法工作应与时俱进，需要有一定的前瞻性，以有效促进与规范新业态的发展。

---

[1]《网络直播营销管理办法（试行）》第1、2、3章。

对于《禁止传销条例》和《直销管理条例》的修订，结合实践中被处罚的案例，我们发现其实争议最大的地方应当是团队计酬或者多层次直销的合法化问题。我们认为团队计酬模式不能一律认定为传销，要综合区分单纯的团队计酬方式和形式上采取团队计酬方式的传销。

单纯的团队计酬方式活动，其实就是国际上合法的多层次直销，而不单纯的团队计酬式传销活动，则属于非法经营活动。对于两者的区分，重点可从以下几方面综合进行把握：一是是否存在商品。如果不存在商品，或者系虚拟商品，则根本不构成团队计酬。二是商品是否物有所值，或者是否被真实消费。如果商品售价与自身综合成本之间产生巨大价差、远高于同类型商品售价；或是没有或很少为终端消费者真正消费、使用，而是更多在于获得加入资格而购买；或者因升级业绩需要而"囤货"，造成大量资源浪费，则构成道具商品，不属于单纯的团队计酬。三是主要收入来源于哪里。如果参与者主要收入来源于参加者为获得加入资格而购买，或者因升级业绩需要而"囤货"产生的销售收入，而不是来源于参加者的二次销售收入，不断发展下线加入是整个业务体系得以持续运营的基础，则不属于单纯的团队计酬。

（二）保健食品（企业）线上行为监管模式改善

1. 保健食品（企业）线上行为政府监管模式改善

第一，整体上创新监管理念，坚持线上线下一体化监管。要建立健全适应保健食品领域线上行为发展特点的新型监管机制，需要注意把握以下三点：一是线上监管要到位。不能因为是线上发展模式就宽容，必须要明确线上线下平等，如果一旦确认行为是违法的，那么就应当进行监管。但如果新业态确实有利于提高效率、有利于消费者，而没有消费者群体的受害性，那它就是应包容的场景。二是监管要关注线上商业模式的可持续性，要看清楚其本质是什么。如果该种模式确实是不可持续的，则无论是否是线上经营，都要进行严格控制，不应该受到鼓励。三是坚持底线思维和问题导向。底线思维即凡是涉及到法律法规的红线，不能触碰，只要其行为侵犯和损害了消费者合法权益，监督管理部门应当启动立案调查程序；问题导向是指凡是消费者投诉的内容要进行重点筛查和监管，开展穿透式监管。

第二，分类开展监管。针对不同类型的线上经营，监管的重心和监管的尺度是不同的。以社交电商为例，其类型包括拼购型、内容型、分销型、社区团购型。其一,针对拼购型社交电商,拼购型社交电商与传统电商平台所面临的问题无异,拼购型社交电商面临的主要是质量问题,不存在分销模式是否合法的问题,所以监管的重心应当从供应链入手开展源头监管,加强质量管控。其二,针对内容型社交电商,监管重心实际上是它的内容和它的主体真实性。其三,针对分销型社交电商,由于分销式社交电商的会员不断推荐新会员,和传销有类似之处,这就需要根据一定的标准加以判断。所以,分销式社交电商发展当中面临的一个关键法律问题就是合法性判断问题。判断其行为是否涉及传销、是否合法要坚持整体后果和具体行为相结合的标准。我们要根据《禁止传销条例》第2条[1]的规定,从整体上判断某个社交电商模式是否合法。同时在具体行为的判断上,《禁止传销条例》第7条对三种传销情形中每一项最后都用"牟取非法利益"进行判定,可见牟取非法利益才是传销的本质。而如何认识是否存在牟取非法利益的动机或后果,则要看其具体的商业模式是否具有可持续性,有没有损害他人利益或影响社会稳定的危害性。如果模式没问题,仅个案中消费者买了一个东西质量不合格,则不属于这种情形。其四,针对社区团购型,它属于组合型的社交电商,可能会涉及到质量问题和合法性问题,监管应当坚持多元化。对于目前的低价扩张现象,除了具有市场支配地位的经营者按《反垄断法》规制以外,在其他法律上没有明确的规制依据。这就需要结合对社会经济发展的总体利弊进行衡量,从经营者应承担社会责任这个角度,考虑各方利益,对低价扩张中产生的问题和风险加以控制和克服。

第三,主动监管和投诉举报相结合。投诉举报对于监督管理部门而言是被动的,通过受理消费者投诉和举报去发现违法线索,凡是消费者投诉的内容要重点筛查、监管,监督管理部门要对消费者投诉举报的内容进行处理解决。主动监管是政府部门主动出击,开展监测工作,打击侵犯消费者权益和损害公平竞争的违法行为。但是主动监管面临技术问题,在虚拟环境下,如果电商平台不开放后台数据,监督管理部门执法的成本比较高,所以平台企业和监督管理部门要进行技术合作。

---

[1]《禁止传销条例》第2条:"本条例所称传销,是指组织者或者经营者发展人员,通过对被发展人员以其直接或者间接发展的人员数量或者销售业绩为依据计算和给付报酬,或者要求被发展人员以交纳一定费用为条件取得加入资格等方式牟取非法利益,扰乱经济秩序,影响社会稳定的行为。"

2. 保健食品（企业）线上行为非政府监管模式改善

对于线上经营行为，除了政府监管之外，还需要其他社会力量的参与，开展综合治理，具体而言：

第一，政府可以与行业协会进行合作规制，联合行业协会尽快制定线上行为规制的标准，并进行定期的备案、审查、约谈，以尽到妥善的提醒，确保行业自我规制、正常经营。如中国广告协会2020年6月发布的《网络直播营销行为规范》、2021年3月发布的《网络直播营销选品规范》、2023年8月发布的《网络直播营销售后服务规范》等自律规范，分别为网络直播营销各类主体提供行为、选品和售后服务的规范指南。中国商业联合会也在2020年7月发布《视频直播购物运营和服务基本规范》《网络购物诚信服务体系评价指南》、在2020年12月发布《直播营销基地建设与管理规范》、在2021年4月发布《网络平台环境下交易通则》以及《网络平台环境下数据交易规范》《网络平台环境下技术交易规范》《网络平台环境下服务交易规范》《网络平台环境下内容交易规范》《网络平台交易的商业模式模块化设计规范》等团体标准规范，对网络交易行业设门槛、立规范。

第二，行业协会是否能够参与社会共治，除了自身的能力因素外，还取决于政府监督。行业自我规制并不意味着政府就不再承担监管的义务，而是让政府的决策从当前直接的前台监管转身为间接的后台把关者。如果缺乏政府的监管约束，纯粹的行业自我规制往往会滋生机会主义的行为，甚至会成为限制竞争者进入、规避政府监管、维护企业私益的手段。

第三，社会组织力量的参与，发挥消费者协会、新闻媒体的作用。消费者组织作为保护整体消费者利益的专业组织，可以在规范线上行为发展的过程中发挥作用，比如大力推进消费教育和维权宣传。同时发挥新闻媒体的力量，通过调查、公布投诉集中企业和多发易发的问题，对于从事非法活动的线上经营者及时进行社会曝光，让违法者、失信者曝在阳光之下。

（三）保健食品（企业）线上行为合作监管模式特征

1. 多层级监管

保健食品领域的线上行为单靠市场监管一己之力恐难实现全方位监管、适时监管，因而需要多方主体的参与，实现多层级的监管。

首先，在监督管理部门层面，必须加强市场监管、公安、网信、支付机构等多部门协作，形成监管合力。其次，充分发挥平台企业内生治理的作用。平台作为一个节点，既是交易的平台、数据的平台，也是信用的平台和消费者保护的平台。平台企业在发展中要逐步形成一些参与者共同认可的规则。最后，充分发挥行业协会等社会组织的自律和引导作用，以及发挥新闻媒体的作用。电子商务行业协会等组织可以规范企业经营行为，建立争议、投诉处理机制和反馈机制，制定行业服务标准和业务规范，完善社会监督。同时也要动员新闻媒体力量。围绕监督网络建构、监督权力的法律保护、监督结果的披露，以及对被披露单位惩戒等问题，构建新闻媒体监督治理的模式。

2. 网格化监管

网格化监管又称为全方位的体系化监管。按照"网定格、格定人、人定责"的原则，层层分解监管职责，明确责任主体，全面构建横向到边、纵向到底的监管体系，实现行为监管责任制和常态化。

首先，探索建立多部门联动协作机制和跨地域的联动整治机制。整合市场监督管理部门的网络监管力量，明晰每个监管主体的责任，保证监管到位；监管不力能找到直接负责主体，追求监管责任。其次，引入征信系统，研究建立信用体系规范，曝光违法行为。打击假冒伪劣商品，追根溯源就是解决商家信用问题。《网络交易监督管理办法》第 37 条规定市场监督管理部门对网络交易经营者实施信用监管，将网络交易经营者的注册登记、行政处罚等信息，通过国家企业信用信息公示系统统一归集并公示。[1]

3. 技术化监管

首先在实施监管的过程中，要充分利用大数据优势，比如对于披着社交电商外衣从事非法传销的行为，监管可以从底层数据切入，通过数据信息的检索、爬出、比对、删选，以及轨迹的跟踪，及时查清传销案件参与者的相关信息。

其次，探索建立与网络平台运营商的信息协作机制和技术合作机制，加强虚假信息防控和商品质量监测。网络平台运营商要积极建立有效的保健食

---

[1]《网络交易监督管理办法》第 37 条："市场监督管理部门依法对网络交易经营者实施信用监管，将网络交易经营者的注册登记、备案、行政许可、抽查检查结果、行政处罚、列入经营异常名录和严重违法失信企业名单等信息，通过国家企业信用信息公示系统统一归集并公示。对存在严重违法失信行为的，依法实施联合惩戒。前款规定的信息还可以通过市场监督管理部门官方网站、网络搜索引擎、经营者从事经营活动的主页面显著位置等途径公示。"

品信息管控机制，强化信息发布控制，加强构建媒体的诚信体系；市场监督管理部门与电商平台共同制定监管标准，积极探索保健食品监管技术手段，一旦发现违规行为，协同电商平台立即停止商品销售或者对入驻的商家采取控制措施。《网络交易监督管理办法》第 29 条规定网络交易平台经营者应当对平台内经营者及其发布的商品或者服务信息建立检查监控制度，如果发现违法情形，应当采取必要处置措施，保存有关记录，并向平台住所地县级以上市场监督管理部门报告。[1]

（四）保健食品（企业）线上行为合作监管模式重心

1. 主体监管和行为监管并重

监管理念上既要重视主体监管又要重视行为监管。在主体监管上，整个线上行为监管的特点，实际上是一个身份转换的认定和监管。行为的认定离不开相应的主体，整体上可以分为经营者和消费者，经营者又可以分为平台内经营者、平台经营者、自建网站经营者。而平台内的经营者又可以分为两种情况，一种是销售商品的平台内经营者，另一种则是类似商家代理商的平台内经营者，后者不直接售卖商品，而是通过分享、推荐赚取佣金。具体某一种身份认定不能一概而论，而应当深入到具体的行为进行分析判断。

在行为监管上，作为一个合规的线上经营者，即使有相应的资质，某些行为也有可能是不合规的，因而行为监管在此时就显得很有必要。线上经营是行为创新、营销手段创新，它会把不同的商业模式、不同的手段混合在一起。此时混合性监管的重要性就凸显出来，针对不同的线上行为类型，开展不同的行为监管。例如实践中，社交电商被处罚，除了存在传统电商平台所面临的制造假冒伪劣产品的行为、虚假交易行为等，还有涉及传销的问题。对于传统的电商平台所面临的问题，要依照《电子商务法》《产品质量法》《广告法》等依法监管，监督管理部门、社交电商平台、行业协会等共同加强对于该类行为的监管，充分发挥社交平台作用，根据平台的不同法律定性，和平台建立起与其法律责任、管理能力相一致的共治关系。

---

[1]《网络交易监督管理办法》第 29 条："网络交易平台经营者应当对平台内经营者及其发布的商品或者服务信息建立检查监控制度。网络交易平台经营者发现平台内的商品或者服务信息有违反市场监督管理法律、法规、规章，损害国家利益和社会公共利益，违背公序良俗的，应当依法采取必要的处置措施，保存有关记录，并向平台住所地县级以上市场监督管理部门报告。"

2. 政府监管和市场自我监督并重

对于政府监管，首先要注意监管理念的转变，要坚持线上线下一体化监管，坚持底线思维和问题导向，凡是损害消费者合法权益和扰乱公平竞争的市场秩序的行为政府要进行监管和调查。政府要切实转变在其中扮演的角色，在建立和维持良好的市场秩序、保障用户合法权益上，充分发挥监管的作用。规范企业的经营行为、营造公平的市场环境是政府需要的有所为，政府要关注的是如何规制非法传销行为、制假售假行为，除此之外，也要积极鼓励网络发挥内容、创意及用户关系优势，刺激网络消费持续增长。

除了政府监管之外，应当让多方主体参与到规范线上行为发展的过程中，进行综合治理，政府领导、部门联动、行业自律、公众参与、社会监督，让市场主体的力量参与其中，发挥行业协会的自律监管，发挥新闻媒体的力量，对黑名单企业进行及时曝光，接受公众的监督。除了多方主体参与之外，监管还可以采用市场化的方式，使监管科技化技术化，如运用大数据、云计算等技术。保健食品领域线上行为的健康和规范发展需要充分发挥各方主体的力量，发挥市场机制的作用，以此来约束和规制发展中出现的问题，从而保护消费者和经营者合法权益，维护公平有序的市场环境。

第五章

食品欺诈的规制路径与法律适用[1]

一、作为全球性问题的食品欺诈

食品欺诈，是指食品造假和欺骗，多是出于经济目的而故意为之的食品违法行为。在商业竞争日趋激烈的背景下，受利益驱动，一些不法分子为降低成本、增加收入，从而进行食品掺假和欺诈行为，并且跟随经济全球化的脚步在世界范围内蔓延。食品欺诈自古就有，并非我国独有的现象。例如《圣经》即有关于禁止食品交易时缺斤短两和弄虚作假的训诫；19世纪美国的食品掺假更是到了泛滥成灾的地步。随着各国食品安全立法对食品掺假行为的打击，食品掺假事件有所减少，但其形式和内容也随着科学知识和技术的更新发生着变化，食品掺假和欺诈的手段越来越高明，且具有隐蔽性、广泛性、难以治理性。食品掺假和欺诈是一个全球性问题，其中包括食品成分不合格、标签不明、灰色市场生产等一系列问题。发生在欧洲的马肉冒充牛肉事件、花生酱受污染事件、橄榄油被添加其他廉价油事件、香槟酒里掺加劣质酒事件，都是典型的食品欺诈和掺假事件，几乎影响了整个欧洲，严重打击了消费者的信心和对市场的信任。加拿大翁拉瓦尔大学农业与食品科学学院教授塞缪尔·戈德弗洛伊（Samuel Godefroy）认为，这些行为有的不会影响健康，但却会造成慢性食品安全风险。[2]因此，对食品掺假行为的监管成为整个食品安全管理系统当中很重要的部分。我国也面临着相同的挑战，

---

[1] 本章是本书笔者2019年主持完成的北京市法学会委托的年度课题研究项目。
[2] 陆悦：《坚决打击食品掺假欺诈》，载《中国医药报》，2017年4月26日，第002版。

层出不穷的食品欺诈事件伴随着食品安全问题被揭露出来并引起了广泛的关注,如三聚氰胺、苏丹红、瘦肉精、染色馒头、鸭肉冒充羊肉等事件,最初也是由掺假引起。然而,因为食品欺诈尤其是标签等信息欺诈所具有的隐蔽性、广泛性以及多数不涉及食品安全问题的特性,使得其并未受到执法机关应有的关注。可以说食品欺诈广泛存在于食品的生产、贮存、运输、销售、餐饮服务等活动中,严重危害和影响人民生活。世界卫生组织(WHO)资深食品安全专家彼得·本·安博克(Peter Ben Embarek)在2014年国际食品安全大会上表示,全球范围内,食品欺诈和食品造假越来越多,不仅中国存在,世界各国均一样,食品安全问题越来越凸显,且非常难以治理。[1]今后数十年中,食品的生产和食品安全是世界性的问题,如何防范食品欺诈和造假,以及在发现食品欺诈、造假后,如何惩治并加强监管是各国食品监督管理部门共同面临的难题。

在全球生产消费、经济发展紧密相连的大背景下,食品的生产与消费成为民生之本。食品生产经营者基于经济目的而实施的食品欺诈,往往利用各种手段故意掺假、造假、非法添加或者故意提供错误信息或虚假信息,从而欺骗消费者。食品欺诈具有历史性、全球性、多样性、复杂性、规避性、动机性和严重性。在我国,食品领域的各类制假造假事件,严重侵害消费者权益,影响食品安全,扰乱市场,甚至构成犯罪,危害极大。故2017年7月,国务院食品安全办公室等9部门联合制定印发了《食品、保健食品欺诈和虚假宣传整治方案》,国家食品药品监督管理总局配套制定了《食品药品监管总局食品、保健食品欺诈和虚假宣传整治工作实施方案》。2018年3月,国家食品药品监督管理总局发布了10起食品保健食品欺诈和虚假宣传典型案例。2018年6月,国务院食品安全委员会又印发了《国务院食品安全办关于继续做好食品保健食品欺诈和虚假宣传整治工作的通知》,将该专项整治工作延至2018年底。2019年1月8日,国家市场监督管理总局又联合13个相关部门开展整治保健市场乱象百日行动,重点放在保健品欺诈、虚假宣传、违法广告方面。2019年5月《中共中央、国务院关于深化改革加强食品安全工作的意见》中也重点提到,要在2035年实现"经济利益驱动型食品安全违法犯罪明

---

[1] 琳达:《食品欺诈和食品造假已蔓延全球》,载《第一财经日报》2014年5月15日,B叠。

显减少"的目标。经济利益驱动型食品安全违法犯罪往往与食品欺诈联系在一起,严重的食品欺诈将会导致该类犯罪,并造成严重的社会危害。

食品欺诈在全球每年造成的经济损失大约在 100 亿到 150 亿美元,涉及全球 10% 的加工食品。[1]我国的食品欺诈问题不仅涉及食品成分掺假、造假,还涉及大量针对消费者和监督管理部门的信息虚假和欺诈,故本部分着眼于食品安全中隐蔽性最强且治理难度最高的食品欺诈问题,深入分析食品欺诈的认定、处理以及实践中出现的问题,在比较研究的基础上,借鉴国外关于食品欺诈的最新研究成果,并结合我国食品安全监管的现实考量,打破事后规制的局限,为解决我国食品安全欺诈问题提供多元化的规制工具。

二、食品欺诈的规制及路径选择

(一)域外食品欺诈规制与路径选择

食品欺诈自古有之,在西方,古罗马时期便存在着往葡萄酒中添加铅以增加甜度的事情。近代工业革命以后带来技术发展的同时也带来了更多新式的造假手段和食品欺诈类型。近年来,即使技术手段在不断进步,但是食品欺诈事件没有得到完全遏制。2013 年欧洲爆发的马肉风波,体现了商家为牟利使用非标签成分进行掺假替代的食品欺诈行为;2017 年法国、意大利的低劣红酒假冒事件,则是典型的以低质量产品冒充优质品牌产品以谋取经济利益的例子。食品欺诈在不断受到规制的同时也在不断发展出新的形式,因此,反食品欺诈的法律也需要适应现实问题,不仅通过技术手段,同样需要通过更加严密的监管措施对食品欺诈进行规制。

1. 域外食品欺诈的概念、类型和特点

目前国际上对食品欺诈尚未有统一的概念,因此各国依据自己的基本国情和司法实践对该概念也有不同的理解,但基本形成了一种共识,即经济利益驱动型食品掺假(economically motivated adulteration,EMA)和标签、说明书虚假。

对于食品欺诈的概念。具体有以下几种观点:

---

[1] 杨晓晶:《美推出新一代食品欺诈数据库》,载《中国食品报》2016 年 8 月 9 日,第 003 版。

①有学者认为食品欺诈是一个集合式的概念，是指基于经济目的，故意或有意地替换、添加、篡改或者歪曲食品、食品配料或者食品包装，或者采取虚假、引人误解的说明。食品欺诈是一个涉及食品工业的问题，该行为的动机和目的是获得一定的经济利益，但是其往往会造成对整个社会的破坏。

②欧盟委员会健康和消费者政策代表达利（Dalli）认为，食品欺诈属于"一种巨大的潜在经济利益所驱使的重要问题"，是一种欺骗消费者的行为，是将劣质食品以次充好在市场上流通的形式，或在加工食品中以劣质原辅料代替价格高昂材料、张贴虚假标签的形式。

③英国食品标准局（FSA）则强调食品欺诈的故意欺骗这一属性，并且认为食品欺诈呈现两类典型形式：一是销售的食品是不适宜的和有潜在危害风险的，如销售的商品是过期食品等；二是故意错误地说明食物，如将养殖的鱼充作野生的鱼出售、香米中掺杂更便宜的品种等。

④美国学者斯宾克（Spink）则认为食品欺诈是为获得经济利益故意替代、添加或篡改食品、食品配料或食品包装，或错误、误导地陈述产品等行为的总称，包括替代、稀释、污染物、伪造、非法强化、误导标签、灰色市场以及盗窃转移等类型，其中经济利益驱动型食品掺假是食品欺诈的一种。与之类似，美国密歇根州立大学的食品欺诈数据库（Food Fraud Database，FFD）将食品欺诈划分为替代、添加、去除三种类型。

⑤美国明尼苏达大学食品保护与防御国家中心（NCFPD）专门对食品的相关概念进行了梳理，其认为食品欺诈和经济利益驱动型食品掺假这两个概念密不可分，这两者均是为了获得经济利益的蓄意行为，但是各自的目标均不是危害公共健康。

⑥美国药典委员会（The United States Pharmacopieial Convention，USP）和一些研究者则认为：以食品添加剂或者配料为背景的食品欺诈，是指销售者为了经济利益，在购买者的知识范围外，欺骗性地加入其他物质、去除或更换真实组分。

⑦2016年全球食品安全倡议（Global Food Safety Initiative，GFSI）中也提出了食品欺诈广义上的定义，是指为了获得经济利益使用食品、食品原料和食品包装欺骗消费者的行为，包含替代、未经批准的增强、冒牌、假冒等。

关于食品欺诈的具体类型，美国《联邦食品、药品和化妆品法》（FD&C

Act）以及《食品安全现代化法案》（FSMA）并未从法律层面对其详细列举，官方机构也未作出相应解释，但是一些民间机构和学者从学理角度将食品欺诈进行了一定类型划分。总结部分美国学者的观点，也可将食品欺诈分为7类：篡改（adulterant substance）、掺假（tampering）、未经法律批准生产的食品（over-run）、偷窃得来的产品（theft）、在非法市场上售卖的食品（diversion）、假冒食品（simulation）、伪劣食品（counterfeiting）。

通过对食品欺诈有关概念和类型的分析，可以发现食品欺诈有如下特征：

第一，食品欺诈的历史性和全球性。食品欺诈并非我国独有的问题，也并非现在才出现，而是早已有之且在全球范围内均有发生。随着市场经济的发展和经济全球化推进，经济参与者的逐利本性使得食品欺诈日益呈现全球化特征，各国均需采取有效的限制措施并加强合作来降低此类事件发生的风险。

第二，食品欺诈的多样性、复杂性和规避性。食品欺诈的多样性是指食品欺诈类型繁多，其表现形式往往令人难以想象；食品欺诈的复杂性则在于手段的隐蔽性、可变性和不可预知性；食品欺诈的规避性在于实施掺假的犯罪者会寻找出食品法律法规及检验标准的漏洞和盲点，利用法律上的漏洞在现有的法律框架内实行犯罪。

第三，食品欺诈的动机性和严重性。食品欺诈并不以损害消费者的身体健康为目的，往往是为了获得纯粹的经济利益。虽然主观上生产者往往不具备损害公共健康的意图，但是在客观上通常会危害消费者健康、公共安全和消费环境，降低消费者消费信心，甚至更为严重地造成民众恐慌和社会事件的不良后果。

2. 域外食品安全和食品欺诈立法情况

（1）欧盟

欧盟自2000年出台《食品安全白皮书》后，便致力于构建一个全面的食品安全法规框架，于是在2002年通过了第178/2002号法规，即《通用食品法》，并且通过一系列新设立的法律模式和手段以及成立欧洲食品安全局，构建了一个系统性的食品安全保护维度。此后，欧盟还制定了许多法规和指令，健全细化了的整合规则框架，包括"一揽子卫生规则"和其他横纵向规则，共同形成了一个多中心的规制体系。

在食品欺诈方面，《通用食品法》中没有进行专章的规定。主要是通过欧盟委员会官方认可一些"欧洲标准制定组织",用以协调食品相关标准和法律,消除贸易壁垒,同时增强市场透明度和降低市场的不对称性,确保食品供应方面安全风险最小化,防止食品欺诈的发生。在这其中,欧洲食品安全局发挥了重要作用。

在食品标签标识方面,通过第1699/2011号法规强制规定:标签和所用方式不能在产品质量、配料、原产地、性质、工艺等欺骗消费者,同时禁止暗示也不得宣传其具有药用治愈功效。一旦被认定违反这一限制性条款,生产者将被认为是食品欺诈而承担相应责任。

(2) 美国

19世纪末20世纪初,美国的食品药品安全问题严重,掺假暴利行为盛行,其出口到欧洲各国的猪肉等食品曾遭到各国的联合抵制。美国"基督教妇女禁酒联合会"曾揭露了药品和酒类的掺假行为,随着新闻媒体的进一步曝光,食品掺假和专利药黑幕等问题逐渐进入大众的视野。在各方利益的博弈下,1906年,美国通过了第一部《纯净食品和药品法》和《肉类检验法》。1938年,国会通过了《联邦食品、药品和化妆品法》(后多次修订)。此后,《食品添加剂修正案》《色素添加剂修正案》《药物滥用控制修正案》和《婴儿食品配方法》等相继出台,使涉及食品和药品安全的法律日臻完善。

2011年FDA颁布了《食品安全现代化法案》,法案框架的新规则之一是允许FDA对疑似掺假或错误标识产品实行长达30天的行政扣留,在FDA决定是否采取没收或联邦禁令等强制性行为时,该产品将被暂时撤离市场。而在此前,只有当FDA掌握了确实证据,才能对食品进行扣留。此外,该法案还提出要加强食品故意掺假行为的预防,该法案第106节内容是关于防范蓄意掺假的,该部分要求FDA应对食品系统开展脆弱性评估,确定必要的防范食品蓄意掺假的科学缓解策略或措施的类型,并且要在本法案颁布18个月内颁布关于防范蓄意掺假的法规。

2013年12月24日,FDA延期发布了法案要求的防范蓄意掺假的法规《防范蓄意掺假的集中缓解策略》草案,该法规中所指的蓄意掺假行为有多种形式,包括那些意图造成大规模的公共卫生危害的情况,不满的员工、消费者或竞争对手的行为,经济利益驱动型食品掺假等。除了部分特殊情况外,《防范蓄意掺假的集中缓解策略》法规适用范围包括制造、加工、包装或保存食品。

3. 规制食品欺诈的法律及制度设计

(1) 多层次的法律规制系统

美国、欧盟关于食品安全的立法众多，在这些法律规定中，没有哪部法律直接提到了食品欺诈，但是分别对食品欺诈的某一组成部分进行了规制。

与此同时，对于各国当下有关食品安全规制的法律规定，一些国家食品安全法律体系过于复杂、零散，食品安全法律体系还存在不一致性和重复性，这样会增加法律实施的成本，削弱了法律的灵活性。因此，未来食品安全法律的发展趋势是在不破坏原有体系适用的原理、义务和概念的基础上，削减不必要的、重复的、具体性的法规和标准，解决实际应用中存在的不便利因素。

(2) 多方参与的监管模式

美国的食品欺诈问题之所以影响比较小，主要是因为监管体系较为严密、迅速和有效。在联邦政府之下设立美国农业部食品安全检验局（FSIS）、美国国家环境保护署（EPA）以及FDA，分别对农业产品、进口、国产食品以及食品的相关产品和杀虫剂进行监管。除此之外，设立一些政府机构的辅助机构，进行专业化的检测工作，这些政府部门分工得当，专业化程度高，对食品加工的各个环节都要进行监督和检查，能够迅速地应对各种食品问题。

除美国外，还有许多国家也采用了政府多部门参与、联合院校和科研机构的监管模式，充分发挥社会力量的灵活性。

(3) 全方位的预警监测系统

在食品欺诈的监管中，多数国家都强调对食品安全的全面防范和管理，即从源头上控制、预防和减少食品的安全风险。首先是风险评估机制，其次是产品信息记录备份，一旦出现问题，通过查询"身份证"号码就能追溯到该产品的生产和流通信息。

(4) 来源广泛的数据库技术支持

美国利用网络数据库的优势，将曾经发生过的食品欺诈事件公布到网站上，向全社会进行公开。美国药典委员会建立了食品欺诈数据库，该数据库是一个收集了数千种掺假成分和相关记录的公共数据库，数据来源于科学文献、媒体出版物、监管报告、司法记录等来自世界各地的食品掺假信息。

除此之外，由美国国土安全部（United States Department of Homeland Security, DHS）下设并受明尼苏达大学管理的食品保护与防御国家中心创建了经济利益驱动型食品掺假数据库。这个数据库是按照事件进行分类的，比如我国的"三聚氰胺"事件在该数据库中作为一个事件存在，但同时该数据库仅仅允许授权用户访问。此外，食品保护与防御国家中心还在开发一种经济利益驱动型食品掺假易感性数据库，数据库中包含美国药典委员会的《食品化学法典》中有关经济利益驱动型食品掺假易感性评估的文献。

在欧盟方面，根据第178/2002号法令建立了一个食品和饲料快速预警系统（Rapid Alert System for Food and Feed，RASFF）网络，该系统中包含掺假和欺诈这个预警类别。

以上通过技术手段搭建的数据平台能够通过既有的过往数据，以一种系统化的方法协助判断食品是否处于一种较大的欺诈风险当中，帮助降低食品欺诈风险。

（二）我国食品欺诈规制现状及路径选择

1. 我国食品欺诈历史以及现状

在中国，宋代士大夫袁采的《袁氏世范》就记载了当时市场上的食品欺诈问题，"以物市于人，敝恶之物，饰为新奇；假伪之物，饰为真实。如绢帛之用胶糊，如米麦之增湿润，肉食之灌以水"。

从媒体角度看，食品欺诈问题已成为影响我国食品安全的主要问题。在2010年至2015年《每周质量报告》的食品欺诈及其类型的统计情况中，共计225期节目，其中有关食品问题的节目共计42期，占总数的19%；而食品欺诈就有38期，在食品问题节目中所占比例高达90.5%。[1]同时，仅2014年7月至2015年12月一年多的时间内，在进出口食品安全局对外通告的不合格进口食品中，可直接判定为食品欺诈的通告所占的比重就高达41%。[2]由此可见，在我国食品生产和消费的领域，无论是进口食品抑或是国产食品，均存在较为严重的食品欺诈问题。更不用说前些年频发的各类食品安全事件，其中多有涉及食品欺诈，比如2018年焦点访谈报道的有机食品乱象[3]、

---

〔1〕 袁婷、陈原：《我国食品欺诈模式及其治理分析》，载《食品安全导刊》2016年第27期。

〔2〕 袁婷、陈原：《我国食品欺诈模式及其治理分析》，载《食品安全导刊》2016年第27期。

〔3〕 夏丹：《有机食品乱象频出 专家吁规范"重认证轻管理"弊病》，载央视网经济频道，https://jingji.cctv.com/2018/05/15/ARTImxFofzRHvf4NvXK30zdh180515.shtml，最后访问日期：2024年12月3日。

2015年"僵尸肉"事件[1]、2015年上海特大假奶粉事件[2]、2014年我国台湾地区地沟油事件[3]等，都是在生产与消费信息严重不对称的前提下，生产者或者生产环节的参与者们对食品进行掺杂掺假，同时隐瞒真实信息，用以牟取不合法利益。这些食品欺诈事件给广大消费者的身体健康带来巨大不良影响的同时，也扰乱了市场秩序，破坏了消费环境。

2. 我国食品欺诈的概念、类型和特点

（1）食品欺诈的概念

对比国外对于食品欺诈概念无统一认识的情况，国内对食品欺诈同样尚未有专门的定义。

根据最高人民法院《关于贯彻执行〈中华人民共和国民法通则〉若干问题的意见（试行）》第68条，对欺诈行为界定为"一方当事人故意告知对方虚假情况，或者故意隐瞒真实情况，诱使对方当事人作出错误意思表示的，可以认定为欺诈行为"。此谓民法上的"欺诈"概念。

《消费者权益保护法》第55条第1款关于惩罚性赔偿的规定提到欺诈，"经营者提供商品或者服务有欺诈行为的，应当按照消费者的要求增加赔偿其受到的损失……"，仅从经营者客观实施了欺诈的角度认识欺诈概念，似乎无须考察消费者的主观认识状态。此外，2015年国家工商行政管理总局的部门规章《侵害消费者权益行为处罚办法》列举了10种经营者欺诈消费者的行为。同时在第6条规定经营者向消费者提供有关商品或者服务的信息应当真实、全面、准确，不得作虚假或者引人误解的宣传行为，并举例列举了8种虚假或者引人误解的宣传行为。

《产品质量法》规定，产品掺杂、掺假、以假充真均属质量欺诈的违法行为。其中，生产以次充好、失效变质、假冒合格的产品，标示虚假的产地、生产厂名、厂址，伪造生产日期、保质期，伪造或冒用质量认证标志等均属于严重的质量欺诈问题。显然，食品当中除农产品外加工食品也受《产品质

---

[1] 央广网：《走私"僵尸肉"窜上餐桌 谁之过？》，载央广网财经，http://finance.cnr.cn/315/gz/20150705/t20150705_519080053.shtml，最后访问日期：2024年12月3日。

[2] 陈玺撼：《上海破获假冒"雅培""乳粉案件，国务院食安办派员督查流向》，载澎湃新闻，https://www.thepaper.cn/newsDetail_forward_1452234，最后访问日期：2024年12月3日。

[3] 央视网：《台湾"地沟油"风波》，载央视网，https://news.cctv.com/2014/10/02/VIDE1412233339466389.shtml，最后访问日期：2024年12月3日。

量法》的约束。

《食品安全法》中未直接规定食品欺诈的概念，但规定了多种食品欺诈的具体类型，并通过规定生产者的责任和义务、食品生产标准和风险控制系统来保障食品安全。

为治理食品欺诈行为，国家食品药品监督管理总局在2017年2月发布了一个规范性文件《食品安全欺诈行为查处办法》（征求意见稿），将食品欺诈的概念表述为"食品安全欺诈"，并将其定义为"行为人在食品生产、贮存、运输、销售、餐饮服务等活动中故意提供虚假情况，或者故意隐瞒真实情况的行为"。与民法上的欺诈概念相比，抛弃了"诱使对方当事人作出错误意思表示的"条件要求。在客观方面，并不要求有他人上当受骗、造成损害的实际结果的发生，只要欺诈行为人有故意实施欺诈行为并有导致他人误解上当的可能性就构成食品安全欺诈。

（2）我国食品欺诈的类型

关于食品欺诈的分类，在我国食品安全执法工作中，进出口食品安全局主要依据2014年国家卫生和计划生育委员会发布的《食品安全国家标准 食品添加剂使用标准》（GB 2760-2014）对食品进行检验检查，侧重于检查食品进出口过程中的非法添加这一种食品欺诈类型。

在2017年2月国家食品药品监督管理总局发布的规范性文件《食品安全欺诈行为查处办法》（征求意见稿）中的"食品安全欺诈"，除包括针对消费者的食品欺诈类型，还囊括了申请、检验检疫、报告过程中的信息欺诈。可以看出国家食品药品监督管理总局多从本部门工作实际出发，将其在监管过程中多发的食品行政监管问题也纳入到"食品安全欺诈"的范畴当中。因此，可以认为，"食品安全欺诈"较"食品欺诈"外延更广，涵盖可能涉及到食品安全，但是非直接面向消费者的食品监管领域的不真实陈述问题。

（3）食品欺诈的特点

通过对上述我国的食品欺诈的概念和类型的分析，我国的食品欺诈主要具备以下的特点：第一，食品欺诈问题多发且严重，近几年仍然在不断暴发恶性食品欺诈事件；第二，尽管在立法中对食品欺诈的规制囊括了从农场到餐桌的食品生产各个环节，但是在实际执法过程中对于食品欺诈的监管主要仍将重点放在流通环节，对于生产环节关注不足，存在对食品欺诈行为在生产环节和流通环节的规制不协调问题。

3. 食品欺诈规范体系

我国有关食品欺诈的规定散见在《消费者权益保护法》《食品安全法》《产品质量法》《农产品质量安全法》《食品安全法实施条例》《反不正当竞争法》《广告法》等法律法规当中。下文中将针对法律适用进行具体分析。

在《食品安全法》中，第34条规定了禁止生产经营的食品类型，其中涉及食品欺诈的包含掺假掺杂、标签标注信息虚假不全、营养成分与所称不符等类型；第49条规定了食用农产品生产者不得进行食品欺诈，进而非法使用有毒化肥农药等；第55条规定了餐饮服务提供者不得明知存在食品欺诈而进行加工生产，否则也将承担责任；第4章第3节规定了有关食品标签、说明和广告应当符合相关规定；第123条规定了针对第34条的食品欺诈以及其他危害食品安全的生产者的责任问题。对于有食品安全欺诈行为的食品生产经营者，除规定相应的罚款，还将给予信用惩戒，将其记入食品安全信用档案，情节严重的列入食品药品安全"严重失信名单"，通报投资主管部门、证券监管机构和有关金融机构，明确了涉嫌食品安全欺诈的企业法定代表人、主要负责人、直接负责的主管人员和其他直接责任人员应负的法律责任。

在《食品、保健食品欺诈和虚假宣传整治方案》中，明确了5大类治理内容：未经许可生产、经营、进口食品和保健食品行为；标签虚假标识声称行为；违法营销宣传、欺诈销售行为；未经审查发布保健食品广告以及发布虚假违法食品广告行为；其他涉及欺诈和虚假宣传等违法违规行为。同时，严格责任落实，加强涉及食品的各环节：生产、流通、销售、广告宣传等全方位的工作执法。在该工作文件发布后，各个地方也发布了具体的工作方案。

在食品欺诈的认定和其法律规范适用的关系上，必须在明确食品虚假宣传与食品欺诈、食品欺诈与食品安全犯罪之间在程度和性质上差异的基础上，正确认识不同行为的性质，进行准确定性，根据其性质将其归入不同法域，分别适用《广告法》《反不正当竞争法》《刑法》以及规制食品欺诈的有关法律规定，维护消费者合法权益。

三、食品欺诈的认定与法律适用

通过前述分析可以发现，食品欺诈作为食品安全问题的一种主要类型，无论是在国际上还是在国内,更多地是出于一种学理讨论。其界定方式也多采用列举的方式在各个单行法中出现,未统扩到"食品欺诈"这一单一概念下。但无论是从 2017 年 7 月开始的食品、保健食品欺诈和虚假宣传专项整治工作,还是从 2019 年 5 月 9 日《中共中央、国务院关于深化改革加强食品安全工作的意见》中提到的到 2035 年经济利益驱动型食品安全犯罪明显减少的工作要求来看,规制食品欺诈、减少经济利益驱动型的食品安全问题都是食品安全治理工作的重点与难点。因此,如何在现有法律框架下,准确认定食品欺诈的性质类型、准确地适用法律,进而追责,充分贯彻企业主体责任原则,从事后销售环节监管的角度倒逼食品生产流通环节的升级改善,便成为食品欺诈规制的一个重要问题。

食品欺诈从外延上可以分为两个主要类型,一为食品掺假,二为食品虚假陈述,下面从这两种主要类型入手,从行政机关监管角度出发,分别给出相应执法依据。

（一）食品掺假

1. 适用《消费者权益保护法》

《消费者权益保护法》第 56 条规定:"经营者有下列情形之一,除承担相应的民事责任外,其他有关法律、法规对处罚机关和处罚方式有规定的,依照法律、法规的规定执行;法律、法规未作规定的,由工商行政管理部门或者其他有关行政部门责令改正,可以根据情节单处或者并处警告、没收违法所得、处以违法所得 1 倍以上 10 倍以下的罚款,没有违法所得的,处以 50 万元以下的罚款;情节严重的,责令停业整顿、吊销营业执照:①……②在商品中掺杂、掺假,以假充真,以次充好,或者以不合格商品冒充合格商品的……。"该条规定中列举的食品欺诈类型基本涵盖掺假的所有可能形式,仅从文意出发,便可以规制大部分食品欺诈类型。

2. 适用《食品安全法》

《食品安全法》第 10 章"附则"的第 150 条对"食品安全"作出了定义:食品安全,指食品无毒、无害,符合应当有的营养要求,对人体健康不造成任何急性、亚急性或者慢性危害。联系本法的名称应当看出,这一定义不仅仅是对本法中的用语作出解释,其实也是在廓清本法的适用范围,即《食品安全法》旨在处理食品安全方面的问题,而非所有的食品问题。这一点从本法的章节设计和其中的具体法条也可以看出，此处就不一一列举。因此，《食品安全法》赋予行政机关处理食品掺假的权力是有限的，只有当掺假影响到食品安全时，行政机关才能依据本法进行处理，但如果仅仅是以次充好，而并不影响食品安全时，行政机关则无法依据本法进行处理。因此，可以将本法作为较严重食品欺诈问题，特别是涉及到食品安全问题的食品欺诈的规制依据。

3. 适用《产品质量法》

《产品质量法》第2条规定："在中华人民共和国境内从事产品生产、销售活动，必须遵守本法。本法所称产品是指经过加工、制作，用于销售的产品。建设工程不适用本法规定；但是，建设工程使用的建筑材料、建筑构配件和设备，属于前款规定的产品范围的，适用本法规定。"本条限定了《产品质量法》的适用范围。根据本条对产品的定义，联系《食品安全法》第150条对"食品"的定义可知，只有食品中经过加工、制作的一部分，也就是食品定义中的成品能够属于《产品质量法》的适用范围，而未经加工、制作的食品，也就是食品定义中的原材料，并不受《产品质量法》的规制。因此针对除原材料食品外的加工食品的掺假，行政机关可以依据《产品质量法》进行处理。原材料食品可以依据《消费者权益保护法》进行处理，当涉及到食品安全问题时，还可依据《食品安全法》进行追责。

由于《产品质量法》从2000年至今未修订（已纳入修订计划），其法律责任中关于罚款的数额规定过低，且2013年修订的《消费者权益保护法》对产品质量问题已有覆盖；与此同时，与《消费者权益保护法》相配套的《侵害消费者权益行为处罚办法》对产品质量违法行为的处罚规定亦较为全面详细，可更多地考虑作为执法依据加以适用。

4. 适用《刑法》

《刑法》第143条和第144条分别规定了生产、销售不符合安全标准的食品罪和生产、销售有毒、有害食品罪。入罪标准分别为：生产、销售不符合食品安全标准的食品，足以造成严重食物中毒事故或者其他严重食源性疾病的；在生产、销售的食品中掺入有毒、有害的非食品原料的，或者销售明知掺有有毒、有害的非食品原料的食品的。未通过行政机关的执法检查并不一定会导致触犯《刑法》、构成犯罪，但当责任人的食品欺诈程度达到不符合安全标准且足以造成严重食品事故或者其他严重食源性疾病的将会被市场监督管理机关移送到公安机关进行处理;但如果执法检查中发现食品掺假所掺杂的是有毒、有害的非食品原料的,将会被直接移送公安机关进行刑事侦查起诉程序。

(二) 食品虚假陈述

1. 适用《反不正当竞争法》

《反不正当竞争法》第 8 条规定:"经营者不得对其商品的性能、功能、质量、销售状况、用户评价、曾获荣誉等作虚假或者引人误解的商业宣传,欺骗、误导消费者。经营者不得通过组织虚假交易等方式,帮助其他经营者进行虚假或者引人误解的商业宣传。"食品信息的虚假陈述亦属于虚假宣传行为的一种,受到《反不正当竞争法》的规制。

2017 年修订的《反不正当竞争法》第 17 条第 1 款规定:"经营者违反本法规定,给他人造成损害的,应当依法承担民事责任";第 20 条规定:"经营者违反本法第 8 条规定对其商品作虚假或者引人误解的商业宣传,或者通过组织虚假交易等方式帮助其他经营者进行虚假或者引人误解的商业宣传的,由监督检查部门责令停止违法行为,处 20 万元以上 100 万元以下的罚款;情节严重的,处 100 万元以上 200 万元以下的罚款,可以吊销营业执照。"该法修订后的较高罚款数额对于惩罚和遏制食品销售中的虚假陈述具有重要意义,成为市场监督管理部门在整治食品、保健食品欺诈和虚假宣传活动中的执法利器。除市场监督管理部门对食品虚假陈述进行追责外,受到损害的其他经营者也可以向人民法院起诉,要求实施虚报或欺骗的经营者承担民事责任。

2. 适用《食品安全法》

《食品安全法》第 73 条第 1 款规定:"食品广告的内容应当真实合法,不得含有虚假内容,不得涉及疾病预防、治疗功能。食品生产经营者对食品广告内容的真实性、合法性负责。"因此,食品信息的虚报或欺骗行为受到《食品安全法》的规制。

根据《食品安全法》第 125 条:"违反本法规定,有下列情形之一的,由县级以上人民政府食品安全监督管理部门没收违法所得和违法生产经营的食品、食品添加剂,并可以没收用于违法生产经营的工具、设备、原料等物品;违法生产经营的食品、食品添加剂货值金额不足 1 万元的,并处 5000 元以上

5 万元以下罚款；货值金额 1 万元以上的，并处货值金额 5 倍以上 10 倍以下罚款；情节严重的，责令停产停业，直至吊销许可证：①……②生产经营无标签的预包装食品、食品添加剂或者标签、说明书不符合本法规定的食品、食品添加剂；③生产经营转基因食品未按规定进行标示……。"因此，市场监督管理部门可以依据《食品安全法》对食品信息的虚报或欺骗行为进行规制。

3. 适用《广告法》

《广告法》第 4 条第 1 款规定"广告不得含有虚假或者引人误解的内容，不得欺骗、误导消费者"；第 28 条通过具体列举就何为虚假广告进行界定，特别是其中的第 2 项所列情形在食品广告中尤为多发，即在商品功能、产地、质量、成分、销售情况等方面所允诺的与实际情况不符。针对发布虚假广告的广告主、广告经营者、广告发布者以及广告代言人所应承担的法律责任规定在该法第 55、56、62 条当中。所以，当食品虚假陈述是以广告形式出现时，可以根据《广告法》的具体规定要求相关责任人承担相应责任。

余 论

"食品欺诈"由"食品"和"欺诈"两个词组成，遵循基本的语词习惯，我们在解释"食品欺诈"时，通常将其解释为"欺诈"在"食品"领域的适用。

最高人民法院在《关于贯彻执行〈中华人民共和国民法通则〉若干问题的意见（试行）》第 68 条规定："一方当事人故意告知对方虚假情况，或者故意隐瞒真实情况，诱使对方当事人作出错误意思表示的，可以认定为欺诈行为。"这一关于"欺诈"的概念界定，有四个要件：一是经营者主观上存在欺诈的故意；二是经营者虚假陈述或者隐瞒事实的行为；三是消费者作出错误的意思表示；四是消费者作出的错误意思表示是基于经营者虚假陈述或者隐瞒事实的行为，即二者之间存在因果关系。符合上述四个要件方可认定为欺诈，且只能是在私人诉讼中，被侵权人请求赔偿损失时才进行考量的行为构成要件，如果这一关于欺诈的构成要件，如果直接放在行政执法中，会影响和缩减对欺诈的认定范围。因此，这样的规制方式存在以下不足：

其一，欺诈作为民事法律行为可撤销的原因之一，可以被法院援引作为裁判依据，但是无法成为行政机关干预的依据。然而随着社会分工的不断发展，消费者与经营者之间的信息不对称不断加剧，食品欺诈的现象越来越普遍，如果行政机关没有被赋予对食品欺诈行为的执法权力，那么即便是发现了食品欺诈的行为，也无法对其进行处理。仅靠私人诉讼的方式，显然无法有效处理食品欺诈这一社会问题。

其二，被欺骗的消费者只有在受到欺骗，并且满足实际损失这一要件之后才能获得欺骗者的赔偿，这是一种典型的事后救济。然而，在食品欺诈行为中存在着对人体健康有严重危害的行为，当被欺骗者的身体健康受到严重危害之后，任何的事后救济都会显得非常单薄。

因此，通过"民事欺诈"路径对食品欺诈现象进行规制显然是走不通的。那么，是否有必要赋予"食品欺诈"独有的含义？现行的《食品安全法》以及《食品安全法实施条例》均未提及"食品欺诈"。在北大法宝中，以"食品欺诈"为关键词进行全文检索可以看到，在法律与行政法规层面，并没有规范性文件提及"食品欺诈"；而在部门规章层面，有9份规范性文件提及"食品欺诈"[1]，但是综观这9份规范性文件，并无一处对"食品欺诈"作出定义或解释。因此，它更多的是一种学理概念和实践性解释。所以，应从欺诈的本质属性和一般概念出发，抓住欺诈在主观上的故意和客观上实施了欺诈行为这两个特征，即采用"二要件说"：第一，行为人主观上有欺诈的故意；第二，客观上实施了欺诈的行为，即可认定为欺诈。

《食品安全欺诈行为查处办法》（征求意见稿）使用了"食品安全欺诈"的这一相近的概念，提出："本办法所称食品安全欺诈是指行为人在食品生产、贮存、运输、销售、餐饮服务等活动中故意提供虚假情况，或者故意隐瞒真实情况的行为。"通过对"食品安全欺诈"概念进行文义解释，可以得出食品安全欺诈行为的认定要件有两个：一是在食品生产、贮存、运输、销售、

---

[1] 9个规范性文件为《国务院食品安全办关于继续做好食品保健食品欺诈和虚假宣传整治工作的通知》《关于更新〈危害分析与关键控制点（HACCP体系）认证依据〉的公告》《食品药品监管总局关于打击食品生产销售违法犯罪的公告》《食品药品监管总局关于印发国家食品药品监督管理总局政府信息主动公开基本目录的通知》《食品药品监管总局办公厅关于做好2018年元旦春节期间食品药品监管有关工作的通知》《国务院食品安全办关于印发国家食品安全示范城市标准（修订版）的通知》《食品药品监管总局办公厅关于印发食品、保健食品欺诈和虚假宣传整治工作实施方案的通知》《科技部关于发布国家重点研发计划食品安全关键技术研发和中医药现代化研究重点专项2017年度项目申报指南的通知》《国务院食品安全办等9部门关于印发食品、保健食品欺诈和虚假宣传整治方案的通知》。

餐饮服务等活动中提供虚假情况，或者故意隐瞒真实情况的行为；二是故意的主观心态。这一规定具有浓重的监管法意味，与"民事欺诈"认定要件相比，少了"作出错误意思表示"要件和"因果关系"要件。依据法理，在私法中一个行为具有可罚性的基础之一是该行为对其他主体的利益造成了损害，并且损害与其行为具有因果关系；而食品欺诈行为的认定却并不需要考虑这两个要件，只要欺骗者有客观行为，并且主观心态为故意，就认定为欺诈。

此外，从外延上讲，食品欺诈包括食品掺假和食品虚假陈述两种行为。当我们深入讨论"食品欺诈"的概念，会发现其外延中的两种行为类型都可以在现行的规范体系下得到有效的解决，因此在规制食品欺诈的路径选择上，没有必要在立法中再单独设立食品欺诈制度，而应当坚持多点立法、多点治理，注重发挥不同法律的规范价值与作用。在协同共治方面，政府部门可以与大专院校、科研机构进行深度合作，发挥其科研能力与技术力量，利用专业的食品检测分析手段和数据处理技术，分析食品欺诈事件的成因与重点领域，从源头减少食品欺诈的发生。同时发挥消费者协会、检察院在食品领域提起公益诉讼的职能；加强媒体对于典型案件的曝光，从多点防控食品欺诈的发生风险。

第三编
消费者组织的工作与定位

第六章

新时代市场监督管理部门与消费者组织的关系定位研究[1]

一、市场监督管理部门与消费者组织的关系考察

(一) 历史回顾

消费者协会组织是为了建立和完善社会主义市场经济而建立的一个制度。1981年6月，进出口商品检验总局外事处处长朱震元参加联合国亚太经济社会理事会召开的"保护消费者问题磋商会"，回国后提交报告建议建立消费者保护组织。这份报告得到当时六位副总理的圈阅同意。1983年河北省新乐县成立中国第一个消费者协会；1984年8月，广州市成立消费者委员会；1984年11月，哈尔滨市成立消费者协会。同时在1984年，国家工商行政管理局、国家标准局、进出口商品检验总局共同开始组建中国消费者协会[2]。1984年12月，中国消费者协会正式挂牌；1985年1月12日，国务院正式批复同意成立中国消费者协会。时任全国人民代表大会常务委员会（以下简称"人大常委会"）副委员长王任重出任中国消费者协会名誉会长，国家工商行政管理局副局长李衍担任会长。此后，各地政府均按照行政区划相继成立了消费者组织，名称均为"消费者协会"（广州市消费者委员会的名称除外），其法律定位是政府成立的社会团体。

---

[1] 本章是本书笔者2019年主持完成的原国家工商行政管理总局消费者权益保护局委托的研究项目，从理论与实践两个方面为后续市场监督管理部门与消费者组织的关系发展奠定了基础。

[2] 中国消费者协会酝酿成立之初名称为"中国保护消费者利益委员会"，其后国家工商行政管理局、国家标准局、国家商检局两次联名写报告，提出成立"中国消费者协会"的意见。

我国消费者协会组织是按照行政区划设置的。在全国设立中国消费者协会，各省、自治区、直辖市设立省级消费者协会，地区和地级市设立地级消费者协会或地级市消费者协会，县级设立县消费者协会，甚至乡镇街道也设立相应的维权服务站。各级消费者协会经同级人民政府批准建立，挂靠在同级工商行政管理局（现为市场监督管理局）。消费者协会实行单位理事会制度，理事会制度是消费者协会的根本制度。消费者协会理事会由有关政府部门、立法司法机关、社会组织、新闻媒体和消费者代表等组成，是消费者协会的决策机构。在理事会闭会期间，由常务理事会代行理事会职权，秘书处是落实理事会决策的执行机构，在理事会（常务理事会）领导下开展日常活动。

消费者协会组织作为政府成立的社会团体，一直以来挂靠在工商行政管理部门，按照1989年的《社会团体登记管理条例》规定，符合在民政部门登记的条件，可以在民政部门登记为社会团体法人。[1]

政府成立的社会团体定位是我国特殊时期的特定产物，但随着社会主义市场经济的不断发展和社会主义法治体系的不断完善而逐渐变化。在消费者协会前15年的发展中，其社会团体的身份并没有产生疑问，但是，1998年10月25日修订的《社会团体登记管理条例》实施后，消费者协会因不符合该条例中对"社会团体"的概念界定，身份认定出现了问题，在民政部门的登记出现了困难。[2] 2004年上海市消费者协会在全国率先更名为"上海市消费者权益保护委员会"，此后陆续有20多个省、市的消费者协会更名。更名后，有的叫"消费者权益保护委员会"，有的叫"消费者保护委员会"，还有的叫"保护消费者权益委员会"，并且由理事会制改为委员会制，但本质上仍是政府设立的社会团体。2014年3月15日，修正后的《消费者权益保护法》正式实施，其中第36条把消费者协会和其他消费者组织的性质界定表述由之

---

[1] 1989年颁布实施的《社会团体登记管理条例》按名称归类，凡协会、学会、研究会均为社会团体，其第2条规定："在中华人民共和国境内组织的协会、学会、联合会、研究会、基金会、联谊会、促进会、商会等社会团体，均应依照本条例的规定申请登记。社会团体经核准登记后，方可进行活动。但是，法律、行政法规另有规定的除外。"

[2] 2016年修订的《社会团体登记管理条例》第2条对社会团体进行了概念界定，规定："本条例所称社会团体，是指中国公民自愿组成，为实现会员共同意愿，按照其章程开展活动的非营利性社会组织。"至此以后，社会团体登记要求有会员；而消费者协会是采用单位理事会制，而非会员制，没有会员，不符合社会团体的定义，在民政部门的登记和年检出现巨大困难，需大费周章。

前的"社会团体"改为"社会组织",目的是解决当时立法中"社会团体"的概念界定无法涵盖消费者组织,其社会团体身份受到质疑的尴尬局面,凸显其非行政机构的属性;但与此同时,在国家市场监督管理总局的官网上,中国消费者协会又被列于其14个直属单位之一,表明国家市场监督管理总局对中国消费者协会的直接管辖能力,展现其官方属性。中国消费者协会会长曾在工作报告中强调,中国消费者协会不是一般的民间团体,而是"有法定名称、法定性质、法定职能、法定行为规范的官方社会团体"[1]。

(二)消费者组织与市场监督管理部门的现实关系类型

笔者经过调研发现,当前现实中消费者组织与市场监督管理部门之间的关系,大体可以分为五种类型:一是挂靠与业务指导关系并存的类型,是保持了历史传统的最主要类型。二是仅存在业务指导关系的类型,该类型是在1998年《社会团体登记管理条例》修改后出现的类型。三是名为消费者协会实为业务主管部门内设机构的类型,即"一套人马,两块牌子",该类型主要存在于基层消费者组织。四是改制为民间组织的类型,该类型是地方市场监督管理机构改革过程中,消费者协会被当作行业协会、商会而与行政机关脱钩造成的。五是机构整合成事业单位法人分支机构的类型,即退出事业单位管理序列,或者常设机构被降级、撤销。

1. 挂靠与业务指导关系并存的类型

挂靠关系是指学会、协会等社会团体组织依托某一部门或单位解决办事机构在人员编制、办公场所及活动经费等方面问题的一种特定关系,是社会团体必不可少的登记条件之一。

消费者协会组织在其成立之初,都挂靠在同级人民政府的工商行政管理部门之下,作为其直属事业单位,由同级人民政府的工商行政管理部门解决其人员编制、办公场所及活动经费,并在民政部门登记注册。随着1998年《社会团体登记管理条例》的发布,消费者协会组织已经不再符合"社会团体"的概念和登记条件,但其本身的角色定位又与社会团体相同,所承担的工作及其工作方式与社会团体并无二致,其特殊性在于:其一,属于政府设

---

[1]《中国消费者》2000年第1期,第12页,转引自梁慧星:《中国的消费者政策和消费者立法》,载《法学》2000年第5期。

立，由政府拨款；其二，没有会员，不收取会费，采理事会制或委员会制，为全体消费者服务。故为了区别于政府部门，显示其社会组织的本色，部分消费者协会组织，在1998年之后，虽然不符合《社会团体登记管理条例》的登记注册条件，但仍然以一种特殊或者变通的方式每年在民政部门登记。例如，中国消费者协会仍然坚持每年在民政部门登记。根据笔者在中国消费者协会调研获取的信息：2015年，全国县以上消费者协会组织3080个，在民政部门登记的1747个，占56.72%；2016年，全国县以上消费者协会组织3234个，在民政部门登记的2029个，占机构总数的62.74%，与2015年相比，增加6.02%。但是各地市场监督管理机构改革后，情况发生很大变化，消费者协会被当作行业协会、商会脱钩的很多，这种情况在2018年国务院机构改革前就已经开始。脱钩后的消费者协会模式大多不符合《消费者权益保护法》对消费者协会组织的定位。

2. 仅存在业务指导关系的类型

这种类型是指消费者协会（或者消费者权益保护委员会）由同级人民政府直接设立，不再挂靠市场监督管理部门，亦不在民政部门登记，与市场监督管理部门之间只保留业务指导关系的情况。在笔者调研的单位中，北京市消费者协会和上海市消费者权益保护委员会均属于这种情况。二者所不同的是，上海市消费者权益保护委员会更名后，仍然将"上海市消费者协会"的名称在上海市民政局保留。

北京市消费者协会成立于1987年1月21日。《社会团体登记条例》于1998年出台之后，北京市消费者协会作为"社会团体"的身份受到质疑，于2006年在北京市民政局和北京市社会团体办公室注销了消费者协会的社会团体身份，在中共北京市委机构编制委员会办公室登记了事业单位法人的身份。它是独立的事业单位，有单独的会计和财务，经费充裕有保障，被称为"纳入工资管理的事业单位法人"。因为其属于独立事业单位，所以北京市消费者协会和北京市市场监督管理局并不是挂靠关系，而是业务指导与被指导关系，即北京市消费者协会接受北京市市场监督管理局对其开展的消费维权工作进行指导。[1] 北京市消费者协会虽然是独立的事业单位，但是其在人事和财政

---

[1] 北京市市场监督管理局："法定职责"第（五）项，载北京市市场监督管理局官网，http://scjgj.beijing.gov.cn/sy/jgzz/fdzz/201906/t20190603_1462583.html，最后访问日期：2019年8月22日。

方面和北京市市场监督管理局又有着密切的关系。从人事角度，北京市消费者协会秘书长同时兼任消费者权益保护处的处级调研员，拥有公务员身份。[1]这就导致两个机构关系非常密切，双方经常一起参加会议、对消费维权工作展开讨论，共同商讨维护消费者权益问题，双方能及时沟通、相互协调。工作人员的招入和提拔也都由北京市市场监督管理局人事处规范管理。北京市消费者协会会长由前北京市人大常委会副主任柳纪纲担任，其副会长中有18个是局级干部。由此看出，从人事角度出发，北京市消费者协会和行政部门之间的关系是非常密切的。从财务角度，北京市消费者协会作为独立的事业单位，拥有独立的会计和出纳，名义上北京市市场监督管理局是国家二级预算，但是北京市消费者协会的正式工作人员的工资就是从市场监督管理局的人事处领取的。业务经费从市场监督管理局的财务处领取，但是每年财政报账都是单独列出来报给财政局。可见，从财务角度也可以看出，北京市消费者协会和北京市市场监督管理部门之间有着千丝万缕的脱不开的关系。

上海市消费者权益保护委员会（以下简称"上海市消保委"）的前身是上海市消费者协会，成立于1986年2月15日。2004年2月，经上海市人民政府批准上海市消费者协会改制为上海市消保委。时任上海市消保委主任由上海市第十三届人大常委会副主任杨定华同志担任，上海市消保委的常务副主任由上海市市场监督管理局局长陈学军担任，而其他副主任也多是有关政府部门的副局长、主任等行政官员担任。同时，上海市消保委还有消费者代表20人，行业协会代表16人。上海市消保委由政府每年单独拨款，预算在1000万左右，无论是经费还是秘书处工作人员编制相对于其他省份的消费者组织都是较为充裕的。即使在基层，上海市消保委也有自己的独立的办公室和财务，是所属区中的最小的事业单位。上海市消保委的特殊之处在于，其本身既没有在民政部门以社会团体的身份登记注册，也没有登记事业单位法人身份。《社会团体登记条例》于1998年出台之后，消费者协会作为"社会团体"的身份便受到了质疑，2004年上海市消费者协会更名为上海市消保委，

---

[1] 这是因为，按照消费者协会章程的规定，秘书长由同级市场监督管理部门提名，一般都是从市场监督管理部门委派，本身拥有公务员身份和行政级别，为保证其将来退休时仍然以公务员身份在机关退休和享受退休待遇，而作出的一种安排。

主体地位也不明确，但是上海市消保委秘书处登记了事业单位身份，是公益一类，而上海市消费者协会的名称仍在民政部门保留。这就导致一种奇怪的现象，即上海市消保委的身份要靠内设机构秘书处来证明，上海市消保委自身却是没有明确身份的组织。

3. 名为消费者协会实为业务主管部门内设机构的类型

这是指各级消费者组织中，有些虽名为消费者协会，但实为业务主管部门内设机构，或其下设的直属投诉受理中心的情况。笔者在中国消费者协会调研时了解到，截至2016年10月，全国共有消费者协会（委员会，不包括中国消费者协会）3234个，属于消费者协会组织业务主管部门内设职能部门的有1182个，占36.55%；属于业务主管部门直属投诉受理中心的有479个，占15.37%，二者合计1661个，占51.92%。在全部消费者协会组织中，办事机构独立办公的963个，占现有机构总数的29.78%；与业务主管单位内设职能部门或者直属投诉受理中心等合署办公的2271个，高达70.22%，机构混同情况较为普遍。

4. 改制为民间组织的类型

这是指在各地市场监管机构改革中，一些地方对《消费者权益保护法》规定的消费者协会组织定位理解错误，把"消费者协会"当作行业协会或商会做脱钩处理，改制为民间组织，在民政部门登记为社会团体法人的情况。例如，2015年陕西省镇安县消费者协会被改为民间组织，由企业经理担任消费者协会会长，众多当地企业领导成为消费者协会理事。2018年，四川省雅安市荥经县保护消费者权益委员会改制成为县政府直属的非常设领导机构。在民政部门登记成立民间性质的消费者协会，理事会成员中企业经理占多数。

5. 机构被整合成为事业单位法人分支机构的类型

这是指在2018年事业单位改革中，有地方合并组建"市场监管事务服务中心"，将消费者协会与广告监测中心、宣传中心、信息中心、食品监督执法总队、酒类管理办公室、盐政稽查办公室、质量安全监控应急中心等机构合并组建到一起，作为"市场监管事务服务中心"事业单位法人的一个分支机构，不再有独立法人资格的情况。

根据笔者调研了解到的事实，辽宁省消费者协会及其省内一半的地市消费者协会（7个）都被整合到市场监管事务服务中心，成为市场监管事务服务中心的一个分支机构，不再具有法人资格，且常设办事机构级别降低。另外一半的地市消费者协会（7个）被整合到市政府，工作基本处于停滞状态。

上述5种情况属于消费者协会组织名义存在的情况下与市场监督管理部门的现实关系类型。此外，在地方事业单位分类改革和市场监督管理机构改革中，部分地区消费者协会组织被撤销，与市场监督管理部门已无关系类型可言。[1]

（三）对不同类型关系的评析

根据上述类型的划分可知，在机构改革背景下，目前我国消费者组织与市场监督管理部门的关系五花八门，呈现多样化、复杂化趋势，且每一种情况都多多少少存在一些不合法或者不合理、不正常的状况，需要予以厘清和纠正：①挂靠与业务指导关系并存的类型，虽通过维持在民政部门的登记保住了社会团体法人资格，但其在民政部门的登记不合法。②不挂靠、不在民政部门登记（或名称仍然保留），仅存在业务指导关系的类型，通常不是以消费者组织的名义登记为法人，而是以作为其常设办事机构的秘书处在编制部门登记。秘书处具有事业单位法人资格，而消费者组织在名义上却不是法人，成为了身份不明确的组织。③名为消费者协会实为业务主管部门内设机构的类型，没有单独编制，只有一块空牌子，与市场监督管理部门机构混同，由政府包揽了消费者组织的工作（基层消费者组织主要是调解），虽然仍在行政体制内，但成为了有名无实的组织。④改制为民间组织的类型，虽然采取了会员制，在民政部门可以名正言顺地登记为社会团体法人，但存在的问题是：一是改变了政府设立的消费者组织的法定性质和初衷（政府设立的，没有会员，为全体消费者服务）；二是与行业协会、商会混同，会员中企业经理占多数，导致政府设立的消费者组织"被消失"。⑤机构被整合成为事业单位法人分支机构的类型，不仅常设办事机构级别降低，亦不再具有独立法人资格。

上述实践中的种种扭曲与不良状态，导致消费者组织定位不清、性质不

---

〔1〕 根据中国消费者协会提供的材料，属于这种情况的包括：山东省、市、县、区的消费者协会常设办事机构全部退出事业单位管理序列；吉林省除省消费者协会保留外，其余各市（州）、县（区、县级市）退出事业单位管理序列。退出后的人员编制转到消费投诉受理中心，机构实际上被撤销。此外在机构合并中被直接撤销的还有内蒙古锡林郭勒盟消费者协会、云南省怒江州消费者协会、普洱市各县（区）消费者协会、湖南省株洲市炎陵县消费者协会、四川省凉山州保护消费者权益委员会。

明，机构混同、职责交叉，不利于消费者组织的健康发展，也不利于市场监督管理部门与消费者组织在消费者权益保护工作中保持各自独立的身份形象，形成清晰明确的职责界分。

二、市场监督管理部门和消费者组织在消费者权益保护工作中的职责界分

（一）市场监督管理部门在消费者权益保护工作中的职责

市场监管的主要目标就是维护市场经济秩序，保障公平竞争，维护消费者权益。因此，市场监督管理部门的每一个内设机构及其职责都与消费者权益保护息息相关。从大的方面而言，市场监督管理部门的职责可以概括为四个方面：

一是负责市场综合监督管理，贯彻执行有关市场监督管理的法律、法规、规章以及政策和标准。

二是研究起草有关市场监督管理的法规、规章草案，拟订政策、规划，并组织实施。

三是贯彻国家质量强国战略、食品安全战略和标准化战略，维护市场秩序，营造诚实守信、公平竞争的市场环境和消费环境。

四是开展探索建立开放型经济中市场监督管理新体制等有关问题的调查研究，协调相关领域重大问题。

具体而言，市场监督管理部门的职责包括如下几个方面：①广告监管与监测；②反垄断统一执法；③宏观质量管理和产品质量安全监督管理；④特种设备安全监督管理；⑤食品安全监督管理；⑥计量与标准化工作；⑦检验检测、认证认可；⑧药品监督管理、知识产权保护；⑨网络交易、商品交易市场和合同监督管理；⑩受理消费者投诉、举报。这些职责保障了市场监督管理部门可以从多方面、多维度保护消费者权益。

此外，根据《国家市场监督管理总局职能配置、内设机构和人员编制规定》，市场监督管理部门在消费者权益保护中的主要职责是：①负责建立并完善消费维权体系；②承担保护消费者经营者合法权益相关制度措施的拟订实施工作；③指导消费环境建设；④组织开展商品及服务质量抽检工作；⑤消费者投诉举报的受理、处理工作；⑥指导消费者组织的消费者权益保

护工作；⑦指导 12315 投诉举报中心，组织消费者权益保护领域相关违法行为查处和案件办理工作，指导下级市场监督管理部门的消费者权益保护工作，这里包括了指导消费者组织的消费者权益保护工作和接受消费者的投诉和举报。

（二）对行政部门"受理消费者投诉"的理解

《消费者权益保护法》第 39 条规定："消费者和经营者发生消费者权益争议的，可以通过下列途径解决：①与经营者协商和解；②请求消费者协会或者依法成立的其他调解组织调节；③向有关行政部门投诉……"；《消费者权益保护法》第 46 条规定："消费者向有关行政部门投诉的，该部门应当自收到投诉之日起 7 个工作日内，予以处理并告知消费者。"因此市场监督管理部门受理消费者投诉并予以处理，是法律明确规定的职责。行政部门受理消费者投诉并予以处理，应该采取什么样的方式？根据各国的经验和做法，基本上有三种方式[1]：第一种方式，只接受投诉举报信息作为其监管执法的线索，但不进行民事调解，例如 FTC 就是如此。第二种方式，是以政府信息公开为支撑，建立消费者与经营者纠纷和解监督平台，制定解决纠纷的程序规则，并将消费者投诉和经营者处理争议的数据库，以政府信息公开的方式予以公开，置于社会监督之下，督促经营者及时解决消费者争议，CFPB 是这一模式的典型代表。第三种方式，是由政府成立一个专门的行政机构，对重要的消费者纠纷进行调解和仲裁，例如日本的国民生活中心，便是政府设立的专门负责消费者教育和消费争议解决的行政法人，其他政府部门只接受投诉、查处案件，但不进行调解。消费纠纷的解决，国际上通常提倡采取与经营者协商和解，或者请求消费者组织和其他专业、专门的调解机构调解、仲裁，也可以采取诉讼的方式。除非像日本、韩国等由政府设立专门的消费者保护机构并进行争议调解，否则，行政执法部门通常不介入大量的消费纠纷的具体调解事宜，以避免占用、消耗大量的行政执法资源，影响政府职责履行。

（三）消费者组织在消费者权益保护工作中的职责

2013 年修正的《消费者权益保护法》第 37 条定向赋予消费者协会组织

---

[1] 孙颖：《域外国家消费投诉信息公示述评》，载《中国市场监管研究》2017 年第 2 期。

八项公益性职责[1]，在原有7项职能的基础上进行了拓展，将"职能"换成"职责"，强调消费者协会享有权利的同时，作为社会组织应当担负的保护消费者权益的责任。新法第1项职责在原有的"向消费者提供消费信息和咨询服务"的基础上，增加了"提高消费者维护自身合法权益的能力，引导文明、健康、节约资源和保护环境的消费方式"的内容，是有关消费者教育职责的规定；增加第2项职责："参与制定有关消费者权益的法律、法规、规章和强制性标准"，赋予消费者协会组织参与立法的权利与职责；在第6项职责中，将原法第32条的"鉴定部门"改为"具备资格的鉴定人"，表述更加科学；在第8项职责中增加"依照本法提起诉讼"，是赋予消费者协会组织代表消费者依法提起公益诉讼的权利与职责。相较于原法[2]，新法的规定在职责范围上有所突破。

第一，在消费者协会职责定性上，新法突出强调消费者协会的职责是公益性职责，而不是行政职责，从侧面印证了消费者协会的定位是具有完全公益性职责的社会组织。

第二，从具体条文上，根据新法第37条第1款，中国消费者协会和各级消费者协会获得了在有关消费者事务中进行消费者教育、参与立法立标、提

---

〔1〕 2013年修正的《消费者权益保护法》第37条规定，消费者协会履行下列公益性职责：（1）向消费者提供消费信息和咨询服务，提高消费者维护自身合法权益的能力，引导文明、健康、节约资源和保护环境的消费方式；（2）参与制定有关消费者权益的法律、法规、规章和强制性标准；（3）参与有关行政部门对商品和服务的监督、检查；（4）就有关消费者合法权益的问题，向有关部门反映、查询，提出建议；（5）受理消费者的投诉，并对投诉事项进行调查、调解；（6）投诉事项涉及商品和服务质量问题的，可以委托具备资格的鉴定人鉴定，鉴定人应当告知鉴定意见；（7）就损害消费者合法权益的行为，支持受损害的消费者提起诉讼或者依照本法提起诉讼；（8）对损害消费者合法权益的行为，通过大众传播媒介予以揭露、批评。各级人民政府对消费者协会履行职责应当予以必要的经费等支持。消费者协会应当认真履行保护消费者合法权益的职责，听取消费者的意见和建议，接受社会监督。依法成立的其他消费者组织依照法律、法规及其章程的规定，开展保护消费者合法权益的活动。

〔2〕 2013年修正前的《消费者权益保护法》第32条规定，消费者协会履行下列职能：（1）向消费者提供消费信息和咨询服务；（2）参与有关行政部门对商品和服务的监督、检查；（3）就有关消费者合法权益的问题，向有关行政部门反映、查询，提出建议；（4）受理消费者的投诉，并对投诉事项进行调查、调解；（5）投诉事项涉及商品和服务质量问题的，可以提请鉴定部门鉴定，鉴定部门应当告知鉴定结论；（6）就损害消费者合法权益的行为，支持受损害的消费者提起诉讼；（7）对损害消费者合法权益的行为，通过大众传播媒介予以揭露、批评。各级人民政府对消费者协会履行职能应当予以支持。

起公益诉讼等新的法定职责。这些新增的法定职责（职权），一方面使消费者协会组织在保护消费者权益方面获取和拥有了更多的手段和方式，另一方面消费者协会的工作量也随之加大，在编制、经费没有增加的情况下，要努力完成并做好这些工作并非易事。

第三，新法37条第2款明确规定了各级人民政府对消费者协会履行职责应当予以"必要的经费等支持"。中国消费者协会的经费是财政部通过新组建的国家市场监督管理总局予以拨付，地方消费者协会的经费由地方各级财政拨付。需要注意的是，本款规定的"必要的经费等支持"，表明各级人民政府对消费者协会的支持，不仅限于经费保障，还应当在其他履职必要条件方面予以必要的支持。

在法律中为一个协会专条规定它的职责，是《消费者权益保护法》的创新，前所未有，但相比专门的消费者协会法（或消费者权益保护委员会法，目前没有，将来或许可以有）而言，立法也存在法律规定不足、过于笼统的问题。

（四）二者职责定位和工作方式的差异性辨析

无论是消费者协会（委员会）还是市场监督管理部门，从保护消费者权益这一目的来看，两者乃是一体。但是因为其自身性质、权力来源的不同，会导致两者拥有各有发挥职责的主场。具体而言就是，市场监督管理部门作为行政部门因为具有国家强制力作为后盾，具有行政处罚、行政强制等行政执法工具作为支柱，其具有消费者协会无法拥有的力量，而这种力量正是消费者所倚靠的。而消费者协会作为社会组织，其在社会监督的职责上发挥更主要的作用，其主体地位相比于市场监督管理部门也更加超然。两者之间是一种互补关系，也是一种互助关系，在实现国家治理现代化的时代旋律之下，在实现政府主导和社会共治保护消费者权益的目标中，消费者协会是社会共治机制的关键环节。

行政部门在消费者权益保护方面最大的优势在于其具有行政强制力，这也是北京市市场监督管理局通过投诉热线接受到的投诉总量是北京市消费者协会的10倍左右的重要原因。而全国范围内的消费者组织在2017年处理投诉量为70多万，但是市场监督管理部门处理的投诉量在200多万，也就是说，消费者组织在处理投诉方面的案件大概是市场监督管理局的1/3。[1]可见，市场监督管理部门的强制力对经营者有重要的威慑作用。而消费者协会在消费者和经营者的纠纷中只能作为居中调解的角色存在，很多时候并不能解决纠纷。因为这一特点，消费者协会的核心职责即调解消费纠纷职责就被削弱了。确实，行政部门在扮演解决纠纷角色的时候，必然拥有消费者协会所没有的高效率，但同时，也因为行政部门作为国家机关的角色，一旦其依法做出调解，经营者往往会接受或者服从调解。

然而，消费者协会具有广泛的社会监督的职责，与行政机关相比，也有自己的优势，例如不受部门、等级方面的限制，可以督促政府部门发挥作用。消费者协会在接受投诉的过程中如果发现相关行业主管部门有监管不到位的地方可以发函请相关部门做出改正。而其他行政部门可能会因为行政等级等问题，难以发挥消费者协会的此种社会职能。比如，北京市消费者协会曾经对北京市旅游业展开调查，发现无论是旅游平台、旅行社还是景点都存在侵害消费者权益的现象。北京市消费者协会就给北京市旅游局发函，并且附上调查结果，建议旅游局认真研究并作出答复。北京市旅游局就认真对待消费者协会的建议，对消费者协会提到的旅游产业链中存在的不规范之处做了全面的调查。之后每年的北京市旅游局召开年会时，都会邀请北京市消费者协会参加。同样，在2018年OFO小黄车事件中，北京市消费者协会也是直接发函给北京市交通委员会，督促对方履行职责，促进消费者权益的保护。这一职责的行使并不需要行政部门批准，其是消费者协会独立行使社会监管职责。从这个角度而言，消费者协会的职责也不会和市场监督管理局的职责相冲突、重叠。

（五）二者在消费者投诉调解工作中的职责交叉与重叠

如果说二者在职责上有重叠之处，那就是在具体工作中消费者争议的调解工作。《消费者权益保护法》第37条关于消费者协会履行公益性职责第5项规定了消费者协会"受理消费者的投诉，并对投诉事项进行调查、调解"

---

[1] 全国消费者协会每年消费纠纷受理量维持在70万左右，而全国市场监督管理部门的投诉受理案件在240万左右，并且仍旧处于稳步增长当中。数据来源于中国消费者权益保护网：http://www.315.gov.cn/，中国消费者协会官网：http://www.cca.org.cn/，最后访问日期：2019年7月20日。

的法定职责；第 39 条规定了 5 种消费者权益争议的解决途径，其中"请求消费者协会或者依法成立的其他调解组织调解"非常明确地规定了消费者组织的调解权，但是对"向有关行政部门投诉"的规定中，并没有规定行政部门对投诉应当如何处理，以及是否可以调解，亦即法律没有明确规定但也没有明确禁止。因此，市场监督管理部门根据消费者投诉处理实践的需要，从工作实际出发，对消费者投诉进行调解，而其他政府部门通常对投诉不进行调解。

有关行政机关接到消费者投诉后，对投诉应当及时进行处理，是法律规定的义务。《消费者权益保护法》第 46 条明确规定："消费者向有关行政部门投诉的，该部门应当自收到投诉之日起 7 个工作日内，予以处理并告知消费者。"如上文所言，对投诉的处理各国的理解不尽一致，有的不进行调解只接受举报信息，有的通过制定投诉信息公开的程序规则监督经营者尽快解决与消费者的争议，还有的是成立专门的行政法人对消费者争议进行调解或仲裁。我国工商行政管理部门从 20 世纪 90 年代起，对消费者投诉进行民事赔偿的调解，是有其特定的历史背景的，当时的工商行政管理部门职责主要集中在企业登记注册以及流通领域的产品和服务质量监督管理，没有现在这么多的市场监管职责，基层有较多的人手和精力去处理消费者权益争议的民事调解。随着经济社会的发展变化，电子商务成为消费的主流方式，消费者权益争议的非诉讼 ODR 成为主要途径。加之随着市场监督管理机构改革和职能的扩大，对如何加强源头执法、基层执法、强化监管效果提出了更高要求。因此，基层有限的执法力量，不宜过多地向消费投诉的调解倾斜，需要及时作出适当调整，拓展消费者与经营者协商和解的多种在线争议监督解决途径和渠道，充分发挥消费者组织、行业协会和其他专业调解组织的作用，实现消费争议的多元化解；行政部门则主要更多地通过消费者投诉、举报获取执法办案信息，查处违法行为。

目前市场监督管理部门过多地承担了消费者权益争议的调解工作，例如北京市，将 12315 投诉举报热线归入"市长热线"，要求"接诉即办"，更是加大了市场监督管理部门的工作压力（因此，北京市决定增加基层市场监管所的数量和编制）。由于某些地方还存在着机构混同等问题，这些地方的市场监督管理部门实际承担了消费者组织的消费纠纷调解职责，出现了与消费者组织的调解分不清的问题。因此，应当着眼于让基层消费者组织与市场监督管理部门有效分离，给消费者组织自身独立存在和发展的空间。各级人民政府更应该有所作为，如果能够从消费者协会设立的机制上有所突破与调整，在经费和编制上给予消费者组织更多支持，则消费者组织可以发挥更大作用，协助政府部门共同做好消费者权益保护工作。

三、市场监督管理部门对消费者组织履行公益性职责的影响

（一）挂靠和指导的意涵

1. 挂靠单位关系的形成及其意涵

挂靠体制是指学会、协会等社会团体组织依托某一部门或单位解决办事机构在人员编制、办公场所及活动经费等方面的问题，所依托部门或单位（被称为挂靠单位）领导学会、协会等办事机构的思想政治工作、党的建设和人事管理工作的体制。[1]所谓"挂"指的是政治挂帅，"靠"是指依靠相关业务部门。1984年《中国消费者协会章程》第4条规定，国家工商行政管理总局是本会的业务主管单位；本会接受国家工商行政管理总局、民政部的业务指导和监督管理。各级消费者协会初始成立时，其办事机构基本上都设置在工商行政管理局下，接受其领导和人财物等方面的资助和支持。直至1996年中共中央办公厅、国务院办公厅联合下发《关于加强社会团体和民办非企业单位管理工作的通知》明确规定，我国对社会团体和民办非企业单位的管理，应当试行挂靠单位、业务主管部门与登记管理机关双重负责的管理体制，并且挂靠单位和业务主管部门对所属社会团体和民办非企业单位的申请登记、思想政治工作、党建、财务活动、人事管理、召开研讨会和对外交往等重要活动安排、接受资助等事项负有领导责任，在这些方面出现问题归挂靠单位负责。由上述制度可以看到，挂靠制度已被明确规定，消费者协会的生存和发展需要接受挂靠单位资助和管理也已采用制度固化下来，挂靠单位承担着

---

[1] 1958年中国科学技术协会（简称"科协"）第一次全国代表大会召开后，把中华全国自然科学专门学会联合会（简称"科联"）和中华全国科学技术普及协会（简称"科普"）合并成立了科协，并提出"挂、靠、并、动"四个字的工作方针。挂，是指所谓"政治挂帅"；靠，是依靠有关业务部门；并，是合并；动，是积极开展学术活动。"挂靠体制"的形成，是当时政治历史背景下的产物，一直延续至今。

明确的行政管理职责和义务。挂靠体制是社会组织在当时经济环境下运作的必然结果，长期以来，多数消费者协会组织一直延续着这种挂靠体制，《中央编办关于国家市场监督管理总局所属事业单位机构编制的批复》中，亦明确写着"中国消费者协会挂靠你局"。这意味着中国消费者协会在思想政治工作、党建方面必须接受国家市场监管总局的领导，在财务、人事方面必须依靠国家市场监督管理总局的支持和保障。但随着我国社会主义市场经济体制的建立与完善，社会组织的蓬勃兴起，原有的资源依赖方式逐渐不适应消费者协会的创新发展。

2. 业务指导关系的意涵

《国家市场监督管理总局职能配置、内设机构和人员编制规定》中的第3条第5项职责规定，"指导中国消费者协会开展消费维权工作"是国家市场监督管理总局的职责之一，明确了市场监督管理部门作为消费者协会组织的业务主管部门的管理体制。

根据汉字的语义，指导意为教导、指点引导。市场监督管理部门对消费者协会的业务指导关系包括指示、监督、指点、建议、检查、引导等广泛的内容。市场监督管理部门有执法权、稳定的机构和编制，能够制定相关的法规和办法加强消费者权益保护，是消费者权益保护组织体系中的龙头，处于首要地位。但其职能延伸的广度和深度受到编制和队伍的约束，难以充分满足消费者权益保护日益增长的需求。消费者协会组织作为社会组织首要特征即是非政府性，在开展消费维权工作、履行法定职责方面具有天然优势，但事实上消费者协会的非政府性并不是非常突出，作为市场监督管理部门下设的事业单位或社会团体，接受其业务指导是现行体制的必然要求。

这种指导关系具有四个特征：第一，主体的不对等性。市场监督管理部门是国家行政机关，行使公权力，而消费者协会是法律规定履行公益性职责的社会组织，二者在法律上处于不对等地位，市场监督管理部门始终处于领导地位。第二，内容的专业性。消费维权工作涉及社会民生领域的方方面面，市场监督管理部门作为行政机关具有法定的执法权、调查权等，且有专门文件的详细规定，能够掌握消费维权工作的第一手资料。相较于市场监督管理部门而言，《消费者权益保护法》仅简要规定了消费者协会具有监督权、调查权等权利，但是其法律规定过于笼统，缺乏具有可操作性的具体规范。第三，程序的非正式性。市场监督管理部门对消费者协会的业务指导遵循何种程序实施指导行为、业务指导的范围等问题都缺乏明确规定，《中国消费者协会章程》也规定得较为原则，并没有细化具体操作规则。实践中更多依靠市场监督管理部门主管领导的理解与重视程度来决定消费者协会工作的受重视程度。第四，行为效力的约束性。市场监督管理部门做出的指导行为，只要与消费维权工作有关，对消费者协会都具有约束力。即使双方无直接隶属关系，但是挂靠体制导致消费者协会对市场监督管理部门的指导行为不容拒绝。

由于法律、规章、章程对市场监督管理部门与消费者协会的业务指导关系规定得较为原则，在实践中，二者根据实际情况，探索出了多样化的业务指导方式。按照指导的时间分类，可以分为事前指导、事中指导、事后指导。所谓事前指导，指的是在日常的消费维权工作中，市场监督管理部门为了提升维权质量而开展的与消费者协会有关的工作，比如与消费者协会开展工作研讨、交流，给消费者协会提供消费维权信息等。所谓事中指导，指的是在消费者协会履行法定职责的时候，市场监督管理部门做出的与之有关的行为，比如对具体案件处理请示的答复、参加消费者协会举办各类活动等。所谓事后指导，指的是消费者协会在履行法定职责后，市场监督管理部门有针对性地提出意见或者建议，监督消费者协会依法履行法定职责。

（二）挂靠体制和业务指导关系对消费者组织的影响

1. 挂靠体制对消费者组织的影响

挂靠体制是政治经济环境和社会组织资源依赖下的产物，在一定程度上为社会组织的发展提供了基础性资源，但也给其自治独立发展带来障碍。十八大报告指出，强化社会组织在社会管理和服务民生中的职责，引导社会组织健康发展。十八届三中全会首次提出推进国家治理体系和治理能力现代化；要求健全社会组织的民主机制建设，正确处理政府和社会关系，加快实施政社、政事分开，推进社会组织明确权责、依法自治、发挥作用；激发社会组织活力，改进社会治理方式，发挥社会组织的作用；并具体提出限期实现社会组织与行政部门脱钩的要求。

消费者协会作为一种特殊的社会组织，其基本定位是保护消费者权益的重要力量，但是长期的挂靠体制却让消费者协会成为了挂靠单位的附属品。

第一，挂靠体制下的统管统揽影响消费者协会的独立自主性。该体制下的挂靠单位在"政府本位"观念的引导下，容易导致消费者协会成为被支配的对象，并且在政府体系中日益边缘化。消费者协会作为社会组织的力量在被边缘化的过程中逐渐异化成客体力量，行政机关和社会组织力量处于一种不平等的状态。消费者协会办事机构的高层人事任免、调动等，都是由挂靠单位负责，行政色彩浓厚、人员流动不畅，不利于调动消费者协会的工作人员的积极性。挂靠单位不重视消费者协会的时候，消费者协会往往活跃度较低，人才流失率较高。消费者协会的活动要得到挂靠单位的许可，业务范围受到挂靠单位利益的驱动。

第二，挂靠体制单一的资源依赖性导致消费者协会的依赖性。由于挂靠单位对消费者协会人才、资金等各方面提供支持，致使消费者协会自身发展动力不足，缺乏创新变革意识和能力。《中国科协全国学会发展报告》显示，根据2013年的调查，挂靠单位在经费、人员编制与待遇、政策支持、业务支持、信息支持等方面给予学会大量支持，大部分的学会不同意取消挂靠单位制度。同理，消费者协会也大都希望通过挂靠的形式，提高获得挂靠单位支持的概率，而不想主动寻求自身发展，对挂靠单位的依赖性较高。

第三，挂靠体制导致基层消费者协会与挂靠单位合二为一。据统计，全国三分之二以上的基层消费者协会与当地市场监督管理部门内部其他部门合署办公，在工商行政管理部门从垂直管理转为属地管理、工商行政管理部门与其他部门合并改革中，消费者协会编制减少，负责消费者协会工作的人员减少，甚至减掉消费者协会机构。

2. 业务指导关系对消费者组织的影响

目前来看，业务指导关系对消费者组织的发展尚不存在阻碍性影响。与挂靠关系相比，业务指导关系往往是较为宏观的工作指导、建议，一般不涉及对微观业务工作的干涉，因此，这一指导关系对消费者组织发展的影响是正面的，对消费者组织的发展壮大没有明显阻碍，可以继续保留和存在。其存在的必要性主要体现在：①"指导消费者协会开展消费维权工作"是市场监督管理部门的职责之一。消费者协会（委员会）接受市场监督管理部门的业务指导是现行体制的必然要求。②从世界各国的情况看，凡政府设立的消费者组织，必须向设立它的政府首脑或者政府委托的管理机构负责，接受其业务上的监督、指导。③消费者组织的法定职责虽然已经由法律规定，可以依靠自身工作方式独立开展工作，但由于规定过于笼统、抽象，在取消了挂靠关系的前提或情况下，在政治思想、党组织建设等方面，需要有一个对其进行指导和管理的单位，否则会脱离正确的政治方向。④在机构改革后，市场监督管理部门拥有广泛的与消费者权益保护密切相关的监管职责和行政执法权，在国家保护消费者权益的组织体系中居于核心和主导地位，与消费者协会在业务上有最密切联系，由它对消费者协会（委员会）进行业务指导，在所有政府部门当中其身份地位是最恰当与适格的。

四、消费者组织的发展状况及其履职能力研究

（一）消费者组织的发展状况研究

各地消费者协会自成立以来，以社会组织的身份积极发挥着社会监督职能，维护消费者权益。消费者协会主要依据《消费者权益保护法》确定主体身份，履行法定职责，各省、自治区、直辖市通常再依据其制定地方消费者权益保护条例，对本辖区内消费者组织的职能定位等作出进一步的细化。我国消费者组织的发展大致可以分为三个阶段，从1985年—2006年的发展初期，是消费者组织发展的第一个阶段，2006年—2018年是消费者组织发展的第二个阶段，从2018年至今是消费者组织发展的第三个阶段，除非有改革存在，否则这一阶段将会一直持续下去。

1. 1985年—2006年

在中国传统社会中，商业从未真正成为社会经济的主体力量，因此消费者从未在以儒家道德规范为中心的封建社会中占据一席之地。消费者协会作为一种舶来品是在1985年开始成立且逐渐壮大。此时距1979年改革开放不久，市场经济作为经济发展的主要推动力正逐渐被社会接受，于此相伴而生的便是国家、社会和每一个个体社会成员，普遍接受和认识到消费者这一社会角色在市场经济中的重要性，因此消费者权益保护就成为国家治理中不可忽视的问题。1985年，国务院以文件批复的方式，同意成立中国消费者协会。[1]至此，消费者协会正式成为我国消费者保护组织体系中的重要一环，逐渐为大众消费者所熟

---

［1］ 国家工商行政管理局、国家标准局、国家商检局于1984年报送国务院《成立中国消费者协会的报告》，请求成立中国消费者协会。国务院于1985年1月12日批复同意成立中国消费者协会。

知,并成为中国消费者寻求帮助的重要依靠。但同时隐患也就此埋下,这样一种从国外移植过来的制度,从制度移植之初就没有完全适应中国的法治土壤。作为一种一方面由政府成立,另一方面也无消费者作为会员的"协会",其名称本身就已经与民间自发形成的消费者团体大相径庭。之后一直困扰消费者组织的身份定位问题,在其成立之初就已经初见端倪。

1998年《社会团体登记管理条例》将消费者组织定位问题第一次推到了现实层面,在条例的第2条明确提出了社会团体的首要特征是"公民自愿组成",而毋庸置疑,现存的消费者组织并不符合这一概念的核心要件。单纯的概念解释和性质定位上的差异本身并不会妨碍现实世界的正常运行,但是问题在于,我国对社会团体实施双重监管。现存的组织只有在符合上述条例中关于社会团体的定位之后,才可以在民政部门进行登记,同时挂靠在业务主管部门之下,其社会团体的身份才能得到承认。而消费者组织定位不符合其定义,那么实践操作中便无法到登记部门去登记,其主体身份地位便无法得到确认。这便造成全国不同地域、同一地域不同地区的消费者组织自我定位莫衷一是,局面混乱的现状。[1]

虽然存在一些问题,但是这一阶段的消费者组织也在法定职责内,有条不紊地展开工作。比如在促进我国消费者的维权意识觉醒这一问题上,消费者组织发挥了不可磨灭的作用。1995年,中国消费者协会和地方消费者协会举办了《消费者权益保护法》知识竞赛,1200万人直接参加了竞赛,一亿多人直接或间接受到了教育。1995年和1996年,两次组织"制止欺诈行为,落实加倍赔偿"座谈会,引起了全国大讨论。从1997年开始,中国消费者协会每年推出一个主题,如"讲诚信,反欺诈""为了农村消费者"等,该惯例一直被沿用至今,促进了市场消费环境的良好发展。

2. 2006年—2018年

2006年是我国消费者组织发展史上的重要转折点,在这一年,发生了欧典地板事件。连续6年被消费者协会允许使用"3.15标志"的欧典地板却被央视曝光其欺诈消费者,这一事件的爆发直接导致中国消费者协会多年积累

---

[1] 根据笔者从中国消费者协会获得资料,2016年,在民政部门登记的消费者协会组织有2029个,占现有机构总数的62.74%;在编制部门登记532个,占16.45%;在民政部门和编制部门都登记的有144个,占4.45%。

的社会公信力毁于一旦。这一问题背后的深层原因在于，这种以向消费者推荐商品的方式而从经营者一方获得赞助成为当时消费者协会的重要经济来源。而这一事件的爆发直接促成了2007年政府决定对中国消费者协会大幅增加财政拨款，使其在经费方面有基本保障。这在当时引起社会各方的激烈讨论。支持方和反对方分为两派，且各自观点分明。支持方认为，得到政府拨款支持不影响中国消费者协会的性质和职能。全额财政拨款有利于中国消费者协会独立于经营者，从而更好地为消费者服务。支持者指出，消费者协会组织接受国家财政拨款是国际通行做法。我国的香港、澳门地区是如此，荷兰、以色列、瑞典和英国等国家的消费者组织都接受政府的拨款。而反对方则认为，消费者组织本身是独立于国家和市场的第三方组织，接受政府的财政拨款使得其独立性大打折扣，消费者协会成为政府而不是消费者的代言人。从2007年开始，中国消费者协会就陆续暂停了各种营利性活动，至2013年《消费者权益保护法》修改，其中明确提到消费者组织不得从事商品经营性和营利性服务，不得以收取费用或者其他牟取利益的方式向消费者推荐商品和服务。我国消费者组织至此走向从资金和人事上都完全依靠政府的道路。

充足的资金是一个组织良好运行的基础与前提。从这一角度而言，接受财政拨款于消费者协会（委员会）来说似乎是有百利而无一害。只要政府部门不过多干预消费者组织具体事务的履行，那么对消费者组织因为经济不独立而丧失所谓的"独立性"的担忧其实是一种杞人忧天。但是，财政拨款与人事，即编制联系在一起，至此，消费者协会组织就走向这样一条道路：其经费的来源和编制的数额全依靠政府相关部门的决定，而想从财政中分羹一杯，其就必须有拥有不可替代性，这种不可替代性主要应该体现在职责的履行上，否则等待其的必然是资金的短缺的和人手的匮乏。而接下来所要论述的就是，我国消费者组织如何在职能上逐渐失去其不可替代性，从而日渐凋敝，形成如此现状。

虽然根据各国的经济状况的不同，消费者组织的职能与作用也有所侧重，但是主要职责基本一致。[1]我国《消费者权益保护法》赋予消费者协会8项职责，与国际消费者联会所规定的消费者协会的职能基本一致，但是这些职

---

[1] 孙颖：《论消费者组织的运作与发展》，载《法学评论》2010年第1期。

能可以概括为两大类：第一，即消除消费者与经营者之间的信息不对称；第二，即减少消费者与经营者之间的能力不对称。消费者协会的职责主要是围绕这两大职责展开，比如消费者协会组织展开比较试验、消费警示等工作，在相关媒体上发布消费者协会观点，都是为了缩小消费者与经营者之间的信息不对称。而消费者协会组织受理投诉并调解、提起公益诉讼等职责则是为了减少消费者与经营者在纠纷解决过程中能力上的差异。但是我国消费者组织接受消费者投诉并依法进行调查、调解的职责，已经遭到了削弱，主要原因在于这一职责与市场监督管理部门的职责相互重叠，或者说消费者组织和市场监督管理部门在对消费者投诉进行调查、调解这一问题上存在一种竞争关系。

1993 年的《消费者权益保护法》第 34 条第 3 项明确规定，消费者和经营者发生纠纷，可以向有关行政部门"申诉"（2013 年《消费者权益保护法》改为"投诉"），1999 年 3 月 15 日，国家工商行政管理总局在国家信息产业部的大力支持下，决定在全国设立"12315"专门受理消费者投诉举报的专用电话号码。至此，我国的市场监部门开始介入到民事纠纷的调解当中。公权力部门介入民事纠纷领域，公共资源被用来解决私人纠纷，这在世界范围内并不多见。有政府权力的背书，更多的消费纠纷涌入到市场监督管理部门。由此开始，市场监督管理部门与消费者组织在消费纠纷处理这一职能的履行上便开始了一种竞争关系。而与消费者组织相比，市场监督管理部门以国家强制力作为后盾，其在解决消费纠纷上有着消费者组织无法比拟的优势。而消费者组织的调解属于民间调解，没有行政处罚权作为后盾，只能居中协调，调解结果并无强制力，只能依靠争议双方自觉遵守，如果经营者一方反悔则必然导致调解失败，长此以往，消费者在解决纠纷这一问题上就会更倾向于向市场监督管理部门投诉。2018 年上海市消保委接受的消费纠纷只是上海市市场监督管理部门接受的投诉量的一半，而北京市消费者协会接受的投诉量竟只达到北京市市场监督管理部门的 1/10。从全国范围来看，2017 年，全国市场监督管理部门接受的投诉量竟是全国消费者组织的 12 倍左右。[1]这些数据都表明，消费者组织的投诉调解职责已经被严重削弱或替代。重要的职能

---

[1] 中国消费者协会和中国市场监管总局的相关报告显示，2017 年，全国消费者协会接受的投诉量在 72 万左右，而市场监督管理部门接受投诉 898 万件。

被严重削弱，消费者组织的独特地位也必然遭受威胁。

更加雪上加霜的是，按照《社会团体登记管理条例》的规定，社会组织必然要挂靠在相应的主管单位之下，我国消费者组织一直挂靠在市场监督管理部门之下，而正如前文所述，实际操作中，市场监督管理部门的调解职责与消费者组织的调解职责部分重叠，加之挂靠关系的存在，消费者组织与市场监督管理部门便出现了组织和人事上的重合。相关资料显示，2016年，全国范围内共有3234（不含中国消费者协会）个消费者协会组织，而其中与业务主管单位内设职能部门或者直属的投诉受理中心等合署办公的就有2271个，比例高达70.22%。一旦合署办公，其独立性便难以保证，在机构改革中很容易被撤销或者合并，而在基层，"一套人马，两块牌子"的情况更是普遍存在。

3. 2018年至今

2018年，我国进行了大刀阔斧的政府机构改革，而在这一次机构改革中，涉及消费者协会组织机构定位方面出现了一些新动向，结合事业单位改革以及行业协会、商会与主管业务单位脱钩，工商行政管理部门从垂直管理转为属地管理、工商行政管理部门与其他部门合并等因素的直接影响，部分地方消费者协会组织及其常设办事机构出现被合并、改制、脱钩甚至撤销的情况。

出现以上消费者组织及其常设办事机构被合并、改制、脱钩甚至撤销的情况，其背后的原因与消费者协会不可替代性的丧失不无关系，隐患存在已久，只不过在市场机构改革中该问题大量地暴发。如果消费者协会组织不能重新确立其在维护消费者权益方面无可替代的地位，那么在机构改革和事业单位改革的进程中，如山东、辽宁、吉林、陕西、四川等地消费者协会被合并、撤销、丧失法人身份等情况，必然还会再次发生。

(二) 消费者组织履职能力研究

虽然组织定位模糊，但消费者协会（委员会）的职责明确，由法律直接进行了赋权。实际上，我国消费者组织的发展呈现出区域化特征，主要表现在经济发达地区的消费者组织的经费有保障，组织和人事也较为独立，法定职责的履行更加到位，这主要表现在其在履行第一类职责方面较为活跃擅长，在履行解决消费纠纷职责方面，其形式也更为多样化。

比较试验、消费警示等减少消费者和经营者信息不对称的职责的履行需要资金的保障和专业的人手、精力的投入。当打开上海、北京和我国香港等地区的消费者组织的官方网页的时候,消费者可以看到各种涉及到生活方方面面的比较试验的结果和消费警示,消费者也很容易根据这些信息筛选出更优质、更加适合自己的商品。而这类职责的履行要求消费者组织必须有充足的资金保障。当然应该看到的是,这些城市拥有数量庞大的消费人口,因为生活较为富足,就会更加在意消费质量,也更加关注这些信息。而经济欠发达地区的消费者组织因为初始资金不足、人手资源不够,其也很难有足够的资源履行这些职责,从而使得其履行的职责偏向单一地受理消费者投诉,而在投诉职能被市场监督管理部门大力包揽之后,其不可替代性便逐渐丧失,也就无法避免地走向被合并、撤销的命运。

同样在解决消费纠纷时,为了减少双方力量不对等,发达地区的消费者组织行权方式则更为多样。以公益诉讼来说,截至2018年,包括中国消费者协会在内的各地消费者组织共提起14件公益诉讼,其中广东省就提起7件、江苏省2件,上海市和浙江省各自提起1件,中国消费者协会1件。这类比较先进的消费者权益保护方式在经济较为发达地区更为常见。同样,经济较为发达地区的消费者组织的实力更为强大,比如说这些地方的消费者组织可以通过约谈市场主体的方式要求经营者改正侵害消费者权益的行为。在2019年8月份,上海迪士尼禁止消费者自带食物进园、擅自开包检查的事件闹得沸沸扬扬,上海市消保委就主动约谈迪士尼,试图通过调解方式解决该问题,保障消费者权益;2017年北京市消费者协会也曾经发函给北京市旅游局,要求其发挥市场监管职能,对北京市周边一日游产业中的不规范行为加以整改,北京市旅游局积极应对北京市消费者协会的建议,对该产业进行彻查,对旅游业经营者的违法行为进行严厉处罚,保护了消费者的权益。从以上种种可以看出,经济较为发达地区,其消费者权益保护部门的权威性和社会公信力也更高。这种无形的力量并非完全来自于国家强制力的支撑,一定程度上也来自于这些地区的政府部门对消费者协会工作的支持,以及政治环境、社会氛围,还有消费者组织在维护消费者权益过程中所做出的业绩逐渐积累的社会公信力。

除了地域化差别之外,应该还要认识到一点,不同层级的消费者组织,其在职责的履行上也有所不同,相对于省市级别的消费者组织,基层消费者组织更加侧重消费纠纷的解决,主要原因在于,基层消费者组织与消费纠纷双方当事人的地理位置更为靠近,所以在个案纠纷的解决上也更加有优势。当然,因为网络购物的发展,消费纠纷解决的区域界线正在逐渐模糊,地域对消费纠纷解决的限制也在逐渐消散。不同层级的消费者组织之间如何分工合作、相互配合,共同保护消费者权益,也是消费者组织在履行职责过程中要考虑的问题。

五、事业单位分类改革背景下市场监督管理部门和消费者组织的关系定位

事业单位是我国特殊国情下的特殊产物,它虽然有别于国外的非政府组织(NGO)和所谓的非营利组织(NPO),但是又同它们有着一定的联系。根据1998年国务院发布的《事业单位登记管理暂行条例》的定义,事业单位是指为了社会公益目的,由国家机关举办或者其他组织利用国有资产举办的,从事教育、文化、卫生等活动的社会服务组织。我国的事业单位就其定位而言,其主要特征是:

第一,服务性。事业单位主要分布在科、教、文、卫等领域,是保障国家政治、经济、文化生活正常进行的社会系统。缺乏这些服务支持,或服务支持系统不健全,社会发展就会受到制约,并影响社会稳定。

第二,公益性。在市场经济条件下,市场对资源配置起决定性作用,但在一些领域,某些产品或服务,不能或无法由市场来提供,为了保证社会生活的正常进行,就要由政府组织、管理或委托社会公共服务机构从事社会公共产品的生产,以满足社会发展和公众的需求。我国的事业单位大都分布在公益性领域中,不以营利为目的。

第三,知识密集型。利用科技文化知识为社会各方面提供服务是事业单位的主要手段。虽然事业单位主要不从事物质产品的生产,但由于其在科技文化领域的地位,对社会进步起着重要的推动作用。

事业单位作为非政府、非企业组织,有着政府机构和营利性市场主体所不具备的优点,因此迫切需要通过分类推进事业单位改革加快发展。

2011年4月初,中央已经确定了一张事业单位分类改革的时间表,共涉及到超过126万个机构,4000余万人。到2014年,在清理规范基础上完成了事业单位分类；到 2020 年，中国已形成新的事业单位管理体制和运行机制。由此可见，改革后的事业单位应当是主要从事社会事业和公益事业的独立于政府和企业之外的非营利组织。

（一）事业单位改革背景下消费者组织定位的几种可能性及其利弊分析

1. 争取成为事业单位中的公益一类

根据 2014 年事业单位改革分类目录，按照社会功能将事业单位划分为承担行政职能、从事生产经营活动和从事公益服务三个类别。根据 2011 年《中共中央、国务院关于分类推进事业单位改革的指导意见》的规定："承担行政职能的，逐步将其行政职能划归行政机构或转为行政机构；对从事生产经营活动的，逐步将其转为企业；对从事公益服务的，继续将其保留在事业单位序列、强化其公益属性。今后，不再批准设立承担行政职能的事业单位和从事生产经营活动的事业单位。"因此，事业单位的定位是"从事公益服务"。

根据 2014 年事业单位改革分类目录，从事公益服务的事业单位，划分为公益一类、公益二类、公益三类。认定为公益一类须同时具备以下三个条件：①面向社会提供基本公益服务，或仅为机关行使职能提供支持保障；②不能或不宜由市场配置资源；③不从事经营活动，其宗旨、业务范围和服务规范由国家确定。具体又分为教育类、科研类、文体类、卫生类、社会保障类、公共安全类、社会经济服务类、行政辅助类，共 8 类，并逐一进行了详细分解。其中的行政辅助类，有"举报投诉维权"的类型。消费者组织基本符合公益一类事业单位的行政辅助类的条件：第一，消费者协会（委员会）是纯粹的非营利组织，面向消费者，为全体消费者服务；第二，消费者组织的经费来源通常由政府全额拨款，不从市场配置资源；第三，其公益性职责由国家直接规定在《消费者权益保护法》中，因此，与公益一类事业单位最为贴近。

但是，根据认定公益一类的第一个条件："面向社会提供基本公益服务，或仅为机关行使职能提供支持保障"是一个"或然"条件，"仅为机关行使职能提供支持保障"不是消费者组织做的事，"面向社会提供基本公益服务"是否是消费者组织做的事？消费者组织是面向社会提供基本公益服务的组织，还是履行法定职责的公益性组织？这里存在疑问。只能说消费者协会组织比较贴近公益一类。各地消费者协会（委员会）在事业单位改革中可以尽量去争取成为公益一类，可以在很大程度上解决困扰它的编制、经费问题，从而能够大大方方地放弃社会团体身份，在一定程度上解决身份问题。

但是笔者在上海调研时，就此问题进行过探讨，上海市消保委在这次事业单位改革中希望成为公益一类单位，虽然最终上海市消保委秘书处在编制机关登记了公益一类事业单位，但是上海市机构编制管理办公室工作人员认为，这次事业单位改革其实没有对应消费者组织的准确位置，公益一类也只是勉强或暂时的定位。消费者组织并非提供教育、科学、医疗、文化、卫生等基本公共服务的组织，它的性质特殊，是具有法定名称并履行法定职责的消费者保护机构，它是履行公益性职责的社会组织不假，但它能做的也不仅限于"举报投诉维权"等"行政辅助"活动，而是具有广泛的消费者权益保护职责，远远超出公益一类事业单位提供基本公益服务的范畴。

在此次事业单位分类改革中，能够成为公益一类是消费者协会组织能找到的最好归宿，但是成为公益一类也存在问题和隐忧：一是公益一类的定位实际上拉低了消费者协会组织的地位；二是公益一类的经费来源只能来自政府财政拨款，那意味着除了政府拨款，消费者组织通过接受捐赠、提供有偿服务、出售出版物等方式从社会上获得经济来源的收入方式可能受到限制，而这几种方式是国际上通行的惯例。

2. 其次成为公益二类

根据事业单位改革分类目录的规定，认定为公益二类须同时具备以下两个条件：①面向社会提供公益服务，或主要为机关行使职能提供支持保障，可面向社会提供与主业相关的服务，依法获得服务收益；②可部分由市场配置资源。

根据《消费者权益保护法》和《中国消费者协会章程》的规定，消费者协会（委员会）的公益性职责中，包括向消费者提供消费信息和咨询服务，因此，诸如开展比较试验、出版消费者教育宣传出版物等属于公益二类认定条件中第一个条件所讲的面向社会提供公益服务。除了向消费者免费提供服务外，还包括了可以适当有偿地提供给政府或第三方的服务，依法获得服务收益。同时《中国消费者协会章程》第33条规定："本会的经费来源：①政府资助和政府购买服务；②利息；③社会捐赠；④其他合法收入。"其中"政府资助"体现其面向社会提供服务的公益性；"政府购买服务"和"其他合法收入"体现"可面向社会提供与主业相关的服务，依法获得服务收益"；"社会捐赠"则符合公益二类认定条件中的第二个条件"可部分由市场配置资源"。

如果消费者协会在事业单位改革中不能被认定为公益一类，那么认定为公益二类事业单位，也是一个不坏的选择。但是依据《消费者权益保护法》给消费者协会确定的法定职责来看，面向社会提供公益性服务只是其公益性职责中包含的很少的一部分，在消费者协会的8项法定职责中，其余的均不是服务，而是履行法定职责，且无法和不能获得收益。

3. 退出事业单位序列

在事业单位分类改革中，到底有没有消费者协会（委员会）的位置，也是仁者见仁智者见智的事情。中国的消费者协会毕竟是政府设立的专门履行消费者权益保护公益性职责的一类特殊的社会组织，不同于一般的在教育、科研、文体、卫生、社会保障、公共安全、行政辅助、社会经济服务等方面面向社会提供公益服务的事业单位，有其特殊性。但它同时在消费者权益保护组织体系中又是不可或缺、不可替代的角色担当。在消费已然成为拉动我国国民经济增长的第一驱动力的情况下，在消费环境建设和高质量发展与消费者权益保护密切相关、相互支撑的社会共治格局下，以及民间消费者组织尚不发达的状态和国情下，从国家治理体系全局的角度看，政府设立的消费者组织的重要性可见一斑。

但是，在本轮事业单位改革中，不同地区的地方人民政府编制管理机关对消费者协会（委员会）却有着截然不同的认知和角色定位。消费者组织退出此次事业单位分类改革的序列，可能也是一种选项，且在某些地方已经成为了现实。从辩证的逻辑看，退出事业单位序列（或者与其他中心合并，或者成为某个事业单位的分支机构，或者变成在民政部门登记的民间团体，或者被撤销），未必就是一件坏事，至少作为一种现象，会引起普遍关注与思考。各地人民政府根据当地经济社会发展条件和对消费者协会（委员会）的各自理解来处理其与市场监督管理部门的关系，在大多数地区继续维持其与市场监督管理部门的挂靠与业务指导关系；少数地区做出的与市场监督管理部门的关系调整，可以看作是地方的一种试点或探索。无论如何，保持消费者协会组织不同于一般事业单位的独特性，看清其政府设立的法定性质，在未来的改革和社会进步过程中，应该仍然存在着对其作出重新定位调整的机会和空间，使之与市场监督管理部门的关系更加协调与合理。

（二）与市场监督管理部门脱钩成为政府设立的直属事业单位

从组织管理来看，2016年在民政部门登记的消费者组织有2029个，占现有机构总数的62.74%。这就意味着，在实践操作中，我国现存消费者组织仍旧主要以社会团体的方式进行登记。但是与此种定位相伴随的是大量消费者组织与业务主管单位内设职能部门或直属投诉受理中心等合署办公，正如前文所述，将消费者组织定义为社会团体面临以下两种困境：从自身角度而言，我国消费者组织多由政府发起且无会员，与真正意义上的民间社会组织相差甚远。将我国现存消费者组织定义为社会团体很难自圆其说，不如直面其非社会团体的一面。从其与市场监督管理部门的关系角度而言，将消费者组织定位为社会团体，其必然要挂靠在市场监督管理部门之下，而在职责也部分重叠的情况下，消费者组织很难保持自身组织、人事和资金上的相对独立性，很容易就被市场监督管理部门消化吸收，而丧失自己的独立地位。

在我国现有制度语境下，与消费者组织最为契合的法律主体就是事业单位，将消费者组织定位为事业单位，具有理论和实践上的双重吻合性。从事业单位的产生来看，在传统的计划经济体制下，中国为适应社会主义建设事业的发展和满足人民群众精神文化生活的需要，相应设立了由国家核拨经费的，从事教育、科学、文化、卫生、广播电视、社会福利等领域社会服务的社会组织，统称为"事业单位"。也就是说，事业单位产生于中国社会发展的实践之中，是对某类组织的特定称呼。事业单位产生之初就具有非物质生产性、社会福利性、国家主办性等性质。1984年全国编制工作会议《关于国务院各部门直属事业单位编制管理试行办法（讨论稿）》中规定，凡是为国家创造或者改善生产条件，从事为国民经济、人民文化生活、增进社会福利等项服务活动，不是以为国家积累资金为直接目的的单位，可以定位事业单位，使用事业编制。1998年10月国务院发布的《事业单位登记管理暂行条例》，将"事业单位"的概念界定为"国家为了社会公益目的，由国家机关举办或者其他组织利用国有资产举办的，从事教育、科技、文化、卫生等活动的社会服务组织"。2004年修订的《事业单位登记管理暂行条例》中沿用的依然是1998年关于"事业单位"的概念界定。以上各个时期，不同文件对事业单位的界定虽然可能略有不同，定义的侧重点也有所不同，但是基本可以达成以下一致：事业单位的内涵在于其公共性（利用特定的公共资源或行使一定的公权力提供公共物品）、公益性（用于满足社会公共需求）、自主性（拥有自主权，能够独立承担各种法律责任）和法治性（依法成立、依法自主运营）。[1]而在我国，消费者组织天然地符合这些内涵特征，消费者组织产生的目的就是为了维护全体消费者的利益，具有天然的公益性。而我国消费者组织由政府发起成立，在《消费者权益保护法》和《消费者协会章程》下依法展开工作，并且作为非政府机构也符合事业单位的其他性质。从内涵角度，我国消费者组织能够完美地融入国家关于事业单位管理制度中。

同时，将消费者组织纳入事业单位的范围内也符合事业单位改革的总体趋势。2012年3月23日，《中共中央、国务院关于分类推进事业单位改革的指导意见》发布，提出到2020年建立起功能明确、治理完善、运行高效、监管有力的管理体制和运行机制，基本形成服务有限、供给水平适度、布局结构合理、服务公平公正的中国特色公益服务体系。而我国消费者组织均可以满足公益一类、公益二类事业单位的定位与要求，有利于促进社会公益的发展。

在我国，将消费者组织定义为事业单位也是在实践中存在的一种做法。根据可以获得的资料显示，2016年在编制部门登记的消费者组织有532个，占总量的16.45%。但是随着事业单位改革的推进，也有已经跻身于事业单位的消费者组织再次被排除在外的现象。这种现象出现的原因有很多。主要原因是我国消费者组织合法性的缺失。合法性对于组织来源十分重要，一方面，合法性是组织获得其他资源的基础；另一方面，合法性也可以规范组织行为，使得组织在社会的法律制度、文化期待、观念制度下行事。根据中国的国情，可以将组织的合法性分为社会合法性、行政合法性、政治合法性和法律合法性，而我国消费者组织只获得了相当有限的合法性，主要表现在以下几个方面：

其一，社会合法性在部分地域的缺失。社会合法性主要是指社会民众对于组织的认可与支持，而这一认可与支持主要是与业绩有关。正如前文所述，

---

[1] 高红、管仲军、徐淑华：《事业单位法人分类治理研究：组织功能分化与重构的视角》，中国农业出版社2018年版，第19页。

部分地区的消费者组织因为履职能力不足、绩效低下，自然难以获得民众的支持与认可，社会合法性便缺失了。

其二，法律合法性的缺失。我国法律法规对于消费者组织的定性和其工作的展开，都是以较为原则、概括性的语言浓缩在《消费者权益保护法》的第5章的短短三条法律条文中，也无专门的消费者组织的组织法。消费者组织的定位、组织形态、权利能力与治理结构都无法律依据。

这两大合法性的缺失导致部分地区消费者组织不受重视，使其不仅仅在事业单位中难以找到位置，在社会组织中也难以找到合适的安家之处。甚至有的地方出现了消费者协会变成私法人，由当地企业的董事担任消费者协会会长的情形。对于现实中的乱象，一定要及时清理。为了保证消费者组织能够继续发挥作用，建设良好的消费环境，目前在事业单位分类改革中，作为过渡，可暂时将消费者协会组织统一改为由政府设立的直属事业单位（最好是公益一类），而不是政府部门（市场监督管理部门）设立的直属事业单位。解决机构混同不独立的问题，赋予其法律上的合法性，促进社会合法性的加强，是一种既有利于消费者权益保护，也符合事业单位改革趋势的改革政策。但从长远考虑，消费者组织的性质定位及其设立，还需要有更高的顶层设计和其他配套的改革措施。

（三）仅保留和维持市场监督管理部门对消费者组织的业务指导关系

消费者组织成立之初的角色定位是社会团体，而社会团体必须要挂靠在业务主管部门之下，接受业务主管部门的指导。但是在实践中，消费者组织却在与市场监督管理部门的挂靠和指导关系中逐渐失去了自身的主体地位，成为了市场监督管理部门的附庸。即便将消费者组织定义为事业单位之后，市场监督管理部门与消费者组织之间的关系仍旧是无法避免的问题。

就市场监督管理部门（政府）与消费者组织（事业单位法人）的关系来看，第一，消费者组织的合法性来源不仅是国家，也存在社会对其的认可。政府过多地控制消费者组织会导致其失去独立性，从而异化为与市场监督管理部门无差别的行政组织。所以，消费者组织应当且必须在法律赋予其的职责范围内拥有独立管理和运营的权力。第二，市场监督管理部门对消费者组织有一定的指导义务。这种指导不是对具体工作的干涉、事无巨细的插手，而是一种大方向的引领。因为对"指导"的误解，很多基层消费者组织都慢慢变成了基层所的附庸,这就导致在基层消费者协会体现的是行政机关的意图,发挥的是行政机关的作用。其实,"指导"应当坚持的宗旨是如何发挥消费者协会应有的作用,而不是让消费者协会变为市场监督管理部门的附庸,为监督管理部门服务;应当从政策和方向上去指导,而不是去从具体的事务和操作上去指导。如果将消费者协会看成行政机关的内设机构,其职能的履行一定会受到限制。同时指导也意味着监督,如果消费者协会在政治上、重要的政策上走错方向,那么政府部门毫无疑问是可以指出并且要求消费者协会纠正的。

六、未来消费者组织定位及与市场监督管理部门的关系重塑

(一) 解除与市场监督管理部门的挂靠关系

如前所述,重塑消费者组织与市场监督管理部门的关系,在目前的情况下,必须正视《社会团体登记管理条例》和《消费者权益保护法》的规定。即消费者协会不再是社会团体,其本质是政府设立的进行社会监督、保护消费者权益的社会团体以外的社会组织。因此,除中国消费者协会以外,[1]其他政府设立的消费者组织没有必要在民政部门登记,且应当解除与市场监督管理部门的挂靠关系。

挂靠体制在过去特定历史时期,对消费者协会获得经费和办公资助、扩大社会影响、提升办事机构积极性等方面起到了积极作用。特别是在社会团体登记方面,按照我国1989年的《社会团体登记管理条例》规定:"成立社会团体,应当经其业务主管单位审查同意"[2]。因此,挂靠关系过去曾经是消费者组织在民政部门登记的必要条件之一,且该规定内容在1998年和2016年的两次法规修订中,均没有发生变化。但随着《社会团体登记管理条例》对社会团体定义的修订,以及2013年《消费者权益保护法》第36条对消费者协会的重新定位,消费者协会的性质已然从法律上明确不再是社会团体,

---

[1] 中国消费者协会之所以坚持每年仍到民政部门登记,是为了其名义上的法人身份,其作为国际消费者联会的正式会员,不能仅靠秘书处在编办的登记来证明身份。或者换句话说,作为国际消费者联会的正式会员,中国消费者协会不能成为一个没有法人身份、仅靠秘书处在编办登记的身份不明的组织。

[2] 《社会团体登记管理条例》第3条。

亦不需要在民政部门登记，原有的挂靠体制不再是满足社团登记的合规条件，反而从某种意义上成为消费者协会组织进一步发展的束缚，已经不足以适应消费者协会快速发展的需要。

特别是近几年，基层通过挂靠关系从市场监督管理部门获得编制、经费、办公条件支持的力度在减弱。受事业单位改革以及行业协会、商会与业务主管单位脱钩，工商行政管理部门和市场监督管理部门从垂直管理转为属地管理，以及机构合并等因素的直接影响，部分消费者协会组织及其办事机构，出现被合并、改制、脱钩甚至撤销的情况，消费者协会的工作无人承接。2013年修正的《消费者权益保护法》增加了消费者协会的新职责，但在实践中，地方消费者协会普遍反映没有获得与新职责相适应的新增编制和人员。特别是参与立法立标、提起公益诉讼等工作，专业性强，需要具备法学和专业能力的高素质人才。消费者协会现有人员数量、能力素质与履职需要存在较大差异。自2013年修正的《消费者权益保护法》实施以来，部分地方政府对本级消费者协会的财政拨款数额有所增加，但是也存在部分地方财政拨款没有变化甚至明显减少的情况。因此，消费者组织与政府部门之间的挂靠关系，已经来到了该结束的历史时刻，是时候去结束与消费者协会的挂靠关系了，从而让消费者协会组织走上独立发展之路，获得更大的发展空间。

由于中国消费者协会的特殊性及其在国际消费者联会中的正式会员身份，决定了在没有专门立法出台确认其独立法人身份之前，仍应当继续保留与国家市场监督管理总局的挂靠关系，并坚持继续在民政部门进行登记，以获得法人身份。

（二）保留与市场监督管理部门的业务指导关系

市场监督管理部门在解除了与消费者组织的挂靠关系之后，是否还应当继续保留对消费者组织的业务指导关系？笔者认为应当继续保留。通常而言，官方设立的消费者组织应当向设立它的政府机关及其首脑负责。在历史上，我国各级消费者协会的设立，名义上是各级人民政府设立，但实际上均是由各级工商行政管理部门负责组建，并经同级人民政府授权同级工商行政管理部门对其进行业务指导。长期以来，消费者协会在业务上，一方面向设立它的同级人民政府主管领导负责并报告工作，另一方面始终接受组建它的工商管理部门和市场监督管理部门的指导。授权形成这种指导关系的原因是因为工商行政管理部门担负消费品市场上（流通领域）的质量监督和管理职责，是消费者权益保护的主管部门，并且这种主管地位在 1993 年和 2013 年的《消费者权益保护法》中均明确强调和彰显，各级人民政府工商行政管理部门和其他有关行政部门应当依照法律、法规的规定，在各自的职责范围内，采取措施，保护消费者的合法权益。2018 年新组建的市场监督管理部门，在产品质量、食品安全、广告监管、公平竞争秩序维护、网络环境监管、投诉举报等方面有着广泛的消费者权益保护职责和行政执法权，成为了名副其实的消费者权益行政保护的"航空母舰"。因此，由消费者事务的最大主管部门代表政府对消费者协会的工作进行指导，是非常合情、合理、合法的制度安排。这种安排有利于双方的沟通与合作，有利于保持政府设立消费者协会的初衷（承担保护消费者的部分公共管理职能），并保证消费者协会在政治上和工作方向上始终运行在正确的轨道中。

（三）认清消费者组织公益性职责而非公益性服务

《消费者权益保护法》第 37 条专门规定了消费者协会的 8 项公益性职责。该条对消费者协会（委员会）的职责界定使用的是"公益性职责"，而非"公益性服务"。具体条文如下："消费者协会履行下列公益性职责：①向消费者提供消费信息和咨询服务，提高消费者维护自身合法权益的能力，引导文明、健康、节约资源和保护环境的消费方式；②参与制定有关消费者权益的法律、法规、规章和强制性标准；③参与有关行政部门对商品和服务的监督、检查；④就有关消费者合法权益的问题，向有关部门反映、查询，提出建议；⑤受理消费者的投诉，并对投诉事项进行调查、调解；⑥投诉事项涉及商品和服务质量问题的，可以委托具备资格的鉴定人鉴定，鉴定人应当告知鉴定意见；⑦就损害消费者合法权益的行为，支持受损害的消费者提起诉讼或者依照本法提起诉讼；⑧对损害消费者合法权益的行为，通过大众传播媒介予以揭露、批评。各级人民政府对消费者协会履行职责应当予以必要的经费等支持。消费者协会应当认真履行保护消费者合法权益的职责，听取消费者的意见和建议，接受社会监督。依法成立的其他消费者组织依照法律、法规及其章程的规定，开展保护消费者合法权益的活动。"

事业单位分类改革的政府文件中对事业单位使用的是"公益服务"。政府文件指明事业单位改革的目的是促进公益事业发展，进一步增强事业单位活力，不断满足人民群众和经济社会发展对公益服务的需求。例如，教育类事业单位，通常是面向社会提供基本义务教育、特殊教育、考试等服务；文体类事业单位，通常是指提供公共图书馆、博物馆、档案馆、美术馆、群艺馆等社会公共服务；卫生类事业单位，通常是指在疾病预防、妇幼保健、计划生育、社区卫生服务等方面提供公共服务。此外，社会救济、社会保障、社会安全、社会经济服务机构、行政辅助机构（如质量稽查、食品药品稽查、国土监察、环境监察、劳动人事争议仲裁、举报投诉维权等）都是为满足某一方面的社会公共需求而存在，体现的主要是服务，即不以营利为目的，为全体人民提供无偿的或者部分有偿的公益服务。在公益一类中，作为行政辅助类的"举报投诉维权"机构，其对应的应该是指市场监督管理部门的12315消费投诉举报中心或部分地区已归入的12345热线平台等直属事业单位，其典型特征是面向社会和人民群众提供免费的解决消费等生活问题的基本公共服务。消费者协会（委员会）的公益性职责中虽包含一定的公益服务内容，如接受消费者投诉并进行调查、调解，向消费者提供消费信息和咨询服务等，但其履职的目的更多地体现出法律所赋予的对商品和服务进行社会监督的责任（职责），所谓的"为全体消费者服务"也应当主要从履行社会监督职责从而保护消费者合法权益的角度去理解，与一般公益服务存在本质、明显的差异。

（四）消费者组织应当是具有法定名称、法定性质、法定职责的特别法人

《民法总则》对法人的类型的规定，在营利法人和非营利法人之外，还规定了"特别法人"。《民法总则》第96条规定："本节规定的机关法人、农村集体经济组织法人、城镇农村的合作经济组织法人、基层群众性自治组织法人，为特别法人。"第97条又规定："有独立经费的机关和承担行政职能的法定机构从成立之日起，具有机关法人资格，可以从事为履行职能所需要的民事活动。"笔者认为，中国消费者协会在事业单位改革中会成功进入事业单位中的某一序列，地方可参照实施。但这也只能是一种过渡，未来中国消费者协会应当成为具有法定名称、法定性质、法定职责的特别法人，才符合官方设立消费者组织的初始定位。理由如下：

如前所述，不管是公益一类还是公益二类，都存在名不副实的问题，其

被法律赋予的保护消费者权益的广泛的社会监督职责,并非主要提供服务,因为它更像是从社会保护的角度承担了政府保护消费者权益行政职能的法定机构,这一定位和认知更符合消费者协会的本质特征。

域外立法与实践已经成功解决了政府设立的消费者组织的性质定位,可以为我国借鉴与参考。例如,我国香港地区、我国澳门地区、日本、韩国等都采取了专门立法的形式,由政府设立消费者委员会或保护机构(与民间自发成立的消费者团体同时存在),政府拨款,履行消费者保护的法定职责。要么作为社团法人,按照章程开展活动,要么作为特别行政法人或公法人,依法开展活动,以示与民间消费者组织的区别,例如,我国香港地区的《消费者委员会条例》详细规定了香港消费者委员会的性质、名称、职能、权利能力、法人治理结构等,明确香港消费者委员会为"法人团体",由不时出任委员会委员的人士组成,委员会为永久延续的法团,并备有法团印章,可起诉及被起诉,亦可进行及容受法团可合法进行及容受的所有其他作为及事情。[1]委员会的中文名称须沿用"消费者委员会"。我国澳门地区的《重组消费者委员会法》(修订)规定消费者委员会,是具有法律人格及行政和财政自治的公法人。[2]日本《独立行政法人国民生活中心法》规定国民生活中心为"独立行

---

[1] 香港《消费者委员会条例》第4条第1款规定委员会的职能"是藉以下方式保障及促进货品及服务的消费者权益,以及不动产的购买人、按揭人及承租人权益——(a)收集、接受及传播关于货品、服务及不动产的资料;(b)接受及审查货品及服务的消费者的投诉以及不动产的购买人、按揭人及承租人的投诉,并向他们提供意见;(c)采取其认为就所管有的资料而言乃属正确的行动,包括向政府或任何公职人员提供意见;(d)鼓励商业及专业组织制定实务守则,以规管属下会员的活动;(e)承担委员会获行政长官会同行政会议事先批准而采纳的其他职能。"第5条规定了委员会的权力:"1、委员会可作出任何使其能执行职能而合理需要的事情。2、在不限制第(1)款的概括性的原则下,委员会在执行其职能时可——(a)以其认为适当的方式取得、持有及处置各类动产及不动产;(b)订立任何合约;(c)对货品及服务进行测试及检验,以及对不动产作出检查;(由1992年第5号第3条修订)(d)制作或以售卖或其他方式分发消费者感兴趣的刊物;(e)与他人联同或合作进行该会根据本条例可进行的事情,或赞助他人进行该事情;(f)就使用委员会所提供的任何设施或服务收取费用;(g)在获得行政长官事先批准下,加入任何关注消费者事务的国际组织成为会员或附属会员。"

[2] 澳门《重组消费者委员会法》第2条(职责)第1款规定:"1.消费者委员会职责为:(a)对行政当局将订定之保护消费者的政策发表意见;(b)与同类实体接触及推动保护消费者之共同工作,尤以指导及提供资料之工作为然;(c)研究及推行对较不受照顾之消费者,特别是老年人,伤残人士及经济薄弱者之特别辅助计划;(d)对消费者的指导及资料提供,提出建议及进行活动;(e)鼓励经济及专业代表团体编制管制其会员活动的法例;(f)研究消费者所提出的声明异议及投诉,并将之转达有权限的公共部门;(g)对一般消费的财产及服务取得范围所出现的轻微纠纷,提供调解,中介及仲裁的机制;(h)推动、执行及加强本法律规定之措施;(i)将由法律赋予之任何其他职责。"

政法人",其业务范围主要为收集、提供与国民生活相关的信息,进行相关调查研究,解决重要消费者纠纷。韩国《消费者保护法》第26条规定,设立韩国消费者保护院旨在有效执行消费者保护政策,韩国消费者保护院应为法人,按照章程进行活动,经财经部长批准,可在必要地点设立分支机构。

在未来经济发展与社会进步过程中,随着认识水平的提高,政府设立专门的消费者保护机构作为特别法人的可能性会大大提高,民间消费者组织也会迎来发展空间。消费者协会(委员会)的法定公益性职责决定了它不是提供一般公益性服务的社会组织,未来我们也可以参考国外做法,将中国消费者协会及地方消费者协会(委员会)名正言顺地宣布为官方设立的消费者权益保护委员会,通过专门的组织立法设立为特别法人之一种。随着事业单位分类改革逐步到位,消费者协会(委员会)的身份不明、性质定位不清、机制不活,与市场监督管理部门之间机构混同、职责交叉重叠、关系五花八门的问题已明显暴露和显现出来。问题的暴露将迎来问题的解决,消费者协会(委员会)与市场监督管理部门之间的关系定位,必须引起相关政府部门的重视和重新思考。

(五)通过专门立法对消费者组织再次"赋权"与"赋能"

当前我国已由高速增长阶段转向高质量发展阶段,消费在国民经济社会发展中的地位日益凸显。高质量发展对消费者权益保护提出了更高的要求,就是要求全社会来共同保护消费者,不断开拓和完善保护消费者的体制机制;就是要求发挥好政府、消费者组织、行业协会、媒体等各方面协同共治的作用,引导和督促经营者诚信经营,落实经营者主体责任并自觉履行企业社会责任,在预防和减少纠纷的前提下处理好消费争议的解决。

我们必须充分认识到消费者权益保护对高质量发展的重要意义,而消费者权益保护仅靠政府的努力是不够的,因为政府也可能会失灵,在高质量发展阶段,消费者权益保护需要进一步提升、释放、激活包括政府部门在内的各方面能力,而消费者组织的存在和作用的发挥是一道独特的风景,是一只不可缺少的力量。它存在的意义和价值是作为全体消费者的代言人,站在消费者一边,加强作为市场主体的消费者的力量与经营者抗衡。纵观世界各国,它既可以以民间组织的形式存在,也可以由政府设立;既可以是社会团体,也可以是特别法人(或行政法人),但是其承担的职责,无外乎如下几个方面：①进行商品比较试验，收集信息，向消费者提供咨询；②对消费者进行教育，提高消费者维护自身权益的意识和能力；③接受消费者投诉并进行调解，支持起诉或提起诉讼，帮助消费者挽回损失；④收集消费者的意见向政府、企业、行业协会、专业机构反馈、沟通、提出建议等；⑤利用媒体宣传和舆论的力量，改善消费者地位；⑥参与国家或政府有关消费者法律和政策的制定等。尽管各国法律或章程的规定可能略有差异，但总体上不超出上述几个方面。

相比较而言，在对消费者组织"赋权"方面，我国《消费者权益保护法》对消费者协会所赋予的八方面职责已较为全面、充分，将来还可通过专门立法进一步细化。但是在对消费者组织的"赋能"方面，却还存在短板，各地消费者协会（委员会）在履行上述职责时普遍存在履职能力不足的问题，好比一个双腿走路的人，一条腿长、一条腿短，跛着脚走路，总是落在别人后面，跟不上前面的步伐。

消费者协会组织履职能力不足的问题主要体现在以下几个方面：第一，消费者协会组织地位不独立，经费、编制、办公条件严重依赖于同级市场监督管理部门（个别进行改革的省、市消费者协会组织情况较好）；第二，受制于当地经济发展水平，经济发达地区，消费者权益保护受重视程度高，而经济欠发达和不发达地区，政府的主要目标在于促进产业发展，消费者权益保护相较于社会经济目标居于相对次要地位；第三，人员普遍老化、专业能力不足，对年轻人尤其是专业人才、法学人才的吸引力不强。

当然，能力不足的根源，在于机构的不独立，就像一个被父母完全保护起来的孩子，干什么都要向父母请示，一切听由父母安排，他是永远也长不大的。解决消费者协会组织履职能力普遍不足的办法，就是让消费者协会组织"独立"，不再挂靠和依附于政府职能部门之下，承认它的主体资格，不管是事业单位也好、特别法人也好，总之，要有独立的"人格"，而不是性质不清、定位不明，靠着秘书处在编制机关的登记来证明自己的身份。作为政府设立的机构，政府应当给他配置好资源，名称、性质、职责、经费、编制一起到位，名正言顺地"过自己的日子"，当然业务指导可以归在市场监督管理部门。而实现这一切也不难，一部专门的消费者协会（委员会）法就可以解决了。在这部法律当中可以把有关"消费者协会"的名称、法定性质、职责、经费来源、权利能力及可从事的活动、章程、法人治理结构等问题全都规定清楚，由此而完成对消费者协会（委员会）的再次的"赋权"与"赋能"。从此我国消费者协会（委员会）便可以迎来第二次光明灿烂的发展春天。

（六）重新定位市场监督管理部门投诉处理与消费者协会（委员会）调解职责

消费者协会（委员会）组织建设及其受理消费者投诉并进行调解职责的履行在全国范围内受到削弱已经成为不可逆转的局面，为了应对这一局面，消费者组织要更加重视消费者投诉调解职责的履行。同时，消费者组织调解职责的履行可以提高其在消费者心目中的地位和权威性，反向促进其他职责和组织发展。因为一旦消费者组织在消费者心中重新获得认可，消费者自然愿意将消费纠纷交由其所信赖的主体去解决。

另一方面，考虑到日渐增长的消费纠纷投诉量，市场监督管理部门也难以应对。已经发布实施的《市场监督管理投诉举报处理暂行办法》中规定市场监督管理部门可以委托消费者协会或者依法成立的其他调解组织等单位代为调解。受委托单位在委托范围内以委托的市场监督管理部门名义进行调解，不得再委托其他组织或者个人。对于暂行办法中的这一条规定，理论和实践界都存在一些反对的声音。反对者认为，《消费者权益保护法》第39条中并没有明确规定行政部门一定要"解决"纠纷，政府应该退出消费纠纷的调解。但是笔者认为政府委托其他组织解决消费纠纷存在其合理性。首先，其可以有效缓解投诉量过多对行政部门所造成的压力。其次，通过政府委托调解的方式，可以给基层消费者组织和人民调解组织带来活力，也可以借此机会在组织建设与发展上能够重新获得重视。最后，在市场监督管理部门包揽包干解决消费纠纷长达20多年的情况下，贸然停止履行这一职责，消费者内心恐怕也很难接受，而通过政府委托调解的方式，将解决纠纷的职责委托给消费者组织，不妨可以将其看成是政府放权的第一步。在此基础上，经过若干年的过渡，在消费者组织再次获得"赋权""赋能"的前提下，市场监督管理部门可一步到位，退出消费投诉的调解，让消费者协会（委员会）和其他依法成立的调解组织去承担，那时的消费者协会（委员会）应该是一个由专门立法设立的保护消费者权益的特别法人，对消费者投诉的调解应该是它的重要职责。而市场监督管理部门对于消费者投诉的处理，借鉴国外的做法，做一个争议处理监督者的角色,通过消费者与经营者争议和解监督机制,依托消费投诉信息公示制度,监督经营者快速处理消费者争议,借助外部监督和争议解决的程序规则,督促经营者与消费者尽快达成和解协议。无法达成和解协议的,可组织调解或者仲裁。

(七) 某些地区可试点基层消费者协会编制向上集中的编制管理改革

在单位制框架下,事业单位都有一定的行政级别,政府将事业单位列入编制管理范畴,作为财政预算单位,根据政府级别进行资源配置。但是现实中资源配置方式既缺乏绩效考核机制,亦无有效追责机制以及相关法律法规来防止和纠正政府的不合理偏好。经济较为发达地区的消费者组织拥有的资金保障较为充足,编制数量也相对较多,但是经济欠发达地区,资金和人手资源都十分匮乏。这种因经济发展不平衡导致的消费者组织的发展差距确实是无法避免的,但是政府部门应该积极应对而不是任由这种不平衡现象的蔓延。基于这种现实层面的差距,笔者认为,为扶持经济欠发达地区的消费者组织发展,给予其适当的财政拨款和编制是必要的,做出一些差别对待也是情理之中。对于经济欠发达地区的消费者组织的扶持可以体现在以下两个方面:第一,基层编制和经费向省、市级消费者组织集中。第二,基层消费者组织可以不必全部按照行政区划层级设立,可改由上一级消费者组织派出,允许消费者组织设立分支机构。类似做法国外已有先例,例如,韩国《消费者保护法》第26条规定经财经部长批准,韩国消费者保护院可在必要地点设立分支机构,韩国消费者保护院应当通过总部注册正式建立。

消费者组织在处理投诉方面的职责履行与市场监督管理部门的存在竞争,并且因为市场监督管理部门拥有行政处罚强制力作为保障,消费者组织这一职能的履行已经明显处于弱势,而经济欠发达地区的消费者组织尤为如此;而在一些基层消费者组织确实因为很少接到消费者投诉而被闲置的情形下,减少相应的编制和财政拨款也是必然趋势。[1]针对基层无活可干,编制闲置的情况,基层消费者组织可以不再按照行政区划层级设立,而按照本地区的实际情况,由上一级消费者组织派出。同时,应该更加注重扶持消费者组织履行缩小消费者和经营者之间信息不对称方面的职责,如前文所述,这些职

---

[1] 以上内容来源于笔者调研时对方提供的信息。

责的履行需要拥有专业知识的人才和时间的投入，相比于基层，省、市级消费者组织更加适合履行这些职责。所以在这些地区可以适当地将基层的编制向省、市一级消费者组织集中，让省、市一级消费者组织拥有足够的人手资源去更好地履行社会监督职责，从而实现财政和人事在不同地区、不同层级的消费者组织之间的公平配置，促进消费者组织的运行效率。

同时，在北京、上海、广州、深圳等经济发达地区，也可以考虑编制适度向上集中，让消费者协会（委员会）的工作朝着更加专业化的方向发展。例如，可以设置一些职责有分工、工作有侧重的专业化的分支机构，在汽车消费、金融消费、房地产购置、公益诉讼、法律援助等专业化领域进行大胆尝试，分化出商品检验、消费者投诉调查调解、消费者教育、消费问题研究等在职能上不同或者有所侧重的消费者组织的分支机构，朝着专业化、专家型、服务、维权分工合作的方向进一步发展。

第七章

京津冀消费者协会维权工作协同发展研究[1]

一、京津冀消费者协会维权工作协同发展当前现状与不足

京津冀三地人均收入、消费水平、居民受教育程度等方面存在一定差异，消费者组织的建设情况亦参差不齐，消费维权工作协同发展存在诸多方面的困难。

（一）居民收入、消费与人口状况既存在明显差异也存在快速缩小差距的趋势

国家统计局网站显示，2016年北京市全年人均可支配收入为5.253万元，天津和河北分别为3.4074万元和1.9725万元，人均消费支出分别为3.5416万元、2.6129万元、1.4247万元。到2023年，北京市全年人均可支配收入达到8.175万元，天津5.127万元，河北3.29万元，人均消费支出分别为4.759万元、3.4914万元、2.29万元，均有明显提升，但仍存在明显差距。在人口结构、受教育水平方面，北京常住人口受教育水平全国领先，流动人口受教育水平迅速提高，外来人口占比逐渐减少；天津市人口受教育水平逐年提高，高层次受教育人口增加显著，外来人口占比超过一半；河北省平均受教育水平高于全国，高学历人口增加较快。随着京津冀协同发展、雄安新区建设的稳步推进，河北的人均收入和消费水平、人口结构和受教育程度都有显著改善和提高。

---

[1] 本章是本书笔者2017年主持完成的北京市消费者协会委托的研究项目，数据均为2017年的调研数据，编入本书时对个别2017年之后的数据做了补充。

(二) 京津冀消费者协会组织建设状况

1. 秘书处内部机构设置与其所担负的职责不匹配

《消费者权益保护法》规定了消费者组织的 8 项职能，根据 8 项职能的规定，中国消费者协会秘书处对应设置了 10 个常设机构，分别为：综合部、政策研究部、法律部、消费指导部、消费监督部、投诉部、新闻部、数据信息部、组织联络部、党群工作部。这一内部机构设置是科学合理的，能够基本满足中国消费者协会履行章程所规定的职责的需要。省级消费者协会与中国消费者协会在保护消费者权益方面所履行的社会监督职能，依据法律规定是完全相同的，且同样是消费民事公益诉讼的原告人。笔者在调研中发现，京津冀三地消费者组织内设机构与其所担负的职责不相吻合。北京市消费者协会秘书处内部仅设四部一室：消费指导与信息咨询部、消费投诉与社会监督部、法律事务与理论研究部、组织联络与新闻事务部、办公室，与首都消费者协会的重要性与担负的职责不匹配。天津市消费者协会秘书处仅设四个部门：综合部、投诉咨询部、组织宣传部和消费指导监督部。河北省消费者权益保护委员会秘书处设五部一室：社会监督部、组织联络部、消费指导部、投诉与法律事务部、新闻与公共事务部、办公室。从支持消费者协会更好发挥作用的角度看，其机构设置应当参照中国消费者协会的做法，与法律所规定的 8 项职能相对应设置内部机构。

2. 基层消费者协会法人身份定位不清登记情况不统一

北京市各辖区消费者协会法人身份定位较不明确，在民政部门的登记不统一。有的登记为事业单位法人，有的登记为社会团体法人，还有的二者皆登记。河北省消费者协会组织与北京情况类似，也存在身份定位不明确与登记不统一的情况。天津市基层消费者协会组织登记情况较统一，各区消费者协会均进行了社团法人登记。这种法人身份定位不明确与登记不统一的混乱状态，直接影响编制、人员构成、经费使用等问题，进而影响了消费者协会组织的进一步发展和职能的正常发挥。

3. 消费者协会工作人员在岗人数严重不足、人员老化程度严重、专业性不强

京津冀三地消费者协会均存在实际工作人数严重不足的情况。同时，在人员结构方面，京津冀三地消费者协会的工作人员老化程度较严重，青黄不

接，消费者协会组织整体缺乏工作热情和创造力。工作人员专业化程度较低，本科及以上学历水平，特别是法学相关的专业人才匮乏，影响消费者协会的职能发挥。上述情况导致基层消费者协会在维持消费者协会基本工作运转的基础上无暇主动开展消费教育宣传等工作。省级消费者协会的情况略好，但也不容乐观，依然存在人员老化、能力不强的情况，对消费者协会组织后续发展和法定职能的发挥产生不利影响。

4. 没有形成按辖区居民人口人均消费维权所需的合理经费额度拨款的科学预算机制和专项资金管理

消费者协会经费来源由政府财政全额拨款，这种情况并不鲜见。香港消费者委员会的经费就是由中国香港特别行政区的特区政府按照每人每年 10 港币的标准，根据人口数量确定的。我国各级政府财政给消费者协会经费的预算标准并不透明，京津冀三地除北京市消费者协会经费较为充足外，天津、河北的消费者协会 2017 年经费预算均为 200 万，人均仅 0.1 元。如果按照每人 1 元的标准计算，河北消费维权经费应该最多，北京、天津两地应该基本持平，但现实情况恰恰相反。造成经费预算巨大反差的原因，除了三地经济发展不平衡以外，恐怕政府财政预算拨款也缺乏对消费者协会的单独考量，没有意识到按照人均投放计算是比较科学合理的计算方法，因此，没有形成按辖区常住居民人口人均所需消费维权的合理数额拨款的科学预算机制。相比之下，基层消费者协会经费更是没有保障，各区消费者协会的经费是由区财政与其他经费一并下拨市场监督管理局统一使用的，没形成专项资金管理，导致消费者协会的工作预算不好把握，处于随用随批的使用状况，阻碍了基层消费者协会组织工作的开展。

(三) 京津冀消费者协会维权工作协同机制发展现状

从 2014 年京津冀协同发展作为国家重大发展战略开始，京津冀协同发展便不断推进，到 2017 年 4 月 1 日，中共中央、国务院决定在河北雄安设立国家级新区，京津冀协同发展获得了新的发展动力。在这种政策背景和京津冀三地经济、文化往来频繁的现实状况下，北京市消费者协会会同天津、河北消费者协会共同就保护京津冀地区消费者的合法权益、营造良好消费环境方面加强合作进行了协商，并共同开展了一系列消费维权工作，取得了如下成果：

1. 京津冀消费者协会联席会议成果

2014年6月,京津冀三地消费者协会围绕京津冀协同发展的国家战略部署,召开京津冀消费者协会协同发展第一次联席会议(以下简称"联席会议"),签订了京津冀三地消费者协会组织消费维权协调联动机制的合作协议。协议决定:①建立三地消费者协会联席会议机制,成立协调议事机构;②建立三地消费者协会信息共享机制,定期相互通报工作情况,特别是涉及三地消费者安全、健康的重大消息、消费警示、重要声明等;③建立三地消费者协会信息共同发布机制;④联合开展有关商品和服务的社会调查。

2014年10月22日,第二次联席会议在天津召开。

2016年6月22日,第三次联席会议在河北唐山召开。此次会议签署了京津冀消费者协会协同发展合作备忘录,正式确立了三地消费者协会的协同发展框架,明确提出要将消费维权协调联动机制制度化,约定每半年召开一次联席会议或者根据需要随时组织召开。并决定此次会议后首次开展三地联合消费调查。

2017年7月12日,第四次联席会议在承德丰宁召开。三地消费者协会就新时期如何加强重点消费领域维权工作进行了交流,同时总结2017年上半年消费者协会组织开展工作的具体情况和工作成果,就如何更好地开展三地消费者协会消费维权协同发展的具体问题,如联合开展比较试验等,进行了商讨。

2. 京津冀三地消费者协会维权工作协同的具体合作事项成果

自京津冀三地消费者协会组织消费维权协调联动机制的合作协议签订以来,三地开通了维权直通车,联动发布暑期旅游消费提示,提高消费者自我保护能力,共同研究点评消费领域行业壁垒等消费维权协同活动,取得了一系列具有广泛社会影响力的维权工作成果。

(1) 共同开展取消手机漫游费的联合建议行动

2014年7月,京津冀三地消费者协会联合致函国家发改委、工信部及三大通信运营商,公开建议"逐步降低并直至取消京津冀地区长途及漫游资费",引起社会广泛关注。最终于2015年8月,京津冀三地漫游费成功取消。

(2) 开展联合消费调查

2016年暑假期间,京津冀三地开展了首次联合消费调查——"京津冀旅游消费体验式调查"，针对"互联网+旅游"的在线旅游平台，选择了7家规模和影响力较大的企业，共组织了57个调查组，对京津冀三地的主要旅游景点、线路进行"全程体验调查"和"退团体验调查"，形成了《京津冀旅游消费体验式调查报告》。根据调查中旅行社、在线平台、景区暴露出的相关问题，提出了详细的对策建议，由京津冀三地消费者协会在北京联合发布该报告，并将其寄送至各地旅游部门，引起广泛社会反响。

（3）共同致函推动取消京津冀地区银行同行存取款异地、跨行的服务费用

2016年京津冀三地消费者协会共同致函相关部门，在京津冀三地消费者协会的联合努力下，中国银行业监督管理委员会于该年9月份决定取消银行同行异地的存取款服务费用，减轻了京津冀三地消费者进行跨地域金融服务消费的成本，为三地协同发展助力。

（4）共同举办研讨会

2016年12月23日，京津冀三地消费者协会在津联合主办了"促进电商平台纺织品质量提升社会监督论坛"，探讨了"互联网+"新形势下电商消费维权领域新工作机制。

（5）联合发布信息

2017年3月15日，京津冀三地消费者协会联合在天津发布由天津市消费者协会制定的速干衣团体标准，该标准是全国消费者协会组织参与制定的第一个团体标准，也是全国消费者协会中第一个以区域协作模式制定的团体标准，该标准已经于2017年7月15日实施。

（6）推动取消京津冀地区手机流量漫游费

2017年7月第四次联席会议后，京津冀三地消费者协会在成功取消京津冀手机漫游费的工作基础上，进行更深层次推进，进行了推动取消京津冀地区手机流量漫游费的联合行动。

此外，北京市消费者协会还通过京津冀三地消费者协会维权协调联动机制在打破宾馆12点结账行规、叫停银行转嫁房贷律师费、终止图书限折令以及国内机票电子客票加入中文标识等多个涉及消费者权益的热点领域积极履职，实现了良好的社会效果。

（四）存在的问题与不足

几年来，京津冀三地消费者协会在维权工作协同发展的道路上，无论是在工作机制还是在具体工作方面，均进行了非常多的有益探索，在多个消费维权协同发展领域取得了初步成效。但是，京津冀三地消费维权协同发展在机制方面尚未形成系统可操作的顶层设计，在具体工作方面也还需要更加清晰全面的工作计划和思路。笔者经过对京津冀三地消费者协会维权工作协同发展的现状分析与梳理，认为尚存在以下几个方面的问题与不足：

1. 京津冀三地消费维权协同发展的协调联动顶层设计缺乏全面的落实机制

京津冀消费者协会在三地消费维权协同发展的制度构建方面，虽然已经初步形成了制度框架文件，也开展了诸多具有社会影响力的卓有成效的工作，但是从总体上看，在具体工作层面还缺乏落实与执行的机制设计，议事机构的设立、组成和议事规则没有制定。例如，2014年在第一次联席会议上通过的京津冀三地消费者协会组织维权协调联动机制的框架性文件，内容极为简要，仅仅是一个字数不多的框架，缺乏具体的实施机制；2016年6月第三次联席会议签署的京津冀消费者协会协同发展合作备忘录中有了一些具体规定，例如，规定每半年组织召开一次联席会议或根据需要随时召开，但实际上直至一年后，即2017年7月才召开第四次联席会议，没有实现当初设想的常态化联系方案。原因在于协议和备忘录签订后，可进一步指导京津冀三地消费者协会消费维权协同发展的顶层机制设计一直没有研究出台，缺乏在通盘考虑基础上的长效的协调联动保障机制的思路方案，从而使得京津冀三地消费者协会消费维权的协调联动在制度化、常态化方面缺乏顶层机制的指导、指引。

2. 现有的合作机制框架未充分考虑发挥京津冀三地不同的资源优势

在京津冀三地消费者协会消费维权协同发展的机制设计方面，没有充分考虑发挥各地不同的资源优势，以实现优势互补、协同发展、共同壮大的战略目标。京津冀三地消费者协会组织联合进行消费维权将在众多领域形成消费维权的合力，协同发展将产生1+1+1大于3的社会效果，在这一过程中消费者协会组织的自身发展也必将进一步壮大，其社会影响力必将不可同日而语。要紧紧抓住这样一个千载难逢的历史机遇，必然要充分发挥京津冀三地消费者协会各自的资源优势，并加以充分利用、整合。比如，北京拥有丰富的文化资源、专家资源、实验室资源、高校资源和媒体资源,如果仅在北京本地区范围内发挥作用,没有和天津、河北消费者协会在消费维权协同发展中充分共享,则无法实现区域协同发展的战略目标。但是,笔者也看到,在 2016 年"京津冀旅游消费体验式调查"的工作中,北京的专家资源优势得到了充分运用。同理,天津和河北也可以充分发挥其自身的成本优势、文化历史优势、特色资源等地域优势,和北京形成合力,在消费维权协同上发挥更大作用。这一做法和思路可以进一步提升,使之成为京津冀三地消费者协会消费维权协同发展的工作机制。

3. 信息互通共享和信息对外发布机制未常态化落实

目前,京津冀三地消费者协会的信息互通和信息对外发布,仍然是就个别消费维权协同事项的临时联系、临时通告和临时发布状态,没有形成常态化的信息互通共享及发布机制,影响京津冀三地消费者协会组织消费维权工作进一步的协同发展。为此,京津冀三地消费者协会首先应当以内部信息的互通共享作为推进协同发展的首要基础,确定定期通报各自工作信息的具体范围、方式、时间,真正建立常态化的内部信息沟通渠道。其次,信息的对外发布机制是展现京津冀三地消费者协会消费维权工作形成合力的重要平台,就消费维权的重要事项统一发表消费者协会观点、共同点评,联合发布消费警示、消费提示等信息,是提高消费者协会组织社会影响力和公信力的绝好机会,应当以互联网技术为纽带,尽快着手形成常态化的内部信息互联互通机制以及共同对外发布信息的方式和沟通渠道等。在此基础上,协调京津冀三地的网站建设和微信公众号的推送内容,持续进行网站的日常更新和公众号的日常推送,定期、不定期召开媒体见面会,及时将京津冀三地消费者协会协同消费维权的最新动态告知广大消费者。

4. 消费者协会组织性质定位不清和维权能力持续弱化客观上阻碍了京津冀三地消费者协会消费维权工作的进一步协同发展

京津冀三地消费者协会组织建设方面存在的普遍性问题包括:①消费者协会组织法人性质定位不明确,登记不统一,尤其是基层消费者协会组织往往有名无实,人员不独立、机构不独立,与基层消保科、工商所的工作人员身份混同。性质定位的模糊,从根本上削弱了其独立性,影响了消费者协会组织的活力和保护消费者权益各项职能的发挥。②编制不足、人员老化、专业性不强、在岗率低，无法满足开展《消费者权益保护法》赋予的全部职能的需要。上述问题也同时导致了工作热情的缺乏，消费者协会组织的社会影响力和公信力受到影响，职责无法正常发挥。③经费相对不足，相较于香港消费者委员会每年约6800万港币的经费而言，京津冀三地消费者协会每年经费总和约1000万元左右，而津冀二地的经费加起来还不如北京多。总体而言，对于京津冀地区1亿多的人口而言，平均每人仅0.1元。除此之外，经费的使用与管理不独立，目前基层消费者协会开展工作的经费大部分被业务主管单位掌握，没有自主使用权和独立的财务管理权，各辖区消费者协会还存在一定的经费拨付不及时的现象，有的基层消费者协会组织甚至因停止拨放办公经费而完全无法开展相关工作，阻碍了具体工作的开展，降低了消费者协会工作人员的积极性。④消费者协会维权投诉热线与12315投诉热线以及政府热线极易发生混同，消费者很难区分清楚，影响了消费者投诉调解工作的开展。

二、推动完善京津冀消费者协会维权工作协同发展机制的构想

随着京津冀一体化进程的不断推进，京津冀三地消费者协会消费维权协调联动机制的框架协议，为京津冀三地消费者协会的维权协同提供了制度基础。自该框架协议签订以来，京津冀三地消费者协会的消费维权协同工作取得了切实的进展。但是由于缺少落实该协议的长效机制，现有的协调联动机制的实施带有一定的随意性和不稳定性。为有效推进京津冀消费者协会维权工作的协同发展向制度化、规范化进一步迈进，提高协同维权的层次和水平，笔者认为应当着力构建以下长效工作机制：

（一）联席会议机制

在京津冀三地消费者协会消费维权协调联动机制的初步框架协议中，提到了建立"联席会议制度"，但是缺乏具体落实的顶层设计，有关召集主体、召集程序、议题范围等内容缺乏明确细化，尚未形成顶层可操作机制设计。为了更好地推动京津冀消费者协会维权工作协同发展，建议对联席会议制度的相关内容进行明确细化，形成可操作的规范化机制。

1. 明确联席会议制度的召集主体和方式

鉴于京津冀三地消费者协会有不断协调沟通消费维权工作的需要，为更

好发挥联席会议制度在京津冀三地消费者协会协同维权发展中的"决策中心"的作用，建议明确联席会议制度的召集主体、召集方式，以保障联席会议的常态化召开。联席会议的召集主体应当是京津冀三地消费维权协同的专门领导机构，其名称可以考虑使用"京津冀消费者协会消费维权协同发展协调委员会"，同时规定它的组成、任期、工作任务等，委员会可下设"轮职联络办"，在京津冀三地消费者协会中按年度进行轮职，负责联席会议的具体召集、消费者协会日常沟通、协调等联席会议具体事宜。

2. 明确联席会议制度每年召开次数、时间及召集程序

为了加强京津冀三地消费者协会的密切合作和探讨消费维权工作，建议京津冀三地消费者协会将联席会议制度分为定期和临时两种会议制度，对于定期联席会议制度，明确每年定期召开次数、召开时间；对于临时性联席会议制度，可由京津冀三地消费者协会根据具体情况通过"轮职联络办"临时沟通确定。同时，建议明确联席会议制度召集的相关程序，分别明确定期会议制度和临时会议制度的启动和召集程序，以保证联席会议制度的顺利开展与落实。

3. 明确联席会议的议题范围和决策事项

不可否认，京津冀三地消费者协会维权工作协同发展的协作机制会受到时间、地点、环境、机构人员变动等各方面条件的影响，因此为了更好更高效地促进京津冀三地消费者协会维权工作协同发展的顺利落实，建议事先协商确定出定期会议通常的议题范围，并在每次召开定期联席会议前的一定时间内，由京津冀三地消费者协会通过日常联络机构确定当次会议需要探讨的具体议题内容及下次会议需要探讨的议题等内容。对突发性问题和消费者关注的热点问题，京津冀三地消费者协会可以根据实际情况临时决定召开联席会议，但亦应对何种情况下召开临时性会议确定若干原则性规定。

(二) 信息互通机制

在京津冀协同发展的大趋势下，信息互通成为京津冀三地消费者协会协同发展、深入合作的基础与前提。随着京津冀人员跨地区工作和生活群体的不断壮大，实现跨地区维权需求也随之不断增加，建立京津冀三地消费者协会信息互通机制、及时通报工作情况、了解他方维权工作动态，成为京津冀三地消费者协会协同发展的必然要求。为此，笔者建议主要从以下几个方面

落实京津冀三地消费者协会信息互通机制:

1. 建立京津冀三地消费者协会内部信息互通机制

在"互联网+"的网络时代背景下,京津冀三地消费者协会应秉持开放的心态,充分利用计算机互联网技术,保持内部业务信息实时交互和共享。特别是跨地区的典型性消费投诉、社会热点问题,以及涉及消费者安全、健康、老年消费者教育等方面的维权线索、维权信息能够及时沟通。为了更好落实京津冀三地信息互通机制,京津冀三地消费者协会应确定信息互通的范围、具体事项,以及完成信息互相接入的工作方案和时间等,指定专人负责,以保证京津冀三地信息互通的顺利实现。

2. 京津冀三地消费者协会按照统一模式建立消费信息数据库

京津冀三地消费者协会应当以信息技术为依托,通过统一的模块设计,按照消费警示、消费提示、企业信用信息、比较试验、投诉调解、热点难点调查点评等不同方面,形成信息归集的规范化统一模板,建立消费维权信息数据库,以便于实现数据信息在京津冀三地消费者协会之间的互相接入和流动,并自动实现对数据的分析和利用,为协同维权工作提供有力的技术支撑。

3. 在信息内部互通的基础上实现信息的共同对外发布

京津冀三地消费者协会通过信息的内部互通、数据库建设,在消费维权的信息对外发布方面可以形成更为有效的良性互动,即实现消费维权信息的共同对外发布。京津冀三地消费者协会既可以在各自的平台上发布他方消费维权动态信息,也可以对协同维权事项以京津冀三地消费者协会名义同时发布,从而实现京津冀三地消费者协会消费维权信息的共同对外发布。尤其是比较试验结果、消费警示提示、消费热点、消费维权动态、跨区消费投诉解决、典型案事例等重要消费维权信息,可以实现统一的共同对外发布,从而形成强大的消费维权协同工作区域效能,服务于京津冀地区广大消费者。京津冀三地消费者协会可以采取互联网大数据信息推送与消费者主动获取相结合的模式,通过各自的官方网站或者开通的微信公众号、小程序等形式实现信息的统一对外发布与公开。

(三) 资源共享机制

在京津冀三地协同发展的大框架下,充分发挥首都资源优势,协调平衡京津冀三地资源,建立资源共享机制,实现京津冀三地资源共享,是京津冀三地消费者协会维权工作协同发展深度融合的必然之举。为了更好实现京津冀三地资源共享，京津冀三地消费者协会可以从以下几个方面落实资源共享机制：

1. 充分发挥首都专家资源优势和媒体资源优势

北京在专家资源和媒体资源方面具有得天独厚的优势，诸如在课题研究、法律咨询、公益诉讼、专家点评、媒体宣传等方面，对京津冀三地消费维权领域出现的热点、难点等问题能够及时提供高水平的法律意见和专业技术咨询建议，通过权威媒体的及时发布，能够带动津冀两地消费者协会维权工作专业水平的提升。通过发挥首都专家资源优势与媒体资源优势，实现京津冀三地消费维权水平协同发展与提高。

2. 实现京津冀三地消费者教育特色基地资源共享

京津冀三地消费者协会应当依托三地在产业发展布局上的不同定位与特点，形成消费者教育基地的错位设置与共享共用，实现消费者教育进高校、进企业、进农村的体验式教育目标。通过联合高校、研究机构的实验室、实验基地，食品药品、科技产品的生产企业，银行、保险、证券投资等金融企业，农产品种养殖基地，互联网创新平台企业等，建立更多的消费者直观化的线上教育基地，在京津冀三地之间实现消费者教育基地资源利用上的互利共享。例如，北京具有众多高水平的高校实验室、科研机构、中关村高新技术企业、互联网创新企业总部等优势资源，天津具有石油化工、装备制造、生物医药等优势资源，河北具有农产品种养殖基地、纺织、皮革、羊绒产业基地等资源优势，都可以作为消费者教育的特色合作基地。京津冀三地消费者协会可以依托自己的特色资源优势，建立差异化的消费者教育资源共享机制。

3. 协调利用京津冀三地资源联合开展比较试验

开展比较试验是消费者协会履行公益性职责的一项重要内容，也是京津冀三地消费者协会消费维权协同发展最容易产生工作成效的领域。就京津冀三地已开展的联合比较试验的尝试而言，效果很成功。但由于缺乏长效的机制设计，京津冀三地消费者协会还是以单独调研实施为主，单独对外发布比较试验报告，分散了资源。在消费维权协同发展的大趋势下，京津冀三地消费者协会应当共同开展前期调研、方案计划、采样，共同指定实验室，共同发布检测、试验结果，将京津冀三地消费者协会比较试验融合为一个实施整体，为京津冀三地消费者选择、购买商品提供正确的消费指导。

4. 在建设消费维权数据库基础上实现更广泛的信息资源共享

京津冀三地消费者协会应及时将各自掌握的与消费维权工作有关的信息，包括企业信用信息、消费投诉信息、比较试验等工作模块包含的信息以及工作模块之外的目录、名单、立法立标、会议、活动、组织机构建设、培训、对外交流与合作、工作评估、总结等信息，及时通过内部信息互通机制进行信息接入、交换和共享，从而起到相互借鉴、彼此促进的作用。

（四）合作联动机制

合作联动机制是京津冀三地消费者协会在联席会议机制、信息互通机制和资源共享机制建设基础上，在消费投诉、社会调查、企业约谈、媒体监督等方面进行协调一致的联合行动的机制设计，它可以促进各项工作的整体协调、低耗运行，扩大消费者协会保护消费者权益的话语权和社会效果。合作联动既是京津冀三地协同发展的直接目标，也是基本任务，以联动带协同，以协同促联动。为此，笔者提出以下参考建议：

1. 建立京津冀三地消费者协会消费投诉一体化处理机制和交界地跨区消费投诉联动处理机制

建议京津冀三地消费者协会建立一体化投诉平台，达成举报投诉的相互确认和转交，既为消费者带来异地投诉的便利，又防止对多头投诉的重复处理乃至矛盾处理，保障处理程序、处理结果的协调一致性。尤其是对京津冀三地交界地区、比邻区域之间基层消费者协会组织处理跨区消费与投诉的联动机制设计，有利于解决消费与投诉等问题上的空间近距离与管辖远距离的现有矛盾，减少消费者在进行跨区域消费后的维权成本。

2. 建立跨区域联合调查常态化工作机制

针对京津冀三地消费者反映强烈的典型性、群体性、广泛性问题，例如旅游、预付卡、保健品等诉求集中的领域，京津冀三地消费者协会可以形成联合开展体验式消费调查与体察的完整工作机制，例如2016年京津冀三地联合开展的"京津冀旅游消费体验式调查"，从选题、调查内容和方法的设计，到调查结果与建议，始终以合作联动的方式，合力开展、联合采取行动，并且共同发声，共同向有关部门反映、查询、提出建议，共同督促企业整改、规范行业经营、保护消费者合法权益，取得非常好的社会反响。这样的联合调查应保持持续的态势，故应当形成常态化的工作机制，以确保合作与联动的持续稳定开展。

3. 建立京津冀三地消费者协会消费维权合作联动"新闻发言人"制度，统一发表消费者协会观点和意见

笔者认为，京津冀三地消费者协会应当充分利用媒体资源优势，针对涉及侵害京津冀三地消费者权益的具有共同性的行为、事件、典型案例及京津冀三地消费者投诉反映强烈的问题，在内部信息互通的基础上，以京津冀三地消费者协会新闻发布会或者记者会的名义，设立"新闻发言人"，由京津冀三地消费者协会轮流担任，形成定期发布态势和不定期发布两种工作机制，及时共同向媒体统一发表消费者协会观点和意见，通告京津冀三地消费者协会工作近况和消费维权进展情况，展现合作联动的社会成效和组织活力。

（五）理论研究机制

北京拥有众多高水平法学研究和教育机构，其中云集了专门从事消费者权益保护法律制度研究的知名专家学者及大量的博士、硕士研究生群体。此外津冀两地也有我国知名的法律院校，其中的相关专家对当地的情况比较了解，并长期与实务部门保持交流与合作。为此，京津冀三地消费者协会应充分发挥京津冀地区的人才优势，充分重视理论研究对具体实践的指导作用，把基础理论研究与政策法规研究结合起来，把前瞻性探索研究与当前性应用研究结合起来，形成重视理论研究的风气和传统，共同研究探讨协同发展的机制塑造，为京津冀三地消费者协会消费维权工作的协同发展献计献策。

京津冀三地消费者协会可以就新的消费热点难点和新消费趋势可能带来的消费者权益保护问题共同开展前瞻性理论研究。

京津冀三地消费者协会可以就涉及消费者权益保护的法律法规（包括地方性法规、部门规章），以及团体标准的制定、修改共同开展立法研究，积极献言献策，将业已成熟的相关成果作为立法建议报送国家或地方立法机关。

共同研究消费者协会组织发展与建设以及京津冀三地消费者协会消费维权协同发展的工作机制。

（六）智能技术支持机制

在互联网大数据背景下，京津冀消费者协会维权工作协同发展的机制创

新，离不开智能技术的支持。京津冀三地协调联动机制的总体构建必须以信息互通、资源共享、合作联动为基础，统一规划、统一部署为前提，并建设若干智能技术支持平台。

1. 建设消费者投诉数据库，建立人工审核与机器自动抓取相结合的智能化投诉处理机制

在传统的电话投诉的基础上，可以考虑建设京津冀消费者协会统一互联网投诉平台，完善在线投诉和咨询功能，形成电话与互联网并举的受理机制，并按照《消费者协会受理消费者投诉工作导则》的统一格式要求，将电话投诉、网上投诉的案件信息进行统一的电子系统录入，保存在消费者投诉数据库中。投诉的调查、处理过程与处理结果也要及时录入该数据库，以便于数据统计和数据分析。网上投诉系统还可以开通纠纷快速解决通道，在消费者本人同意的前提下，帮助消费者将投诉转至"中国消费者协会投诉和解监督平台"（现系统升级为"全国消费者协会投诉与咨询信息系统"，即"全国消协智慧315"平台），实现投诉案件的快速移转处理。消费者协会进行网上跟踪督办，也是强化经营者责任的有效途径。未来还可以考虑将投诉信息分类集中统一公示，供社会公开查询，通过信息公示的方式，达到对经营者的行为进行社会监督的目的，经营者基于对自身声誉的考虑，一般会尽快与消费者达成和解协议，有利于提高投诉解决率。

2. 建设比较试验数据库面向社会实现信息的公开与利用

将京津冀三地过去和今后所形成的商品或服务比较试验结果输入并保存在统一的数据库系统中，形成完整的比较试验数据库，同时进行比较试验数据的信息公开和查询，实现和扩大信息的社会利用效益。

3. 建设"京津冀消费者协会信息互通智能管理系统"实现京津冀三地消费者协会信息互通的智能化操作与管理

京津冀消费者协会信息互通机制的建设，应当在建设智能化的信息系统的基础上方能有效实现。即需要建设一个"京津冀消费者协会信息互通智能管理系统"，区分内网与外网，京津冀三地消费者协会在自己的信息网络系统基础上，将应当告知给他方的信息，按照三方信息互通事先约定的范围，将信息接入对方计算机系统，实现京津冀三地消费者协会组织网络平台的互联互通和一体化建设。这需要京津冀三地消费者协会升级各自的计算机管理系

统，并为他方数据的接入预留接口。

(七) 组织与经费保障机制

京津冀消费者协会组织维权工作协同发展的深入推进，有赖于一个人员专业素质强、机构健全、运作良好的组织保障机制；同时，经费的保障也是开展各项工作的必要条件。鉴于目前京津冀三地消费者协会组织的发展建设现状，笔者提出如下建设性建议：

1. 秘书处内部增设相应常设机构

按照《消费者权益保护法》赋予消费者组织的 8 项职能，京津冀省级消费者协会与中国消费者协会在职能的承担上均是履行全部法定职能的综合性消费者保护组织，其秘书处常设机构的设置应参照中国消费者协会的机构设置，按照不同的能职设立相对应的部门，分别承担不同方面的工作。

2. 秘书处干部和工作人员应具备胜任相应工作的素质和能力

社会组织的角色地位不同于政府公权力部门，其威信来源于卓有成效的工作业绩，只有工作业绩突出才能得到广大消费者的认可。消费者协会秘书处首脑及其下属工作人员必须具备较高的业务能力和受教育水平，方能改变和提高消费者协会组织的现有工作状态。在学历教育普遍提高的情况下，工作人员至少应当具有大学本科及以上学历，熟悉消费者权益保护的相关法律法规，具备一定的消费专业知识和问题研究能力，才能胜任帮助广大消费者维权的工作要求，起到社会监督和保护消费者权益的作用。目前京津冀三地消费者协会工作人员普遍存在学历偏低、人员老化、专业性不强的问题，严重困扰着消费者协会组织的建设和发展，故京津冀三地消费者协会应在人员年龄结构和素质提升方面多想一些办法。

3. 解决人员编制和身份独立性问题

京津冀三地省级消费者协会实际在岗工作人员，北京 16 人、天津 10 人、河北 32 人。据国家统计局网站公布的 2016 年数据，京津冀三地消费者协会消费维权工作相对应的人口，北京 2173 万人，天津 1562 万人，河北 7470 万人。消费者协会秘书处配备多少人员合适？以我国香港地区的消费者委员会为例，以总干事为首的消费者委员会办事处职员约 150 人，负责 9 个部门的工作，对应 740 万常住人口（2017 年）；深圳市消费者委员会秘书处工作人员约 60 人，对应 1252 万人常住人口（2017 年）；上海市消保委秘书处工作人员约40人，对应2420万人常住人口（2016年）。无论是与我国香港地区的比较，还是与深圳、上海比较，京津冀三地消费者协会秘书处人员编制配备明显不足。而许多基层消费者协会组织也基本处于没人的状态，与市场监督管理部门"一套人马，两块牌子"，编制被政府部门占用，消费者协会人员身份不独立、没有办公场所的情况亦比较普遍，影响消费者协会履行保护消费者权益的社会公益职能的发挥，也妨碍了京津冀三地消费者协会消费维权协同发展的深入推进。

4. 政府应提供足额办公经费

《消费者权益保护法》第37条第2款明确规定："各级人民政府对消费者协会履行职责应当予以必要的经费等支持。"京津冀消费者协会维权工作的协同发展，属于京津冀协同发展的一部分，其进一步推进需要相应的经费保障。依据《消费者权益保护法》的规定，消费者协会是保护消费者合法权益的公益性组织，不能接受企业的赞助，也不向消费者收取费用，办公经费应当由政府足额提供。经费保障是消费者协会正常开展工作的物质基础。目前京津冀三地消费者群体有1亿多人口，按照服务的消费者人口数计算，平均到每个消费者身上的经费仅有0.1元，大大低于香港每人10港币的经费预算标准。目前京津冀消费者协会的财政预算经费仅能维持低水平运行。要让消费者协会发挥更大作用，政府应当加大经费支持力度，向消费者协会提供足额的经费保障，经费预算和使用也不宜合并在市场监督管理部门中。

三、京津冀消费者协会协同发展近期重点工作领域

（一）理论研究

十九大报告强调发挥消费在经济发展中的基础性作用，指出新时代社会主要矛盾已转化为人民日益增长的美好生活需要和不平衡不充分的发展之间的矛盾。新时代新消费有诸多消费者权益保护问题值得深入研究。一个不容忽视的问题是，当前对消费者权益保护的理论研究还很不够。尤其是京津冀消费者协会消费维权工作必须建立在科学理论研究的基础上，以科学理论为指导，才能不断发展和推进。2017年12月底，国家工商行政管理总局局长张茅在全国工商和市场监管工作会议上的讲话清晰指明："支持消费者组织进一步发挥作用。围绕社会热点和消费新趋势，加大参与立法立标、企业约谈和

公益诉讼力度。结合消费热点开展比较试验，服务消费提质升级。发挥志愿者作用，加强对农村集贸市场商品质量的监督调查。宣传依法、科学消费维权理念，提高消费宣传引导的针对性和有效性，营造良好消费氛围。推动全国消费者协会组织建设，提高消费维权能力。"围绕张茅局长的上述讲话内容，笔者认为，京津冀消费维权协同发展的理论研究，近期应当对以下问题进行深入探讨：

1. 对十九大报告中蕴含的与消费有关的新认识、新理念、新目标、新任务进行深度解读

十九大报告多次提到了与消费有关的新认识、新理念，新目标、新任务，包括社会主要矛盾的转变、推进绿色消费以及培育消费新增长点、强调发挥消费在经济发展中的基础性作用等。这些新论述对消费者协会组织的日常工作提出了新的要求和思考，指明了未来工作的方向。因此，京津冀三地消费者协会组织应当专门针对十九大报告中新的理论阐释进行深入研究，深入解读这些新的思想内涵，并应用于日常的工作中，推动消费者协会组织工作职能的进一步发挥。

2. 研究京津冀三地消费者协会组织如何更好地参与立法和标准制定的问题

我国《消费者权益保护法》第37条规定了消费者协会应当履行的8项职能，其中包括"参与制定有关消费者权益的法律、法规、规章和强制性标准"。这是法律赋予消费者协会组织的一项法定职责，为消费者协会组织参与立法和标准的制定提供了法律依据。一直以来，中国消费者协会作为全体消费者权益保护的代言人，参与国家法律、法规、规章和强制性标准的研究、制定，但地方消费者协会通常较少参与国家和地方立法和标准的研究与制定。笔者认为，今后京津冀三地消费者协会可以协同开展立法立标研究，做好理论储备，代表消费者积极发声，主动参与到立法立标的过程中；针对诸如问题较多的共享单车、旅游、预付卡、老年消费、金融、智能技术应用等领域的消费者保护问题，紧跟消费热点难点，研究提出具有前瞻性、可行性的立法建议；更多关注与消费者健康、安全密切相关的强制性标准的制定，站在消费者角度提出相关建议。

3. 研究京津冀三地消费者协会的组织建设问题

组织建设问题是京津冀三地消费者协会面临的共同问题，也是全国各级

消费者协会组织长远发展需要解决的问题。

其一，要研究消费者组织与政府的关系问题，也就是消费者协会组织如何定位的问题。消费者协会的社会组织属性和工作方式与政府部门有严格区别，长期挂靠、依赖于政府部门，不利于消费者协会组织的发展壮大，必须要解决消费者协会组织机构不独立、人员编制不独立的长期困扰消费者协会发展的问题，提出解决之道。

其二，要研究长期制约消费者协会组织发展壮大的消费者协会组织活力和社会公信力问题。笔者通过调研发现，京津冀三地消费者协会组织都存在实际工作人员严重不足的情况以及人员素质总体较低、年龄老化等问题，严重影响消费者协会组织活力的发挥。消费者协会组织长期依附于政府，其社会监督作用受到弱化，京津冀三地可以共同研究提高消费者协会社会公信力的有效办法。

4. 研究京津冀三地消费者协会组织如何推进社会共治的问题

十九大报告中明确提出要打造共建共治共享的社会治理格局，加强社会治理制度建设，强调社会协同、公众参与。打造一个让消费者满意的健康市场需要全社会长期、持久、共同的努力，需要全社会的积极参与，因此社会共治与长效机制是实现放心消费的重要途径。消费者协会组织应当结合实践需要，从理论上不断探索参与社会共治的新思路、新方法。

5. 研究互联网、大数据、人工智能的运用问题

中国特色社会主义进入新时代，新时代在技术上的特点之一是互联网、大数据、人工智能在产品研发和服务领域的发展和广泛应用。消费者协会组织应当根据这一变化特点，关注互联网、大数据、人工智能等先进技术手段在京津冀消费者协会开展消费维权协同工作方面的应用问题，更好地开拓消费维权协同工作的新路径、新方法，在保护京津冀三地消费者权益方面做得更多、更好。

(二) 消费者教育

正如《联合国消费者保护准则》第42条所指出的那样，消费者教育的制度功能，在于帮助人们成为有辨别力的消费者，使他们能对商品或服务作出知情选择，并意识到自身的权利与责任。它通过增加消费者的知识，提升消费者的谈判能力和决策能力，促使消费者作出正确决策。它在提高消费者主

体意识的同时,也减轻执法机构的执法压力,在多个方面促进市场秩序的良性发展,从而实现社会公共利益。[1]

我国《消费者权益保护法》第 37 条规定,消费者协会履行下列公益性职责:①向消费者提供消费信息和咨询服务,提高消费者维护自身合法权益的能力,引导文明、健康、节约资源和保护环境的消费方式……此条指明了消费者教育是消费者协会的重要公益性职责。

京津冀三地消费者协会近年来的消费者教育工作成效显著,开展了形式多样的消费教育宣传活动。但整体仍然处于较低水平,呈零散化状态,在差异化教育、绩效评估、精品活动、长效机制等创新方面还存在着不足。

由于北京的四个中心定位(即全国政治中心、文化中心、国际交往中心、科技创新中心),北京的资源优势可以为京津冀三地消费者教育提供人才、知识、技术、传播等方面支持;津冀两地的特色资源优势亦可为北京消费者教育提供支持。在京津冀消费者协会维权工作协同发展过程中,消费者教育领域具有很大的合作空间,京津冀三地联合能更好开展消费者教育工作。

1. 框架

在京津冀消费者教育协同发展中,线上和线下消费者教育为两大分支。线上依托大数据、"互联网+",结合移动终端 APP 发展自媒体,拓展新型消费者宣传教育方式;线下深化传统消费者宣传教育方式,针对不同的消费者群体进行差异化消费者教育,同时重视消费者教育基地的广泛设立及与大众传媒的沟通与合作。可以利用信息互通和智能技术支持机制,联合线上与线下,促进消费者教育活动的开展。

2. 方式

消费者教育需要采取阶段化教育与终身教育相结合、学校教育和校外教育相结合、一般教育与定向教育相结合等多种方式,以充分满足各类消费者以及潜在消费者对消费教育和信息的长期需求。应积极、大胆创新,运用线上自媒体及大众媒体,努力提高消费者教育服务的质量和水平。

3. 内容

消费者教育的目的在于增加消费者知识,提升其信息和决策能力,促使

---

[1] 应飞虎:《我国食品消费者教育制度的构建》,载《现代法学》2016 年第 4 期。

其作出正确的消费决策，并实现一定的社会公共目标。因此，消费者教育的内容主要包括三个层次：第一，消费知识；第二，消费者权益保护的法律知识；第三，正确的消费观。笔者通过对京津冀消费者协会目前消费者教育活动进行研究发现，当前消费者教育的内容还存在一定的原创性不足、重复内容过多、针对性和可读性较弱等问题。因此，京津冀消费者协会在协同发展的过程中，应综合各地优势，积极关注消费热点问题，配合京津冀三地比较试验和信息互通、资源共享、合作联动机制等，承担知识补漏、最新知识提供以及信息传播等责任，提高消费者教育质量和水平。

具体可以在以下几个方面力求实现突破或改进：

(1) 创新线上线下消费者教育方式

在传统线下消费者教育层面，未来一段时期内消费者教育活动的协同工作具体可以从以下几方面开展：一是京津冀三地可以针对不同群体，联合组织教材或读物的编写，对受教育水平较低的消费者群体，应更多采用直观的图片照片讲解方式；二是利用京津冀三地高校资源，与高校合作吸收大学生、研究生组成消费者教育志愿者团队，广泛开展基层消费维权知识培训，从而构建消费者教育的强大人才队伍；三是关注、追踪消费热点难点，增加原创性内容，加强教育内容的针对性和实用性。

在新型线上消费者教育层面，应开展京津冀消费者教育自媒体合作，例如开设京津冀三地消费者协会微信公众号、微博和网站，并且相互关联推送。同时，在京津冀三地消费者协会各自的微信公众号中增加京津冀消费者协会联合发布的项目按键。互联网关注的是用户的注意力，线上自媒体的消费者教育宣传的成效取决于流量，目前京津冀三地消费者协会在自媒体建设方面各有优势，但都存在关注度不足的问题。北京消费者协会微信公众号运作最好，原创内容较多，有专门的消费者教育栏目，且每日都有相应推送，与其网站也进行了一定程度的关联。在微博平台建设方面，天津消费者协会做得最好。天津消费者协会已经对其进行了微博认证且受关注度超15万，内容的更新与转发较频繁。在网站运营方面，北京市消费者协会网站，栏目分类更细致、内容更丰富、搜索更快速便捷。京津冀三地消费者协会自媒体日常应常态化进行互相推送，提升关注度。自媒体建设应注意以下几个方面：一是将消费者教育作为固定栏目，设置专门的栏目入口，并对消费者教育项下内容栏目进行更加细致的分类,例如以商品种类分类列出相关消费知识,以消费纠纷类型分类列出纠纷解决办法,以消费领域分类列出相关法律规范;二是在首页设定搜索引擎,关键词联想进一步精准化,帮助消费者快速找到精确而全面的资料;三是消费者教育的相关推送,内容应更具有实用性和原创性,可以多运用微视频、图片、照片等,通俗易懂且简要准确,标题更抓人眼球,这样的及时新闻更容易被阅读并形成阅读习惯,从而增加京津冀自媒体流量。

(2)加强志愿者队伍建设

消费者教育需要组织大量人员来实施,但京津冀消费者协会组织均存在人员短缺问题,基于这一现状,建议京津冀三地消费者协会在协同发展过程中,与京津冀三地高校进行紧密合作开展消费者教育活动。具体而言,可以从以下几个方面进行:一是与高校合作建立实习基地和志愿服务项目,保持长期合作关系,形成长效机制;二是吸收大学生群体进入消费者教育队伍,弥补消费者协会人手不足的窘况;三是与高校优秀师资进行交流合作,邀请专家学者参与宣传讲解。

(3)案例库建设

京津冀三地消费者协会掌握着大量消费者投诉案例,京津冀三地可以联合进行消费争议案例库建设。首先,基于诉讼成本过高等原因,更多消费者选择投诉而不是寻求司法救助,消费者投诉诉求贴合现实状况,有很大的研究价值。其次,对消费投诉信息的整合分析非常重要,通过对消费者投诉信息的归集、分析,可以为化解争议提供帮助,亦可为消费者教育提供素材。最后,案例库建设应配合相关栏目,这样才能更有针对性和实用性。例如,针对同一类型的投诉进行分析,为消费者提供借鉴和经验;对消费投诉中的热点问题,向潜在消费者发布消费预警;定期发布典型案例,供消费者学习正确的消费知识和维权技能。

(4)合办杂志

京津冀三地消费者协会可合办杂志。当前,北京消费者协会创办了《北京消费者》月刊杂志,但是该杂志除少量原创内容外,大部分是其他杂志报刊网站上内容的摘录,原创性不足,杂志的受众面窄,内容与其他媒体同质性较强。京津冀三地消费者协会合办杂志,创新栏目和内容,并与京津冀消费者协会微博、微信公众平台、网站相关联,在这些自媒体上均提供电子版下载,可扩大关注度,增加阅读量。例如,可增加辟谣栏目,邀请相关专家或学者针对网络谣言为消费者答疑解惑,降低网络谣言产生和传播的可能性。

(5)网络课程(短视频)

依托微博、微信公众号、网站等自媒体的发展,突破文字的限制,采用多种形式传播消费知识,例如,语音、视频等。语音更多运用在微信公众号中,一分钟左右的科普小语音最易被倾听。网络课程短视频的应用更加广泛,短视频将文字转化为影像,更生动有趣,易于吸引消费者的注意力,促进消费知识的传播。京津冀消费者协会可合作开展系列网络课程视频进行消费者教育,拓展消费者教育形式。

(三)社会监督

《消费者权益保护法》定义消费者协会为依法成立的对商品和服务进行社会监督的保护消费者合法权益的社会组织,明确了消费者协会社会监督的职责。目前消费者协会一般通过发表消费者协会意见、查询、约谈、对企业公开批评等方式履行消费者协会的社会监督职能。在京津冀协同发展的大背景下,京津冀三地消费者协会可以通过以下方面开展社会监督协同发展工作:

1. 搭建可以引入公众参与的京津冀消费者保护社会监督平台

在互联网快速发展的新时代背景下,网络已经潜移默化地影响、改变了公众的消费习惯、消费方式及社会参与方式。京津冀三地消费者协会可以在已经建立的各类网络平台(APP)的基础上,通过消费者可参与的程序设计,吸引公众参与社会监督。公众参与程序应当能够随时随地向公众开展网络调查,引导公众通过平台 APP 对企业的产品或服务发表意见、反馈问题,填写网络调查问卷等,进而起到参与社会监督的作用。

2. 共同一致对外发声

对于商品和服务质量问题、社会热点问题、群体性侵权事件等重要消费问题,京津冀三地消费者协会始终应当团结一致、共同发声,以一个声音联合对外。方式上,一是与媒体合作,定期或不定期以新闻发布会或媒体见面会、新闻稿等方式直接发表消费者协会观点,或者联合媒体对企业公开批评;二是通过官方网站、微博、微信、手机 APP 等方式及时发布与推送,对侵犯消费者权益的违法行为、案件、事件等依法进行点评,依法指出经营者应当履行而没有履行的法律义务,及应当承担的法律责任,要求经营者及时停止侵权、赔偿消费者损失等。

3. 联合开展查询与约谈

一是京津冀三地消费者协会可以就跨区域损害消费者合法权益的问题，以三地消费者协会的名义代表消费者联合向三地有关部门反映、查询、提出建议。二是就影响面大且广泛涉及京津冀三地消费者的严重侵害消费者权益的事件，共同对企业进行约谈，对企业形成震慑和压力。

（四）投诉及纠纷处理

"受理消费者投诉，并对投诉事项进行调查、调解"是消费者组织的一项法定职责。为履行该法定职能，各地消费者协会都设立了电话投诉热线，但号码不尽相同。部分地区存在12315热线和消费者协会热线在后台实为一体，由市场监督管理部门统一管理的情形。此外，其他行政机关也设有电话投诉热线，号码不同，消费者容易混淆。为解决这一问题，天津设立了一个统一的便民服务热线号码，方便市民投诉举报，12315热线在后台已并入该综合热线。

目前，消费者协会受理消费者投诉的方式包括：电话投诉、到消费者协会现场投诉、网络投诉。从消费者协会受理的投诉信息的来源看，具有多渠道性。一是来源于市场监督管理部门的12315投诉平台；二是来源于消费者协会自己的投诉专线；三是来源于市民投诉热线；四是消费者上门投诉。投诉来源分散复杂，还存在跨区消费、跨区投诉、跨区处理的需要。笔者经过调研认为，可以综合考虑构建京津冀三地消费者协会之间互联互通的消费者投诉和纠纷处理机制。

1. 尽快实现京津冀三地消费者协会组织之间消费者投诉平台的互联互通

就消费者协会接受热线投诉而言，从纵向上看，省、直辖市层面，市、县（区）层面均有设置。京津冀三地消费者协会应当尽快实现各级消费者协会案件受理平台的联网，以便于在接受投诉后，根据案件的基本情况，以属地管辖、业务管辖为原则，向承办单位进行转派和分流，以实现跨区投诉与纠纷处理。转派过程中应尽可能减少流转环节，避免逐层向上通报再跨区逐级向下分派所造成的时间拖延。此外，应鼓励各地区的消费者协会按照经济发展现状分别设立专业性机构或专业委员会，以实现解决纠纷的集中性、效率性。从横向上看，在京津冀一体化的背景下，京津冀三地居民异地消费的情况较多，例如北京居民到河北、天津购房，或到商品集中交易市场购买家具、服装、食品等；天津、河北居民到北京城区购物、消费，因此，应尽快实现京津冀三地消费者协会所受理的纠纷异地就近投诉、互转处理。

2. 建立与 12315 投诉处理平台的案件快速移转处理通道

鉴于目前市场监督管理部门所接收的投诉信息更为丰富的情况下，消费者协会应加强与 12315 投诉平台的协作，建立消费维权投诉案件的快速移转通道，逐步实现京津冀三地消费者协会组织与 12315 投诉平台之间的信息沟通。

3. 尽快实现消费者协会与人民调解的对接与跨区确认

根据《民事诉讼法》的相关规定，目前人民调解已经和诉讼形成对接，人民调解协议经法院确认可获得执行力。因此可以积极建立一个横跨京津冀三地的消费纠纷人民调解联动机制，以此发挥人民调解在跨省、跨地区的区域性消费维权执法协作中的作用。2017 年修正的《民事诉讼法》第 194 条规定，申请司法确认调解协议，由双方当事人依照人民调解法等法律，自调解协议生效之日起 30 日内，共同向调解组织所在地基层人民法院提出。为此，在人民调解机构与法院地域管辖的对接问题上，应允许双方当事人共同向京津冀区域内的任何一基层人民法院提出确认申请。

4. 消费者协会支持消费者提起私益诉讼

根据《消费者权益保护法》第 37 条的规定，就损害消费者合法权益的行为，消费者协会可支持受损害的消费者提起诉讼。支持起诉工作本身并不涉及与法院地域管辖的对接问题，为此京津冀三地消费者协会组织可以共同为属于京津冀三地范围内法院管辖的消费纠纷的当事人提供起诉支持，包括提供法律援助、协助技术鉴定等。同时，对于当事人住所地、纠纷发生地等涉案因素在京津冀地区但法院属地管辖本身不在本区的案件，京津冀消费者协会组织也可以共同为当事人提供起诉支持。

5. 消费者协会提起公益诉讼

消费者协会提起公益诉讼包括两种情况，一为主动提起公益诉讼，即根据《消费者权益保护法》第 47 条的规定，对侵害众多消费者合法权益的行为，中国消费者协会以及在省、自治区、直辖市设立的消费者协会，可以向人民法院提起诉讼。二为在检察机关的支持下提起诉讼，即根据 2017 年修正的《民事诉讼法》第 55 条第 2 款规定和《检察机关提起公益诉讼改革试点方案》的相关规定，人民检察院在履行职责中发现食品药品安全领域侵害众多消费者合法权益损害社会公共利益的行为的，检察机关在提起民事公益诉讼之前，应当依法督促或者支持法律规定的机关或有关组织提起民事公益诉讼。法律规定的机关或者有关组织应当在收到督促或者支持起诉意见书后一个月内依法办理，并将办理情况及时书面回复检察机关。在没有前款规定的机关或组织或者前款规定的机关或组织不提起诉讼的情况下，检察机关可以向人民法院提起诉讼。目前消费者协会提起公益诉讼存在如下难题：一是消费者协会的案件线索来源并不丰富，提起公益诉讼的案件数量和类型较少，消费者协会的内部审查标准有待于在案源进一步丰富的情况下予以细化；二是消费者协会提起公益诉讼面临人、财、物等方面的困难。就京津冀三地协同的角度而言，京津冀三地可建立统一的公益诉讼工作小组，对京津冀三地范围之内的案件线索进行统一排查，此举与对"公益"界定中的广泛性、普遍性、不特定性的基本特点相吻合。如果损害众多消费者合法权益的行为横跨京津冀三地，在与检察机关、审判机关的地域管辖和级别管辖的对接上，可由京津冀三地消费者协会以共同原告身份选择向京津冀三地中的某一中级人民法院提起公益诉讼，此举与目前正在推进的跨行政区划的诉讼制度改革一脉相连，有利于打破地方保护主义。

（五）社会共治

社会共治是指多元社会主体参与社会公共事务治理，以实现共同利益的过程。十九大报告中提到"打造共建共治共享的社会治理格局。加强社会治理制度建设，完善党委领导、政府负责、社会协同、公众参与、法治保障的社会治理体制，提高社会治理社会化、法治化、智能化、专业化水平。"具体在消费者权益保护领域，表现为以政府监管为核心，运用社会各方力量治理消费问题，降低监管成本，提高监管效益，切实保障消费者合法权益。其中，社会各方主体包括政府部门、消费者协会、消费者、企业和行业协会、媒体等利益相关方。

消费者协会作为消费者权益保护社会共治的参与者，在京津冀消费者协会同发展工作框架下参与消费者保护社会共治，京津冀三地消费者协会需要以自身为社会共治的参与主体，在依法履责的同时，积极促使政府、消费者、企业和行业协会、媒体等社会主体共同积极参与、各尽其责。具体而言，可以从以下四方面入手强化消费者协会保护与监督的社会共治：

1. 及时向有关行政部门反映消费者诉求参与行政监督执法

政府行政部门是社会治理的主导力量，具有行政权力和专业行政执法人员。在目前机构改革不断深化、政府职能转变、简政放权、改善营商环境、加强事中事后监管和服务的背景下，打造新型社会治理格局，行政部门更需要依法行使职权，提升行政执法的专业性和准确性，做到不越位、不借位、不缺位。

一是京津冀三地消费者协会应当以消费者反馈为工作指引，共同以京津冀三地消费者协会的名义向有关行政部门及时反馈消费者诉求，依法要求有关行政部门及时调整、制定保护消费者权益的政策、规章、办法、指南等规范性文件，建议和督促政府部门尽职履责，保护消费者合法权益。

二是京津冀三地消费者协会可以共同监督、要求行政机关充分发挥行政执法主动性，对于侵害消费者权益的事件及时反应跟进，依法进行查处，并将查处结果及时向消费者和社会公布。

三是通过京津冀三地消费者协会消费维权协同发展机制，积极参与有关部门对商品和服务的监督、检查。执法监督检查是政府行使行政权的主要方式，消费者协会依法可以要求参与行政部门监督执法，这也是《消费者权益保护法》第 37 条第 1 款第 3 项明确赋予消费者协会的一项职责，作为监督者监督政府职能部门对企业的监督检查。

2. 建立京津冀三地消费者协会共建共享的志愿者队伍

消费者是消费者协会参与社会共治的群众基础，消费者除自觉接受消费教育进行理性消费外，还能够以志愿者的身份积极参与消费环境的治理，保护自身合法权益和消费者群体利益。

可以将志愿者分为专家志愿者、专门志愿者、外围志愿者，以形成梯队式、网络化的消费者协会志愿者队伍，破解消费维权人少事多的瓶颈，增强社会消费维权力量。

专家志愿者一般可由法学领域、技术领域、传播领域等具有较高专业水平的专家担任，可以定期参与消费者协会组织的消费教育宣讲等活动；专门志愿者可以以在校大学生、研究生为主体，参与日常消费者投诉的受理与调解等活动；外围志愿者则以热心公益的普通消费者为主体，作为志愿者的储备力量，参与一般性的消费维权活动，例如，参与政府价格部门的价格听证会、关注支持消费者协会工作、分享消费经验和知识等，外围志愿者队伍建设可以与街道、居委会、村委会等基层群众性自治组织合作或者建立常态联系。

3. 要求企业诚信经营和行业协会内部自律

在消费者协会参与保护消费者权益社会共治的过程中，消费者协会依据其法定职能，应当对企业积极发挥监督作用，促使企业作为第一责任人，诚信经营，不断提高产品和服务质量，主动化解纠纷，承担保护消费者的社会责任。

行业协会作为生产者或经营者的行业自律性组织，也是消费者权益保护社会共治的重要组成部分。行业协会可以通过团体标准和自律规则的制定，要求和引导成员企业以"理念+规范"的自律方式帮助成员企业不断提高产品和服务质量，规范成员行为。

一方面，消费者协会组织可以主动了解行业协会动态信息，要求行业协会及时清理和去除损害消费者权益的行业规范、行业惯例；另一方面，参与团体标准制定，从消费者的角度提出标准建议。在京津冀三地范围内，目前已有京津冀建筑业协会联盟等京津冀三地行业协会联盟组织，京津冀三地消费者协会应当关注京津冀三地行业联盟的情况，要求其在保护消费者权益方面发挥更多积极作用。

4. 邀请媒体客观及时跟进报道

媒体是社会共治的传播平台和社会监督的重要力量，新媒体和传统媒体的结合更能够充分发挥媒体的监督作用，带动大众的力量，形成强舆论压力，促成消费者问题的解决。

一是媒体代表消费者发声应更多发出消费者协会的声音，体现其消费者利益代表者的身份地位。

二是媒体应加强对消费者权益保护的宣传力度，深度挖掘、曝光企业侵害消费者权益的违法行为，剖析深层次原因，科学、准确、客观、及时地宣传与报道。

通过以上主体的共同参与，结合信息互通、资源共享、合作联动等三地消费者协会合作机制，未来在京津冀范围内构建一个以企业为第一责任主体、行业协会自律监督、政府行政部门执法监督、志愿者有序参与、媒体及时客观跟进报道的共建共治共享的社会治理格局。

第八章

价格听证会消费者组织参加人遴选工作方案研究[1]

价格听证制度是一项针对公用事业领域价格制定、调整等事项的重要行政听证制度。此项制度的建立和完善，对于推进我国公用事业的市场化改革，调节资源配置，提升公共服务质量和提高政府决策民主性、科学性、透明性等方面发挥着重要的作用。1998年《价格法》首次以法律形式确立了价格听证制度，此后以听证会的方式广泛吸取民众意见，在政府定价和价格调整中得到了广泛的实践。

十多年来北京市价格主管部门已经召开了数以千计的价格听证会，听证内容涵盖对民生影响较大的诸多领域，如水价、天然气价、电价、通信、交通、旅游景点、教育等公共事业的收费。其中部分有代表性的听证会在媒体的跟踪报道之下，引起了社会各界的广泛关注。可以说，北京市的价格听证工作取得了丰硕的成果，但也面临着一些需要改进与完善的问题。虽然举行了不同形式的价格听证会，但在消费者参加人遴选制度的建设方面依然存在着质疑的声音，价格听证制度的公信力受到挑战，制度自身的发展也受到束缚和限制。

近期在立法层面，国家发改委有关部门正在研究修改和完善《政府制定价格听证办法》(2018年12月通过，2019年1月10日起施行)。新的价格听证办法将在信息公开、听证方式、听证参加人报名和选取方式等方面有较大变化，其中听证会消费者参加人有可能要求从面向社会的公开报名中选择。国家相关法律法规的修订，为北京市价格听证中消费者参加人遴选制度的改

---

[1] 本章是本书笔者2017年主持完成的北京市消费者协会委托的研究项目。

进提供了契机。笔者受北京市消费者协会的委托，立足于北京市价格听证实践，在充分调研的基础之上，希望能够就消费者代表遴选制度的完善，提供切实可行的方案。

一、消费者参加价格听证的性质与意义

（一）消费者参加价格听证的性质

行政决策是指国家行政组织为了达到预定的行政目标，依据既定政策和法律，结合一定的情况和条件，对要解决的问题或者处理的事务，拟定并选择活动方案的行为。由此，行政决策的正当性需要建立在科学化、民主化和法治化的听证制度基础之上。

价格听证，即政府制定价格听证或价格决策听证，论其性质，是政府定价机构执行政府定价或政府指导价时，由价格主管部门组织，以听证会形式广泛收集和听取消费者、经营者、专家及相关部门的意见的过程。简言之，就是对政府定价、调价的必要性、可行性、合理性等进行探讨，广泛听取民意的制度。

（二）消费者参加价格听证的意义

消费者参加价格听证，具有极为重要的现实意义。其一，有利于上下级行政机关价格听证工作的协同。其二，有利于保障消费者民主参与价格决策，提升价格决策的科学化、民主化水平。其三，有利于提高价格听证的社会公信力。其四，有利于调动消费者参与价格听证的热情，提高公民理性参政议政的能力。

二、北京市价格听证中消费者参加人遴选制度存在的问题

（一）北京市价格听证消费者参加人的身份及其代表性问题

目前，北京市价格听证中消费者参加人主要是由政府价格主管部门委托消费者协会推荐，这是"自上而下"的选取方式。

在北京市价格听证会消费者参加人的遴选过程中，如果是采用推荐制，存在过于强调消费者社会身份的问题。比如参加人员经常是人大代表、劳动模范、行业骨干、政协委员、明星等，在听证参加人的遴选过程中，这些人

员是首选对象。他们属于社会精英阶层，且不一定对听证事项及其他人群的诉求有充分了解与体验。

此外，消费者固然可以借助各种渠道，如自愿报名或者通过其他组织推荐，但是更多的消费者实际上是无法获得政府推荐的，而需要自己申请。这个申请之后具体的遴选过程不透明、标准不确定，也就难以选取真正可以代表更多群众利益且具备较好建议能力的听证代表，这对于北京市价格听证制度的发展有着一定的阻碍。

在北京市多次举行的价格听证会中，与会代表或听证参与者，总体数量有限，并且参与者的身份差异化不大，并不能真正代表全部消费者的利益，这就导致听证中容易出现消费者的利益诉求表达不足，使得消费者从听证程序的主体地位变成弱势地位，影响听证效果的发挥。

(二) 北京市价格听证消费者参加人的广泛性和专业性问题

在具体的实践中，听证会参加人中消费者的比例及具体的参选人数等，也缺乏详细的参选人数量与结构的规定，往往只是在一些具体的项目价格听证中设定最低的参选代表数量限制，这本身难以起到提高价格听证参与者广泛性的效果。

诚然，听证会参加人的广泛性与专业性存在矛盾。但听证会的本质是广泛听取民意，在广泛性与专业性发生矛盾时，首先应考虑和照顾广泛性，广泛听取来自于社会各界不同的声音。专业性问题应当交给能够代表消费者利益发声的消费者权益保护机构和专家，由他们代表消费者去面对复杂的财务数据，与经营者及有关部门直接进行对话，论证价格的合理性。

(三) 北京市价格听证消费者参加人的参与度问题

广泛听取普通百姓大众的意见是进行听证会的主要目的，积极热烈的讨论，便于相关部门制定价格时进行参考。目前北京市价格听证中存在着消费者参与度不高的问题。一方面，是由于我国公民民主参政意识不强，参政议政的热情程度不够；另一方面，价格听证制度中消费者的弱势地位，使得质疑声音越来越大。消费者心里的巨大落差，造成对价格听证会缺乏信心，因此参与的热情也就不高了。

三、国外及我国其他地区价格听证中消费者参加人遴选制度考察及启示

(一) 国外及我国台湾地区价格听证中消费者参加人遴选制度的考察

1. 美国的价格听证制度

价格听证在美国称为费率听证 (Rate making hearing), 听证的主持机构是联邦和各州规制委员会, 规制委员会是一个相对独立的机构, 通过国会的立法而成立并向国会负责。美国的价格听证程序通常从一个受规制的企业向规制机构提出价格调整申请并接受立案开始。当然, 规制机构本身和消费者也可以启动一个价格听证程序。

受规制的企业在正式向规制机构递交调价申请的同时, 还必须在企业的服务区域内有广泛影响的报刊上进行公告。如果规制机构在30天内没有采取行动, 企业的调价方案就会自动获得通过, 如果在规定时间内异议提出, 正式的公开听证会将不可避免。

虽然美国的《联邦行政程序法》没有明确规定利害关系人的概念和范围, 但由于价格听证涉及众多人的切身利益, 美国的听证程序法规和法院的判决都倾向于让更多的人参加听证。美国的价格听证制度支持并鼓励消费者个人参加听证会, 但实际上在美国的价格听证会上维护消费者利益的主要力量是各种消费者组织。这种消费者组织在美国称为公用事业消费者律师事务所 (Office of the Utility Consumer Counselor)。作为广大消费者利益代表的消费者组织由于有专业的工作人员和较充足的资金保障, 提出的意见往往具有技术性强、逻辑严密、材料翔实的特点, 对行政法官的裁决能够产生重要的影响。

2. 英国的价格听证制度

英国议会在赋予行政机关权力的同时, 往往同时规定行使权力的程序。调查程序要求行政机关在作出行政决定之前, 先调查有关意见和情况, 其主要方式就是听证。在英国, 许多重要的行政事项都由法律规定必须进行听证。听证规则规定, 听证原则上必须公开举行, 凡是对听证程序感兴趣的人都可以参加听证, 并可在听证时提出证据、发表意见。听证主持人在结束以后, 应当制作听证报告。

此外在英国, 公众参与政策制定的制度被命名为"咨询制度"。2001年,

英国政府制定了《咨询实务准则》，该准则适用于制度制定前或政策制定前向公众进行广泛咨询的情况，即适用于行政立法的场合中。

根据《咨询实务准则指引2—咨询方法》第18章的描述，书面咨询是一种邀请人们就政策和议案发表意见的正式手段。书面咨询可以分为三个主要步骤：发布咨询文件，分析咨询结果，反馈咨询意见。第一阶段的主要工作是：必须以具体、明确、能为目标受众所理解的语言，说明咨询的议题和议案以及咨询的目的等，送达可能受影响的公众，并请咨询文件送达的公众按规定做出回应。在第二阶段中，所有回收的咨询结果都要进行仔细分析，对通过咨询获得的意见和信息进行总结，并向公众提供该总结。在第三阶段中，必须对受咨询的公众反馈他们所提供的咨询意见受到了何等处理。应该阐明最终决策是如何受到咨询意见影响的，如果受咨询者询问其咨询意见为何被拒绝，应作出快速而充分的解释。

3. 日本的价格听证制度

日本是全球价格听证立法较早且价格听证领域较多，价格听证开展较多且透明化程度较高，被社会公众和消费者所认可的代表国家。日本在公用事业的市场化改革中，不断推进国有资本以退出、参股、控股等形式淡出公用事业，引入大量市场机制经营公用事业，并以司法调解后续企业的发展。

在此基础上，日本设置了完善和严谨的价格听证制度，从价格的决定依据、决策过程、方案修订到最终执行，都有严格的听证制度与之配合。消费者事务局、消费者委员会按照主管部门提供的信息实施跟进，并发布合作成果。消费者协会，在确定下属的各省厅的审议委员的时候，应当将能够充分代表"消费者-使用者"的利益的人切实地吸纳进去。消费者厅，应当会同消费者委员会，除了以前稳定物价政策会议上整理出来的课题，还要结合有关公用事业收费讨论的最新情况以及技术发展等，广泛地召集消费者、学者、经营者、下属省厅等讨论相关议题。

以日本的铁路票价的设定与调整为例，日本有着完善的价格听证体系。日本的火车票价格构成为：公里数×单价+制作车票成本+售票成本+消费税，在日本确定新线路的火车票价格或者以前的线路涨价前，都会组织价格听证。其价格听证由铁路运营监督管理部门组织，铁路经营者在听证会上阐述火车票的价格形成，对每一部分的成本进行详细和公开的论述，接受听证会代表及社会公众提问或质疑。听证会的主持人一般为监督管理部门人员，本身负责监督听证会的程序及代表发言，以中立的态度推进听证会发展。参与者主要包括60%以上的消费者，以及其他与该价格变动有关的审计、建设、运营单位人员，最终形成以公开透明成本为基础、消费者利益为导向的更加公平合理的市场化价格。

4. 我国台湾地区价格听证制度

我国台湾地区行政听证制度由2001年正式实施的具有总则规范作用的"行政程序法"确立。我国台湾地区行政听证制度包括正式听证以及非正式听证，即听证会和公听会两种。两种类型听证有如下的区别：使用频率较高同时亦较为公众熟悉的听证会与公听会的性质颇为类似，都是为解决争端的公开听取公众意见的机制，但听证会相较公听会规定较严格。听证会要依照"行政程序法"规定进行，包括主持人选任、会议进行过程均有明文规定，至于公听会的程序，主持人则不拘束，并无严格程序规定，且公听会结果则无任何强制拘束效力。

关于公听会之参与人员，有学者建议增订"行政程序法"154条第3款规定："行政机关依前条规定举行公听会时，得邀请下列人员出席：一、学者专家。二、相关机关代表。三、相关团体代表。四、其它适当之人。行政机关邀请前项之人员时，应兼顾各方利益之代表性与均衡性。"[1]上述规定系为避免公听会徒具形式，同时亦兼及公听会之效能，以保障多元社会中不同意见得以充分表达。

事实上，在公权力行使之过程中，采取公听会的方式导入民众参与、直接民主之机制，于我国台湾地区现行规定中并不鲜见。《新北市议会公听会实施办法》第2条规定："举办公听会，应由主办审查委员会或项目小组备具计划书，经大会议决通过或议长核准后行之。"《台中市议会公听会实施办法》第2条规定："本会为审查或研究议案，应经大会决议通过，举办公听会。""大众捷运法"第10条第2项："办理大众捷运系统规划时，主管机关或民间应召开公听会，公开征求意见。""文化资产保存法"第37条第3项："主管机关于拟定古迹保存区计划过程中，应分阶段举办说明会、公听会及公开展

---

[1] 钟瑞兰：《我国台湾地区"行政程序法"之修正——以深化民主参与为中心》，载《行政法学研究》2014年第1期。

览,并应通知当地居民参与。""环境影响评估法"第 12 条第 1 项:"目的事业主管机关收到评估书初稿后 30 日内,应会同主管机关、委员会委员、其它有关机关,并邀集专家、学者、团体及当地居民,进行现场勘察并举行公听会,于三十日内做出记录,送交主管机关。"

在听证会召开的地点上,我国台湾地区立法部门的委员出于回应公众的要求,而对各项重大迫切的民生法案的立法审议经常在立法部门内举行听证会。比如在我国台湾地区长期从事关怀妇女事务的"妇女新知基金会",该基金会为了修订我国台湾地区"两性工作平等法",其间应邀参加了多次立法部门所举办的立法听证会并且提出了许多具体的立法意见。

(二)国外及我国台湾地区价格听证消费者参加人遴选制度的启示

综合上述分析和介绍,对于国外以及我国台湾地区的做法,可以总结出一些值得我们学习借鉴的成功经验,其中包括:听证程序法制化程度较高;听证过程公开化程度较高;听证参与者广泛且发言全面;社会组织及其专业能力对听证会获取有价值的意见具备重要帮助,消费者组织在价格听证中发挥着更加积极的作用等。

具体而言:

①健全价格听证相关法律,来减少政府干预并增加公众参与。美、日、英等国的价格听证制度,都比较强调以市场为导向,美国和日本的价格听证都是在完善的法律基础上,更多采取效率较高而成本较低的非正式听证形式开展,具备固定的场所。政府以一定法律为基础规范听证会程序,由更多的消费者和不同主体参与听证会,在公开的制度下开展价格听证活动。

②拓宽价格听证的公众参与渠道并极少限制参与主体资质。这就可以更好提升公众对价格听证的关注与参与积极性,通过该方案可以推动听证参与主体的多元化及其参与数量的增加,在会议上也就可以更充分地代表不同利益群体的诉求,进行更加充分的博弈,推动价格的合理调整,发挥听证作用。

③借助听证过程的全面信息公开,借助媒体舆论及居民个人等对听证相关信息与过程进行公布,就可以降低听证过程中的程序不当和信息不对称等问题,可以更好地保证听证效果。

④注重发挥消费者组织等第三方机构的作用,建立起政府与消费者个人沟通的有效桥梁。消费者组织可以起到筛查人选与有效汇总意见的作用,便

于公民集中参与决策、政府快速获取消费者意见，同时也提高了消费者参与价格听证的热情与信心。

⑤美、日、英等国家在价格听证制度的发展中，都有相对完善的配套制度，包括排他原则下对听证笔录法律效力的维护与强化、对听证程序的明确规定与标准要求、对听证的救济机制等。这些都是有利于依法建立健全价格听证制度，规范听证运行并最终确保听证目标实现的重要选择，值得我们学习和借鉴。

(三) 我国其他省市价格听证中消费者参加人遴选制度的考察

1. 广东省价格听证消费者参加人遴选制度

广东省在全国范围内较早实行价格听证制度，1997 年 9 月，广东省物价局制定了《广东省价格决策听证暂行办法》。广东省的价格听证实施细则中对于消费者参加人的规定要求，听证会参加人中的消费者应当有低收入阶层人员，并进一步明确通过自愿报名、随机选取方式产生的消费者中没有低收入阶层人员的，由组织听证的政府价格主管部门委托民政部门、消费者组织或者其他群众组织推荐。其实施细则第 4 章专章规定了听证委员会制度。听证委员会是相对独立的临时性组织，根据政府价格主管部门授权，专门负责对指定的定价听证事项进行论证，并就制定价格的必要性和可行性出具意见提交定价机关决策参考。听证委员会设主任一名，由政府价格主管部门指定工作人员担任，其他委员的构成和产生则类同于听证普通程序中的听证会参加人的构成及其产生。

2011 年为完善价格听证制度，广州市人民政府进一步出台了《广州市重大行政决策听证试行办法》，规定若公众对政府重大决策的征求意见稿意见分歧较大，应该组织听证会，从公开报名人群内遴选的听证代表不得少于代表总数的 2/3，而公务员不得被选为听证代表。

2. 南京市价格听证消费者参加人遴选制度

南京市是我国较早尝试价格听证的地区，早在 1997 年《价格法》尚未颁布时，南京市即召开了第一次价格听证会。2001 年《政府价格决策听证暂行办法》实施后，南京市建立了价格听证代表库，每次价格听证从代表库中随机抽取代表作为参加人。2008 年颁布的《政府制定价格听证办法》将价格听证中的"代表"修改为"参加人"，并明确规定"消费者采取自愿报名、随机选取方式,也可以由政府价格主管部门委托消费者组织或者其他群众组织推荐"。据此,南京市自2008年开始,将消费者参加人遴选方式改为自愿报名、随机选取的方式。

但是,自愿报名、随机选取的方式,在南京市的消费者参加人遴选工作的实施过程中也暴露出一些问题:①消费者自愿报名参加价格听证的积极性并不太高。近5年来,南京市报名参加价格听证的消费者的选取率平均为17.7%,即每100个报名者中有17.7人被选中。例如南京市2012年举行的天然气调价听证会和出租车调价听证会,分别只有40名和70名消费者报名参加,从中各选取了9名消费者代表。②消费者参加人的素质整体不高。当前我国公民普遍工作压力较大,如要其牺牲工作日的时间和精力来从事公益事项,参与价格听证,很多人似乎难以做到。这就导致实践中,报名价格听证的以退休的老年人为主。③消费者报名的区域差异较大,实际报名中,通常是离价格听证会召开所在地区较近的人报名积极性高,而较远的地区,报名人员较少甚至没有。这会导致消费者报名区域上的不平衡,致使偏远地区的消费者丧失发表意见的机会。④消费者参加人身份审核难度较大。实践中,一旦出现选取的消费者参加人与听证事项有明显的利害关系,被媒体曝光后,难免引发公众对价格听证的质疑。在南京,就曾有一名出租车司机将自己的身份填为自由职业者,冒充消费者参与出租车调价听证会。以上四个方面的问题,给南京市价格听证组织工作带来了较大压力。

基于以上原因,南京市物价局自2013年开始,将消费者参加人遴选方式改为组织推荐,具体而言,由南京市消费者协会负责推荐消费者参加人。但是,为了保证组织推荐的公开、透明,保证消费者参加人的广泛性,南京市消费者协会所推荐的消费者参加人的来源较为广泛,主要包括了五大来源:志愿者、消费者协会理事单位、法律维权律师团、基层消费者协会和社会征集。

3. 上海市价格听证消费者参加人遴选制度

上海市自2008年开始实行消费者参加人通过自愿报名、随机选取的方式产生。以2013年的居民水价调整听证会为例,具体做法如下:

2013年5月29日,上海市发展和改革委员会发布沪发改公告(2013)001号,公告明确上海市发展和改革委员会(物价局)拟于2013年6月底组织召开本市居民水价调整听证会。本次听证会参加人由下列人员构成：消费者9名，市人大代表1名，市政协委员1名，市消费者权益保护委员会1名，市总工会1名，市供水行业协会1名，市排水行业协会1名，市建设和交通委员会1名，市民政局1名，市环保局1名，市属供排水企业1名，专家学者2名，共计21名。

消费者参加人通过自愿报名、随机选取的方式产生，委托市消费者权益保护委员会受理报名和随机选取确定人选；如报名人数不足9名时，委托市消费者权益保护委员会推荐产生。专家学者参加人由有关专业协会推荐。其他参加人分别由所在单位推荐产生。本次听证会另设消费者替补3名，设旁听席，旁听人员5名。委托市消费者权益保护委员会在受理听证会参加人报名的同时随机抽选产生。

4. 福建省价格听证消费者参加人遴选制度

福建省在实践中，根据《政府制定价格听证办法》和《福建省实施〈中华人民共和国消费者权益保护法〉办法》的有关规定，消费者参加人的产生方式，将采取公开征集、自愿报名与遴选推荐相结合的方式。消费者代表须是福建省常住居民；能遵守国家价格法规、自觉维护听证会秩序；能公正的代表消费者权益和意见；对电费价格有一定了解；具有一定的文字和语言表达能力，热心社会公益事业；并同意公开姓名等必要的个人信息，按时全程参加听证会。

例如福建省居民阶梯电价暨用电同价方案听证会于2012年5月在福州市举行，此次听证会设立听证代表20名，其中消费者代表9名，由福建省消费者权益保护委员会按照公开、公正的原则，自4月9日起向全省公开征选。经营者、其他利益相关方代表可自愿向省物价局报名，采取随机选取方式产生；专家、学者、政府部门、社会组织和其他人员由福建省物价局聘请。

5. 西安市价格听证消费者参加人遴选制度

西安市在实践中，根据《政府制定价格听证办法》《陕西省政府价格决策听证实施细则》等有关规定，采取公开报名并经遴选的方式，产生消费者听证参加人。例如2016年9月1日西安市物价局在多家新闻媒体的监督下，公开选取西安地铁票制票价听证会消费者参加人。现场共选取了9名消费者参加人和5名旁听人，他们将参加2016年9月22日召开的西安地铁票制票价调整听证会。

自 2016 年 8 月 18 日发布公告以来至报名结束，此次听证会共吸引消费者报名 139 人，经审核符合条件的有 97 人；旁听人报名 41 人，经审核符合条件的有 36 人。西安市物价局首次通过抽号软件公开选取，报名人员不需到场，工作人员将备选人信息数据导入随机抽取软件，经过电脑抽取，现场共选出 9 名消费者参加人和 5 名旁听人，工作人员现场给选出的市民打电话进行确认，遇到不能参加者，现场则继续抽取。

6. 安徽省价格听证消费者参加人遴选制度

安徽省在实践中，根据《政府制定价格听证办法》和《安徽省价格听证目录》等相关规定，其消费者参加人亦是采取公开报名并经遴选的方式产生。例如 2016 年 8 月 26 日召开的合肥市轨道交通（地铁）票价制定听证会，在合肥市范围内公开征集 10 名消费者作为听证会参加人，符合报名条件者可以到合肥市消费者权益保护委员会报名。报名结束后，将在报名的消费者中随机抽取产生听证会消费者参加人名单。此外，本次听证会设旁听席，自愿报名者同样可以采取上述方法报名参加。

自 2016 年 7 月 26 日至 8 月 2 日工作日期间，合肥市消费者保护委员会共受理 45 名消费者的报名申请，推荐成为本次听证会随机抽号遴选的候选人。经统计，45 名候选人中有 11 名女性候选人，候选人涵盖了 19 岁至 81 岁的各年龄段，有退休职工、社会组织从业人员、美术设计师、医生、律师、公务员、博士生、大学生、个体从业者等各行业人士。编组和编号方面，45 名代表按身份证显示的年龄从大到小的顺序列为 5 组，每组 9 人，分别对应 9 个号球，即年龄最大的对应 1 号球，以此类推。在遴选现场，由采访新闻发布会的媒体记者抽出消费者代表，分别有 10 余名记者上台随机从箱子中抽取号球，从而确定哪些消费者代表入选。

（四）我国其他省市价格听证中消费者参加人遴选制度的启示

通过以上关于我国其他省市价格听证中消费者参加人遴选制度的介绍，不难发现各地的做法并不完全一致。多数省份或城市的消费者参加人采取自愿报名、随机选取的方式产生，个别城市采取完全推荐的方式产生，还有一些省份或者城市则是两种方式兼而采之。

从数量上看，第一种方式占了绝大多数。这是因为如果仅仅采取单一委

第八章　价格听证会消费者组织参加人遴选工作方案研究

托消费者协会进行推荐的方式，虽然可以较好地对消费者参加人的年龄、性别、行业、区域、文化素质等进行结构优化，提高消费者参加人的广泛性，同时能够节约成本，提高行政效率。但这种遴选方式也存在着较大的缺点，其公开性、透明度较差，容易引发公众质疑，导致价格听证的公正性、权威性受损。政府或者消费者协会对于参加人的选择、人数的确定、结构的分配掌握着绝对的主导权，如果价格主管部门和经营者之间，存在某种利益关系或者进行暗箱操作，就有可能颠覆听证会的意义。价格主管部门，有时就是价格制定部门，参与听证会本身就涉嫌自己为自己裁判，再加上对听证参加人遴选的全面掌控，那么新价格制度的制定就很难通过听证会得到实质性的收获。

显然自愿报名、随机选取的方式更能够体现民主监督、民主参与等原则，避免和减少黑箱操作，激发消费者参加人参与听证的热情，符合公平正义的原则。但如果完全采取此种模式，依然面临着诸多问题。

从以上列举的各省市价格听证的实例中，不难看出，采取消费者自愿报名的方式固然有优势，但实际有意愿参加的消费者却寥寥无几。无论是水价、电价还是地铁价格调整的方案，均是关乎千千万万普通百姓生计的重大事项，与每个人的利益息息相关，理应得到绝大多数人的关注。但从实际执行的效果来看，实际报名的消费者人数往往只有一百多人，更别提最终能够参与听证会的消费者人数仅以个位数计。如西安地铁票制票价听证会，自愿报名的仅仅139人，经审核符合条件的有97人；旁听人报名41人，经审核符合条件的有36人；合肥市轨道交通（地铁）票价制定听证会自愿报名的消费者参加人，自2016年7月26日至8月2日工作日期间，合肥市消费者保护委员会仅仅受理45名消费者报名申请。如此稀少的报名人数，很难保证从中抽取的消费者代表的广泛性。众所周知，消费者参加人的有效参与需要其具备广泛性及一定的专业能力，而消费者参加人报名基数的稀少，往往也很难从中选出具备一定专业能力的消费者。由于当前我国公众参与意识不强，自愿报名参与价格听证的人数不多，按照上述标准便难以选拔出适格的消费者参加人。

综上所述，以上省市的做法带给我们的启示是，现阶段完善北京市价格听证消费者参加人遴选制度，既不能重新回到完全依靠推荐的老路，也不能完全依赖自愿报名的方式产生，而是应当将自愿报名、随机抽取和组织推荐这两种方式结合运用，发挥各自的优势，同时弥补对方的缺陷，以达到最佳效果。一方面，组织推荐方式的存在保证了价格听证的稳定性，为价格听证的有序开展奠定了坚实基础；另一方面，自愿报名、随机选取方式的引入，增强了价格听证的广泛性、公开性、透明度，有利于提升价格听证的公信力。同时，政府还应当以一种更加开放的姿态，邀请更多的旁听者、新闻媒体光临价格听证会现场，主动接受公众、新闻媒体等的监督。以2013年6月底组织召开的上海市市居民水价调整听证会为例，如前所述，本次听证会参加人由下列人员构成：消费者9名，市人大代表1名，市政协委员1名，市消费者权益保护委员会1名，市总工会1名，市供水行业协会1名，市排水行业协会1名，市建设和交通委员会1名，市民政局1名，市环保局1名，市属供排水企业1名，专家学者2名。从中观察我们不难发现，消费者作为价格调整方案的直接针对对象且其数量十分庞大，但真正代表消费者参与听证的人数，在听证会总参加人的比重中明显过低。其他参与人员往往经过精挑细选，而消费者参加人本就报名人数不多，其代表性更加薄弱，而安徽省的做法似乎就更加可取。因此有必要增加消费者代表的总人数，按照不同行业、年龄、收入水平等因素在听证会召开之前对消费者参加人进行合理分类，然后对每一类参加人分配一定的名额，采取自愿报名、随机抽取和组织推荐相结合的方式，共同遴选出消费者代表参与价格听证。

四、现场听证模式下消费者参加人遴选工作方案

（一）现场听证模式下消费者参加人遴选的原则

价格听证作为行政听证制度的一种具体形式，同样体现了行政法的基本原则，在美国法律的正当程序原则中，听证制度得到了进一步的发展，这使听证制度不仅适用于司法程序，同样也适用于行政程序和立法程序。价格听证制度从传统意义的现场听证也随着技术的发展，发展出现场听证和网络听证两种不同的听证模式。但是，无论形式怎样变化，其中所包含的行政听证的基本原则确是一以贯之的。

听证的内涵是"听取当事人意见"，尤其是在作出不利于当事人的决定之前，应当听取当事人的意见，从而体现行政公正。[1]听证便是用程序正义对

---

〔1〕 应松年主编：《比较行政程序法》，中国法制出版社1999年版，第187页。

第八章　价格听证会消费者组织参加人遴选工作方案研究

行政执法行为作要求的制度设计。当行政行为可能对行政相对人有不利影响时，必须听取相对人的意见，不能片面地认定事实，剥夺相对人的质询或辩护权。程序本身并不等于程序正义，程序只是一个行为产生结果的过程和形式，即使价格听证按照一定的过程和形式进行，也并不能保证听证制度就实现了程序正义。[1]如此看来，应当让程序秉持符合目的价值的基本原则，才能按照严格程序的方式达到其所追求的程序正义，进而实现听证的目的和价值内涵。价格听证中，最为重要的一环便是消费者参加人的遴选，这一步骤是听证正当性的开端，是参与听证的重要主体。消费者作为行政相对人参与价格听证，自始至终体现了价格听证的基本原则。

消费者参加人的遴选原则，应当体现价格听证的基本原则，包括公开、公平、公正、效率的原则。同时还应当遵循参与原则、对等原则和回避原则。

公开原则是程序正义的重要原则。消费者参加人的遴选要以公开为基础，让消费者目睹程序正义的实现。一个具体的价格听证，其本身是属于可以公开的内容，除涉及国家秘密、商业秘密和个人隐私外，听证都应该公开进行。听证公开的相关信息应该以消费者能够接收到的方式告知于消费者，包括听证的具体行政行为、具体价格变动措施、具体公共事业变动模式、听证的宪法和法律法规依据、听证举行的时间和地点、听证的主持人、听证的参与人、听证本身的听证流程、听证的可能结果、对于听证结果不同的司法救济途径等。在公开的基础上实现公平、公正以及保证一定的行政效率，这四项是有先后顺序的。

参与原则是消费者参与听证，体现自身参与具体行政行为的形成过程应遵循的一般原则。消费者通过参与听证成为适格的听证参加人，应当保障消费者切实表达自己的利益诉求，并对价格听证形成有效的作用，该原则的价值在于能够使行政相对人在行政程序中成为具有独立自由意志的主体，而不致成为行政权力随意支配的、附属性的客体。[2]在价格听证中，消费者有自由表达个人意见并被听取和尊重的权利，在具体价格听证中，价格变动基于宏观政策调控的变动，与消费者需求息息相关，应听取消费者对价格变动的

---

[1] 高照明：《论行政听证的原则与程序价值》，载《玉溪师范学院学报》2005年第1期。
[2] 姜明安主编：《行政法与行政诉讼法》，北京大学出版社、高等教育出版社1999年版，第268页。

意见和陈述，行政主体此时不能片面认定价格变动的合理性，剥夺消费者的辩护权利。如果消费者在听证中无权或无法进行发表意见和反驳关于价格变动的信息，那么，这个价格听证对于消费者来说只是形式上的。价格听证的结果不仅要体现行政主体一方的意志，还要体现消费者作为行政相对人的意志，它是双方沟通的结果，是尽可能达成意思一致的结果，具有可接受性、公正性、准确性和效率性。

对等原则着重体现在消费者参与机会对等与举证责任对等方面。行政主体应确保相对人在法定的时间前得到通知，明确执法机关和将来的执法行为内容及其事实性、法律性依据。针对公共政策的价格听证，社会公众、团体与议案的提出方之间应参照具体行政行为听证的举证责任平衡原则。公共政策的议案提出方大多为直接的利益方，其应该就议案的真实性、合理性负举证责任，广大公众、团体可进行质询，与之相互质证。

回避原则要求消费者的选择要从形式上独立，避免直接利益的干扰和损害，从而做到实质上避免偏私。价格听证的提案者多为直接的利益部门和行业公司，听证主持人的地位应当具有中立性和高级别性，才能对公共政策的变动起到指导作用，否则，因提案者的直接利益关系，会损害较多消费者的利益。物价行政机关要在公共事业的持续性发展与社会公众、团体的直接利益之间起到平衡的作用。公共政策的最终制定，是由行政主体决定的，公共事业经营者的价格变动行为经由行政听证变成行政机关的政府行为，所以公共政策的听证要求听证主持人与公共政策的提案者严格遵循回避原则。

（二）消费者参加人的遴选机构

价格听证由价格主管部门组织召开，并设立参加人、听证人和主持人制度。听证会参加人包括消费者、经营者、其他利益相关方、相关领域的专家学者、价格主管部门认为有必要参加听证会的政府部门、社会组织和其他人员。强调消费者的遴选机构是为了提高价格听证的公开性和透明度，增强价格听证的社会公信力。

我国《消费者权益保护法》第36条规定："消费者协会和其他消费者组织是依法成立的对商品和服务进行社会监督的保护消费者合法权益的社会组织。"《价格法》第37条第1款规定："消费者组织、职工价格监督组织、居民委员会、村民委员会等组织以及消费者，有权对价格行为进行社会监督。

政府价格主管部门应当充分发挥群众的价格监督作用。"这意味着，消费者组织不仅要对企业的价格行为进行监督，还可以对政府的价格行为进行社会监督，这是消费者组织履行法律赋予的社会监督职能的一种方式。此时，由消费者协会充当消费者遴选机构，能够激发消费者协会的活力和社会组织的自治性，同时，政府价格主管部门也能够居于相对中立的位置，体现"监督人"的角色。

目前，北京市比较典型的做法是，坚持组织推荐方式产生消费者参加人。因负责组织推荐的消费者协会在财政、人事等方面受制于政府，其推荐的消费者参加人某种意义上是通过政府"认证"的参加人，或者说无论是否如此，至少会给社会公众形成此种印象。消费者的遴选机构不宜再以传统的政府部门直接担任，较为适宜的做法是选择听证组织机构委托消费者组织、社区或者居委会等其他群众组织进行推荐，这样的群众组织与"真实"的消费者联系紧密。消费者本身所在的社区和居委会也能够真实反映消费者的意见和诉求，消费者的社区和居委会也在一定程度保证了消费者的信誉和担保。

但此种组织推荐的遴选方式仍然存在弊端，一方面，该方式的自愿性不足，不排除部分参加人将参与价格听证作为一项政治任务完成的可能性，从而被动参与价格听证；另一方面，推荐制强调政府对价格听证的可控性，实际运行中各推荐单位从自身利益出发，通常会选取那些政治上较为可靠，与政府有着较紧密联系且关系良好的消费者作为参加人，保证价格听证的过程和结果在政府的掌控之中。[1]因此，改为自愿报名、随机选取的方式，可以在较大程度上弥补推荐制的弊端，提高价格听证的公开性、透明度和社会公信力。作为随机选取的机构，同样应由消费者协会作为具体遴选机构，并将消费者参加人选取结果向价格部门报备。因为消费者协会是消费者的"娘家"，是消费者利益的保护组织，政府价格主管部门此时不宜再作为直接遴选主体，应当作为相对中立的第三方，保持客观中立的态度进行听证。同样，以消费者协会为主的遴选机构也能够提高消费者协会的社会自治性，消费者协会在普通消费者的眼里承担着消费者和经营者发生纠纷后的法定调解职责，如果在消费者价格听证中提高消费者协会的参与程度，能够提高社会组织的

---

[1] 尹少成：《价格听证中消费者参加人遴选机制的困境与出路——基于北京市价格听证实践的考察》，载《北京行政学院学报》2015年第3期。

自治性，以社会权利有效制衡政府价格主管机构在消费者参加人遴选中可能的权利滥用，增进价格听证制度的民意基础和社会公信力，更好地调节政府、市场和社会的关系问题。

就消费者协会而言，其职责是严格按照事先公布的消费者参加人遴选方案具体组织实施遴选事务，及时将合适人选报政府部门备案，并向社会进行公示。就社会公众而言，利益相关者具有强烈的参与听证进而影响政府价格决策的动力，因此，也应拓宽社会公众在消费者参加人遴选中的作用，这也涉及到消费者参加人的产生方式。这种通过政府、市场与社会之间分工协作又密切配合的遴选机制，才能保障听证代表的广泛性、代表性和独立性，进而保障政府价格决策的科学性、合理性与民主性，发挥社会团体、群众组织的积极作用。随着我国社会经济、政治民主的不断向前发展，公民自治意识普遍形成，特别是如今的网络时代，为各种社会团体、群众组织参与国家、社会治理提供了便利，使其积极性十分高涨，因此政府应正确引导、积极利用。价格听证参加人应该更多从这些团体、组织中推荐产生。这既可避免政府有指定人选的嫌疑，又可以把选"代表"的繁重事务"外包"出去，而且选出的参加人相对而言具有更广泛的"代表性"。

（三）消费者遴选条件与标准

消费者作为公众参与者，不仅在价格听证中承担着参加者的责任，同时也承担着监督者的职责。在价格听证的各个环节，消费者都需要以不同角色参与其中，发现听证过程中可能出现的问题，平衡经营者、消费者和政府之间的关系，宏观上平衡市场和社会的关系，使得价格听证结果趋于合理。价格听证实际上是消费者与厂商之间的博弈，而政府是价格听证的仲裁者，处于中立地位。

对于消费者的遴选，目前全国各地的做法有自愿报名、随机抽取和推荐两种方式。自愿报名、随机抽取的方式使消费者的自主性得到最大彰显，而推荐制在某种程度保证了价格听证的专业性。因此，应当最大限度将二者的优势结合，对消费者参加人做更为细致的分类，再划分出不同收入阶层的人群、消费特点习惯不同的人群，进行遴选与推荐。

1. 自愿报名、机会均等

对于自愿报名、随机选取的消费者遴选条件，只要是报名参与价格听证的消费者，就应将其划入平等的消费者勾选数据库，采取公平摇号或抽签的方式进行，这样，才能保证基本的公平正义原则得到保证。同时，进一步提高公众参与价格听证的积极性，扩大摇号或抽签的基数，降低同一消费者多次被选中参加听证会的概率。

2. 防止连续听证

对于参加上期价格听证的消费者，应当禁止其报名参加下一期价格听证，从根本上防止同一消费者连续参加两次价格听证。

3. 合理分配名额

各地应当根据本地实际情况，结合本地公众参与的热情程度，合理分配随机选取方式的名额，实行自愿报名、随机选取和组织推荐两种方式相结合的模式。

美国对价格听证参加人的选择通常做法是，在价格听证会召开之前都会进行公告，任何个人或团体都可以通过申请要求参加听证会。通过对美国的实践做法的考察可以得出，美国允许所有利害关系人参加价格听证，注重公民权益的保护，充分体现了参与主体的广泛性这一特质。如果条件允许，我国可以在听证会规模、场所、旁听人数量上进一步扩大，让更多的人有机会现场参与。

（四）现场听证消费者参加人的遴选方式与程序

根据《政府制定价格听证办法》，目前消费者遴选存在两种方式，一种是消费者采取自愿报名、随机选取的方式；另一种是政府价格主管部门委托消费者协会等组织推荐。

实践中，广东省最早实行价格听证制度，1997年9月，在总结深圳实践的基础上，广东省物价局在全国率先制定了《广东省价格决策听证暂行办法》。广州市就地铁票价、城区道路桥梁车辆通行费年票制、水调价等广泛举行了听证会。广东省的价格听证细则中对于消费者参加人的规定，要求听证会参加人中的消费者应当有低收入阶层人员，并进一步规定通过自愿报名、随机选取方式产生的消费者中没有低收入阶层人员的，由组织听证的政府价格主管部门委托民政部门、消费者组织或者其他群众组织推荐。广东省在实际操作中，对代表人选提出了一定的要求，包括有社会正义感和责任心，有一定调查研究、分析问题能力，有一定的语言表达能力，较好地自我发挥，发言积极主动、流畅、有条理，能充分表达观点和意见。

综上，若设第一种消费者自愿报名、随机选取的方式为 A，另一种价格部门委托消费者协会推荐的方式为 B，理想的情况下，进行消费者参加人遴选方式的组合可以分为三种：只有 A 的，只有 B 的，AB 以一定方式组合的体现方式。

美国当代行政法发展的趋势是允许更多的公众参与行政机关的程序，反对行政机关自由决定行政听证参加人的资格。有权参加行政裁决正式听证的人，不只限于与行政决定具有直接利害关系的明显的当事人，也包括间接利害关系人如竞争者和消费者，他们以参加人的身份参加听证。美国听证程序规定受规制的企业在向管制机构提交调价申请的同时，还必须在企业服务区内有广泛影响的报刊上进行公告，提供调价方案和信息，同时还要通知利益相关人。从提出方案到价格听证正式举行一般需要两到三个月的时间。

（五）现场听证消费者参加人人才库建设

消费者参加人人才库是消费者参与价格听证的良好后备力量，例如江苏省吴江市物价局就已经建立了消费者听证参加人数据库。他们通过在"吴江价格信息网"上设立"消费者听证参加人报名"板块，邀请有意成为听证参加人的消费者进行网上报名，建立相应数据库，为今后在制定需要听证的价格调整时，可以公开、迅速、合理地产生消费者代表。同时，政府亦应设置合理的激励机制，鼓励社会公众报名成为消费者代表。

五、网络听证模式下消费者参加人遴选工作方案

（一）网络价格听证的利弊与定位

1. 网络听证的优势

网络听证相比现场听证会有很大的优势。互联网成为群众参政议政的重要平台，成为政府部门联系群众、了解民意、倾听民声、汇聚民智的重要渠道与载体，网络听证能够容纳更多的听证参加人，相比原始的现场听证由于场地限制只能容纳数十人的情况下，网络听证的意见可以说是数倍于现场听证。网络听证提高了信息交流速度和提交意见速度。网络平台会扩大直接民主的范围，既增加了便捷性又更好地实现了听证的目的。

2. 网络听证的局限

由于网络平台的特殊性，如果对于平台注册人员的限制力度不够，会造成大量无效或者质量不高的听证意见，也容易产生所谓的"水军"现象。例如河北省的高校听证就出现了大量的只提出了"同意"二字的听证意见，体现了较低的听证质量，这种实名制听证虽然保证了信息来源的可靠性，但是无法保证获取的信息的高质量性，也就是对听证事项的参考性。

根据笔者所调研的河北省物价局 2017 年 7 月 3 日组织召开的河北省学分制收费改革网络听证会的情况，其中的一个弊端是全程缺乏第三方有效监督。鉴于我国现有的行政权力分布模式，较为可靠的方法是在网络听证中有独立的第三方进行监督，防止出现操纵听证的现象，保证网络听证的公平性。

（二）网络价格听证的适用范围

网络听证是伴随互联网发展而出现的新型听证制度，这种听证制度其创新的特征是克服了现场听证的物理局限性，让数量更多的消费者能够同时参与到听证的活动中来。因此，对于网络听证的适用范围要突出价格听证的公共利益性，也要突出网络听证的创新性。如果对新兴的网络听证采取包容的方式看待，则可以将其范围与普通价格听证范围等同。在关系到公共安全等不适宜采取网络听证形式的价格听证，还应当采取现场听证的方式。

（三）网络价格听证的参加人条件

网络价格听证的方式使得听证会听取意见范围更广泛，无论是否是利益相关人，都可以参与听证。这样，保障了网络听证参加人的广泛性。

鉴于网络听证的消费者参加人数量庞大，可以适当对其参加人进行一定程度限制，避免出现大量网络"水军"，因此，对消费者参加人条件进行限制必不可少。网民习惯通过互联网表达自己的利益诉求，参与重大事项的讨论以及通过互联网进行监督。首先，参加听证的消费者至少需要在网络上进行实名制注册，凡年龄在 18 周岁以上，具有中华人民共和国国籍的公民均可以报名参加网络听证。其次，需要遵守网络平台法律法规，遵守听证规则和政治纪律，自觉维护计算机信息网络安全等。

（四）网络价格听证的组织机构

由于网络听证伴随着网络的新兴特点全部在网上进行，其组织机构可以由政府价格主管部门为主导,消费者协会可以根据与听证组织机构所签订的工作协议和保密协议,参与网络听证消费者参加人的遴选,以解决遴选权力的依法产生与渊源问题。在网络听证实践进一步成熟的情况下,可以建立专门的网络听证主持单位,负责网络听证。同时还能保证专门的网络听证互联网技术和中立性。这样的专门单位独立于消费者和经营者之外,能够保证公平、公正与民主的实现。同时,让政府更好地扮演"监督者"的角色,也能避免出现权力寻租、权力腐败的现象。

(五) 网络价格听证的程序

对于参与消费者价格听证的顺序来说,网络价格听证的程序以时间进行的维度为基准,可以分为参与听证的消费者注册会员、登录价格听证平台、查看价格听证方案背景、查看相关方案、选择态度、说明理由等几个流程。网络价格听证要体现价格听证程序正义的特性与互联网技术的交融,同时,保证服务器及网络运行安全。因此,对于网络听证的程序控制要技术与法律程序并重。

(六) 网络价格听证的其他问题

1. 防止网络听证"水军"

网络听证"水军"如同网购信用刷单一样,是网络听证环境下伴生而来的天然弊端,难以通过实名制注册这样的身份甄别方法,筛选剔除代表利益方的听证注册人。要走出这种网络听证的困境,应考虑在实名制注册之外,对听证参加人的发言设置一定的条件或门槛,这种门槛不会违反平等性原则,也不违反依法行政原则和行政公开原则,而是要求所提交的听证意见应与具体的听证内容相关,而不仅仅是"同意"或者"不同意",也就是要有一个补充理由的过程。这样就对听证参加人有了一定程度的限制,但这仍不足以避免此种情况,后续还应进一步深入研究。

2. 全程引入第三方监督

为防止反对意见以技术障碍等理由不被审核通过,可以全程邀请公证机关在同步联网的现场进行监督公证,或者由上级或相应的同级国家监察机关在同步联网的现场进行网络听证的监察,提高听证的可信度和透明度。减少网络听证的弊端,发扬网络听证的优势,力求达到"网络听证聚民意、科学决策共参与",确保价格决策更加科学有效。

第八章 价格听证会消费者组织参加人遴选工作方案研究

3. 不应对报名人数进行限制

价格听证本质上是向公众公开征求意见的一种方式，在网络听证条件下，不同于传统的现场听证会，由于空间条件所限，听证参加人的人数不宜过多。网络听证不同于现场听证，可以跨越时间与空间的限制，让更多的人参与到听证过程中，是扩大民主参与、广泛听取民意的有效方式。因此，在听证参加人报名注册阶段，不应对报名人数进行限制，出现报名人数已达当日注册上线，无法注册的现象。同时还应在平台实时更新显示注册人数，让注册人及时知晓网上注册参与人数。

4. 不应将提交意见的时间限制在一天的时间里

价格听证的本质是听取公众的意见，因此，不应当把网上听证时间限制在某一天的某个时段，集中提交发言，而应当从报名之日起，给公众 15 天或 1 个月的时间，在此期间平台开放意见提交系统。公众在实名注册成功后，即可将自己的意见建议直接提交，而不是等到最后一天去集中提交，避免出现高峰时段网络拥堵，意见无法及时审核通过的情况。

网络听证是"互联网+"的优秀体现方式，其对地方价格主管部门来说具有三大意义：其一，可以广泛听取民意民智，为价格决策提供合理依据；其二，可以重塑价格听证会新形象，也为有关部门形象加分；其三，还可以为我国价格管理改革积累经验。笔者认为，应在实践中不断完善网络听证程序，未来也可以考虑针对关系消费者切身利益的重大的听证事项，将现场听证与网络听证结合，在前期网络听证的基础上结合召开现场听证会，以保证最广泛地搜集、听取民意，实现听证的目的。

附录 1

北京市政府制定价格现场听证会消费者代表遴选办法
（建议稿）

第一条【立法目的】

为了有效遴选北京市政府定价中消费者代表，提高政府价格决策的民主性、科学性和透明度，根据《价格法》《政府制定价格听证办法》等法律、行政规章的规定，制定本办法。

第二条【价格听证消费者代表的含义】

本办法所称政府制定价格听证消费者代表（以下简称消费者代表），是指在定价机关依法制定（含调整，下同）政府指导价、政府定价过程中，符合本办法规定条件、代表消费者群体表达合理利益诉求的消费者。

第三条【消费者代表参加价格听证的范围】

制定关系群众切身利益的公用事业价格、公益性服务价格和自然垄断经营的商品价格等政府指导价、政府定价，应当实行定价听证，其中消费者代表人数不得少于听证会参加人总数的 2/5（以《政府制定价格听证办法》中规定的比例为准）。电力、医疗、能源等专业性强的领域，具有专业知识的消费者一般不低于消费者代表总人数的 2/5。

第四条【消费者代表的遴选原则】

价格听证消费者代表的遴选应当遵循公开、公平和公正的原则，并接受社会监督。

第五条【消费者代表的遴选机构】

北京市消费者协会依法接受听证组织机构的委托，负责消费者代表的遴选工作，并向政府定价部门进行报备。

第六条【遴选消费者代表的公告程序】

北京市消费者协会根据听证组织机构委托的具体听证事项，通过互联网、广播电台、报纸、微信公众号等多种渠道，向社会公告消费者代表遴选事宜，包括听证的事项、报名条件、报名时间、报名方式等信息。公告时间不少于 30 日。

第七条【消费者代表的报名条件】

消费者代表应符合以下基本条件：

（一）年满 18 周岁，具有独立民事行为能力，具有中华人民共和国国籍；

（二）具备一定的调查、研究、分析能力，能够代表消费者利益客观发表意见，并能按时全程参加会议；

（三）同意公开姓名、性别、年龄、身份职业、居住地区等必要的个人信息；

（四）报名信息真实、准确、完整，遵守听证会纪律以及其他注意事项。

电力、医疗、能源等专业性强的领域，可以适当提高对于消费者专业背景、知识技能等方面的要求。

符合报名条件的消费者可以按照遴选公告的要求，在规定时间内报名。

第八条【消费者代表的产生方式】

消费者代表采取社会公众自愿报名、随机选取与组织推荐相结合的产生方式。

原则上对符合条件的自愿报名的社会公众都允许其参与听证。对于超出数量的消费者代表，以摇号或抽签的方式进行遴选。

对于自愿报名人数不足或者专业性强的领域，北京市消费者协会可以推荐消费者代表，在专家、学者、消费者权益保护律师、人大代表、政协委员中邀请或聘请，或者在分行业专家库中随机选取专家、学者、消费者权益保护律师、人大代表、政协委员。推荐的比例不超过消费者代表总人数的 2/5。

第九条【消费者代表的报名方式与报名信息】

消费者可以采取现场报名、信函报名和网络平台报名三种方式，在规定时间内报送相关材料。

报名者应按要求如实提供姓名、性别、年龄、文化程度、职业、工作单位及职务、身份证号（身份证复印件，或上传电子版照片）、居住地址、联系电话、电子邮箱等必要的个人信息。

第十条【现场报名方式】

现场报名的消费者携带身份证明等报名需要的相关材料，到达北京市消费者协会指定地点，完成现场填表报名。

第十一条【信函报名方式】

报名者可从网上下载报名表格，如实、正确填写后，按照要求邮寄或快递到北京市消费者协会。以消费者寄出的时间为报名时间。

第十二条【网络平台报名方式】

网络报名的消费者按照如下方式完成网络报名：

（一）登录北京市消费者协会网站"听证会报名"端口，按步骤与提示填写报名信息；

（二）个人相关资料填写必须真实、准确，通过摄像技术保证消费者头像与身份证正反面信息一致，保证消费者个人信息的真实性。信息填写不完整、不真实或填写错误的，听证平台不予注册；

（三）注册成功的消费者视为完成网络报名。

第十三条【报名者的资格审查】

北京市消费者协会负责审核报名者信息，将不符合要求的报名者剔除，并根据价格听证事项的要求，将所有报名人员以性别、年龄、居住区域、行业、职位、文化程度、收入状况等标准进行分类，保证最终抽取的参加人具有较强的广泛性、代表性和专业性。

第十四条【消费者报名代表的合理限制】

为了确保更多的消费者参与价格听证，避免同一代表重复听证的情况出现，消费者协会可以合理限制同一消费者参加听证会的类型与次数。一年中，同一类型的听证会只能参加一次，类型与次数超出时，可将其作为候补听证代表或者旁听人员。

第十五条【听证代表遴选的公证】

为保证听证代表遴选的公开、公平、公正，邀请公证机关选派两名公证员到场进行监督，并对抽签程序与抽签结果全程进行公证；同时也可以媒体记者及消费者代表到现场监督，并参与抽签。

第十六条【抽签程序】

抽签按照以下程序进行：

（一）以所有自愿报名且符合条件的消费者作为基数；

（二）将自愿报名且符合条件的消费者按照分类制作加盖消费者协会专用

章的抽签顺序号纸签，由公证人员在抽签顺序号上签字确认；

（三）将所有纸签由公证人员全部放入抽签箱中并摇匀；

（四）由公证人员、媒体记者、消费者代表根据事先公告确定的抽签分类，抽取达到听证数量的标签并当场公示。

抽取的消费者代表中应当保证包括一定比例的低收入人群。

第十七条【确认程序】

在抽签结果出来后，由消费者协会工作人员现场联系报名人员，确认能否按时参加。

第十八条【消费者候补听证代表与旁听人员】

在确定正式听证代表时，北京市消费者协会可以根据消费者的报名意愿，同时确定候补听证代表与旁听人员。

第十九条【消费者代表的信息公示】

北京市消费者协会应将消费者代表的信息向社会公示，接受社会监督，确保消费者代表与相关企业等利益群体没有不正当的利益关系。

第二十条【消费者代表的异议及处理】

在公示期内，社会公众对消费者代表提出异议的，北京市消费者协会应及时核实，更换不符合要求的消费者代表，并书面告知处理结果。

第二十一条【消费者代表人才库建设】

为保证在消费者报名人数不足或者有专业性推荐要求时听证代表的顺利选出，北京市消费者协会将建立分行业的消费者人才库，对于已经参加听证的具有优秀记录的消费者可以进入相应的消费者代表人才库，以保证听证代表质量和工作的持续性。

第二十二条【消费者代表的激励机制】

为激励社会公众积极报名消费者代表，政府应设置合理的激励机制，包括适当的经济补助、精神嘉奖等方式。

激励机制原则上不能成为消费者代表牟利的方式。

北京市消费者协会
年　月　日

附录 2

北京市网络价格听证消费者代表遴选办法

第一条【立法目的】

鉴于"互联网+"已进入多个领域，为了在价格听证中更广泛听取民意，为价格决策提供合理依据，确保政府定价的科学性、民主性与透明性，重塑价格听证会新形象，根据《价格法》《政府制定价格条例》等规定，制定本办法。

第二条【网络价格听证的参与】

北京市消费者协会根据与听证组织机构签订的工作合同和保密协议，可以参与定价听证的部分组织工作，双方应当在工作合同中明确工作内容和要求，以及双方的权利义务。

第三条【网络价格听证的公告】

北京市消费者协会根据与听证组织机构签订的工作合同和保密协议，对网络听证事项、网络听证时间、听证人名单、网络听证参与方式、网络听证纪律、注册报名事项等，在网络听证会举行的 30 日前，在北京市消费者协会官方网站进行公告，并通过报纸、电视、广播电台、微信平台等渠道广泛宣传。

第四条【网络听证范围】

凡制定关系群众切身利益的公用事业价格、公益性服务价格和自然垄断经营的商品价格等政府指导价、政府定价，不涉及国家秘密或商业秘密之外，均可以采取网络听证的方式。

第五条【网络听证平台设置】

注册报名平台为北京市消费者协会网站中根据不同听证事项专门设置的"北京市 XXXX 网络听证平台"。

第六条【网络听证监督】

网络听证应邀请公证机关、监察机关、消费者代表对网络价格听证的全过程进行监督，以确保网络听证数据信息在上传、存储等过程中客观、真实，不受人为因素干扰、删除或篡改，不存在人为操控的情况。

第七条【网络听证注册报名】

凡年龄在18周岁以上,具有中华人民共和国国籍公民均可以注册报名。

注册人必须真实、准确填写个人相关资料。信息填写不真实、不完整或填写错误的,听证平台将予以注册。

为便于意见采纳和信息反馈,网络报名采取实名注册的方式,注册资料包括姓名、身份证号、手机号、性别、工作单位、学历、职业、居住地、电子邮箱等必要的个人信息。

网络价格听证会不应限制听证参加人的数量。

为了提高网络价格听证的质量,听证组织机构可以邀请人大代表、政协委员、消费者权益保护律师或者相关领域的专家、学者参与网络听证,客观发表意见。

第八条【注册用户权限】

听证参加人(注册用户)可以查看政策规定、通知公告、听证方案及定价成本监审报告、对听证方案发表意见,同时可以查看其他听证参加人的留言。

网络听证组织机构应当为听证参加人发表意见提供合理的时间,不应限制在某一天的特定工作时段。注册人成功注册后,在平台开放期间,均可按照听证会纪律及要求,发表意见并说明理由。

第九条【非注册用户权限】

平台访问用户(非注册用户)权限只限于查看政策规定、通知公告、听证方案及定价成本监审报告。

第十条【网络听证的纪律及要求】

听证会参加人应具备一定的调查、研究、分析能力,能够客观发表意见,并遵守以下听证会纪律:

遵守中华人民共和国法律、法规,自觉维护计算机信息网络的安全。

不得在听证平台上发布和传播下列信息:

(一)煽动抗拒、破坏宪法、法律、行政法规实施的;

(二)煽动颠覆国家政权,推翻社会主义制度的;

(三)煽动分裂国家、破坏国家统一的;

(四)煽动民族仇恨、民族歧视、破坏民族团结的;

（五）捏造或者歪曲事实，散布谣言，扰乱社会秩序的；

（六）宣扬封建迷信、淫秽、色情、赌博、暴力、凶杀、恐怖、教唆犯罪的；

（七）公然侮辱他人或者捏造事实诽谤他人的，或者进行其他恶意攻击的；

（八）损害国家机关荣誉的；

（九）进行商业广告行为的；

（十）与听证事项无关的内容；

（十一）其他违反宪法和法律、行政法规的。

第十一条【网络听证会的内容展示】

网络听证会公告日至网络听证会结束期间，网络听证平台上应当直接展示以下内容或者提供相关内容的链接：

（一）定价听证事项、网络听证会时间、听证人名单；

（二）定价听证方案及相关说明；

（三）定价成本监审报告结论及相关情况介绍；

（四）网络听证会的具体参与方式及相关要求。

第十二条【回答听证参加人询问】

定价听证方案提出人、定价成本监审人和相关经营者可以事先对听证参加人可能提出的带有普遍性、典型性的问题，在政策咨询栏目中以问答的形式进行解释。

在网络听证会期间内，社会公众注册并登录网络听证平台后，对于政策咨询栏目中没有解释的问题，可以通过文字形式对定价听证方案进行询问。定价听证方案提出人、定价成本监审人和相关经营者认为有必要的，可以在表明身份后回答听证参加人的询问。

第十三条【网络听证会的用语规范】

听证会参加人在网络听证平台上发表意见，应当遵守宪法法律、社会秩序与社会公德，不得使用不文明用语，不得进行恶意攻击以及有组织的言论煽动。

听证组织机构有权删除违反上述要求的相关评论，必要时可以依法追究相关人员的法律责任。

第十四条【网络听证会的公开】

网络听证平台上,听证会参加人发表意见内容的有关网页应当开设浏览功能,在网络听证会期间对已注册并登录的社会公众公开。

第十五条【网络听证会的听证记录】

网络听证会结束后,听证组织机构根据听证参加人的实际发言情况收集并整理形成听证记录,提交听证人,并向社会公开。

第十六条【合理的网络听证意见的激励机制】

对于提供合理的听证意见并为政府采纳的网络听证参加者,政府应设置合理的激励机制,包括适当的经济补助、精神嘉奖等。

激励机制原则上不能成为消费者参与网络听证的牟利方式。

北京市消费者协会

年 月 日

第四编
法典化展望

第九章

我国消费者法法典化之价值功能与法典形式和体系建构研究[1]

随着我国《民法典》的成功编纂、颁布与实施，我国已正式进入法典化时代，部门法的法典化也成为了法学界的研究热点话题。

一方面，学者从一般意义上研究法典化的含义、历史、法理，我国法典化的传统、意义，法典化与法体系的内部构成等。如王利明从法典化的历史谈起，总结了我国《民法典》的四次编纂历程，并指出"为理解和实施好《民法典》，必须从单行法思维向法典化思维转化"；陈金钊从法典出发，研究了法律法典化的语用、意义，以及解法典化、再法典化的相关问题。此外，也有学者对法典化模式予以研究，如朱明哲结合我国的现状以及社会的发展情况提出"采用汇编型法典是更适合当代法治实践要求"；陈景辉教授则认为存在自足的完备价值是部门法法典化的唯一根据。

另一方面，学者以我国《民法典》为参照，研究其他部门法的法典化问题，其中在行政法、经济法、环境法、教育法、劳动法等领域的法典化研究较多，而无人专门研究消费者法法典化的问题。截至目前，对于消费者法实施部门法法典化的研究只是在探讨经济法法典化或经济法的立法统合的文章中对作为经济法子部门的消费者法的法典化进行了简要的提及。

此外，在我国民法典颁布前后，有一部分学者将消费者法作为民法特别法，进而论证消费者法应以被纳入民法典的形式实现其体系化的目标，而以单独制定我国消费法典的方式来研究我国消费者法的法典化的相关论文著述

---

[1] 本章是本书笔者2022年主持完成的中国法学会部级法学研究课题。

目前尚属空缺。

当前我国已经进入消费型社会，且互联网经济、人工智能发展得如火如荼，如果不能通过法律给予消费者以有力的保护，那么消费型社会的发展、促进消费以及消费带动经济增长目标的实现将会面临重重障碍。所以，为了推动消费者法的法典化进程，也为了解决我国消费者法立法分散、碎片化、内部冲突等诸多问题，本书对于消费者法的法典化的必要性、可行性、价值功能、法典化的形式、内部体系结构、内容等予以研究，希望能通过梳理消费者法法典化的基本问题，进而引起学界以及实务界对我国消费者法法典化的关注与探讨，并以此推动消费者法法典化的逐步实现，这将不仅有利于《消费者权益保护法》的自身发展，也有利于司法裁判者统一裁判规则，更有利于执法者高效地实施法律，故具有一定的开创意义。

一、我国消费者法法典化的意义和价值功能

消费者法是以《消费者权益保护法》为核心的一个庞大的消费者权益保护的法律体系。法典化的意义在于：有利于促进法律体系的建构与完善，有利于推进国家治理体系和治理能力的现代化，有利于提升法律的可识别性、可接近性等。研究我国消费者法的法典化，首先需要对其意义和价值功能进行较为深入的探讨。若现行消费者立法足以应对消费社会发展的现实需要，足以满足法治建设的相关需求，那么花费巨大的成本进行法典化就无很大的必要。因此，在充分论证我国消费者法法典化的现实意义的同时，便回答了法典化的第一个前提性问题，即为什么要实现法典化。

（一）消费者法法典化的含义

消费者法的法典化是享有立法权的国家机关将现行消费者法部门的各种规范性法律文件予以梳理、修订并按照一定的逻辑进行编纂的立法活动，从而增强消费者法的确定性，促进消费者法的体系化。

广义的消费者法是指所有直接或间接保护到消费者合法权益的法律规范的总和；狭义的消费者法，是指国家有关消费者权益保护的专门立法，即"XX国消费者权益保护法"。[1]消费者权益保护法律体系内容涵盖经济法、民法、

---

[1] 孙颖：《消费者保护法律体系研究》，中国政法大学出版社2007年版，第34页。

第九章　我国消费者法法典化之价值功能与法典形式和体系建构研究

刑法、行政法以及程序法等诸多领域。历经近 30 年的时间，我国的消费者法已经形成了一个较为完整的框架结构，但是因该体系的内容分散于不同的法律规范中而导致该法律体系在有序性、逻辑性、相互联系性等方面仍有待加强，且前述问题已经影响到了消费者法的实施并阻碍了为消费者提供高效、便利、有力的权益保护途径。法律的生命力在于实施，不能很好地将法律付诸实施，原因可能是执法或司法工作不到位，但也可能是法律本身存在一定的问题，即使被实施也无法得到预期的效果。我国消费者法实施的效果之所以不尽如人意，上述两种原因均存在，但本书主要是从对消费者法实行法典化从而提高立法质量的角度展开论证。

（二）消费者法法典化的意义

1. 有利于解决消费者权益保护立法碎片化问题

"碎片化"是指体系内部的各种要素之间缺乏有机联系和统一性。法律渊源的多样化和跨部门法争议的大量出现导致了法律碎片化的产生，它使得法律规则在适用上的不确定和法律原则在评价上的矛盾。纵观全球立法，法律的碎片化已经成为一种现实，不仅出现在国际法领域，国内法中也有体现。

在我国，消费者法领域呈现出了立法膨胀、立法分散、法律碎片化、单行立法数量众多等特征，具体表现如下。自 1993 年《消费者权益保护法》发布以来，消费者法的法律体系框架不断被建立起来，将近 30 年的时间里，针对消费者权益保护制定的法律、法规数量众多，包括但不限于《药品管理法》《标准化法》《计量法》《产品质量法》《进出口商品检验法》《反不正当竞争法》《广告法》《价格法》《农产品质量安全法》《反垄断法》《食品安全法》《旅游法》《保险法》《电子商务法》《邮政法》《民法典》《个人信息保护法》《数据安全法》以及诉讼与非诉讼程序法等。围绕消费者权益保护的相关配套行政法规、规章亦不胜枚举，例如，《消费者权益保护法实施条例》《食品安全法实施条例》《药品管理法实施条例》《标准化法实施条例》等，还有与市场监管相关的各类部门规章等。消费者权益保护的法律、法规、规章等随着现代消费社会的发展以及解决现实问题的需要被陆续颁布并得以实施，消费者法的法律体系规模越来越大。从单纯法律规范的角度看，逐个被制定出来的法律规范为消费者提供了及时的保护，是问题对策型立法观念、应急式立法的彰显，但是从消费者法的法律体系整体角度来看，其碎片化特征太过明显,大量累积的单行的消费者立法导致法律体系内部的不协调。"体系最重要的意义是将各部分组织成相互关联的意义整体"[1]。因此,消费者权益保护法律体系内各部分本应相互关联,但是碎片化立法导致我国消费者法各部分之间相互分离,此所谓只有体系的外表,而没有体系的实际意义。问题导向式立法使得法律变成了一项政策,甚至成为压力群体表达自身社会等级利益或职业利益的一种方式,有可能会带来立法膨胀甚至是立法的破坏效应,使得法律实施的实际效果偏离了立法目的的最初设定。当然,这种现象不仅出现在我国的消费者法领域,在其他部门法中也存在,以及在其他国家的立法中也已出现,如法国。有学者将此现象称为"法的渊源的危机"[2],为有效应对这种危机,立法统合和体系化整理就显得十分必要,消费者法的法典化便是能满足上述要求的有效方式之一,因为在法典编纂的过程中会将各碎片式立法予以整合、梳理并集于一体,这是法典的体系性以及内容的完备性特征所要求的。

2. 有利于提升消费者权益保护的立法质量

良法是善治的前提,质量较高的立法才有助于法律实施效果的优化,但目前消费者法的法律体系中仍存在立法质量不高的问题,如《产品质量法》规定的"产品"概念外延较小,无法将智力产品、无体物(如电力、热力、天热气)、赠品、二手商品等包含在内;如缺陷产品召回制度已经分别在《民法典》《食品安全法》《缺陷汽车产品召回管理条例》《消费品召回管理暂行规定》等法律规范中出现,但是《产品质量法》却对此存在空白;如《消费者权益保护法》第55条与《食品安全法》第148条规定的惩罚性赔偿制度在请求权主体、义务主体、惩罚性赔偿范围等方面存在冲突;等等。此外,我国现行《消费者权益保护法》缺乏对于执法措施的明确规定,如没有明确行政机关可以采取的调查措施,《消费者权益保护法》第31条第1款仅对于各政府部门的分工进行了笼统规定,缺乏明确的调查措施的规定,加之各部门职责划分的模糊性最终带来了执法上的难题。诸如此类,概念的不明确、法律规则的模糊性、法律制度的缺乏等均体现出了立法质量不高的问题,而且已经因此影响了法律的实施效果。由于行政执法需要贯彻"法无授权即禁止"

---

[1] 谢鸿飞:《民法典与特别民法关系的建构》,载《中国社会科学》2013年第2期。
[2] 彭峰:《法国环境法法典化研究》,载《环境保护》2008年第4期。

第九章　我国消费者法法典化之价值功能与法典形式和体系建构研究

原则，在缺乏法律的明确授权时，行政执法部门无法实施相关行政措施，从而大大降低了行政保护手段应发挥的作用；而且法律的碎片化、规则的不明确甚至是相互矛盾也给行政执法人员带来了较大的难题，因为其需要耗费较大的成本与精力去寻找执法的依据；对于司法裁判来说，前述问题也有可能导致同案不同判，因为不同地区、不同法官对于法律规范的理解和适用较难达成一致的看法。

提升立法质量的同时也是在促进国家治理体系和治理能力的现代化，并且能更好地促进法律的实施。所以为了能让行政执法机构在执法中有法可依、提高执法效率和执法质量，为了能统一裁判依据和标准，也是为了维护消费者主权地位及帮助消费者更好地、更有效地进行维权，应在立法层面采取措施，即在法律规范中明确监督管理部门的地位、权力、职责、执法措施等，以及对概念模糊、法律制度不合理的地方予以修订，从而为执法机构以及司法裁判确立统一的依据，这便符合"良法善治"的内涵。

3. 有助于为经济法的法典化蓄力

经济法在社会主义市场经济持续发展的过程中应发挥出极其关键的作用，因为政府对经济发展实施的宏观调控与市场规制均需要在有法律依据的前提下进行，为了能更好地、更有效地对经济进行干预，经济法应该是一部制定得当、具有体系化和科学性的法律，但是由于我国经济法的立法时间跨度长、经济基础变动大等因素，目前经济法体系内存在单行法数量众多、内容庞杂、前后重叠和形式散乱等问题，因此对经济法进行法典化十分有必要。[1]此外，"如果说民法典使主体既有的财产权、人身权得到了系统的法律保障，从而为我们创造财富提供了基础性条件；那么经济法典将使主体的劳动力权（增量财产权）得到系统的法律保障，从而为我们创造财富提供了主导性条件"。[2]

我国经济法的法典化曾经取得过一定的成果，即国务院法制办公室与法律出版社法规中心曾分别编写过《中华人民共和国经济法典》，但遗憾的是它们均未形成新的体系，也未建立起一个具有科学性、逻辑性的总体框架结构，

---

〔1〕薛克鹏：《法典化背景下的经济法体系构造——兼论经济法的法典化》，载《北方法学》2016年第5期。

〔2〕编撰经济法典第二研究小组、梁中鑫：《我国编撰经济法典的评估》，载《南华大学学报（社会科学版）》2015年第1期。

这导致经济法典的编撰难以发挥出实效。此外，我国在创制基本经济法的道路上也曾有一定的收获，分别是1986年我国经济法学专家起草了《中华人民共和国经济法纲要（起草大纲征求意见稿）》，1999年7位经济法学专家在第七次全国经济法理论研讨会上提交了《〈经济法纲要〉法理与设计》一文。前述两份文件虽然是民间的经济法典，但其作为我国编纂经济法典的最初的尝试成果，具有开拓性的意义与价值。[1]但是随着时代的进步和市场经济的快速发展，上述有着计划经济时代烙印的文件也已经滞后于社会主义市场经济的发展，故编纂我国经济法典的目标仍有待实现。但是，现阶段我国经济法司法执法实践经验不足、学科概念体系尚未完全形成、基本理论尚未完全成熟等因素决定了我国经济法目前尚不完全具备整体法典化的条件。[2]而且，就现实情况来看，经济法整体法典化的难度极高而且实现过程中的阻碍众多，如经济法的成文法数量规模众多以至于立法统合的难度极大。在经济法领域进行全面研究的学者较少而对经济法各子部门法予以深耕的学者却大有人在，所以不妨在经济法的子部门法中先行实现法典化，从而以分散法典化的形式最终促进经济法整体法典化的实现。

消费者法是经济法的重要子部门法，消费者是经济法调整的法律关系中的一类重要主体，与消费者权益相关的行为也是经营者行为的重要组成部分。因此先行推进消费者法法典化的实现，对于后续经济法法典化的实现将起到极大的促进和推动作用。

4. 有利于促进消费者法学科的发展

法典化的实施免不了学界的积极参与及讨论，在此过程中会整合大量的学术力量对法典化过程中的诸多问题予以分析、论证，这便有利于形成诸多的学术成果。而且，从客观事实来看，对"部门法的法典化研究"已成为当下立法热点问题及2021年法学学科研究发展报告中提到的以社会重大问题为导向的法学研究内容之一，因此消费者法部门对该问题作出回应与讨论也体现了该学科的时代感与生命力。此外，法典化的实施过程需要对现行法律制

---

〔1〕编撰经济法典第二研究小组、梁中鑫：《我国编撰经济法典的评估》，载《南华大学学报（社会科学版）》2015年第1期。

〔2〕薛克鹏：《法典化背景下的经济法体系构造——兼论经济法的法典化》，载《北方法学》2016年第5期。

第九章 我国消费者法法典化之价值功能与法典形式和体系建构研究

度、原则、部门法理论等予以梳理和更新，修订其中不合时宜的相关内容，增加对社会问题予以回应的内容等，此种更新与修订对于消费者法学科的发展来说也是一种促进。最后，消费法典的形成将有利于研习者在法典的基础上学习消费者法，从而较为系统和全面地把握消费者法学学科的知识，这相较于碎片化的理解和学习更有助于研习者对该学科的知识形成更深层次的理解与探讨。综上，消费者法法典化的实现对于消费者法学科的发展十分有利。

（三）消费者法法典化的价值功能

"法典的首要功能在于促进法律体系的建构"。[1]中国特色社会主义法律体系已于2011年形成，其"以宪法为统帅，以宪法相关法、民法商法等多个法律部门的法律为主干"[2]。就该法律体系的内容以及法律实施情况来看，距离高质量立法仍然存在努力的空间，如因历史因素及部门本位主义导致的法律的模糊和冗余，而此种问题可以通过法典化来克服，因为法典中一致的规则、概念和制度以及法典本身的体系化特征将会使得部门法体系产生逻辑性和连贯性。[3]虽然法典化程度不是衡量法律体系建成与否的唯一判断标准，但是一国法律体系内存在着若干重要的法典可成为重要的判断指标。

"法典是法的形式中的最高形式"。[4]在我国，法典化是当前立法的一个热点问题，尤其是自《民法典》颁布以来，许多部门法学者更加积极地讨论并推进各部门法的法典化进程，其中环境法、行政法等领域的法典化研究成果已十分丰硕，且已经在实践中付诸了一些行动，然而我国对消费者法的法典化研究还基本处于空白，相关的论文著述也不多，相较于其他法律部门，消费者法在此方面显得较为落后。在法典化时代，我们应积极响应中央的号召，对条件成熟的立法领域参照《民法典》编纂经验实施法典编纂。

---

[1] Wolfgang Kahl, *Die Verwaltungsverfahrensgesetzzwischen Kodifikationsidee und Sonderrechtsentwicklungen*, in: Wolfgang Hoffmann-Riem/Eberhard Schmidt-Amann（Hrsg.）, VerwaltungsverfahrenundVerwaltungsverfahrensgesetz, Baden-Baden, 2002: 89. 转引自钟瑞华、李洪雷：《论我国行政法法典化的意义与路径——以民法典编纂为参照》，载《行政管理改革》2020年第12期。

[2] 吴邦国：《全国人民代表大会常务委员会工作报告——2011年3月10日在第十一届全国人民代表大会第四次会议上》，载《检察日报》2011年3月9日，第02版。

[3] ［德］沃尔夫冈·卡尔：《法典化理念与特别法发展之间的行政程序法》，马立群译，载《南大法学》2021年第2期。

[4] 彭峰：《法国环境法法典化研究》，载《环境保护》2008年第4期。

首先，就法典化的含义而言，"典"这一术语源自前经典罗马法时期，它指向一种制定法的记载方式。到了后经典罗马法时期，衍生出了新的含义："典是官方或者私人所进行的一种书面汇编、编纂行为，包括制定法的书面汇编、编纂行为，药剂、药物的书面汇编、编纂行为等。"[1]这个时期汇编、编纂的制定法仅指罗马帝国皇帝颁布的制定法，并且称为"法典"。到了16世纪，随着古文化影响力的再现和印刷机的发明，"法典"一词开始逐渐出现在西欧的法律语言当中，并且指向广义的法典，即除了汇编、编纂皇帝制定、颁布的制定法之外，也将法令、命令和条例等纳入法典之中。[2]19世纪初期是制定法法典化的黄金时代，其以拿破仑执政时期的五大法典[3]作为开端和标志。1804年《法国民法典》和1900年《德国民法典》影响了欧洲乃至世界法律制度的发展，成为了法典化运动的里程碑。[4]透过法典我们几乎可以了解到整个制度文明，因为"一部法典能够浓缩一个国家的历史与现实，形成自身的历史任务、价值取向和实践功能"[5]。就法典适用的范围来讲，起初法典仅适用于民法领域，但现代意义上的法典可以在任何领域进行，这种变化从一定程度上体现了法律所调整的社会的日趋复杂性。

而对于法典化（codification）的含义，目前也尚未形成一致的观点。"codification"一词为英国著名哲学家和法学家边沁所创，其将"法典"一词动词化从而表述一种法律体系化的立法活动。《布莱克法律词典》将"codification"解释为：对有着一个既定的管辖范围的有关法律或者是一个独立的法律部门的法律进行汇编和体系化的过程以形成一个有序的法典，也指法典本身。[6]德国学者维亚克尔认为："法典化并不是汇集、汇编、改进或重整现有

---

[1] 张民安：《典、法典、民法典和后民法典时代法的法典化——我国〈民法典〉系列讲座第一讲》，载微信公众号"自然秩序当中的民法"，最后访问日期：2020年9月19日。

[2] 张民安：《典、法典、民法典和后民法典时代法的法典化——我国〈民法典〉系列讲座第一讲》，载微信公众号"自然秩序当中的民法"，最后访问日期：2020年9月19日。

[3] 所谓五大法典，也被称为《拿破仑一世法典》，是指在拿破仑执政期间立法者从1804年至1810年相继颁布的五部法典：1804年的《法国民法典》，1806年的《法国民事诉讼法典》，1807年的《法国商法典》，1808年的《法国刑事诉讼法典》以及1810年的《法国刑法典》。

[4] 汤唯：《大陆法系法典化之理性》，载《外国法制史研究》2009年第0期。

[5] 孟勤国：《法典化在现代中国的价值和方法》，载张礼洪、高富平主编：《民法法典化、解法典化和反法典化》，中国政法大学出版社2008年版，第47~50页。

[6] Bryan A. Garner, *Black's Law Dictionary*, Thomson business, 2004, pp. 273~274.

第九章 我国消费者法法典化之价值功能与法典形式和体系建构研究

的法律,而是在于通过新的体系化和创造性的法律来构建一个更好的社会。"[1]意大利学者利塔·罗里认为,法典化是指"法律的集合,在它里面有一种系统和整体的精神,一种政治革新的意图,同时也是一种历史进程凝固的希望"[2]。本书认为,法典化是指享有立法权的国家机关依照立法程序以某一部门法的现行各种规范性法律文件为基础,对其予以梳理、修订并按照一定的逻辑进行编纂的立法活动。

其次,就法典化的社会治理功能而言,法典化有利于政治需求的满足,因为"法典是固化和记录一定的统治秩序、社会秩序和社会改革成果的更有效的形式,是统治者或国家政权为治之要具和要途"[3]。东罗马帝国的《国法大全》,拿破仑时代的《法国民法典》,古巴比伦的《汉穆拉比法典》均有助于统治者统一社会秩序。[4]对于我国来说,"法律是治国之重器,良法是善治之前提"[5]。在我国社会主义现代化进程中,国家的治理离不开法律,国家治理体系和治理能力的现代化离不开法律制度的现代化,而现代化的法律制度要求法律的体系化、科学性的增强。被称为"社会生活百科全书"的《民法典》作为一部固根本、稳预期、利长远的基础性法律,它的颁布加快了我国建设社会主义法治国家的步伐,这是因为它解决了我国民法制度中存在已久的立法散乱、规范之间相互矛盾等问题。同理,其他部门法法典的制定也将会有利于解决各部门法内部的矛盾、提升立法质量,从而有助于推进我国治理体系的完善和治理能力的提升。

再次,从法典的社会遵从价值而言,"法治应包含两重含义:已成立的法律必须获得普遍的服从,而大家所服从的法律又应该本身是制定得良好的法律"[6],此所谓"良法"才能"善治"。所以,经过法典化而得到的协调、统一、体系化、内容完备的法律才能更好地供执法机关、司法机关适用,供

---

[1] 转引自王利明:《民法典体系研究》,中国人民大学出版社2012年版,序言。
[2] [意]利塔·罗里:《法典与现代法律经验中的多元化法典:消费法典的模式》,齐云译,载徐涤宇、[意]桑德罗·斯齐巴尼主编:《罗马法与共同法》,法律出版社2012年版。
[3] 周旺生:《法典在制度文明中的位置》,载《法学论坛》2002年第4期。
[4] 周旺生:《法典在制度文明中的位置》,载《法学论坛》2002年第4期。
[5] 《中共中央关于全面推进依法治国若干重大问题的决定》,2014年10月23日中国共产党第十八届中央委员会第四次全体会议通过。
[6] [古希腊]亚里士多德:《政治学》,吴寿彭译,商务印书馆1965年版,第202页。

权利人、义务人了解、认识并得以遵守,这样法律才能更好地得以实施。对于法律从业者、法学学者来说,法典增强了其查询法律规范的便捷性,也节约了其获取完整法律文本的时间与精力;对于普通民众来说,法典的作用可能会更加显著,因为其缺乏系统化的法学教育,甚至对法律基础知识都不了解也不理解,所以在面临法律规范散落在不同的法律文本中时,必将会手足无措并且需要耗费更大的成本去搜集有效的法律规范为己所用,而法典的存在将会在一定程度上促进该问题的解决,因为法典有助于"减少人们因法律洪水(Gesetzesflut)而产生的生活中的法律陌生感"[1],并提升法律的可接近性与可识别性,降低民众的守法与维权成本。

二、我国消费者法法典化的条件及可行性分析

法典化的第二个前提性问题是能否实现法典化,如果囿于现实的诸多制约因素,法典化条件尚未具备,法典化难以实施,那么法典化便不具有可行性,因此不应忽视现实情况而盲目推进法典化。本部分首先对消费者法法典化的条件对照部门法法典化的条件予以审视,并在此基础上对消费者法法典化的可行性予以分析。

(一) 法典化的条件

1. 法律领域具有独立性

"某一法律领域具备法典编纂的成熟性标志是该法律领域能与其他法律领域相区别"。[2]这表明了独立性是部门法法典化的重要条件,因为对具有独立性的法律领域进行法典化才有不同于其他法律领域的独特意义和价值,才能在此基础上明确法典化的边界。对于不具有独立性的法律领域,其体系化目标或许可以通过纳入其他部门法或部门法法典予以实现,因为这是保持一国法律体系的统一、简约与清晰的要求,不至于立法的冗杂与重复。

2. 具有相当数量规模的成文法

梁启超在《论中国成文法编制之沿革得失》一文中表示:"没有一个个成

---

[1] [德] 沃尔夫冈·卡尔:《法典化理念与特别法发展之间的行政程序法》,马立群译,载《南大法学》2021年第2期。

[2] 李牧羊:《论中国环境法的法典化》,载《资源与人居环境》2009年第12期。

第九章 我国消费者法法典化之价值功能与法典形式和体系建构研究

文法的积累或沉淀，法典编纂便成为无源之水。"[1]因此，一个部门法具备相当数量规模的规范性法律文件是部门法法典化的前提和基础，是实现法典化的必备要素。从法典化的含义来看，它是一项对于同一部门法内部的现行规范性法律文件予以梳理、修订，并按照一定的逻辑进行编纂、汇集于同一法律文本中的立法活动，如果没有相当数量规模的成文法，那么对其实施法典化的根基就不具备，法典化"大厦"便很难建立起来。

3. 部门法理论发展成熟

成熟的部门法理论将会为法典化提供逻辑支撑，因为法典化不是对现有法律文件的简单罗列，而是需要将部门法内的规范性法律文件进行梳理，然后在内容上予以抽象，紧接着将各规范性法律文件按照一定的逻辑顺序予以排列。这个过程中的抽象化以及遵循逻辑结构的内容编排都需要部门法理论作为内核给予支撑。再者，成熟的部门法理论将有助于"运用逻辑判断推导出法律的概念、原理、规则以及它们之间的相互关系，使法律的各个要素在逻辑上建立一种因果联系"。[2]

4. 立法者水平较高以及立法意愿强烈

因为法典编纂是一项复杂的、综合的、难度极高的立法工作，所以立法主体需要具备较高的立法水平，拥有丰富的立法经验才能顺利完成此项立法工作。而且，立法主体的主观立法意愿对于法典化的实现具有重要的推动作用，正如德国债法改革前，时任联邦司法部部长汉斯·福格尔笃定《欧盟消费品买卖指令》向国内法的转化可以被视作"一次推动沉寂已久的大规模债法现代化改革的难得契机"[3]，并在德国债法改革过程中发挥出了积极的推动作用，这是德国债法改革得以启动并顺利完成的重要因素。因为法典编纂终究是需要立法者的实施才能得以实现，所以积极的立法意愿便是客观的立法行为得以实现的内在动力。

5. 国家对法典编纂的支持与推动

"法典编纂如果缺乏强有力的政治推动，就会变得后继乏力"。[4]习近平

---

[1] 周旺生：《法典在制度文明中的位置》，载《法学论坛》2002年第4期。
[2] 汤唯：《大陆法系法典化之理性》，载《外国法制史研究》2009年第0期。
[3] 王天雁：《民法典编纂中消费者私法的体系化与法典化》，载《私法研究》2018年第1期。
[4] 王理万：《中国法典编纂的初心与线索》，载《财经法学》2019年第1期。

总书记指出:"越是强调法治,越是要提高立法质量。"[1]当前阶段我国对于立法的要求不仅是要有,而且应是高质量的,即体系化的、相互协调的、统一的、科学的、好用的、管用的。在依法治国目标的指引下,在《民法典》成功编纂之后,中央多次指出可以总结、归纳《民法典》编纂经验,针对条件成熟的立法领域可以适时启动法典编纂工作。另外,全国人大常委会公布的 2021 年度立法工作计划已经纳入环境法典、教育法典、行政基本法典等法典的编纂工作。

6. 社会对法典的现实需求

社会发展对法典或体系化的部门法的需要也是法典化的条件之一,因为欠缺现实需要的立法可能会造成一定的资源浪费。"治国无其法则乱,守法而不变则衰。"[2]就目前我国的司法、执法、守法现状来看,已经建立起来的法律体系仍具有滞后性而且其内部尚留有一些问题,如法律法规之间的不协调、相互冲突、重复立法、法律漏洞、法律的可操作性不强等。这就说明立法需要随社会变迁而发展,立法质量仍有待提升,现存法律空白有待弥补,消除现存法律规范中的不和谐之处是社会发展所需。

(二) 我国消费者法法典化的条件审视

1. 现已具备的条件

(1) 消费者法领域已独立

消费者法领域已经具有独立性,该种独立性与传统的以调整对象或调整方法为依据划分部门法还有所不同,它表现为我国经济法内部对子部门法的划分是以行为作为主要依据,兼顾主体、客体等内容。因此,对与消费者权益保护相关行为的规制的法律规范的总和以及消费者保护基本法即《消费者权益保护法》构成了消费者法,它作为市场规制法的重要组成部分,区别于经济法的其他子部门法,因为竞争法是规制竞争行为之法,金融法是规范金融活动、调整金融关系之法,财税法是规制财政收支行为之法,等等[3],以此来看消费者法领域已经具有自己的独立价值。

---

[1] 习近平总书记在 2013 年 2 月 23 日的十八届中央政治局第四次集体学习时的讲话。
[2] [唐] 欧阳询:《艺文类聚》卷五十四引《慎子·逸文》。
[3] 薛克鹏:《法典化背景下的经济法体系构造——兼论经济法的法典化》,载《北方法学》2016 年第 5 期。

第九章　我国消费者法法典化之价值功能与法典形式和体系建构研究

（2）消费者法体系已初具规模

目前，消费者法部门已经涵盖相当数量规模的规范性法律文件，鉴于消费者法律规范体系的内容横跨多个法律部门，具有较强的综合性，所以本书在此简要梳理和列举如下。

民法部门中的合同制度、侵权制度是消费者法律规范体系中的重要内容，也是消费法律关系产生的基础。合同法规范了经营者向消费者提供商品和服务及消费者向经营者支付对价的此类市场交易行为，并对双方未按约定履行义务的违约责任、体现对消费者倾斜性保护的格式条款等内容也进行了规定。侵权责任也是经营者在一定情况下需向消费者承担的法律责任形式，它可能会与违约责任构成竞合，也可能独立存在，甚至是突破了一般损失填补责任而需要经营者承担惩罚性赔偿金。经济法在民法的基础上给消费者提供了更为有力的集体救济措施，其直接指出两者之间的实质不平等，从而对处于弱势地位的消费者提供更多的倾斜性保护。其中，有消费者保护基本法——《消费者权益保护法》；有规范产品质量的法律规范，如《产品质量法》《食品安全法》《药品管理法》《标准化法》《计量法》等；有关注到社会整体竞争秩序和消费者选择权的《反不正当竞争法》；有规范商业广告行为、标签（或标识）的法律规范，如《广告法》；有规范电子商务领域的经营者行为的《电子商务法》《个人信息保护法》；还有规范旅客运输、旅游、预付式消费等的法律法规均涉及消费者权益保护的内容。行政法与消费者权益保护的关系也极为密切，因为许多保护消费者权益的措施以经济行政措施的形式出现，如食品安全管理、药品管理、产品质量管理、物价管理、广告管理等[1]。处于最后保障法地位的《刑法》，于分则第3章"破坏社会主义市场经济秩序罪"第1节"生产、销售伪劣商品罪"集中体现了对消费者权益的刑法保护，该类犯罪的客观构成要件主要表现为生产、销售行为，行为对象主要为产品、药品、食品、化妆品、医用器材等，犯罪客体方面总体来说是破坏了社会主义市场经济秩序。程序法中的《民事诉讼法》《仲裁法》《人民调解法》以及《市场监督管理投诉举报处理暂行办法》《中国消费者协会受理消费者投诉规定》等规范是对《消费者权益保护法》第39条规定的5种消费争议的解决方式的具体

---

[1]　该部分法律规范的内容散见于《消费者权益保护法》第4章、《食品安全法》第8章、《药品管理法》第10章、《产品质量法》第5章、《广告法》第4章等。

落实。

(3) 消费者法立法意愿及立法水平的提升

就我国消费者法领域的立法情况来看,近年来立法者颁布的或修订的法律、司法解释、行政法规等既回应了时代进步、经济发展给消费者权益保护带来的现实难题,又反映了立法安排更具合理性、科学性,这说明了当前我国立法者的立法技术与立法水平较之前均已有较大提升。另外,立法主体在消费者权益保护领域强烈的立法意愿体现在近年来其已颁布或修订多部法律、法规,包括但不限于2009年以来《食品安全法》已经历3次修改,《产品质量法》自发布以来经历了3次修正且目前正在全面修订过程中,2018年颁布了《电子商务法》以及陆续出台了多部与网购相关的规范性法律文件[1]。

(4) 社会对消费法典的现实需要

随着我国进入消费型社会以来,以消费拉动经济增长的现实需求依然存在,国家更是大力采取措施促进消费,因为未来,消费仍将是拉动我国经济增长的第一动力[2]。但是截至目前,我国消费者法仍存在碎片化、立法质量不高、法律规定之间相互矛盾等问题,以至于执法者执法依据不明确、司法裁判者裁判标准不统一、部分经营者认为违法成本太低从而"以身试法"、消费者维权难等现实问题依旧存在。前述问题不解决,就难以营造出良好、安全的消费环境,难以增强消费者的安全感,因此消费者的消费意愿就难以持续,以消费拉动经济增长的目标就存在实现的障碍。所以,社会对于高质量的、体系化的、明确的消费者法的现实需求是存在的,这也是消费者法可以实现法典化的现实推动力。

2. 仍有不足的条件

(1) 消费者法基础理论研究成果丰硕但未完全成熟

在我国已经发展近30年的消费者法,其基础理论主要包括:消费者保护法的调整对象、特征及本质,消费者、经营者的概念,消费者权利的性质、范围,消费者主权及可持续消费的含义,消费者责任及经营者义务的内容,

---

[1] 如国务院2018年颁布、2019年修订了《快递暂行条例》,国务院办公厅2018年颁布了《国务院办公厅关于推进电子商务与快递物流协同发展的意见》,最高人民法院2022年公布了《最高人民法院关于审理网络消费纠纷案件适用法律若干问题的规定(一)》等。

[2] 乔瑞庆:《消费仍将是拉动经济增长的第一动力》,载中国经济网,http://views.ce.cn/view/ent/202101/24/t20210124_36253074.shtml,最后访问日期:2022年3月14日。

第九章　我国消费者法法典化之价值功能与法典形式和体系建构研究

消费者保护的理念与基本原则，惩罚性赔偿制度的特征、法律属性、适用条件，欺诈行为的认定，等等。虽然目前消费者法领域已经具有了较为丰硕的理论研究成果，且大体上已建立起比较一贯的基本精神，但是较成熟的部门法理论仍有一定的距离，还存在理论深度不够、理论的抽象化程度不高等问题。

（2）国家尚未关注消费法典的编纂

强有力的政治推动是消费法典能够实现的重要因素，虽然国家正倡导适时推动条件成熟的立法领域的法典编纂工作，也一直采取各类措施、出台各类文件[1]以健全消费者权益保护机制及完善消费政策体系，旨在营造良好、安全的消费环境，强化消费者权益保护，让消费环境得以持续改善。但是，鉴于目前对消费者法实施法典化的讨论并没有完全展开，因而学界对此问题的关注度仍不高，实务界对此的推动措施也更是缺乏，因此截至目前，国家并没有专门针对消费者法的法典化作出规划以及采取措施。不过以我国环境法典的实施路径来看，经过学界的充分讨论再加上实务界的有力推动，国家关注到消费法典实现的必要性及可行性之后，再采取措施推动消费法典的实现是极有可能的。

（三）我国消费者法法典化实施的可行性分析

1. 法典化传统及《民法典》编纂提供经验积累

（1）我国具有源远流长的法典化传统

虽然法典化运动起源于欧洲启蒙运动并且之后在大陆法系国家也得到了迅速传播，但是拥有着五千年历史文化的中国也有着源远流长、特色鲜明的法典化传统。中华法系是以法典为统率的成文法体系，"法典化"构成我国法律史之悠久传统。[2]无论古代中国的法治程度如何，一部中国法律制度史，从内容

---

[1] 如国务院 2018 年 9 月 20 日发布了《中共中央、国务院关于完善促进消费体制机制进一步激发居民消费潜力的若干意见》，国务院办公厅 2018 年 9 月 24 日印发了《完善促进消费体制机制实施方案（2018-2020 年）》，国家发改委等 23 个部门于 2020 年 2 月 28 日联合发布了《国家发展改革委、中央宣传部、教育部、工业和信息化部、公安部、民政部、财政部、人力资源社会保障部、自然资源部、生态环境部、住房城乡建设部、交通运输部、农业农村部、商务部、文化和旅游部、卫生健康委、人民银行、海关总署、税务总局、市场监管总局、广电总局、体育总局、证监会关于促进消费扩容提质加快形成强大国内市场的实施意见》，国家发改委等部门于 2020 年 10 月 14 日联合印发了《近期扩内需促消费的工作方案》等。

[2] 谢红星：《"法典化"的历史溯源与中国内涵》，载《中国社会科学报》2020 年 10 月 14 日，第 A04 版。

方面来看可能是一部专制史、家治史，但从形式方面来看就是一部法典史。[1]

古代中国的法典编纂活动十分频繁。战国时期法家李悝汇集当时各国法律编成了中国历史上第一部比较系统的封建成文法典——《法经》[2]。魏晋时期编纂律令法典变杂为清，化繁为约，其目的在于通过清晰、明确、统一的法典实现大一统国家统一法律秩序的目标。[3]秦始皇在统一六国后以《法经》为蓝本制定了《秦律》并颁行全国，之后的各个朝代也都纷纷立法、创制法典，如《唐律疏议》[4]《大清律》等。总的来说，即使中国古代的法典反映了较多的伦理内容，以更好地服务于家治、人治的目的，但是不能否认其在统一社会秩序方面作出的卓越贡献，而且它们已经成为传承中华文明的重要手段。因此，如今正努力实现和热烈讨论中的部门法的法典化，并不仅仅是受到了国际法典化潮流的影响，更是对中华法典传统的延续与继承。

(2) 我国《民法典》提供了法典编纂经验和技术参考

我国《民法典》已经顺利出台并予以实行，作为新中国成立以来我国第一部以"法典"命名的法律，《民法典》的颁行可以被看作是新时代法典化运动的开端，《民法典》的编纂经验必将会为其他部门法法典化的实现提供重要的参考。

我国《民法典》的编纂可谓经历了多次波折，其分别在 1954 年、1962 年、1979 年和 1998 年经历过 4 次起草工作，但是均因为时代环境、立法技术的不成熟、观点分歧较大等原因而最终失败。直至 2014 年《中共中央关于全面推进依法治国若干重大问题的决定》明确提出了民法典编纂规划，2016 年全国人大常委会法制工作委员会提出了"两步走"的编纂思路[5]，我国

---

[1] 周旺生：《法典在制度文明中的位置》，载《法学论坛》2002 年第 4 期。

[2] 李悝于战国初期制定《法经》，中国当时正处于由奴隶制社会向农奴制社会的转型时期。《法经》虽然已经失传，但在其之后制定出来的法典无不直接、间接地散存着《法经》的文本和精神。梁启超认为："后世一切法典之对于《法经》，非徒母子血统的关系，而实一体化身的关系"，参见周旺生：《中国历代成文法论述》，载周旺生主编：《立法研究（第 3 卷）》，法律出版社 2002 年版，第 59 页。

[3] 谢红星：《"法典化"的历史溯源与中国内涵》，载《中国社会科学报》2020 年 10 月 14 日，第 A04 版。

[4] 《唐律疏议》是中国现存最古老、最完整的封建刑事法典。

[5] 民法典"两步走"编纂思路为：先制定民法典总则，然后再整合既有的民商单行法形成分编的内容，各分编争取于 2020 年审议通过并结合民法典总则形成统一的民法典。

第九章　我国消费者法法典化之价值功能与法典形式和体系建构研究

《民法典》的编纂之路才得以顺利前行。经历前述坎坷编纂历程，主要概括、总结出以下编纂经验：坚定党的领导是编纂成功的根本保障；丰硕的民事立法、司法、理论研究成果为法典编纂奠定了坚实的理论和实践基础；坚守以人民为中心的立法理念，对社会公众关切的事宜作出有针对性的规定；把握好法典编纂的规律与特点，提高立法技术，坚持科学立法；积极回应经济社会发展带来的新课题，缓解立法滞后带来的难题；利用多种途径听取社会各界的立法意见与建议，坚持民主立法；建设高素质立法工作队伍，为法典编纂提供充足的人才供应。[1]

2. 执法机构的整合推动立法的统合

2018年我国进行了一次规模较大的国家机构改革，将市场经济中宏观调控主体与市场规制主体的多个机构实施了力度空前的整合，如将省级和省级以下国税地税机构合并、将中国银行业监督管理委员会与中国保险监督管理委员会的职责整合并组建中国银行保险监督管理委员会、将6个国家部门[2]的职责整合并组建国家市场监督管理总局。[3]前述国家机构的整合改变了之前较为分散的调控和规制体制，为推动消费者法的法典化提供了重要的立法时机。以国家市场监督管理总局的设立为例，其内部设有价格监督检查和反不正当竞争局、网络交易监督管理司、产品质量安全监督管理司、食品安全协调司、广告监督管理司等部门，这些内设机关与消费者法的制定、修改与实施均具有密切的关系。在上述内设机关从属于一个行政机关的背景下，国家市场监督管理总局更加方便吸纳、听取各个部门的专业意见，然后向消费者法的立法者输出一个统一的观点，这其实为消费者法的立法提供了重要立法基础，使其法典化具有更大的实现可能。

3. 大量的执法及司法活动提供实践基础

截至2022年3月14日，以"消费者""经营者""合同纠纷"为关键词

---

[1]　许安标等：《总结民法典编纂经验 推动民法典贯彻实施——中国法学会"积极推动民法典实施座谈会"发言摘编》，载《人民日报》2021年4月16日，第15版。

[2]　第十三届全国人民代表大会第一次会议批准的国务院机构改革方案提出，将国家工商行政管理总局的职责，国家质量监督检验检疫总局的职责，国家食品药品监督管理总局的职责，国家发展和改革委员会的价格监督检查与反垄断执法职责，商务部的经营者集中反垄断执法以及国务院反垄断委员会办公室等职责整合，组建国家市场监督管理总局。

[3]　张守文：《经济法的立法统合：前提与准备》，载《学术界》2020年第6期。

在北大法宝网站上进行案例检索，能得到 131715 份裁判文书；将"合同纠纷"替换为"侵权纠纷"并在北大法宝网站上进行案例检索，能得到 49273 份裁判文书。再以"消费者"为关键词进行搜索，之后把"消费者"替换为"消费者权益保护"就可直接定位到以《消费者权益保护法》为依据的纠纷，基本上可以排除普通民事纠纷。截至 2024 年 11 月 22 日，以"消费者权益保护""经营者""合同纠纷"为关键词在北大法宝网站上进行案例检索，能得到 103 937 份裁判文书；将"合同纠纷"替换为"侵权纠纷"并在北大法宝网站上进行案例检索，能得到 22 336 份裁判文书。由此看来，司法实务中消费纠纷案件数量极多，法院在对该类纠纷的审理过程中已必定积累了诸多经验，且各地法院也颁布过相关的文件对审理消费纠纷案件作以指引[1]。此外，执法机构针对经营者行为作出的各类调查、处罚等行政措施的数量也是居高不下。这一方面反映出市场经济中经营者行为不规范现象大量存在，另一方面也可反映出执法者、司法者在处理该类案件中必定已积累了大量的实践经验，而司法实践在一定程度上也会转化为立法的构思，因此前述实践经验的累积将给立法者对消费者法进行内容的修订以及后续消费法典的编纂等提供扎实的实践基础。

4. 消费者法法典化的条件初步具备

就前述内容分析来看，我国消费者法法典化的条件已经初步具备，消费者法领域已经具有独立性，不仅独立于民法而且在经济法体系内也已经具有独立性，成为经济法的重要子部门法之一。而且消费者法律规范体系内法律、法规数量众多、内容庞杂、层级丰富，所以成文法积累已经十分充足。另外，消费者法基础理论的研究成果也较为丰硕，立法者的立法水平较以前也已有了较大的提升，立法主体对于消费者权益保护立法的主观意愿十分强烈，国家一直在采取各类措施促进消费者权益保护法律机制的完善等因素的综合可以说明消费者法法典化的条件已经初步具备，因此有可以实施法典化的可行性。

5. 域外消费法典提供借鉴和参考

在世界范围内，法国与意大利已经先后成功编纂消费法典，其法典内容、

---

〔1〕 如最高人民法院公布《最高人民法院关于审理网络消费纠纷案件适用法律若干问题的规定（一）》，江苏省高级人民法院颁布《江苏省高级人民法院关于审理消费者权益保护纠纷案件若干问题的讨论纪要》，重庆市高级人民法院印发《关于审理消费者权益保护纠纷案件若干问题的解答》，深圳市中级人民法院颁布《深圳市中级人民法院关于审理消费者权益纠纷案件的裁判指引》等。

第九章 我国消费者法法典化之价值功能与法典形式和体系建构研究

框架、编纂经验、立法技术等，值得我们借鉴与学习，这也是消费者法可以实现法典化的重要可行性因素，因为有可以借鉴的"他山之石"，将会在一定程度上降低法典化实现的难度。

法国和意大利对消费法典的编纂技术有值得我们借鉴之处。《法国消费法典》主要是一种形式性的法典编纂，其目的是整理散见的互相重叠、相互冲突的法律，从而达到使法律清晰化的目的。《法国消费法典》在不同层级的法律规范条文前以不同的字母进行标注，而且法典的每部分仍然是依照传统的编、题、章、节、条、段体系来划分，这种组织方式不仅可以较为容易地修改法典，也不会轻易破坏法典的结构。[1]意大利法典编纂学术委员会将一个完整的消费行为的每个阶段所涉及的法律规范按照逻辑顺序和时间线索重新进行了编排和整理。具体来讲，消费前主要是指广告宣传、信息获取等活动；消费中主要是与消费者合同相关；消费后则涉及消费评价、售后担保及生产者责任。这一思路是借鉴了经济学和市场营销学中关于购买和消费过程的理论的结果，并在此基础上通过各项立法干预以缩减消费者弱势地位的范围。

就消费法典与其他部门法的协调方面，法国和意大利消费法典均有可以借鉴之处。《法国消费法典》中有多处出现与其他法典的衔接性规定，如L111-3条的《货币与金融法典》《互惠法典》《社会保障法典》、L112-2条的《商法典》等。《意大利消费法典》直接于第38条中规定了其与《意大利民法典》之间的适用规则，"除本法典已有规定外，消费者与经营者之间缔结的合同适用民法典的规定"。

域外消费法典的编纂经验为我国消费法典的实现带来的可供借鉴的启示主要有：于法典编纂过程中不仅应考虑法学理论，也应对经济学、市场营销学、消费者行为学的相关理论予以考量和借鉴，以经济为基础来制定经济法子部门法的法典；《法国消费法典》的形式是为有利于修改、删除和增加新条文作出的安排，我国可以在一定程度上予以借鉴；对于消费法典与其他部门法的衔接以及消费法典的边界化问题，可以在参考域外消费法典内容的基础上，结合我国法律体系的内容及特征作适当的安排。

---

[1] 齐云：《对意大利〈消费法典〉的双重透视——以民法典与部门法典的关系为视角》，载《私法研究》2012年第2期。

三、我国消费者法法典化的困境

通过上述分析，可以得出如下结论：我国消费者法的法典化有极其深刻的意义与实现的必要性，就我国消费者法律规范体系现状、立法水平及经验、国家支持力度以及社会需求等各方面因素来看，我国消费者法法典化实施的前提性条件已经初步具备了，但是现实生活中仍存在一些阻碍消费者法法典化实现的因素，这也是一部分学者不赞同部门法法典化或对法典化持保留意见的原因。本书经梳理，对消费者法法典化实现的困境作以分析，并提出适宜的困境破解之路。

（一）理论深度及抽象化程度不够

1. 消费者法理论深度不够

"稳定的法典化需要一个基本的理论共识，那就是该法典化对基本法律概念、主体性法律制度、核心法权结构等问题有非常成熟的共同认知和一体遵循，并将其作为法典构造的基石"。[1]相较于民法、刑法等部门法的理论，"年轻的"消费者法部门的理论确实缺少一定的厚度以及历史的沉淀，而且承担着解决社会实践问题重担而诞生的中国消费者法，缺少了"消费者运动"与成熟的私法制度作为基础，其理论基础在该部门法诞生当时就存在一定的缺陷，而且后来对该法的实践需要似乎超过了对其理论探讨的重视，于是消费者法理论存在深度不够、发展不够成熟的问题。

经前述内容分析，中国消费者法的基础理论虽然尚未完全成熟，但研究成果已经较为丰硕，且在学界和实务界也已大致形成一致的看法。本书认为目前尚存的仍有争议的理论问题并不能成为阻碍中国消费法法典化实现的重要因素，原因如下。首先，消费者法基础理论目前的成熟程度已经能够成为消费法典构造的基石，且不同的法典化模式对于部门法理论的要求并不一致，本书提出的消费者法法典化的路径便是一种合乎我国消费者法理论现状的选择；其次，理论问题存在争议并不是仅在消费者法部门存在的现象，教育法、环境法部门也存在类似问题，就连理论极其深厚的民法部门也仍存在相当一部分有争议的理论问题，所以存在争议的理论问题本就是十分常见的，而不

---

[1] 党庶枫、郭武：《中国环境立法法典化的模式选择》，载《甘肃社会科学》2019年第1期。

第九章　我国消费者法法典化之价值功能与法典形式和体系建构研究

能仅以此就阻碍了部门法通过法典化的路径进行完善的步伐；最后，中国的消费者法以解决实践问题而诞生，在其发展过程中也一直承担着保护消费者合法权益的职责，中国消费者法的法典化在一定程度上也是为了进一步加强对我国消费者权益的保护，所以太过纠结于理论的成熟与完善并不是中国消费者法法典化应着重强调的问题，而且历史进程不可能回放，在理论方面本身就有着"先天不足"的中国消费法需要通过后天弥补的方式得以完善，而其中一种方式刚好就是"进行一种体系化与结构性建构"[1]。

2. 消费者法理论的抽象程度不够

"提取公因式"是19世纪中叶的潘德克吞法学使用的建构法律体系的方法，它标志着技术理性的胜利而且成为了法典编纂的主流方法。[2]该方法本质上要求部门法理论有着较高的抽象化程度，唯有这样才能在此基础上建立起支撑法典体系的核心概念，也才能构成法典的总则编内容，并进而能对法典的各分编内容进行合理的、科学的、符合逻辑的、体系性的安排。我国《民法典》的编纂就采用了"提取公因式"的方法，编纂《民法典》的第一步就是制定民法总则，而且从民法总则的内容来看，其构成了整个民法制度的基础，包括主体（自然人、法人、非法人组织）、权利、行为、责任等内容，抽象程度极高且核心概念明确。就消费者法理论的内容来看，其包括但不限于消费者的概念范畴，消费者保护的理念、原则，消费者的权利与社会性义务，经营者的义务，国家对消费者的保护，消费者组织的职责与定位，消费者权利的救济，侵害消费者权益的法律责任，等等。相较于有着丰厚历史底蕴的民法学理论来讲，消费者法理论的抽象化程度确实不是很高，无法形成诸如"自然人""法人""民事权利能力""民事行为能力""监护""代理""人格权""物权""债权"等一系列核心概念；消费者法部门的概念数量较少、抽象化程度较低、多以具体规范的内容存在，这就是消费者法的特征之一，这可能成为阻碍消费者法法典化实现的理论困境。

但是，法典化模式并不是一成不变的，不同的法典化模式对于部门法理论的抽象化程度的要求并不相同，国内多个法律部门也已经结合我国的立法

---

[1] 姚佳：《中国消费者法理论的再认识——以消费者运动与私法基础为观察重点》，载《政治与法律》2019年第4期。

[2] 陈金钊：《法典化语用及其意义》，载《政治与法律》2021年第11期。

及社会现状提出了"适度法典化"的概念,其一方面是指法典不必涵盖该法律部门的所有法律规范的内容,另一方面也是指在理论方面不必太过苛求。本书也赞同该种做法并找到了适合中国消费者法法典化的实现路径,具体内容将在本章的第四节进行详细、具体的论证。

(二)法典化的前期准备工作较多

1. 学界对消费法典的充分探讨必不可少

相较于其他法律部门对于法典化的研究,消费者法部门对此的研究成果较少,不同于其他学者提出的将消费者法作为民法特别法并纳入民法典的体系化方式,以部门法法典化的方式实现消费者法体系化的目标需要进行更多的前期准备工作。

一般情况下法典化目标的提出均发端于学界的讨论,正如《意大利消费法典》的实现过程,在将众多欧盟消费者指令转化为国内法的过程中,如何重整消费者权益保护领域累积的杂乱的法律规定引起了意大利法学界的激烈讨论,并且争议很大。意大利首先进行的尝试是将消费者指令纳入意大利民法典之中,但该做法一方面使得意大利民法典的体系被破坏,形成了"内部的解法典化",另一方面也使得消费者法丧失了其独立性,于是意大利法学界转而选择了以制定部门法典的方式系统化地容纳与消费者保护相关的法律规定,并因此引起了立法者的重视并得到了立法者的赞同,于是最终推动了《意大利消费法典》的实现。

我国环境法典虽然尚未出台,但也经历了类似的发展历程。早在2003年,第九届全国人大环境与资源保护委员会在其工作报告中便提出制定统一的环境法典的设想,环境法学界于当时也展开了对环境法法典化的研究,包括对编纂环境法典的必要性、意义、可行性、法典化模式、法典名称、法典化边界等进行了激烈的讨论。2017年全国政协委员吕忠梅向全国人大提交了"将环境法典编纂纳入十三届全国人大立法计划"的立法建议,并由此再次引起环境法学界对环境法实施法典化的讨论,并形成了"倡导派"与"保留派"两种观点。在此过程中,座谈会、研究会、专家论证会等形式的讨论会不计其数,也正是在学界的不断努力及推进下,环境法典的编纂工作被纳入了全国人大常委会2021年度立法工作计划,至此,我国环境法典呼之欲出。

与前述形成鲜明对比的是,学界对我国消费者法的法典化研究几乎是空

第九章　我国消费者法法典化之价值功能与法典形式和体系建构研究

白,以"消费法典"为关键词在知网进行搜索,截至 2022 年 5 月 28 日仅能得到 23 篇文献,而且其内容还不都是对我国消费法典相关问题的探讨。所以,在我国消费法典实现的过程中,学界对此问题的讨论与研究必不可少,这是我国消费者法实施法典化必须具备的前期准备工作,也是实现消费法典长路漫漫的原因之一。

2. 实务界的有力推动不可或缺

仅有学界的探讨并不足以促进消费法典的实现,实务界的努力推动更是不可或缺的重要因素,因为法典化作为一项立法活动,其须遵循严格的立法程序,主要来讲其程序包括提出法律案、审议、修改、汇报、表决、通过、公布等。其中还包括听取意见、回答询问、汇报说明,召开座谈会、论证会、听证会等方式听取各方意见,等等。由此可见,其程序十分烦琐及严格。

德国债法现代化改革便是在其联邦司法部部长的有力推动下得以完成的,其紧紧抓住欧盟消费指令转化为国内法的契机,推动了德国债法现代化改革的实现并结束了 20 多年德国债法改革的争论。此外,意大利法典编纂委员会对《意大利消费法典》的推动,法国最高法典编纂委员会对《法国消费法典》的推动等均足以说明实务界对法典编纂的积极促进将对于法典化的实现产生重大意义。

我国《民法典》的编纂之路也可以对此予以印证。虽然经历过 4 次民法典起草工作,但是均因时代背景或立法水平等因素而半路夭折,直至 2015 年全国人大常委会法律工作委员会再一次提出我国编纂民法典的规划并且明确提出"两步走"的编纂思路,我国《民法典》的编纂之路才正式"步入正轨"。此后,2017 年出台《民法总则》,2018 年审议各分编,2020 年审议、表决、通过、公布了《民法典》,至此,《民法典》顺利出台。体系宏大、内容众多的民法部门在实现法典化的过程中存在的困难肯定极多,但鉴于实务界的一次又一次推动,才走完了这长达 66 年的民法典编纂之路。

前述的环境法典编纂最终被纳入立法工作计划也少不了实务界人士的推动与促进。最初是全国人大环境与资源保护委员会作出了努力与尝试,其会同 35 个部门[1]组织编译了《世界环境法汇编》并于 2007 年出台了美国卷、

---

[1]　参与编译的国家部门主要包括最高人民法院、最高人民检察院业务部门、国家发改委、国家环境保护总局等。

澳大利亚卷,另外其多次召集专家、学者对中国环境立法问题进行讨论。2017年政协全国委员会社会和法制委员会驻会副主任吕忠梅向全国人大提交编纂环境法典的立法建议是又一次努力与促进;2020年《生态环境法典专家建议稿(草案)》亮相于"贯彻习近平法治思想 完善生态环境法律制度高层论坛";2021年4月全国人大常委会公布将研究启动环境法典编纂工作纳入2021年度立法工作计划;2021年12月《生态环境法典草案专家建议稿及说明》顺利出版;目前生态环境部正积极配合立法机关开展环境法典编纂的前期研究论证工作。

综合上述情况来看,只有学界和实务界的共同努力才能最终促进消费法典的编纂,而目前对消费法典的探讨在我国法学界还未引起足够的重视,更不用说得到实务界的有力推动了。但是鉴于前述对我国消费法典的必要性及可行性的分析,编纂消费法典这一问题若能被学界关注且进行充分的讨论,再加上有力的宣传进而推动实务界对该问题的关注,我国消费者法的法典化目标是有较大的实现可能性的。

(三)解法典化现象及信息化社会带来的冲击

1. 解法典化现象对法典编纂的冲击

在西方大陆法系国家,在法典出台后仍会制定大量的特别法对法典予以补充或作以解释,但这些特别法与原有的法典形成了竞合关系并冲击了法典的中心地位,被称为"解法典化"现象。"解法典化"命题由意大利法学家那塔利诺·伊尔蒂于1978年发表的《解法典的时代》一文中提出,从那之后,许多研究者便以民法典作为研究对象,对解法典化问题展开了深入的研究。之所以出现解法典化,原因之一便是法典体现出的规范的封闭性与极速发展的、愈来愈复杂的社会现实体现出的开放性之间的矛盾。解法典化承认了法典存在缺陷,如法律语言的模糊性、法律的滞后性、立法者认知的有限性、法典的僵化性等,其中法典的僵化性成为法典化实施的一大困境。但其实任何法典都具有僵化的弊端,这是因为法典追求的是规范的稳定性从而树立法的权威,法律规范不能频繁发生变化,但是法律规范所依存的社会环境正处于急剧变化之中,而且算法时代下商业模式与消费模式的专业性、复杂性逐渐提升,然而由于法律的滞后性以及立法者认知的有限性等因素,导致

第九章 我国消费者法法典化之价值功能与法典形式和体系建构研究

"法律稳定性的优点在彼时无法得到发挥甚至会与现实需求相抵牾"[1]。解法典化冲击了法典的中心地位,甚至在一定程度上成为反法典化支持者的有力论据,进而也成为法典化实施的困境之一。目前的中国正处于法典化与解法典化的交织时代。

消费者法的法典化同样面临着解法典化现象。马克思曾言,社会不是以法律为基础的。那是法学家们的幻想。相反地,法律应该以社会为基础。[2]立法者在编纂法典时并不是在创造法律,而只是在社会中发现及表述法律,经济法部门更是如此。经济基础决定上层建筑,作为经济法子部门的消费者法同样对经济有着较强的敏感度,并且要解决快速的经济发展给消费者权益保护带来的各项难题。在现代消费型社会中,社会主义市场经济的极速发展带来了各种新颖的商业模式和消费模式,在令人眼花缭乱的选择之中,消费者一不小心便会踏入经营者精心布置好的"陷阱"之中,因此以法律规范的形式给经营者设置最低的行为准则,从而保障消费者的各项合法权益的实现是消费者法的立法目的。目前在中国消费者权益保护法律体系之中,大多数法律规范以消费者保护单行法的形式存在。在法典化之前,它可能成为法典化实施难度大、成本高的重要原因;在法典化之后,它将可能成为消费者法解法典化的潜在风险。

但是,解法典化并不能成为对部门法法典化追求的阻碍因素或决定因素,原因如下。首先,解法典化之后已经出现了再法典化思潮,这说明了解法典化现象出现后,并非出现了完全的、绝对的反对法典化,相反法典化仍是部分成文法国家孜孜不倦追求的目标,因为法典具有的统一化功能、规范精简功能等对于法律本身以及法律所调整的社会关系来说均有益;其次,虽然立法者认知的有限性无法避免,但是立法者的立法技术或法典编纂技术的不断提高以及多年来立法经验的累积,已经能够在很大程度上克服法典的僵化性弊端;最后,本书提出的消费者法法典化路径借鉴了《意大利消费法典》和《法国消费法典》,并综合考虑了我国国情以及消费者法现状,该种法典化模

---

[1] 廖呈钱:《宪法基本国策条款如何进入税法"总则"——规制时代税收法典化的困境及其破解》,载《法学家》2022年第1期。

[2] 中共中央马克思恩格斯列宁斯大林著作编译局编译:《马克思恩格斯全集(第6卷)》,人民出版社2016年版,第291~292页。

式能够在一定程度上解决法典的僵化性弊端与现实的开放性之间的矛盾。

2. 信息化社会出现"法典终结"观点

如今，我们都处于信息化社会中，不同于以前翻找某一法律规范需要从众多纸质法条中进行查询的做法，互联网技术以及电脑和智能手机的广泛应用使得查找法律规范的成本大大缩减，再加上众多法律文献检索网站的出现，给权利人、义务人、执法者、司法者等查找法律规范提供了极大的便利。再加上我国《民法典》的出台使得一部分人认为法典其实就是一种法律汇编，而在当前社会中，法律汇编已无很大的必要性，因为通过网络查找法律规范的便捷性已经大大提高。但是需要强调的是：首先，法典化并不是一种法律汇编，前者是一项立法活动，需要对现行法律规范作以梳理和整合，对其中相互矛盾的和重合的地方进行统一，也需要对法律空白予以弥补，以及对不适合现状的法律规范作修订，所以"法典不仅仅是对法律实然状态的一种汇总，也始终指向现行法的体系现代化和持续发展"[1]；而后者仅是一种对现行法律规范的汇总，它是一种立法辅助性活动而不是立法活动，一般不会对现行法律规范内容作改变。其次，法典化的意义并不仅仅是让查找法律变得容易，其更大的意义在于对部门法进行一种体系化的梳理，这种梳理不仅使得该部门法各法律规范之间的逻辑性增强，而且也能够为司法者或执法者提供明确的、统一的判案与执法依据，以及在一定程度上促进这个学科的进步。最后，信息化社会只是让查找法律的途径从纸质变为计算机或手机，但是它改变不了法律的碎片化带来的问题，如在寻找和确定法律时，仍需要对各个层级的法律规范，以及对某一问题进行具体规定的特别法与一般法、先法与后法等均进行碎片化的查找并作以是否适用的判断，这也是一项耗时的研究活动，而且对于非专业人员来说难度依旧不小。在肯定信息化社会为我们的生活、工作带来了极大便利的同时，也应该看到它使得一部分人忽略了法典化思维。但是要知道法律本身就有着体系化的特征，各法律部门之间，一个法律部门的各法律规范之间，一部法律规范的各条文之间都是相互联系的，而不是相互孤立的，所以想要实现整体提高我国立法质量的目标，在信息化时代下，进行法典化也是有其必要性的。

---

[1] [德]沃尔夫冈·卡尔：《法典化理念与特别法发展之间的行政程序法》，马立群译，载《南大法学》2021年第2期。

第九章　我国消费者法法典化之价值功能与法典形式和体系建构研究

对于上述困境的破解除了加强理论研究、加大宣传力度，让大家对于法典化产生正确的认识之外，还在于为我国消费者法的法典化选择一条合适的路径，对此，可以借鉴我国环境法、税法、行政法等领域的学者在部门法法典化研究过程中提出的"适度法典化"原则，并结合汇编型法典编纂模式，将我国消费法典的边界予以清晰化，科学、合理地编排法典内容。

四、我国消费者法法典化的形式与体系建构建议

从法典观念的考量出发，我国消费者法法典化应该综合考量哪些因素，在哪种法典观念的指导下找到我国消费法典应该选择的编纂路径，即法典形式与法典结构，是法典化展望分析的核心与关键之处。

（一）法典观念之考量

在开始讨论我国消费者法法典化的路径选择以及具体编纂规划之前，首先需要对我国消费者法法典化应采纳的法典观念予以明确。因为在不同的法典观念的指导下，法典编纂的意义、目的、路径选择、具体内容安排都会有所不同，故探讨我国消费法典应具有的法典观念是一项十分重要且必要的前提工作。本文在此借鉴发端于罗马法并在大陆法系一直延续的法典观念，然后结合我国的国情并借鉴域外消费法典的编纂经验，分析得出我国消费法典编纂理念的适宜选择。

对制定法的书面汇编是从罗马开始的，长久以来罗马积攒了丰富的法典编纂经验，且从优士丁尼皇帝开始展现出了两种法典编纂思路并因而催生了不同的法典观念，其产生过程大致如下。第一步法典编纂活动是整理、汇编到那个时代为止仍然有效的所有的皇帝的敕令，这一计划于公元529年完成并形成了内容综合[1]、汇编式的《优士丁尼法典》。第二步法典编纂工作是汇编、整理、归纳古典时代的法学家著作中仍有用的部分，并于公元533年形成了每部分之间并没有严格的逻辑关系、体系化程度非常有限的《学说汇纂》。第三步法典编纂工作由三人委员会[2]负责，《法学阶梯》是该阶段法

---

[1]《优士丁尼法典》内容涵盖了宗教法、官职法、诉讼法、私法、刑法、行政法、军事法等多个领域。

[2] 三人委员会：东罗马帝国高级官员、法学家特里波尼安担任监督者，另外两人分别是来自康斯坦丁诺波里的特奥菲罗与来自贝鲁特的多罗特奥法学教授。

典编纂的成果。该部著作以优士丁尼皇帝第一人称的口吻来展开内容，因此被认为是皇帝口授律法，虽然其篇幅极短，但是仍沿用了盖尤斯创立的"人—物—诉讼"的宏观结构模式，且各部分均遵循着严格的逻辑顺序，表现为"从一般到具体，由总到分的演绎式的、分析式的结构"[1]。

上述三个法律文本反映出了两种不同的法典观念。第一种是《优士丁尼法典》和《学说汇纂》所表现出来的法典观念，其主要目的是收集和整理现行有效的法律渊源，消除现行法之中可能存在的矛盾和冲突之处，以追求法律文本的确定性和唯一性。[2]第二种是《法学阶梯》所呈现出来的法典观念，其高度强调法律规范的可接近性以及严密的、逻辑性的体系化构造，它追求的是法典所能够发挥的教化与认知功能。[3]第一种法典观念指引下的法典编纂是汇编型的，其主要解决服务于法律实践的法律形式渊源问题，并为法律实施者提供"法律在哪里"的答案；第二种法典观念指引下的法典编纂革新程度较高，要求每一部分之间具有严密的逻辑顺序，其旨在于为学习法律者提供一部教材，其目标是解答"法律是什么"这一问题[4]。

（二）法典形式之考量

1. 汇编型法典编纂或革新型法典编纂之选择

我国消费者法实施法典化是应该更多地对现行的消费者权益保护法律体系进行革新和突破，因此开展一场更多体现创新性、原创性、逻辑性的法典编纂活动，还是应该贯彻汇编性和重述性原则，从而在较大程度上对现行消费者权益保护法律体系内容予以维持，对此问题的解答便是对我国消费法典应贯彻的法典观念的确定。对此需要综合考虑我国消费者法的现状、我国消费法典应该追求的目标以及域外消费法典的经验参考等因素。

（1）我国消费者法的现状

因为前述已经对我国消费者保护法律规范内容体系有了大致的列举，所以在此就不赘述了，此处是从体系的宏观框架上来考量我国消费者法的现状。目前，虽然学界对于消费者权益保护法律体系的结构安排存在不同的看法，

---

[1] 薛军：《中国民法典编纂：观念、愿景与思路》，载《中国法学》2015年第4期。
[2] 薛军：《中国民法典编纂：观念、愿景与思路》，载《中国法学》2015年第4期。
[3] 薛军：《中国民法典编纂：观念、愿景与思路》，载《中国法学》2015年第4期。
[4] 薛军：《中国民法典编纂：观念、愿景与思路》，载《中国法学》2015年第4期。

第九章　我国消费者法法典化之价值功能与法典形式和体系建构研究

但是业已形成大概一致的认识，主要表现如下。

第一种，从消费者问题的全面处理角度来看，中国消费者权益保护法律体系应包括：确保消费安全的法律规范、确保公平自由竞争的法律规范、确保消费资讯真实的法律规范、确保公平合理的交易关系的法律规范、减少环境污染的法律规范、确保价格公正合理的法律规范、确保公平的信贷权和破产资格的法律规范。[1]

第二种，消费者保护法律规范内容体系包括保护消费者的基本法，关于消费者安全的法律规范，关于维护消费交易公平的法律规范，关于商品、服务质量保障的法律规范，关于商品、服务标识管理方面的法律规范、关于消费者权利保护与救济方面的法律规范。[2]

第三种，以消费者权益的概念分析为基点，在消费者与经营者双方关系的框架内探讨消费者权益的私法保护，然后超越消费者与经营者关系的框架探讨消费者权益的公法保护。[3]

从上述内容来看，消费者权益保护法律体系的主要内容以及框架结构在学界已经几乎达成一致的意见，但该体系内容庞杂且分散、横跨多个法律部门、法律规范层级较多等问题已经产生了"法的渊源的危机"，目前对该体系中的法律规范予以汇总、整理并解决"法律在哪里"的问题更为紧迫。

另外，就消费者保护法基础理论的研究现状来看，虽然理论研究成果已经较为丰硕且已经在学界大致形成一致的看法，但是与消费者保护实践相比，其仍有一定的滞后性。再加上消费者法基础理论的抽象程度不高，因此与消费者法部门更相契合的是第一种法典观念指导下的汇编型法典编纂模式，因为其对于概念的抽象程度、部门法理论的研究深度的要求较革新型法典更低。

（2）我国消费法典应追求的目标

我国的消费法典是应该追求实用性更强的目标，以求发挥对执法人员依法行政、法官判案标准统一、给权利人及义务人明确指引的作用，还是应该严格追求严密的逻辑化、内容的完备性的目标，这应与我国消费者法、消费者保护、立法水平、立法队伍的现状等因素相关。

---

[1] 孙颖：《消费者保护法律体系研究》，中国政法大学出版社 2007 年版，第 40~41 页。
[2] 李昌麒、许明月编著：《消费者保护法》，法律出版社 2014 年版，第 62~63 页。
[3] 钟瑞华：《消费者权益及其保护新论》，中国社会科学出版社 2018 年版，第 2~3 页。

就我国消费者法产生的原因与目的以及所处的社会背景来说，其是一个更偏向实践性的法律部门。关于消费者法的立法目的，虽然我国消费者保护法的起步晚于美国、法国、日本等国家，发展历程也与其他国家有所区别，但相同的是我国当时也是为了急于解决层出不穷的侵害消费者权益问题而诞生出了消费者法。关于消费者法所处的社会背景，其他国家大致经历了垄断资本主义、"守夜人"国家、消费者运动到国家适度干预的转变，而我国是经历了计划经济时代，不发达、不健全的社会主义商品经济市场，假冒伪劣商品的泛滥到如今要求市场在资源配置中发挥决定性作用、政府更好地发挥作用的社会主义市场经济。因此，我国消费者法自诞生以来承担了更多的实践价值。

就我国消费者保护现状来讲，虽然立法层面已经有越来越多的法律规范可予以援引，但是从实际情况来看，消费者法并没有建立起足够的保护屏障，实践中依旧存在着消费者维权难、产品瑕疵多、食品质量差、经营者"跑路"等问题，此外网购新模式给消费者权益保护也带来了更多的难题。因此，与探讨消费者保护的理论问题比较起来，目前探讨实践性制度保护措施的建构更为紧要。

就我国的立法水平来讲，中央和地方参差不齐，不同部门法领域也有所差别，总体来说仍有进步空间。就立法队伍来讲，深耕于消费者法领域的学者、律师、专家，甚至包括该领域政府部门的相关人员数量并没有达到饱和的状态。在此现状下，如果进行革新型法典编纂将会有太大难度，而且实施的效果可能也会不尽如人意。

2. 域外消费法典的编纂形式

就世界范围来看，目前制定消费法典的只有法国和意大利，这两个同处于欧洲的大陆法系国家，虽然对于消费法典的编纂形式并不完全一致，但是从本质上来讲，《意大利消费法典》和《法国消费法典》均是将关于消费者保护有关的法律法规整理、归纳于一处所形成的法律文本，故其均属于汇编型法典编纂的成果。[1]若我国启动编纂消费法典的立法计划，则必将会借鉴他国的消费法典编纂经验，因此，选择汇编型法典编纂也是不乏域外的参考

---

[1] 薛军：《中国民法典编纂：观念、愿景与思路》，载《中国法学》2015年第4期。

第九章 我国消费者法法典化之价值功能与法典形式和体系建构研究

经验的。

综上所述,通过对上述现实因素的综合考量,汇编型法典编纂是更加适合我国消费法典的编纂模式,其可以为消费者保护的实践活动提供更加明确的指引,从而印证"法典是法律实用者所创建的实用性作品"[1]。

另外需要重点说明的是,汇编型法典编纂虽然相较于革新型法典编纂是形式性的法典编纂活动,创新性没有那么强,但是其并非没有任何的创新性,因为就创立一个法典本身来讲,就不仅仅是一项汇总与整合的工作,更是一种具有创新性的立法活动;其次,汇编型法典编纂也并不会抛弃对于法律体系化的追求,因为在整理现行法律规定的同时,消除法律规范之间的矛盾、弥补法律的空白以及对法律予以修订必将会对目前的消费者权益保护法律体系起到整合与统一的作用,这也是法典本身所能满足的系统的连贯性的体现;再者,汇编型法典编纂过程中同样可以追求增强各部分之间的逻辑性的目标,《意大利消费法典》便是对此很好的说明;最后,汇编型法典编纂是区别于法律汇编的,前者不论在形式上还是在实质上都是新的立法,而后者仅是立法的辅助性活动[2]。笔者相信随着我国消费者权益保护的立法、司法、执法水平的不断提高,在未来的某个时刻我国可能将会进行该领域的革新型法典编纂,或者说革新型法典编纂是消费者法法典化的最终目标,但本书在此仅探讨的是近阶段或者说是初始的消费者法法典化的目标与路径选择。

(三) 我国消费法典体系建构建议

1. 我国消费法典体系建构的边界

法典编纂需要有相对清晰的范围界定,才能在此基础上形成有逻辑性、连贯性的体系和相对协调的内外部关系。鉴于狭义的消费者保护法仅指消费者保护基本法,所以其不足以涵盖消费者权益保护法律体系的大部分内容;因此本书以广义的消费者保护法为参考范围,并结合对域外消费法典内容的借鉴以及我国法律部门之间的关系等来探讨消费者法体系中哪些法律规范宜纳入消费法典,哪些法律规范宜继续保留在法典外,这便是消费者法法典化

---

[1] 彭峰:《法典化的迷思——法国环境法之考察》,上海社会科学院出版社2010年版,第32页。

[2] 彭峰:《法典化的迷思——法国环境法之考察》,上海社会科学院出版社2010年版,第22页。

的边界问题，也是构建消费法典的重要内容。

大致来讲，对于没有实质性创新而仅仅是对传统法律规范进行重复性扩展的规范制度[1]，其本质上仍属于传统类型的法律规范，所以将其纳入传统部门法中更具合理性，如格式条款虽然在《消费者权益保护法》第 26 条中予以了强调，但是《民法典》第 496 条至第 498 条也已对此内容进行了具体的规范，所以格式条款在消费者权益保护法律体系中并无实质性创新也不宜被纳入消费法典。然而，对于为了切实满足消费者权益保护之目的而进行了实质性改造的法律规范[2]，尽管其形式和基本框架仍采用传统法律规范的模式，但其内在逻辑已经充分属于消费者法，因此应纳入消费法典，如因经营者欺诈、食品安全、产品缺陷等引发的惩罚性赔偿责任，虽然是侵权责任的类型之一，但是其完全契合于消费者权益保护目的，而且已经对一般的损失填补法律责任予以了突破。

具体来讲，消费者法法典化的边界问题需要深入考虑我国消费者法与其他部门法的关系，因为这本身就是一个极其复杂的问题，关涉一个国家整个法律体系的协调，而本书笔者的研究能力和思考深度有限，在此抛砖引玉并作出以下讨论。

(1) 以民法对合同与侵权责任的规定为基础在消费法典中作出特殊规定

在《消费者权益保护法》出台之前，我国司法实践中均以《民法通则》为依据处理消费者与经营者之间的争议，嗣后，《消费者权益保护法》以《民法通则》作为重要的立法依据而出台。所以，鉴于两者的紧密联系，如何处理好消费法典与《民法典》的关系将是对消费者法法典化的边界予以讨论的重点内容。

我国《民法典》第 128 条规定，对消费者的民事权利保护有特别规定的，依照其规定。这是一个授权条款，其部分实现了《民法典》的价值引导功能，也给消费者法与《民法典》的相互衔接提供了法律依据。但是从消费者法的诞生开始，学界就一直对其属性有争议，其中不乏部分学者认为消费者法系

---

[1] 刘长兴：《论环境法法典化的边界》，载《甘肃社会科学》2020 年第 1 期。

[2] 彭峰：《法典化的迷思——法国环境法之考察》，上海社会科学院出版社 2010 年版，第 22 页。

第九章　我国消费者法法典化之价值功能与法典形式和体系建构研究

民法的特别规范或"政策性特别民法"[1]，并建议将其纳入民法典。这种做法在域外也有出现，如在德国债法现代化改革之后，在《意大利消费法典》产生之前，它们均将与消费者保护相关的法律规范纳入各国的民法典中，但是最终德国确实这么做了，而意大利则选择了构建独立的消费法典。德国通过债法现代化改革将消费者权益保护法律规范纳入民法典，在民法典总则部分对消费者和经营者明确定义，在债法总则部分规定了一般交易条款和特殊交易形态以及消费者的撤回权和退货权，在债法分则部分对消费品买卖、信贷合同及居间合同进行了规定。[2]但是，截至目前德国的此种做法已经受到了诸多批评，如有学者认为"在定义的精确性，体系化程度，整合的全面性，形式美感、语言风格，特别是《德国民法典》既有内容与消费者法的协调性等方面存在诸多缺陷和法律适用复杂化的问题"[3]。本书赞同不将消费者法纳入民法典，而是构建一个单独的消费法典的做法。因为两者的体系没有办法做到很好的融合，如果硬将消费者法塞进民法中去，将不仅会破坏民法典的体系完整性，也会让消费者法体系丧失其独立性，而且将仅适用于消费者与经营者之间的交易规则纳入作为普遍适用规则的民法典是存在较大的技术障碍的。进一步讲，消费者法既然是经济法的子部门，所以将消费法典纳入经济法法典化实现的前提准备之一才更具合理性。如果说民法典创造了一个平等的法，那么消费法典将会创造一个"不平等"的法（对经营者严格要求，同时保护消费者），所以构建消费法典的意义重大，它将在我国《民法典》之外，在经济法体系之中，成为一部具有代表性的法典。

消费者因为购买、使用商品或接受服务而与经营者之间发生的法律关系，主要就是合同关系以及因受到人身、财产损害而形成的损害赔偿关系，两者经常产生竞合，但有时又相互独立，且均可以纳入民法制度的调整范围。鉴于消费法律关系主要是合同关系与侵权关系，因此以《民法典》对合同与侵权责任的规定为基础，在不违反《民法典》的前提下，可以在消费法典中对于消费合同以及因经营者欺诈、食品安全、产品缺陷等引发的惩罚性赔偿责任等内容作特殊或者补充规定。

---

[1]　谢鸿飞：《民法典与特别民法关系的建构》，载《中国社会科学》2013年第2期。
[2]　王天雁：《民法典编纂中消费者私法的体系化与法典化》，载《私法研究》2018年第1期。
[3]　王天雁：《民法典编纂中消费者私法的体系化与法典化》，载《私法研究》2018年第1期。

（2）将刑法中与消费者权益保护有关的行政犯纳入消费法典

刑法在一国的法律体系中具有谦抑性，一般只对严重危害社会秩序、经济秩序、侵犯他人权利等行为进行规定并施以刑罚，在消费者权益保护方面也是如此。虽然长久以来刑法对于消费者保护问题的关注度小于民法、经济法、行政法，但这并不能说明刑法作为保护消费者的手段不重要，相反，其非常重要，因为它可以弥补民事救济与行政保护的不足之处，对于严重侵害消费者权益的行为人处以刑罚，将会给市场中的不法经营者带来较大的威慑作用，遭受财产刑、自由刑、资格刑等刑事处罚将不仅会给不法经营者带来金钱的损失，也会带来商誉的减损，而后者对于市场经济中的经营者的威慑作用是不容小觑的。

有学者认为我国统一刑法典立法模式不仅无法及时对消费者保护中出现的新问题、新情况作出回应，更不能有效地发挥刑法在消费者保护中的应有作用，而且还会在一定程度上肢解刑法典。[1]其原因在于对于"行政犯"来说，其客观要件可能规定在经济法或行政法中，但其法定刑是在《刑法》中，如生产、销售、提供劣药罪中对何为"劣药"的判断需要查找《药品管理法》方能得知，再如妨害药品管理罪也需要通过查找我国的药品管理法规才能对此罪的构成要件有充分的了解。所以有学者建议我们可以借鉴法国、德国的做法，采用结合型立法模式，即不仅在刑法典中规定一般性的侵犯消费者权益的犯罪行为及其罚则，在其他保护消费者的法律中，如《广告法》《反不正当竞争法》《反垄断法》等，也具体地规定犯罪构成要件及相应的刑罚，这将会加强刑法典适用的有效性。[2]将刑法中的行政犯纳入消费法典中有可行性与合理性，原因如下：首先，此做法不违反罪刑法定原则。我国《刑法》（2020年修正）第3条规定的罪刑法定原则中的"法律"当然也包括《刑法》之外的法律，所以如果在我国的消费法典中明文规定某些犯罪行为及其处罚也不违反罪刑法定原则。其次，在消费法典中对严重侵害消费者权益的行为及刑罚作以规定，而非简单地规定"构成犯罪的，依法追究刑事责任"，这既维护了刑法典的中心地位，也便利了消费法典的实施。

---

[1] 张明楷：《刑法修正案与刑法法典化》，载《政法论坛》2021年第4期。
[2] 孙颖：《消费者保护法律体系研究》，中国政法大学出版社2007年版，第206~207页。

(3) 将实施消费者法的行政机关以及行政措施在消费法典中予以明确

行政法与消费者权益保护的关系较为密切，因为许多保护消费者利益的措施会以经济行政措施的形式出现，因此消费者法与行政法也存在着一些交叉关系。一方面必须承认以行政手段对消费者权益进行保护相较于诉讼手段更加高效、便利，但另一方面也要说明的是消费者法中的行政性规范大多是传统行政法中不具备的，因为截至目前《行政许可法》《行政强制法》《行政处罚法》等并不包括行政机关对国民经济的组织领导活动，而明显体现出国家对经济生活干预的是经济法。鉴于消费者法的实施在多数情形下依赖于行政机关依据法律，通过行政处罚、行政许可（如食品生产经营许可、药品经营许可）等手段进行，因此该内容属于消费者法的法律体系的重要组成部分，可以将其纳入消费法典并对行政机关可以实施的行政措施、各部门的职责划分等作出较为明确的规定，从而提高行政执法的效率以及明确行政执法的依据。

(4) 区别消费者法与经济法其他子部门法并有选择地纳入消费法典

消费者法是经济法的子部门法，所以经济法的基本原则与理论都适用于消费者法。在经济法体系中，不少其他子部门法也都与消费者权益保护有密切的关系，如《反不正当竞争法》《反垄断法》《价格法》等，以及在金融消费者概念逐渐被建立起来的同时，金融监管法律制度在一定程度上也可以被归属于广义的消费者权益保护法律体系的构成部分，再加上中国银行保险监督管理委员会消费者权益保护局以及中国证券监督管理委员会投资者保护局的成立，《国务院办公厅关于加强金融消费者权益保护工作的指导意见》和《银保监会关于银行保险机构加强消费者权益保护工作体制机制建设的指导意见》等规定的出台，进一步落实了消费者权益保护的主体责任，建立健全了消费者权益保护工作体制机制。但是，既然作为不同的经济法子部门法，它们与消费者法还是有区别的，如立法目的存在区别[1]，虽然其用语极其类似，但是仔细研究会发现不同法律将"维护消费者利益"这一立法目的放置在了不同的顺序，也因此代表着该目的在不同子部门法中的不同重要性排序；再如它们调整的法律关系并不相同，《消费者权益保护法》调整的是消费

---

〔1〕 分别规定于《消费者权益保护法》（2013 修正）第 1 条、《反不正当竞争法》（2019 修正）第 1 条、《价格法》第 1 条。

者与经营者之间的消费法律关系，《反不正当竞争法》调整的是经营者与经营者之间、政府及其所属部门与经营者之间的公平竞争与秩序管理法律关系，《反垄断法》调整的是国家在管理垄断和禁止限制竞争活动中各方主体间的法律关系，等等。基于上述这些不同点的存在，在建构消费法典具体内容的时候需要将消费者法与其他经济法子部门法律规范区别开来，将可以纳入竞争法、金融法、财税法、宏观调控法的具体法律规范排除在消费法典之外。具体来讲，经济法部门中涉及规范产品质量、食品安全、广告行为、标签（或标识）、价格、电子商务、消费者个人信息保护的法律制度是经营者行为中与消费者权益保护紧密相关的，所以可以纳入消费法典予以规制；而对于规范竞争关系、财政关系、政府宏观调控行为、金融监管关系、资金融通关系等的法律制度虽然其中不乏与消费者权益保护相关的内容，但是就具体的法律规范来说不宜纳入消费法典，但或许可以在消费法典中作出相关宣示性规定，同时以引致条款作好消费法典与其他法律渊源的协调。

（5）完善消费纠纷解决机制并将特殊性规定纳入消费法典

消费者权益保护法律体系中还包括程序法的内容，它是使实体法对当事人赋予的权利及设定的义务得以主张和执行的全部法律机制，不仅包括诉讼法，还包括仲裁法、调解法等法律规范。[1]解决消费者与经营者之间的纠纷是消费者权益保护的重要内容，因此程序法在该法律体系中也发挥着重要的作用。与其他纠纷相比，消费纠纷具有自己的独特性，如提出纠纷解决的主动权一般在消费者，该纠纷双方当事人经济实力、知识、信息等方面明显不平等。但是目前来看，我国程序法上并没有建立起与消费纠纷相匹配的纠纷解决机制。虽然《消费者权益保护法》第 39 条规定了多元化的纠纷解决途径，但是在实践中上述措施并没有真正发挥起充分保护消费者权益的作用，目前消费者维权难的问题依旧存在，再加上网络购物的极速发展，多种因素使得真正应该受到帮助的消费者无法及时得到来自行政部门、司法部门、仲裁机构的救济。而且从当前社会现象反映出的消费者的自力救济来看，其方式有时往往较为极端，容易给社会带来不安定因素，如 2019 年西安奔驰女车主为了维权而坐在停放于 4S 店的车辆的引擎盖上；2021 年郑州特斯拉车主为

---

[1] 孙颖：《消费者保护法律体系研究》，中国政法大学出版社 2007 年版，第 158 页。

第九章 我国消费者法法典化之价值功能与法典形式和体系建构研究

了维权在上海车展上站立于特斯拉车顶。所以,我们不仅要注重在实体法上赋予消费者更多的权利,在程序法上也要注重给消费者维权带来更多的可操作性,只有这样才能全面地、切实地保护消费者。此问题可以在消费法典中予以落实。消费法典可以对我国消费者协会在帮助消费者维权方面享有的权利与应该履行的职责作出更加明确的规定,并对消费公益诉讼、特别代表人诉讼(集体诉讼)等适用于消费纠纷解决的特别规定予以细化并纳入消费法典,而且也可以针对网络消费的快速发展构建ODR解决方式,至于其他的一般规定可以在消费法典中指引至其他法律渊源。

(6)国际公约的内容可转化为国内法在消费法典中予以体现,而涉及涉外消费争议解决的相关规定不宜纳入消费法典

随着"一带一路"的发展以及人类命运共同体的构建,跨境电子商务的蓬勃发展促使我们不得不重视起国际公约、多边协定、双边条约等国际条约或国际惯例的适用以及涉外消费争议的解决。

从国际公约来看,联合国《保护消费者准则》是国际消费者保护立法统一化进程中的里程碑性文件,虽然其并不具有直接的法律约束力,但是其在一定程度上代表了国际社会的大多数意愿,而且具有道义力量,也代表了国际社会保护消费者权益的一个标准,这对于我国消费法典内容的编撰也具有重要的参考意义。此外,我国也于1985年加入《麻醉品单一公约》和《精神药物公约》,2004年加入《关于在国际贸易中对某些危险化学品和农药采用事先知情同意程序的鹿特丹公约》和《关于持久性有机污染物的斯德哥尔摩公约》,等等。虽然我国《民法典》并未明确规定民商事国际条约和国际惯例在我国的适用规则,但是全国人大常委会在批准条约时可以明确其适用规则或者由最高人民法院作出指示,当事人在订立合同时也可以直接在合同中明确约定适用的国际条约或国际惯例[1]。另外,我国《涉外民事关系法律适用法》第42条规定了因消费者合同引发的争议的法律适用规则,即一般情形下适用消费者经常居所地法律,特殊情形下如消费者选择适用或经营者在消费者经常居所地没有从事相关经营活动的,适用商品、服务提供地法律。

在全球化日益发展成熟的今天,对于国际条约、国际公约的重视,将成

---

[1] 车丕照:《〈民法典〉颁行后国际条约与惯例在我国的适用》,载《中国应用法学》2020年第6期。

为我国未来建构消费法典不可缺少的内容。我国涉外消费者权益保护法律体系除了需要考虑一般的消费者合同、产品责任等内容，还需要对涉外消费争议的管辖权、法律适用、诉讼与仲裁、司法协助等予以关注。[1]有关消费争议新的立法磋商领域是电子商务跨境纠纷解决机制，2016年12月联合国通过的《贸易法委员会关于网上争议解决的技术指引》专注于ODR领域，旨在建立相关的国际程序规则。它确立了网上解决的原则，建立了统一的程序规则（网上解决程序的启动、谈判、协助下调解、最后阶段），提出了平台建设的标准，设立了中立人机制，这一系列的尝试对各国构建网上解决机制很有借鉴意义。我国在构建消费法典的具体内容时，可以将国际条约、国际公约中与消费者保护相关的内容转化并纳入；而涉及管辖权、法律适用、诉讼与仲裁、司法协助等内容的，因其已分别在我国《民事诉讼法》《涉外民事关系法律适用法》等法律中作以规定，所以即便针对消费者权益保护有特殊规定的，也应在民事诉讼法部门、国际私法部门中予以明确，消费法典不宜纳入前述内容。

（7）将单行法中具有普遍适用价值的规范纳入消费法典中

消费者权益保护法律体系中存在着数量众多的单行法，其中不少是问题对策型立法观念的产物，如为加强监管电视购物市场而颁布的《广播电视广告播出管理办法》，为规范蓬勃发展的社交电商、直播带货而出台的《网络交易监督管理办法》，等等。消费者权益保护单行法和相关法律规范既具有独立的价值，也是对目前的消费者权益保护基本法、未来的消费法典的必要补充，我国《民法典》在这一点也提供了类似的经验借鉴。如，我国《民法典》未将知识产权保护相关的法律规范纳入，而只是在总则、物权、合同、人格权、婚姻家庭、继承、侵权责任及附则编零星地规定了知识产权保护的内容，因此《著作权法》《商标法》《专利法》就成为了《民法典》之外的单行法；另外，与我国《民法典》同步生效的就有7个司法解释[2]，从而起到对《民

---

[1] 刘益灯：《国际消费者保护法律制度研究》，中国方正出版社2005年版，第465~473页。

[2] 与我国《民法典》同步生效的7个司法解释分别是：《最高人民法院关于适用〈中华人民共和国民法典〉婚姻家庭编的解释（一）》《最高人民法院关于适用〈中华人民共和国民法典〉时间效力的若干规定》《最高人民法院关于适用〈中华人民共和国民法典〉继承编的解释（一）》《最高人民法院关于适用〈中华人民共和国民法典〉物权编的解释（一）》《最高人民法院关于审理建设工程施工合同纠纷案件适用法律问题的解释（一）》《最高人民法院关于审理劳动争议案件适用法律问题的解释（一）》《最高人民法院关于适用〈中华人民共和国民法典〉有关担保制度的解释》。

第九章　我国消费者法法典化之价值功能与法典形式和体系建构研究

法典》的补充和解释作用。我国消费者权益保护单行法包括但不限于《广告法》《产品质量法》《食品安全法》《旅游法》等，较低层级的法律规范如《最高人民检察院关于认真执行〈中华人民共和国广告法〉的通知》《国家质量监督检验检疫总局关于实施〈中华人民共和国产品质量法〉若干问题的意见》《食品安全法实施条例》《缺陷汽车产品召回管理条例》，等等。对于这些数量庞大、碎片化特征明显的消费者权益保护单行法律规范，有些随着经济的发展将逐渐失去适用的价值，所以此类单行法中与消费者权益保护已经不相适宜的法律规范就不宜纳入消费法典而成为普遍适用的规则；相反，那些经过司法实践检验的、趋于成熟的，或具有前瞻性的单行法规范就应被纳入消费法典，这样一来，一方面可以维持法典的稳定性而不至于频繁修改法典，另一方面以单行法的存在及时地作以补充以缓解法典的僵化性与滞后性。此外，对于此类单行法中存在的与消费者权益保护无关的法律规范可以仍保留在单行法中，从而防止法典过于臃肿。

综上，关于具体的法律规范是否应纳入以及如何纳入我国的消费法典还需要更明确的体系化、综合性、专业性的考量，还需要更加专业的立法人员与学者、专家在法典编纂的过程中通过实质筛选而确定消费法典的清晰边界。如果我国未来真的要在消费者法领域开展法典化工作，那么该领域的专家、学者等必将会对此问题予以更加具体和专业的考量，在此笔者只是提出较为宏观和抽象的构想。

2. 对成文法总分结构的承继

我国法律文本经常采用的结构就是总分结构，如《消费者权益保护法》《民法典》《刑法》《民事诉讼法》等，该种结构具有体系清晰、层次分明的优点，所以我国消费法典也可以承继总分结构的模式。对其总则编与分则编的内容，本书进行以下构想。

（1）可将《消费者权益保护法》前四章内容进行修订并作为消费法典总则

消费法典的总则部分应包括对整部法典具有全局指引性和统帅性的基本原则、基本制度和其他具有普遍适用性的规定。我国《消费者权益保护法》一直被认为是消费者保护领域的基本法，虽然在某些方面其尚有可完善之处，但是不能否认其中部分规定（如前四章〔1〕内容）作为消费法典总则编具有天然的优势，这样不仅可以降低法典编纂的难度，而且也会使得法典编纂更具可操作性。更关键的是，可以借助消费法典的编纂对于《消费者权益保护法》进行第三次修订，以使其更加能够满足新时代下消费者保护的要求。

（2）消费法典分编的构想

对消费法典的分编的建构其实就是考虑哪些法律规范应纳入消费法典，哪些法律规范仍归于传统部门法或保持现状，以及被纳入消费法典的法律规范应该按照何种逻辑顺序予以排列的问题，笔者在此提出自己的想法。

第一编：规范广告、宣传、价格、标签等信息的法律。这是消费者产生消费行为前的必经过程，即获取相关信息，为了缓解因信息不对称给消费者带来的不利影响，消费法典需要对此予以规范。此部分可以纳入《广告法》《价格法》《食品安全法》《药品管理法》以及其他法律中涉及规范广告、价格、标签（或标识）的法律制度等。

第二编：规范产品、食品、药品等商品和服务的安全和质量的法律。这是以法律规范的形式为商品和服务质量提供最低的标准，以满足保护消费者权益的需求，而经营者可以在此基础上相应地提高自己的商品和服务质量以期为消费者带来更好的消费体验，但要明确的是满足法律规定是经营者的义务，是其不可突破的底线。此部分可以纳入《产品质量法》《食品安全法》《药品管理法》《标准化法》等法律规范中相应的法律制度。

第三编：消费者合同法律制度。合同是消费关系产生的主要形式，是消费关系的核心内容，《意大利消费法典》和《法国消费法典》均对此作出了具体且细致的规范。但是我国目前尚未建立起专门的消费者合同法律制度，多数情况下仍以普遍适用的合同法规范结合消费者法规范来认定消费关系中双方的权利义务内容，所以导致司法实践的判断标准并不一致。对此，的确需要综合《民法典》《消费者权益保护法》《电子商务法》等法律规范建立我国的消费者合同法律制度。

第四编：消费者安全法。这主要是侵权责任制度在消费者权益保护中的特殊安排，是对于消费者在消费行为发生后、损害产生时的事后救济手段，

---

〔1〕《消费者权益保护法》（2013修正）第1章"总则"、第2章"消费者的权利"、第3章"经营者的义务"、第4章"国家对消费者合法权益的保护"。

是对于消费者安全权的进一步落实，具体可以将食品安全责任、产品缺陷责任、经营者欺诈责任以及《消费者权益保护法》法律责任一章等内容予以整合并纳入消费法典。

第五编：消费者信贷法律制度。随着金融行业在我国的极速发展，金融消费者的概念也逐渐被提出并建立起来，金融行业的风险对于投资者或金融消费者来说必须得以重视，此内容不仅要在金融法领域作以规范，在消费者法领域也有进行规定的必要性，而且《消费者权益保护法》（2013 修正）第 28 条也已简要提及对提供金融服务的经营者的行为规范。随着《国务院办公厅关于加强金融消费者权益保护工作的指导意见》《中国人民银行金融消费者权益保护实施办法》以及各地的保护金融消费者权益等规定的出台，该部分内容在协调好与金融法律规范的基础上，或许可以在消费法典中作以宣示性规定或较为原则性的规定。

第六编：消费者协会。作为依法成立的、对商品和服务进行社会监督的、保护消费者合法权益的社会组织，其应在保护消费者权益方面发挥出重要的作用，如受理投诉、调查、调解、支持起诉、提起消费民事公益诉讼等，但是就目前实践的情况来看，因为制度限制、法人性质定位不明、实践困难等各种因素的影响，消费者协会没有充分发挥出其作用，所以可以借助消费法典编纂的时机对此予以完善。

第七编：对消费者权益的行政保护。行政保护是保护消费者权益的重要手段，是国家实施市场规制的重要方式，也是国家干预市场经济的体现。消费者权益保护法律体系中的行政保护与传统行政法虽然有所区别但也有共同适用的内容，所以可在消费法典中明确规定国家设立专门的消费者行政保护机构、行政职责、行政措施等内容。这里可参考日本的机构设置，考虑从市场监督管理部门的投诉调解职责中分出设立独立的消费争议解决中心，作为国家设立的专门行政机构，为消费者提供咨询服务、实施消费者教育、进行重要消费者投诉的调解或仲裁，并通过法典立法予以明确。

第八编：消费争议解决制度。解决消费纠纷是消费者权益保护的重要事后救济手段，和解、调解、投诉、仲裁、起诉等均是消费争议解决的有力手段。多元化纠纷解决机制本应为消费者权益保护带来更大的便利，但是目前消费者维权仍有不小的难度，以至于消费者维权的主动性较小，主观意愿不强，这对于规范经营者的经营行为十分不利，所以需要在消费法典中对此作出更为合适的安排，尤其应当对网上争议解决的 ODR 模式、消费者仲裁（区别于商事仲裁）的制度进行体系化设计和规定。

总之，消费法典总则编与分则编内容的具体构建，还需要通过大量理论、实践的分析与论证，本书在此只是初步提出了消费法典的内容构想，希望可以抛砖引玉，从而引起理论界与实务界对消费法典相关内容的探讨，因为消费者权益保护法律规范体系确实有进行体系化与统一化的必要。

参考文献

一、中文著作与译著

1. 王敬波：《法治政府要论》，中国政法大学出版社 2013 年版。
2. 王宏：《消费者知情权研究》，山东人民出版社 2015 年版。
3. 贾东明主编：《中华人民共和国消费者权益保护法解读》，中国法制出版社 2013 年版。
4. 张严方：《消费者保护法研究》，法律出版社 2002 年版。
5. 钟瑞华：《消费者权益及其保护新论》，中国社会科学出版社 2018 年版。
6. 苏宜香主编：《儿童营养及相关疾病》，人民卫生出版社 2016 年版。
7. ［德］马丁·海德格尔：《存在与时间》，陈嘉映、王庆节译，生活·读书·新知三联书店 2006 年版。
8. ［美］大卫·雷·格里芬编：《后现代精神》，王成兵译，中央编译出版社 2011 年版。
9. ［英］弗里德利希·冯·哈耶克：《法律、立法与自由（第一卷）》，邓正来、张守东、李静冰译，中国大百科全书出版社 2000 年版。
10. ［英］安东尼·奥格斯：《规制：法律形式和经济学理论》，骆梅英译，中国人民大学出版社 2008 年版。
11. 朱宝丽：《合作监管法律问题研究》，法律出版社 2018 年版。
12. 应松年主编：《比较行政程序法》，中国法制出版社 1999 年版。
13. 姜明安主编：《行政法与行政诉讼法》，北京大学出版社、高等教育出版社 1999 年版。
14. 孙颖：《消费者保护法律体系研究》，中国政法大学出版社 2007 年版。
15. 孟勤国：《法典化在现代中国的价值和方法》，载张礼洪、高富平主编：《民法法典化、解法典化和反法典化》，中国政法大学出版社 2008 年版。
16. 王利明：《民法典体系研究》，中国人民大学出版社 2012 年版。
17. ［意］利塔·罗里：《法典与现代法律经验中的多元化法典：消费法典的模式》，齐云译，载徐涤宇、［意］桑德罗·斯齐巴尼主编：《罗马法与共同法》，法律出版社 2012

年版。

18. ［古希腊］亚里士多德：《政治学》，吴寿彭译，商务印书馆 1965 年版。
19. 周旺生：《中国历代成文法论述》，载周旺生主编：《立法研究（第 3 卷）》，法律出版社 2002 年版。
20. 中共中央马克思恩格斯列宁斯大林著作编译局编译：《马克思恩格斯全集（第 6 卷）》，人民出版社 2016 年版。
21. 李昌麒、许明月编著：《消费者保护法》，法律出版社 2014 年版。
22. 彭峰：《法典化的迷思——法国环境法之考察》，上海社会科学院出版社 2010 年版。
23. 刘益灯：《国际消费者保护法律制度研究》，中国方正出版社 2005 年版。

二、中文期刊

1. 周汉华：《美国政府信息公开制度》，载《环球法律评论》2002 年第 3 期。
2. 高志宏：《消费"欺诈行为"的司法认定及逻辑证成——基于 38 例典型案件的分析》，载《学海》2021 年第 1 期。
3. 徐敬宏：《美国网络隐私权的行业自律保护及其对我国的启示》，载《情报理论与实践》2008 年第 6 期。
4. 孙颖：《"消法"修改语境下中国消费者组织的重构》，载《中国法学》2013 年第 4 期。
5. 田明、房军：《中国保健食品原料管理基本现状及改进建议》，载《食品与机械》2019 年第 1 期。
6. 章祝、陶然：《浅析保健品虚假广告的法律规制与监管体制》，载《医学与法学》2019 年第 6 期。
7. 张中植：《保健食品研发中添加剂使用的法律监管及建议》，载《食品研究与开发》2017 年第 7 期。
8. 吴元元：《食品安全共治中的信任断裂与制度因应》，载《现代法学》2016 年第 4 期。
9. 虎小军、张世远：《主体间性：哲学研究的新范式》，载《宁夏社会科学》2007 年第 2 期。
10. 郭湛：《论主体间性或交互主体性》，载《中国人民大学学报》2001 年第 3 期。
11. 胡军良：《论哈贝马斯的交往理性观》，载《内蒙古社会科学（汉文版）》2010 年第 2 期。
12. 傅永军：《哈贝马斯交往行为合理化理论述评》，载《山东大学学报（哲学社会科学版）》2003 年第 3 期。
13. 杨立新：《消费欺诈行为及侵权责任承担》，载《清华法学》2016 年第 4 期。
14. 肖峰：《〈消费者权益保护法〉中"欺诈"的解释方法改进》，载《法律科学（西北政法大学学报）》2020 年第 2 期。

15. 潘建林、汪彬、董晓晨：《基于 SICAS 消费者行为模型的社交电商模式及比较研究》，载《企业经济》2020 年第 10 期。
16. 白悦彤、郭秀云、郑梦凡：《我国保健食品市场现状分析及对策研究》，载《现代商业》2019 年第 21 期。
17. 潘建立、郑良英、贾昌平：《减肥类中成药及保健食品中 33 种非法添加化学物质的 UPLC-DAD-ESI-Q-TOF/MS 快速检测》，载《中国药师》2020 年第 7 期。
18. 林升清、陈国忠：《中国保健食品现状及存在问题探讨》，载《中国食品卫生杂志》2007 年第 5 期。
19. 宋智超等：《保健品的市场规制和消费者权益保护的法律问题研究》，载《商场现代化》2020 年第 10 期。
20. 王锡锌：《网络交易监管的管辖权配置研究》，载《东方法学》2018 年第 1 期。
21. 袁婷、陈原：《我国食品欺诈模式及其治理分析》，载《食品安全导刊》2016 年第 27 期。
22. 梁慧星：《中国的消费者政策和消费者立法》，载《法学》2000 年第 5 期。
23. 孙颖：《域外国家消费投诉信息公示述评》，载《中国市场监管研究》2017 年第 2 期。
24. 应飞虎：《我国食品消费者教育制度的构建》，载《现代法学》2016 年第 4 期。
25. 高照明：《论行政听证的原则与程序价值》，载《玉溪师范学院学报》2005 年第 1 期。
26. 尹少成：《价格听证中消费者参加人遴选机制的困境与出路——基于北京市价格听证实践的考察》，载《北京行政学院学报》2015 年第 3 期。
27. 谢鸿飞：《民法典与特别民法关系的建构》，载《中国社会科学》2013 年第 2 期。
28. 彭峰：《法国环境法法典化研究》，载《环境保护》2008 年第 4 期。
29. 薛克鹏：《法典化背景下的经济法体系构造——兼论经济法的法典化》，载《北方法学》2016 年第 5 期。
30. 编撰经济法典第二研究小组、梁中鑫：《我国编撰经济法典的评估》，载《南华大学学报（社会科学版）》2015 年第 1 期。
31. 钟瑞华、李洪雷：《论我国行政法法典化的意义与路径——以民法典编纂为参照》，载《行政管理改革》2020 年第 12 期。
32. ［德］沃尔夫冈·卡尔：《法典化理念与特别法发展之间的行政程序法》，马立群译，载《南大法学》2021 年第 2 期。
33. 周旺生：《法典在制度文明中的位置》，载《法学论坛》2002 年第 4 期。
34. 李牧羊：《论中国环境法的法典化》，载《资源与人居环境》2009 年第 12 期。
35. 王天雁：《民法典编纂中消费者私法的体系化与法典化》，载《私法研究》2018 年第

1 期。

36. 王理万：《中国法典编纂的初心与线索》，载《财经法学》2019 年第 1 期。
37. 张守文：《经济法的立法统合：前提与准备》，载《学术界》2020 年第 6 期。
38. 齐云：《对意大利〈消费法典〉的双重透视——以民法典与部门法典的关系为视角》，载《私法研究》2012 年第 2 期。
39. 党庶枫、郭武：《中国环境立法法典化的模式选择》，载《甘肃社会科学》2019 年第 1 期。
40. 姚佳：《中国消费者法理论的再认识——以消费者运动与私法基础为观察重点》，载《政治与法律》2019 年第 4 期。
41. 陈金钊：《法典化语用及其意义》，载《政治与法律》2021 年第 11 期。
42. 廖呈钱：《宪法基本国策条款如何进入税法"总则"——规制时代税收法典化的困境及其破解》，载《法学家》2022 年第 1 期。
43. 薛军：《中国民法典编纂：观念、愿景与思路》，载《中国法学》2015 年第 4 期。
44. 刘长兴：《论环境法法典化的边界》，载《甘肃社会科学》2020 年第 1 期。
45. 张明楷：《刑法修正案与刑法法典化》，载《政法论坛》2021 年第 4 期。
46. 车丕照：《〈民法典〉颁行后国际条约与惯例在我国的适用》，载《中国应用法学》2020 年第 6 期。
47. 汤唯：《大陆法系法典化之理性》，载《外国法制史研究》2009 年第 0 期。

三、中文报纸

1. 李家悦：《社交电商监管初探》，载《中国市场监管报》2019 年 7 月 30 日，第 A5 版。
2. 陆悦：《坚决打击食品掺假欺诈》，载《中国医药报》2017 年 4 月 26 日，第 002 版。
3. 琳达：《食品欺诈和食品造假已蔓延全球》，载《第一财经日报》2014 年 5 月 15 日，B 叠。
4. 杨晓晶：《美推出新一代食品欺诈数据库》，载《中国食品报》2016 年 8 月 9 日，第 003 版。
5. 谢红星：《"法典化"的历史溯源与中国内涵》，载《中国社会科学报》2020 年 10 月 14 日，第 A04 版。
6. 许安标等：《总结民法典编纂经验 推动民法典贯彻实施——中国法学会"积极推动民法典实施座谈会"发言摘编》，载《人民日报》2021 年 4 月 16 日，第 15 版。

四、外文资料

1. Subject to Regulation 2.1.1, no person shall commence any food business unless he possesses a valid license.

2. Vibhu Yadav, Parijat Pandey, Vineet Mittal, Anurag Khatkar and Deepak Kaushik, *Marketing nutraceuticals in India: an overview on current regulatory requirements*, Asian J. Pharm. Hea. Sci., Jan-Mar 2015, Vol-5. Issue-1.

3. Wolfgang Kahl, *Die Verwaltungsverfahrensgesetzzwischen Kodifikationsidee und Sonderrechtsentwicklungen*, in: Wolfgang Hoffmann-Riem/Eberhard Schmidt-Amann（Hrsg.），VerwaltungsverfahrenundVerwaltungsverfahrensgesetz，Baden-Baden，2002：89.

4. Bryan A. Garner, *Black's Law Dictionary*, Thomson business, 2004.

五、网址资料及其他

1. 人民网：《京东、凡客、当当等签约 承诺2小时内响应投诉》，载人民网官网，http://media.people.com.cn/n/2013/0314/c40733-20792455.html，最后访问日期：2017年6月30日。

2. CFPB数据库，http://www.consumerfinance.gov/data-research/consumer-complaints，最后访问日期：2017年7月5日。

3. 日本消费者厅官方网站，http://www.caa.go.jp，最后访问日期：2017年7月8日。

4. 德国联邦司法和消费者保护部网站，https://www.bmjv.de/DE/Service/Buergerservice/Buergerservice_node.html，最后访问日期：2017年7月10日。

5. 德国联邦消费者保护和食品安全局网站（隶属联邦食品和农业部），http://www.lebensmittelwarnung.de/bvl-lmw-de/app/process/warnung/start/bvllmwde.p_oeffentlicher_bereich.ss_aktuelle_warnungen?_opensaga_navigationId=bvllmwde.p_oeffentlicher_bereich.n_aktuelle_warnungen，最后访问日期：2017年7月10日。

6. 黑森州政府网站，https://verbraucherfenster.hessen.de/aktuelles/lebensmittel-und-produktwarnungen，最后访问日期：2017年7月10日。

7. 萨克森州消费者保护协会网站，http://www.verbraucherzentrale-niedersachsen.de/vorsichtfalle，最后访问日期：2017年7月10日。

8. 国家市场监督管理总局：《2022年消费者投诉举报呈现十大特点》，载国家市场监督管理总局官网，https://www.samr.gov.cn/xw/zj/art/2023/art_cfd1f78a46cc4acf9d0c1fba6f81758b.html，最后访问日期：2023年6月17日。

9. 国家统计局：《2022年12月社会消费品零售总额下降1.8%》，载国家统计局官网，http://www.stats.gov.cn/sj/zxfb/202302/t20230203_1901713.html，最后访问日期：2023年6月17日。

10. 国家市场监督管理总局：《2023年消费者投诉举报呈现八大特点》，载国家市场监督管理总局官网，https://www.samr.gov.cn/xw/zj/art/2024/art_992bb54bd6694032bb9b60d91f4924e0.html，最后访问日期：2024年11月8日。

11. 中国消费者协会：《中国消费者权益保护状况年度报告（2021）》，载国家市场监督管理总局官网，https：//www. samr. gov. cn/xw/mtjj/202204/t20220425_ 343938. html，最后访问日期：2023 年 3 月 14 日。

12. 国家药品监督管理局药品审评中心：《2022 年度药品审评报告》，载国家药品监督管理局药品审评中心官网，https：//www. cde. org. cn/main/news/viewInfoCommon/849b5a642142fc00738aff200077db11，最后访问日期：2023 年 10 月 17 日。

13. ［日］久留米大学法学部副教授周蒨：《保健功能食品的制度与法律框架》，东亚地区食品安全法制研究论坛，最后访问日期：2019 年 11 月 23 日。

14. 欧盟法律官方网站，营养声称：https：//eur－lex. europa. eu/LexUriServ/LexUriServ. do？uri＝CONSLEG：2006R1924：20121129：EN：HTML#tocId37；健康声称：https：//eur－lex. europa. eu/legal－content/EN/TXT/？uri＝CELEX%3A02012R0432－20240819，最后访问日期：2020 年 3 月 20 日。

15. ［韩］釜山大学法学专门大学院教授徐熙锡：《韩国健康食品规制》，东亚地区食品安全法制研究论坛，最后访问日期：2019 年 11 月 23 日。

16. 国家中药品种保护审评委员会：《保健食品功能定位和监管模式》课题研究报告，最后访问日期：2017 年 3 月。

17. FSSAI REGULATIONS FOR THE IMPORT，MANUFACTURE AND SALE OF NUTRACEUTICALS IN INDIA，RECOMMENDED DIETARY ALLOWANCE（RDA），https：//webcache. googleusercontent. com/search？q＝cache：awVnfmSVizkJ：https：//www. slideshare. net/Swapnil Fernandes1/fssai-regulations-for-the-import-manufacture-and-sale-of-nutraceuticals-in-india-recommended-dietary-allowance-rda+&cd=4&hl=zh-CN&ct=clnk&gl=us.

18. FSSAI Key Requirements for Manufacturing Nutraceuticals in India，https：//foodsafetyhelpline. com/fssai-key-requirements-manufacturing-nutraceuticals-india/.

19. 马瀛通：《中医对药食同源、养生和食疗的理解》，载科学网博客，http：//blog. sciencenet. cn/blog-461711-571534. html，最后访问日期：2020 年 1 月 10 日。

20. 亿邦动力研究院：《2019 中国社交电商白皮书》。

21. 北京市市场监督管理局官网，http：//scjgj. beijing. gov. cn/sy/jgzz/fdzz/201906/t20190603_1462583. html，最后访问日期：2019 年 8 月 22 日。

22. 张民安：《典、法典、民法典和后民法典时代法的法典化——我国〈民法典〉系列讲座第一讲》，载微信公众号"自然秩序当中的民法"，最后访问日期：2020 年 9 月 19 日。

23. 乔瑞庆：《消费仍将是拉动经济增长的第一动力》，载中国经济网，http：//views. ce. cn/view/ent/202101/24/t20210124_ 36253074. shtml，最后访问日期：2022 年 3 月 14 日。

后 记

　　本书的编辑出版得益于中国政法大学设立的后期资助项目。在项目申请过程中得到了民商经济法学院教科研办公室甄贞老师的热情、细致且专业的帮助,也得到了中国政法大学出版社刘晶晶副编审在前期洽谈中的鼎力支持与配合,以及后期对文稿编辑所付出的一切努力,所有环节都非常顺畅。我在此表达我由衷的感激之情!

　　本书的编辑出版还得益于当初每一位课题组成员的共同努力,他们参与了课题调研和报告初稿的撰写,付出了辛勤劳动,我在此对每一位参加过课题研究的老师、同学表示由衷的感谢!感谢李轩副教授、陈尚龙博士、殷昊参与了第一章的课题调研与部分初稿的撰写。感谢潘越博士、于昊讲师参与了第二章的课题调研并按照分工分别承担了报告初稿和附录的建议稿初稿的执笔任务。感谢梁伟亮博士、姚静参与了第三章的调研与部分报告初稿的撰写。感谢杨尊源博士、刘岩、卜鸿予参与了第四章的前期研究和部分报告初稿的撰写。感谢赵盈瑾承担了第五章报告初稿的执笔。感谢高旋博士、姚静参与了第六章部分报告初稿的执笔。感谢芦云律师、胡思博副教授、赵盈瑾、尉格、刘昭参与了第七章的课题调研和部分报告初稿的撰写。感谢黄芃文参与了第八章的前期调研和部分报告初稿的撰写,感谢张东副教授参与了第八章附录遴选办法的撰写工作。感谢禹聪聪参与了第九章的撰写。感谢所有给予上述课题研究以支持和帮助的人,没有你们的无私奉献,不可能呈现出如此多元化的内容丰富的研究成果,感谢所有人的付出!

　　本书是笔者学术生涯中的第四本著作。笔者不才,成果的数量无法与著作等身的法学界大家相媲美,但也是尽自己所能用心为之的结晶,且有机会较多地参与了市场监督管理部门、消费者协会等实务部门的课题研究工作，实乃笔者的幸运。能将这些研究成果集中编著、付梓出版，既是笔者的心愿，也是希望通过文字的形式实现思想的交流，以广泛求教于在消费者权益保护法学研究领域辛勤耕耘的诸多学者，敬请大家不吝赐教、批评指正！